反垄断法

ANTI-MONOPOLY LAW

刘继峰 著

中国政法大学出版社

2012·北京

图书在版编目（CIP）数据

反垄断法 / 刘继峰著. —北京：中国政法大学出版社，2012.5
ISBN 978-7-5620-4274-7

Ⅰ．①反… Ⅱ.①刘…Ⅲ. ①反垄断法-高等学校-教材 Ⅳ．①D912.29

中国版本图书馆CIP数据核字(2012)第074194号

书　　名	反垄断法　FANLONGDUAN FA
出版发行	中国政法大学出版社(北京市海淀区西土城路25号) 北京100088 信箱8034分箱　邮编100088 http://www.cuplpress.com（网络实名：中国政法大学出版社） 010-58908325(发行部)　58908334(邮购部)
编辑统筹	综合编辑部　010-58908524　dh93@sina.com
承　　印	固安华明印刷厂
规　　格	720mm×960mm　16开本　25.25印张　465千字
版　　本	2012年9月第1版　2012年9月第1次印刷
书　　号	ISBN 978-7-5620-4274-7/D・4234
印　　数	0 001-2 000
定　　价	49.00元

声　明　　1. 版权所有，侵权必究。

2. 如有缺页、倒装问题，由我社负责退换。

前言

相对而言，撰写反垄断法教材比较难，原因是作为教材所需要遵循的"三基四性"——基本理论、基础知识、基准技能和规范性、理论性、资料性、相对稳定性——难以很好地处理，而这又源于反垄断法的制度和学科的特点。

首先，规范的模糊性。由于调整对象的特殊性——垄断状态和垄断行为使得反垄断法的抽象性与其他部门法相比，有过之而无不及。无疑，这将增加理解和运用该法的难度。其次，规范的变动性。站在现实的立场回望反垄断法的发展历程，其不但没有如法国民法典或德国民法典般一劳永逸，而且连法国刑法典或商法典般的"大局不变，小有改动"的程度也达不到。自第二次世界大战以来，反垄断法的修订越来越频繁，且不单单发生在一个或几个国家，而是各国普遍性的做法，所以，不断修订已成为该制度运行的常规形式。再次，跨部门法特性。反垄断法与有关部门法存在紧密的联系，有关部门法的调整对象——价格、合同、公司合并、知识产权等在竞争中常被作为反竞争行为的工具使用。反垄断法与有关部门法的关系非常微妙，梳理它们之间的关系仅仅依据法条的有限文字难以做到，需要进行细致的理论分析。最后，跨学科属性。反垄断法的实施需要经济学提供有力的支持。有关竞争和垄断的分析经济学（家）早于法学（家），何谓垄断？何种程度的垄断才需要"反"？经济学的原理性分析比法学的规范性分析更具有说理性。离开经济学相关原理或方法，反垄断法将会变成一具冰冷的僵骨。

所以，反垄断法实施中的中心任务即是增强模糊性规范的可操作性。

II 反垄断法

先立法国家（姑且将19世纪末期和20世纪前期完成反垄断立法的国家作此称谓，而将转型期立法的国家称为后立法国家）至少用了半个世纪的时间理顺反垄断法从抽象的规范到具体运作的过程。好像这为我们提供了反垄断法有效运行的基本路径。但事实远非"经验—借鉴"表述起来这样简单。同样属于现代立法的俄罗斯反垄断法，大约用了10年的时间为该法作有效运行的准备（2002年之前，俄罗斯反垄断执法机构和法院的判决非常之少，相关部门尽可能在短时间内深化理解该法的本质和谨慎地运用该法提供的工具），在反垄断法运行进入"正轨"时，也不止一次地出现错案或争议案。这一点和先立法国家走的路大致相同。可见，在反垄断法的顺利实施上，似乎没有什么捷径可走。作为后立法国家，在法律颁布初期，我们需要完成以下任务：

第一，揭示反垄断法的基本原理，尽管相关原理在不同时期发挥作用的力度和作用方式是不同的。在反垄断法实施问题上，所谓基本原理，很大程度上是基本原理的演变。没有这种变动过程的揭示，难以把握这个原理现在为何无法适用，或那个原理曾经得到重用的道理。这个意义上，对反垄断法的准确理解不能仅仅通过法条的扩张解释轻而易举地做到。

第二，追踪先立法国家法制变动和案例的发展过程。经济发展的变动性决定了反垄断法应该具有很强的回应性。应对经济环境中不断"更新"的反垄断行为，常规的手段是不断修改立法，完善相关内容，但修改立法的前提应该是出现由以形成相关立法内容的影响广泛的案件（或事件），并对案件进行了广泛而深入的讨论。这种由特殊到一般，再由一般到特殊的过程，展现了与判例法相同的思维过程和适用模式。强化判例的说理性，有利于反垄断立法的完善和制度的顺利实施。

第三，立足本国立法关注本国社会实践。无论是原理的表述，还是典型案例的分析，都是为了正确理解和准确运用本国法律。在相关制度的介绍和案例的分析中，通过比较的方法揭示原理或规则，最终还要回到以本国法律制度为中心对相关规范的理解上和运用上。

因此，无论是作为教材的写作，还是作为专著的写作，反垄断法的展开都不是单向研究或单向比较研究，而是综合研究。其特点是跨度大，资料分散。在上述"作为过程"的写作安排和"作为目的"的写作安排上，如何做到"形散而神不散"是一件颇具挑战性的工作。所以，在这里所谓教材和专著的区别大概只是前者要通过对材料的分析分门别类地提炼出相关制度的总观念、总特点、总标准，从而确定制度体系及体系结构而已。

对于中国（不论是专门机构还是普通民众）而言，反垄断法属于一项新生事物。反垄断法实施效率的提高，依赖于制度的完善，而制度是否完善取决于能否适应规制的需要，为了使制度能够适应规制的需要，需要对制度准确地理解。

本书正是以此为目的，分析反垄断法相关制度的原理（及其形成、演变）、揭示相关制度的案例、我国反垄断法相关规定的不足、相关标准的确定等。但一些章节的展开可能夹带着个人对资料选取的狭隘性和分析过程及结论的主观性，不当之处，期待同仁不吝批评指正。

刘继峰

2012 年 4 月

目 录

前 言 ……………………………………………………………… I

第一编 反垄断法总论

第一章 反垄断法与经济学的关系 …………………………………… 3
第一节 竞争的经济学解释 …………………………………………… 3
一、竞争与垄断的关系及其类型 /3
二、有关竞争的经济学理论 /7
第二节 反垄断法中的经济学依赖 /17
一、法律规范中经济学概念的使用 /17
二、经济学方法的依赖 /19

第二章 反垄断法的产生与发展 ……………………………………… 28
第一节 反垄断法产生的社会原因 …………………………………… 28
一、经济基础的变化 /28
二、国家身份的变化 /30
第二节 主要国家和地区反垄断法的产生与发展 …………………… 32
一、发达国家反垄断立法 /32
二、转型国家反垄断立法 /36
三、地区性反垄断立法 /40

第三节　反垄断法的趋同化 ………………………………………… 40
　一、范围扩展中的欧盟竞争法的中心地位　/ 41
　二、转型国家的反垄断法的趋同性　/ 43
　三、美国反垄断判例的示范作用　/ 45

第三章　反垄断法的特点与地位 ………………………………… 47
　第一节　反垄断法的特点 …………………………………………… 47
　　一、法系上的特点　/ 47
　　二、法域上的特点　/ 49
　　三、法属性上的特点　/ 52
　第二节　反垄断法律关系的特殊性 ………………………………… 57
　　一、主体的特殊性　/ 57
　　二、客体的特殊性　/ 60
　　三、内容的特殊性　/ 62
　第三节　反垄断法的地位 …………………………………………… 63
　　一、学科属性　/ 63
　　二、学科中的地位　/ 64

第四章　反垄断法的宗旨与价值 ………………………………… 69
　第一节　反垄断法的宗旨 …………………………………………… 69
　　一、立法宗旨的确立　/ 69
　　二、反垄断法的法益　/ 73
　第二节　反垄断法的价值 …………………………………………… 83
　　一、维护竞争秩序　/ 83
　　二、实现社会整体效率　/ 89
　第三节　消费者在竞争法中的地位 ………………………………… 93
　　一、消费者在竞争关系及竞争法律关系中的身份　/ 94
　　二、消费者在竞争法中的特殊作用　/ 96

第五章 反垄断法的效力 …………………………………………… 104

第一节 时间效力 ……………………………………………… 104
一、健全体系的制度填补 / 104
二、增加适应性的制度替代 / 109
三、增强实用性的制度解释 / 109

第二节 空间效力 ……………………………………………… 110
一、域外效力的产生 / 110
二、域外效力的冲突 / 112
三、我国域外效力制度的选择 / 114

第三节 对事效力 ……………………………………………… 116
一、否定性效力 / 116
二、肯定性效力 / 119

第二编 垄断行为

第六章 垄断协议 …………………………………………………… 127

第一节 垄断协议概述 ………………………………………… 127
一、垄断协议的概念和特征 / 127
二、垄断协议的分类 / 134

第二节 横向垄断协议 ………………………………………… 137
一、产生的条件及维持的方法 / 137
二、主要类型 / 148
三、行业协会参与的垄断协议 / 159

第三节 纵向垄断协议 ………………………………………… 165
一、纵向垄断协议的分类 / 165
二、实施纵向垄断协议的目的 / 170
三、限制转售价格的两面性及规制方法 / 172

第四节　垄断协议的豁免 …………………………………………… 177
　　一、豁免制度的合理性　/ 177
　　二、豁免的标准　/ 179
　　三、豁免的方法　/ 182

第七章　滥用市场支配地位 ………………………………………… 185
　第一节　相关市场的界定 …………………………………………… 185
　　一、界定相关市场的意义　/ 185
　　二、相关市场的界定　/ 187
　第二节　滥用市场支配地位的确定 ………………………………… 194
　　一、市场支配地位的确定　/ 194
　　二、"滥用"的实质　/ 200
　第三节　滥用市场支配地位的行为类型 …………………………… 203
　　一、学理分类　/ 203
　　二、基本行为类型　/ 204
　　三、特殊行为类型——知识产权滥用行为　/ 234

第八章　经营者集中 ………………………………………………… 241
　第一节　经营者集中概述 …………………………………………… 241
　　一、含义及类型　/ 241
　　二、监管的原则　/ 246
　第二节　经营者集中的申报与审查 ………………………………… 253
　　一、申报　/ 254
　　二、审查　/ 261
　第三节　经营者集中的救济与抗辩 ………………………………… 272
　　一、救济　/ 272
　　二、抗辩　/ 280

第九章　行政垄断 …………………………………………………… 286

第一节　行政垄断概述 …………………………………………… 286

一、含义及分类 / 286

二、行政垄断产生的根源 / 288

三、危害及构成要件 / 290

第二节　我国《反垄断法》中的行政垄断 ………………………… 293

一、行政垄断的类型 / 293

二、行政垄断的规制 / 297

第三节　俄罗斯法中的行政垄断 ………………………………… 298

一、俄罗斯法对行政垄断的规制 / 299

二、俄罗斯法规制行政垄断的借鉴意义 / 306

第三编　反垄断法的实施

第十章　反垄断法的适用原则与实施体制 …………………………… 315

第一节　反垄断法的适用原则 …………………………………… 315

一、本身违法原则与合理原则 / 315

二、本身合法原则和违法推定原则 / 324

第二节　反垄断法的实施体制 …………………………………… 326

一、实施体制概述 / 326

二、我国反垄断法的实施体制 / 332

第十一章　反垄断法的实施方式 ……………………………………… 340

第一节　政府实施 ………………………………………………… 340

一、政府实施的一般手段 / 340

二、特别手段 / 343

第二节　私人实施 ………………………………………………… 358

一、私人实施的特点及发展趋势 / 359

二、原告资格的确定 / 363
　第三节　代表诉讼 ··· 368
　　一、政府代表诉讼 / 368
　　二、社会团体代表诉讼 / 369

第十二章　反垄断法实施中的国际合作 ································ 372
　第一节　反垄断国际合作概述 ··· 372
　　一、国际合作产生的基础 / 372
　　二、国际合作的范围 / 376
　第二节　反垄断法国际合作的形式 ·· 379
　　一、双边合作 / 379
　　二、区域合作 / 380
　　三、多边合作 / 380
　第三节　国际合作的机制 ·· 382
　　一、交换信息 / 382
　　二、协调执法活动 / 383
　　三、国际礼让 / 383

参考文献 ··· 385

第一编 反垄断法总论

第一章　反垄断法与经济学的关系

反垄断法是一门技术性很强的法律部门和学科，除了作为一般法律部门拥有特殊的法律调整对象，以及围绕该调整对象展开的法律宗旨、价值等基本理论外，该法律和学科还广泛地吸纳了经济学营养，并由此建立了特殊的分析方法。

第一节　竞争的经济学解释

竞争与垄断是相伴生的一对概念。探讨垄断问题首先需要从分析竞争问题开始，而且既要分析竞争的理想状况，更要分析现实状态。

一、竞争与垄断的关系及其类型

竞争被认为是一种理想的资源分配方式，是自由经济的核心。垄断相对于竞争而存在。两者的关系如何，两者组合的形态有哪些，这对于理解反垄断立法的产生具有基础意义。

（一）竞争与垄断的基本关系

从词源上考察，垄断来源于希腊语中的 Mono（单个）。在《布莱克法律词典》中，垄断包括两层含义：第一层含义是赋予某人或公司以特权或特别优势，使之获得从事某种特定商业或贸易、生产某种特定的物品或控制某种特定商品的全部供应的排他性权利；第二层含义是指一种市场结构，在该种市场结构中只有一家或几家企业控制着某项产品或服务的全部销售。第一层含义的垄断是依法产生的，例如知识产权的垄断权、公用事业的特许经营权等，属于反垄断法的适用除外项目；第二层含义的垄断是由于经济主体的市场竞争力量增强而形成的阻碍竞争的状态，是反垄断法规制的主要形式。

资本主义发展的历史说明，竞争是由封建垄断产生的，是对封建垄断的否定，现代垄断又是竞争发展的必然结果。现代垄断是竞争的对立面，但并不是对竞争的彻底否定。某种程度上，竞争的消极方面正是垄断发挥积极作用的领域，例如，竞争具有无序性和盲目性，而垄断组织内部的生产通常能够保持计划性和有序性，并能体现规模效益。因此，在某些经济领域一定程度的垄断会产生积极的效果，可以避免资源浪费，实现规模经济效益。这正如马克思阐述垄断与竞争关系时所说，"垄断（与竞争）并不是一个单纯的反题，相反地，它是一个真正的合题。"[1]

经济学上，竞争和垄断的关系表现为以下两个方面：

首先，垄断来源于竞争。自由竞争隐含着生产者和消费者在平等条件下均享有自由选择权。生产者可以自主确定生产对象、生产范围、生产规模以及销售领域等；消费者享有选择消费对象、消费方式、消费数量等权利。两种权利联系起来的中介是产品之间的差别。由于生产者的生产要素条件及其组合的不同，生产出来的产品必然存在差别，正是产品的差别使消费者的选择权具有了现实性，同时产品的差别也成为促使生产者竞争的内在动因和吸引消费者行使选择权的直接动力。

产品的差别与生产产品的企业间的竞争力呈反相关关系。产品的差别越小，企业间的竞争力就越大；产品的差别越大，竞争力就越小。从市场结构上看，竞争力与垄断可能性是正相关关系，竞争力越大垄断的可能性越大，当竞争力发展到一定程度，必然产生垄断。

自由资本主义初期的经营者为工厂手工业形式，经营主体的实力大致相当。到了19世纪末期，信用制度的发达和企业组织制度的创新使得新成立的企业多采取股份公司的形式，其在资金实力和抗击风险上优于传统的工厂手工业；另外，股份公司巨大的融资能力也使其兼并或控制中小企业成为可能。为克服激烈竞争的不利影响，大企业本能地进行生产要素的组合运动，形成规模更大的垄断组织或垄断组织联合体。垄断最初出现在那些建厂所需资本量大的行业[2]，后来逐渐扩大到其他主要经济领域。经典作家关于资本主义发展阶段的理论和历史分析，证明了自由竞争产生了生产集中，而生产集中发展到一定阶段导致了垄断。

其次，垄断会限制竞争。经济垄断使经营者之间将生产要素的先天差别减弱，并转化为人为形成的后天差别。为了维持垄断地位，经营者及其联合所从事的卡特尔、价格歧视、联合抵制等从根本上破坏了竞争所要求的机会平等，成为限制市场竞争的力量。

从发展过程上，资本主义的垄断首先开始于工业领域，因初期的工业资本依附于商业资本。"英国商人住在农村，他们从庄园收购羊毛，然后出售给佛兰德

---

[1]《马克思恩格斯选集》（第1卷），人民出版社1972年版，第141页。

[2] 例如，1888年合并了65家企业成立的英国盐业联合公司，控制了英国91%的食盐生产。1890年成立的碱业联合公司，是由49家企业合并而成的，它控制了英国全部漂白粉的生产。德国1893年成立的莱茵－威斯特伐利亚煤业辛迪加控制煤总产量的86.7%。参见金卫星、刘大明主编：《世界近代史》，高等教育出版社1999年版，第347页。

商人；佛兰德商人则把羊毛分配给住在佛兰德农村的纺纱工和织布工，由他们在家里加工；最后佛兰德商人又转而在英国的国际商品交易会上出售佛兰德生产的布匹。"[1] 随着工业资本的增加和工业生产的集中，商业优势地位逐渐丧失。垄断组织意欲通过调节生产、价格等来获得垄断利润，为此，其必须要利用各种优势来加强对市场的控制。通常，控制市场可采取的办法有两种：一是"纵向一体化"，即将原材料或销售企业兼并为己有；二是"横向一体化"，即组建卡特尔或横向合并，利用产品生产或销售的垄断性剥夺交易人的选择权和价格自主权。垄断组织给代理商规定出售商品的价格和佣金，由此形成了商业资本对产业资本的依赖。

对于垄断限制竞争的客观现象，自垄断产生时起一直到现在，始终存在着应予以克服来维持竞争的价值还是迁就垄断本身包含着某种合理性的不同认识。

历史上，无政府主义者代表蒲鲁东曾认为，垄断实质上只不过是人类对自己实施的强制，是自然赋予每个生产者的一种独断权，使他能够随心所欲地运用自己的能力，按照自己所喜爱的方向发展自己的思想，用自己的一切有效手段来实施自己所任意选择的专业活动，以及自主地使用自己所创造的工具和自己储蓄所得的资金来经营自己认为值得冒险的事业，而且这一切都附有明确的条件，就是他可以单独地享有自己发明的成果和经历风险所获得的利润。这种权利在本质上是自由的，如果否定它，人们的身心就将遭到损害，他们的能力的运用将受到妨碍，而只靠个人的自由发展才能进步的社会也将失去自己的探险者，从而停止了前进。[2] 因此，按照他对垄断的认识，垄断是一种不能随意打破的堡垒。"人类像服从一道最高命令似的遵循着集资的原则永不后退；它就如一位通过蜿蜒陡峭的山道从深谷攀登顶峰的旅行家一样，勇敢不屈地沿着迂回曲折的道路，以坚定的步伐向自己的目标进发，既不犹豫后悔，也不中途而废。社会天才在达到名为垄断的拐角时，以忧郁的目光回头眺望，并在沉思中自言自语地说：垄断剥夺了穷苦佣工的一切，包括面包、衣着、家室、教育、自由和安全等。这些我一定要让垄断来偿还，为此我不妨保留它的特权。"[3] 在蒲鲁东看来，对垄断的改进只能靠捐税来完成，即通过捐税来接济穷人。

其实，垄断是社会经济发展过程的一种阶段性现象，这种限制力量一旦形成，单纯依靠市场自发调节无法恢复平衡，只能借助外部力量的强制调整才能恢

---

[1]〔美〕伯尔曼：《法律与革命》，贺卫方等译，中国大百科全书出版社1993年版，第407页。
[2]〔法〕蒲鲁东：《贫困的哲学》（第1卷），余叔通、王雪华译，商务印书馆1998年版，第232~233页。
[3]〔法〕蒲鲁东：《贫困的哲学》（第1卷），余叔通、王雪华译，商务印书馆1998年版，第269页。

复市场的自由竞争环境。这个外部力量不是蒲鲁东式的调解垄断后果的"捐税"方法，而是直接控制垄断的新的方法。

(二) 竞争与垄断关系的类型

在经济学上，为了说明竞争和垄断的关系，一般采取划分模型的方式，即列出竞争与垄断组合的基本模型加以分析。两者的组合关系无外乎四种形态：完全竞争、完全垄断、垄断竞争、寡头垄断。

完全竞争，是指市场上存在许多生产者，且生产相同的产品，每个生产者对市场价格都没有控制力。这种情况下，生产者所面临的需求曲线基本上是一条水平线，其可以卖掉任何数量的商品。[1] 但完全竞争模式是依据理想模式并借助于数学公式建立起来的均衡模型，虽然从纯粹经济学角度看并非毫无意义，但该模型得以建立的前提条件却与市场竞争过程的实际情况相去甚远。[2] 以这一理论为基础的竞争政策在现实经济中根本无法实现，由此该理论失去了它的实践意义。

完全垄断，是指一个部门只有一个生产者，生产独特的没有代用的商品，生产者对市场价格具有很大的控制力。完全垄断模式通常分布于特许的地方服务性行业中，如煤气、自来水、电力、知识产权领域等。现今这些行业或领域不仅少，也不可能纯正。因为市场上存在其他燃料代替电力或煤气使用、存在自来水的代用品等，存在着其他替代技术代替垄断技术。所以这些特殊行业或领域不可能处于完全的绝对垄断的地位，只是其受到竞争的冲击较小而已。

垄断竞争，是指在某行业中存在着为数众多的厂商，这些厂商生产相似的但并非完全同质的商品。产品差别赋予厂商一种垄断力量，以至于每个厂商面临一条斜率向下的需求曲线，从而能够对价格施加影响。[3] E. H. 张伯伦和琼·罗宾逊将具有普遍性的垄断竞争现象上升为经济学理论，创设了"垄断经济学"。[4] 这种经济学理论改变了过去经济理论中将竞争和垄断相互割裂的分析方法，指出了现实世界上不存在所谓完善的竞争。资本主义经济活动既存在垄断的因素，又存在竞争的因素，只有把垄断和竞争结合起来才能解释资本主义的经济现象。在方法上，琼·罗宾逊从消费者偏好和产品之间的可替代性出发，认为所有消费品

---

[1] 〔美〕萨缪尔森、诺德豪森：《经济学》，高鸿业译，中国发展出版社1992年版，第831页。
[2] 完全竞争模式要求的市场条件一般包括：①生产技术既定不变；②人口数量和生产要素装备既定不变；③需求结构和收入既定不变。这些条件在实践中是不可能达到的。
[3] 〔英〕戴维·W. 皮尔斯主编：《现代经济学词典》，宋承先等译，上海译文出版社1988年版，第409页。
[4] 该理论集中体现在 E. H. 张伯伦的《垄断竞争理论》（哈佛大学出版社1933年版）和琼·罗宾逊的《不完全竞争经济学》（麦克米伦出版公司1933年版）。

之间构成了一个替代链条，同类产品之内的替代性大于不同类产品之间的替代；E. H. 张伯伦主要从产品差异出发，认为厂商不仅进行价格竞争，而且也进行产品质量、广告、商标和包装技术等非价格竞争，产品的差异性越大厂商的垄断性越强。垄断竞争模式是现实经济领域中的主要竞争类型。

寡头垄断，又称为寡占市场，是指少数几家厂商控制某种产品整个市场的生产和销售的市场结构状态。根据生产的产品有无差别，可以把寡头垄断分为纯粹寡头垄断和差别寡头垄断。前者是生产无差别产品的寡头，例如他们共同生产钢铁、水泥、铜等产品；后者是生产有差别产品的寡头，例如生产汽车、飞机、电脑等产品的寡头。

在完全竞争、垄断竞争和完全垄断市场上，厂商之间是相互独立的，而寡头垄断市场的厂商之间存在着相互依存的关系，这是寡头垄断市场最突出的特点。具体而言，在完全竞争市场，厂商数量极其分散，从而各自行为完全独立，不会对其他厂商产生直接的影响，也没必要去考虑其他厂商的反应。在完全垄断市场，由于垄断厂商垄断了整个行业，也就不存在对它行动产生反应的对手。在垄断竞争市场，虽然厂商之间也存在一定程度的相互依存性，但由于厂商数量众多，每家厂商都只占很小的市场份额，每个厂商在做决策时一般也不需考虑其他厂商的反应。寡头市场存在相互依赖性，是因为每个寡头生产的产品数量在整个市场份额中的比例都比较大，每个厂商的行为都对其他厂商和整个市场产生重要影响，因此，厂商各自在价格上或产量方面决策的变化都会影响整个市场和其他竞争者的行为。在这些寡头厂商之间存在着较强的依存性和相互影响的前提下，它们之间更容易形成某种形式的勾结和妥协。当然，各寡头之间也会存在严重的市场对立，这就决定了勾结并不能代替或取消竞争，寡头之间的竞争往往会更加激烈。

经济学对竞争与垄断关系的类型，为竞争法立法目标和调整方法的确定奠定了基础。竞争法的立法目标和调整方法没有离开这四种竞争和垄断状态。完全竞争被作为法律调整的理想目标，法律通过排除现实中限制竞争行为来接近这一目标（虽然永远也达不到，但将这一目标作为法律理念应无问题）。在反垄断法中对完全垄断给予特殊的处理，赋予部分行业以合法的垄断地位来调节市场竞争的范围和强度，以实现国家的产业政策意图。这样，竞争法以垄断竞争和寡头垄断状态为基本社会背景，以完全垄断为例外，以完全竞争状态为理想目标来创建经济秩序。

二、有关竞争的经济学理论

研究竞争的经济学理论可以帮助理解法律介入竞争的合理性，并为法律调整的对象和方法提供理论支持。

（一）古典竞争理论

竞争的经济学理论发展可以分为两个阶段：古典竞争理论阶段和现代竞争理论阶段。

古典竞争理论是以古典经济学派为基础发展起来的，其特点是以价格为中心、以静态分析为主要方法。古典经济学派的竞争理论脱胎于为封建专制主义服务的重商主义学说，服务于自由资本主义经济制度。亚当·斯密是古典经济学派的最杰出的代表。亚当·斯密的经济学理论是围绕财富如何增长这个中心展开的。其理论基石有两个，即人的利己性和利己的人的社会关系。首先，人是利己的，利己是个人行为的动力，基于利己的人将努力创造个人财富，并进而促进国家财富增长。其次，自由竞争是最好的市场调节机制，表现为价格的自发调节，所以私人活动不需要国家干预。该经济理论充分揭示了竞争在经济运行中的积极作用，其所描述的自由放任的经济过程为完全竞争理论的提出奠定了基础。[1]

完全竞争理论的产生最早可以追溯到法国经济学家古诺，经过杰文斯、瓦尔拉斯、帕累托、马歇尔等人，最终由美国经济学家奈特于1921年在他的《风险、不确定性和利润》一书中对完全竞争模式作了全面阐述。

把竞争作为一种市场实现自我均衡的工具的思想深化了对竞争目标的理想化认识，也使完全竞争在理论上走向了形而上学，以至于与社会实践偏离得越来越远。该理论假设：竞争者的市场控制力是相同的，谁也不能控制市场价格；竞争者生产的产品质量和种类相同；市场是完全透明的，不存在广告等推销竞争；通过创新降低成本不可能，也无必要，因为众多的原子式的竞争者的力量是均衡的。以新古典经济学派为代表的经济学家对经济问题的政治和社会背景视而不见，使自由主义思想狭隘化和封闭化。当工业化引起的社会分裂越来越明显而自由主义却变得束手无策时，一些人开始寻找与经济与社会关系的新的思想。其中德国弗莱堡学派实现了对自由放任思想的"扬弃"，其所建立的"秩序自由主义不但渗透到德国的限制竞争法，也深深地影响到欧盟竞争法"。[2]

---

[1] 亚当·斯密所代表的古典经济学，在亚当·斯密之后向两个方向发展：一个方向是通过李嘉图到马克思，走向制度批判主义；另一个方向是通过新古典主义的萨依、马歇尔等走向以波斯纳、哈耶克为代表的新自由主义。另外，德国的新自由主义（弗莱堡学派）和古典经济学也有紧密的关系。以欧肯、弗朗茨、伯姆等为代表的弗莱堡学派继承和来源于李斯特国家干预主义和保护民族经济政策的思想，对人与人之间的矛盾它不认为市场都可以解决，一些市场不能解决的矛盾需要国家介入经济生活发挥积极作用。其所主张的国家适度干预，限于国家运用积极政策手段来解决以下两个古典自由主义无法解决的问题：①维护市场经济的基础——公平竞争；②生活保障和安全政策。

[2] 相关详细内容参见〔美〕戴维·J.格伯尔：《二十世纪欧洲的法律与竞争》，冯克利、魏志梅译，中国社会科学出版社2004年版，第323~328页。

20世纪30~40年代以欧肯等人为代表的德国弗莱堡学派的理论[1]发展了古典竞争理论和新古典竞争理论,矫正了国家在社会经济生活中的位置,将国家从抽象的社会均衡关系中拉回到现实中来,因而兼具理论性和实践性。弗莱堡学派继承了边际主义(静态分析)的经济理论思想,[2]并以边际递减规律来分析价格,强调个别的供给者或需求者在作决策时,把产品的价格当成自己无力影响的既定前提,只能努力调整自己的供给量或需求量以适应价格,由此建立经济秩序。这是将其划归古典竞争理论范畴的基本理由。

弗莱堡学派认为,自由竞争是最佳的调控机制,可以促进社会整体福利和保持经济运行的均衡。在内涵上,德国新自由主义竞争理论中的自由不仅指个人对国家的自由,而且包括个人对个人的自由;在自由的保障上,不仅要消除国家对竞争的限制,而且要防止和消除私人经济主体之间由于市场力量而导致的竞争限制,从而使每一个市场竞争的参与者不但在国家面前,而且在其他私人经济主体面前,都是自由的。为此,需要国家提供竞争制度保证,维护竞争秩序,促进自由竞争。也就是说,自由竞争应该是一种"有序的竞争",而不是完全自由放任。[3]

"有序竞争"之"秩序"包含两层含义:一是奥尔多秩序(Ordo),即建立新的工业化经济时有运行能力的、合乎人的尊严的、持久的秩序。它是一种形而上学的秩序观,是完全竞争的理想状态。奥尔多秩序和康德的实践理性极为相似,都是建立在个人主义——被视为一种政治哲学、社会哲学和理论阐述的方法论——的基础上,强调个人自由、自我价值、个人独立。康德第一次成功地将个人主义与秩序观念在道德领域有机地结合起来,而弗莱堡学派则第一个将个人主义与秩序观念在经济领域有机地结合起来。二是经济秩序,指具体的、实际运行的经济状态。这种秩序无法依据个人的自我调节达到,需要建立竞争制度并通过限制私人权利的滥用来维持制度的良好运行。显然,亚当·斯密对个人和个人主义寄予了厚望并委以重任,而弗莱堡学派却对此放心不下。

---

[1] 弗莱堡学派也称德国历史学派、德国新自由主义,其思想也被概括为秩序自由主义、社会市场经济(1946年经济学家阿尔马克提出)。

[2] 19世纪70年代开始了边际主义经济理论统治西方经济学的时代。代表人物是奥地利学派的卡尔·门格尔、英国经济学家斯坦利·杰文斯、洛桑学派的里昂·瓦尔拉斯。边际效用的创始人是19世纪70年代以前的古诺、图能、杜邦、戈森。边际主义有三个基本理论:①"第一戈森定律",即边际效用递减定律:一种物品的一定数量在某个时刻对我们所具有的效用,取决于我们可以支配的这种物品的总量。随着我们不断享用同一物品,多消费一单位物品给我们所增加的效用不断下降。这个理论被用来确定价格。②"收益增量递减定律"。③"迂回市场道路增加产出率定理"。

[3] 陈秀山:《现代竞争理论与竞争政策》,商务印书馆1997年版,第47页。

在竞争秩序中，经济权力只应保持在维护竞争秩序所必要的限度内。[1] 保障竞争秩序的政策包括相互联系的两个原则：第一个是构建性原则，即用以建立指导市场发挥基本功能的基础制度，包括货币政策、产权制度、契约制度和相应的责任制度的原则；第二个是调节原则，即适度干预的政策，包括垄断调节政策、收入调节政策和经济核算政策。

（二）现代竞争理论

与古典竞争理论相比较，现代竞争理论产生的标志有三：①抛弃了理想竞争模式的教条；②从静态分析走向了动态分析，认为竞争不是一种静止的状态，而是一个动态变化的过程；③研究的中心从价格上移开，扩展到诸多新的竞争要素上，即研究对象不再是既定前提条件下价格如何决定以及如何适应现存结构实现均衡，而是现实市场竞争过程的各种竞争要素的组合形式（新商品、新技术、新组织、新供给来源等）以及在什么样的竞争形式下能够实现技术进步和创新。

现代竞争理论的代表主要有熊彼特的创新及其发展理论、克拉克的动态竞争理论、现代产业组织理论。

1. 熊彼特的创新理论

在熊彼特看来，资本主义在本质上是一种经济变动的形式或方法，它不仅从来不是，而且也永远不可能是静止不变的。"不断破坏旧结构，不断地创造新结构。这个创造性破坏的过程就是资本主义本质性的事实。"[2]

熊彼特的竞争理论可以概括为三个方面：①动态性。市场要素总是处在变动之中。因为企业的获利本性会驱使其不断寻找市场机会，而新思想、新发现、新信息会改变偏好、技术水平以及资源的充裕程度，这样，收益的刺激和机会可以通过功能良好的市场不断地释放出来。②创新性。这里的企业不是新古典经济学家眼中的市场价格条件下的被动适应主体，而是创建市场的主体。换言之，资本主义经济的变动不再被视为是由外部环境条件决定的，而是由竞争过程本身引发的内生变量。新产品、新方法、新市场、产业组织新形式都是赢得市场的方法。③技术动力性。突出强调技术进步和产业组织新形式在竞争过程中的作用，并且把技术进步与大企业规模经营联系起来，认为两者之间存在技术上的紧密联系——大企业能够实现技术进步。这一结论被称之为"熊彼特假定"。因技术转化而改变的市场结构乃至造成的市场破坏属于资本主义"创造性毁灭"的过程，亦即资本主义发展过程的阵痛。这同哈贝马斯的"创造性毁灭"属于资本主义

---

[1]〔德〕瓦尔特·欧根：《经济政策的原则》，李道斌译，上海人民出版社2001年版，第314页。

[2]〔美〕约瑟夫·熊彼特：《资本主义、社会主义与民主》，吴良健译，商务印书馆1999年版，第146~147页。

的"合法化危机"的观念具有异曲同工之妙。

2. 克拉克的动态竞争理论

在熊彼特创新与动态竞争概念的影响下，20世纪50~60年代美国学者克拉克提出了体系完整的现代竞争理论，这标志着现代有效竞争理论走向成熟。

克拉克用动态的观点系统分析了竞争过程，完善了熊彼特的创新理论，并进一步证明了资本主义社会经济动态发展演进的过程。按照克拉克的观点，所谓有效竞争就是由"突进行动"和"追踪反应"两个阶段构成的一个无止境的运动过程的竞争，其前提是竞争要素的不完全性，其结果是实现了技术进步与创新。具体而言，它包括下述基本内容：①竞争的目标是实现利润增长或避免利润下降。手段是通过生产者之间的竞争，实现消费者自由选择。②竞争动态性表现为"突进行动"和"追踪反应"的不断往复过程。首先由"先锋企业"进行创新，运用新技术、推出新产品、开发新市场、实行新的生产组织形式，从而获得"优先利润"，进而在竞争中占据市场优势地位。接下来，与这些"先锋企业"处于竞争关系中（既包括同类产品竞争，也包括不同产品的替代或潜在竞争）的其他企业开始模仿和追随"先锋企业"，以求分得一份优先利润，或者避免自身的利润下降。这两个阶段不断交替进行。③由于不断出现先锋企业，利润的均等化不会长久，甚至很难出现。

3. 哈佛学派

克拉克的有效竞争理论也为产业组织理论（指旧产业组织理论，也称"哈佛学派"）提供了智力支持。在目标上，保障和促进经济增长和技术进步的竞争是有效竞争的宗旨。如何保障这一目标的实现是产业组织理论探讨的中心问题。20世纪50年代，经济学家贝恩用经验分析的方法考察了1936年至1940年美国的42家企业，得出了企业集中度和利润率具有正相关关系的结论，并进一步取样分析利润率和进入壁垒之间的关系，发现高利润率情况下的壁垒明显高于低利润率情况下的壁垒。于是又得出，市场结构决定市场绩效。20世纪60~70年代谢勒在贝恩的"结构—绩效"范式的基础上提出了更为详细的三个方面标准，概括为：市场结构、市场行为和结果特征，即SCP（Structure – Conduct – Performance Paradigm）范式。

市场结构是指市场参与者的数量和规模及其影响。判定市场结构的标准主要有：进入市场的障碍、市场透明度、产品的差异程度和被替代性的大小。市场行为是指生产者的行为（包括联合行为）及对购买者的影响。其主要标准包括企业在制定价格和产量方面的目标和方法、产品开发和广告策略、设备投资等。市场结果，又称市场绩效，是指企业行为对市场影响的总和。其主要标准包括技进步、消费者选择、生产和资源的配置效率、中小企业的经营状况。

市场结构、市场行为和市场绩效的关系包括：①市场基本条件[1]决定市场结构，市场结构直接影响市场行为进而形成相应的市场绩效；②市场行为对市场结构、市场基本条件有反作用；③市场结构对市场基本条件有反作用。

在上述关系中，市场结构的好坏会决定市场绩效，市场绩效包括既有企业的产品差别化优势、绝对成本优势、规模经济等。首先，过高的产品差异对消费者不利。消费者的选择权与产品差异成反比例关系：产品差异化越大，企业对产品的垄断性越强，消费者的选择性越小。有效竞争所要求的不是特别大的产品差异度，而是适度的产品差异。其次，绝对成本优势是比照平均成本而言的。在不变成本较高的行业中，最低的平均成本将在产出水平很大时才能实现，所以，行业中厂商的数目相对较少，表明生产者都是大厂商。在不变成本较低的行业中，通常有许多的厂商。如果存在绝对成本优势，就意味着单个企业有提高产量、扩大市场占有率的能力。一般而言，平均成本曲线向右下方倾斜的企业拥有绝对成本优势。如果新进入的企业生产数量少于既有企业，则它的平均成本将高于既有企业的平均成本水平，后者可以将产品价格定得更低，甚至低于新进入企业产品平均成本以下。这样，既有企业就享有绝对成本优势。最后，规模经济情况下的市场结构将产生良好的绩效。一个产业内过高的生产集中度会导致恶劣的市场绩效，但规模效益显著的部门除外。恶劣的市场绩效需要进行矫正，只有通过对市场结构和市场行为进行调整才能取得良好的市场绩效。

按照哈佛学派的理论，有效竞争的市场有三个标准：①结构标准：不存在进入和流动的人力限制；厂商对上市产品质量的价格差异有敏感性；交易者的数量符合规模经济的要求。②行为标准：厂商间不互相勾结；厂商不使用排他的、掠夺性的或高压性手段；在推销时不搞欺诈；不存在"有害的"价格歧视；竞争者对他人是否会追随他们的价格变动没有完备的信息。③绩效标准：利润水平刚好足以酬报创新、效率和投资；质量和产量随消费者需要而变化；厂商尽其努力引进技术上更优的新产品和新的生产流程；没有"过度"的销售开支；每个厂商的生产过程都是有效率的；最好地满足消费者需求的卖者得到最多的报酬；价格变化不会加剧周期的不稳定。[2] 这些描述对市场的有效性确定了量化指标，也为其上升为竞争政策提供了基本条件。受到战争与企业集中的特殊关系的启

---

[1] 市场基本条件包括供给和需求。供给条件包括：原材料、技术、产品产量、营销方法、生产周期、法律制度等；需求条件包括：价格弹性、产品替代性、采购方式、周期性等。
[2] 转引自曹士兵：《反垄断法研究：从制度到一般理论》，法律出版社1996年版，第28~29页。

示,第二次世界大战以后哈佛学派的思想倍受美国政府青睐,[1]并渗透和推广到日本、德国等战败国的反垄断立法中。直到20世纪80年代以前,其都作为美国政府处理对内、对外关系的主导性竞争政策。

哈佛学派主导下的美国反托拉斯政策被称为结构主义,其核心方法就是建立了"结构—行为—绩效"(SCP)范式。由于这种范式的运用始于"结构",并直接推导相应的结果,意味着只要管住这个"结构"就可以克服差的市场绩效出现。SCP范式对企业的规模非常敏感,相应地,竞争政策手段自然也主要针对规模和形成规模的条件。

在政策上哈佛学派思想的运用体现为以下方面:①高度集中的垄断状态即违法。1945年的美国"铝公司案",判定该公司在铝锭市场具有独占的性质(占有的市场份额达90%)。②确立了企业合并规制的结构性方法。1968年颁布的《合并指南》全面体现了哈佛学派的结构主义观念,确定了对有害规模的认定方法,即CR_4方法:当市场中四家最大企业所占市场份额之和达到或超过75%时,禁止两个企业合并的条件是:实施兼并企业的市场份额为4%以内,被兼并企业的市场份额为4%或以上;实施兼并企业的市场份额为10%以内,被兼并企业的市场份额为2%或以上;实施兼并企业的市场份额为15%以内,被兼并企业的市场份额为1%或以上。当CR_4低于75%时,主并购企业和被并购企业的市场份额也不能超过一定限额(不赘述)。③拓宽了涉及扩大企业规模的行为的范围。1914年美国《克莱顿法》只禁止以收购股票的方式进行的合并,范围相对狭窄。1950年通过的《塞勒—凯弗维尔法》补充了《克莱顿法》的这一不足,增加了购买资产的方式进行的合并,同时还增加了垂直合并和混合合并两种合并类型。④扩大了本身违法原则的适用范围。结构主义原则原本只适用于卡特尔(价格卡特尔、地域卡特尔、数量卡特尔),结构主义时期一些非卡特尔,如限制转售价格协议、搭售、排他性交易等都被本身违法原则所覆盖。此外,美国铝公司案中,法官判定该公司没有滥用市场力量,但因拥有高度集中的市场份额也违法:维持其垄断地位本身就显示了垄断化的意图。这实际上放弃了1911年标准石油公司案所确定的同时评价"垄断状态、垄断行为和垄断意图"的惯例,相当于宣布垄断地位本身是违法的。[2] 法律实施中结构主义的强化,使得一些司法判例偏离了立法目标,严厉的反托拉斯政策在一定程度上抑制了规模经济,尤其是有效

---

[1] 当然,在美国还有民粹主义者的推动,其经济民主化的要求哈佛学派思想能够体现。另外,《谢尔曼法》的实施打击了卡特尔行为,但助长了企业合并,导致20世纪50年代后,美国出现了第三次企业合并浪潮。

[2] 辛海笑:《美国反托拉斯理论与政策》,中国经济出版社2005年版,第18~19页。

率的大企业的发展。化解市场权力的目的是保护中小企业，这事实上将竞争法保护竞争私下里偷换成了保护竞争者。

无论如何，哈佛学派理论的制度贡献是毋庸置疑的：它开始了经济学投入，法学产出的制度生产过程。许多抽象的法律规则在运用中渐变为具体的法律规范。随着美国经济的快速发展，国际竞争的加剧，市场结构需要快速调整以增强本国的竞争优势，相应地，政策目标需要以效率为中心，但哈佛学派的思想一直将效率放置于第二位。以哈佛学派为基础的托拉斯政策大致在20世纪70年代末期走向了衰落。

4. 芝加哥学派

在与哈佛学派的论战中，芝加哥学派的竞争理论得以形成，并在20世纪80年代初期上升为美国反托拉斯政策。

尽管哈佛学派所建立的"三段论"有其合理之处，但其推理过程并非无懈可击。芝加哥学派就是在针对该三段论的大前提——高集中度的市场结构构成进入壁垒——进行理论攻击而形成的。首先，针对贝恩选择的行业提出质疑。贝恩选择的是汽车、汽油、钢铁、拖拉机等行业，这些行业特殊性在于，沉淀成本高，行业进入比较难。而相对容易进入的行业，如农业、建筑业、批发和零售业、服务业等，贝恩基本没有选择。另有经济学家对贝恩认为的高集中度的市场——乡村医疗服务市场进行了检验，发现这个市场通过竞争能够迅速地降低价格和利润。[1] 其次，集中度高不是永恒的，会随时间延续发生变化。哈里斯检验了那些贝恩认为难以进入的行业的市场准入率，发现其中几个行业曾有过重大的市场准入情况，由此得出：那些看来确实像是限制了准入的由贝恩认定的进入壁垒其实都与产品差别有关。从实用主义的观点看，巨额的短期利润仍是企业所追求的，高额利润必然带动潜在竞争者涌入。正如斯蒂格勒认为的：短期的进入壁垒会因为市场机制的调节作用而自行消失，所以，高集中度只是特殊经济领域一时的现象，而不是经济规律。最后，芝加哥学派认为，沉淀成本、产品差异都不会构成进入壁垒的障碍。萨缪尔森发现，在制造业进入者的规模比一般厂商小得多，它们的产出占现有厂商产出水平的17%，占行业平均产量的11%。[2] 所以，必要的资本量不是进入壁垒，真正的壁垒是政府的法律限制。

芝加哥学派依靠新古典竞争价格理论以长期分析的方法建立自己的理论体

---

[1]〔美〕丹尼斯·卡尔顿、杰弗里·佩罗夫：《现代产业组织》（上），黄亚均等译，上海人民出版社、上海三联书店1998年版，第155页。

[2]〔美〕丹尼斯·卡尔顿、杰弗里·佩罗夫：《现代产业组织》（上），黄亚均等译，上海人民出版社、上海三联书店1998年版，第155页。

系。和哈佛学派相比较，其特点主要体现在以下方面：

（1）理论关注点从市场结构重回价格。芝加哥学派不否认市场结构的存在，但相信，市场结构的存在是短期的，从长期看，在没有人为的市场准入限制的条件下，市场具有自我恢复性；短期存在的高度集中正是竞争中企业生存能力的考验，也是市场自我调整的过程。因此，在短期存在的市场结构下，国家不应急于干预。

（2）竞争政策的价值从社会公平转移到效率。哈佛学派主张实行严格的合并控制，对长期存在的过度集中的大企业实行拆散政策，其目的是为中小企业提供充分竞争的机会。而芝加哥学派认为，企业规模壮大的过程是市场结构合理化的体现，只有那些能够通过降低成本或改善产品（服务）质量获得"优先利润"的企业才能适者生存，另一些竞争者或新加入的竞争者如果不能"追踪反应"，只好退出。这个过程会在很大程度上带来生产效率和资源配置效率，使消费者福利最大化。在形成垄断价格之前，国家都无须干预。

（3）政府可干预的范围应尽可能的小。公营企业普遍存在效率低下的问题，将公营企业交给市场经营，是解决效率低下的切实可行的出路。所以，要尽量减少反垄断法适用除外的范围。

可见，芝加哥学派竞争理论的核心是经济自由主义思想和社会达尔文主义：①认为市场竞争过程是一个没有国家干预或少干预条件下市场力量自由发挥作用的过程，在这一过程中的"适者生存"，施蒂格勒把它称之为"生存检验"；②国家干预限制在为市场竞争过程确立制度的任务上。

20世纪80~90年代是芝加哥理论政策化的核心时期，代表其理论竞争政策转化的最主要方面是企业合并管制的放松。美国司法部1982年对1968年的《合并指南》进行了修改，将市场集中度的违法性由决定性因素变为参考性因素。另外1982年的《合并指南》将CR_4标准改为赫芬达尔指数标准（后文将述）。大大放松了法律规制企业合并的要求。另外，相对于结构主义时期的本身违法原则的扩大化使用，实行了制度范围上的"恢复原状"，除了价格卡特尔、数量卡特尔、地域卡特尔外，各种垂直限制如搭售、排他性交易、限制转售价格等复归合理原则处理。在弱干预思想的支配下，反垄断法适用除外的范围在这个时期呈逐渐缩小的趋势，体现就是以电信为代表的市场化改革。

相比哈佛学派，芝加哥学派的竞争政策走向了另一极，即实行最低限度的政府干预。在放松管制政策的推动下，美国迎来新的企业合并高潮，而且由于加入了新技术的力量使得合并的势头越来越猛，并于20世纪90年代初期的第五次合并浪潮达到范围和规模的最大化。合并导致的经济力集中以及由此引发的滥用市场支配力的危险加大，需要适时改变或修正竞争政策的态度。作为替代，新产业组织理论及其竞争政策思想逐渐浮出水面。

5. 新产业组织理论

新产业组织理论与芝加哥学派在分析方法、分析路径上都不相同，结论也不同。新产业组织理论采取静态和动态分析相结合的方法，取代了芝加哥学派采取的单纯静态分析的方法，并用行为关系（博弈）分析取代价格分析，使结论更具有说服力和更接近现实。

价格分析建立在产量和市场价格之间的一般决定关系上，产量增加价格下降，反之，价格上升。但这种决定性并不总能发挥指导作用，一是消费偏好的情况下，消费者失去价格敏感性；二是在特殊情况下存在吉芬价格[1]：低价不如高价时销量大。更为重要的是，经营者操纵价格将使价值规律扭曲，形成信息不对称，人为改变市场资源的配置。价格卡特尔、价格歧视、串通投标等属于直接操纵价格的行为；划分地域、限制产量、搭售等属于间接操纵价格行为。因此，在寡头市场上，价格不是由市场决定的，而是由企业单独或联合决定。在价格问题上存在决定者和接受者情况下，价格就成了企业策略行为的工具。

新产业组织理论采取博弈论的分析方法使人眼前一亮，虽然同为探讨竞争关系，但给人以别有洞天之感。博弈论的基本特征是个人主义、理性和相互依赖。前两个特征无需解释，相互依赖指博弈中的个体福利至少部分取决于博弈中其他博弈者的行动，策略性行动的个体为得到他最满意的结果会预见他们自己的行动对其他主体行动产生的影响。[2] 由于竞争模型和垄断模型都只有一个，新产业组织理论主要探讨了寡占模型，并将其分为单期寡占模型和多期寡占模型。单期寡占时的博弈，通常又称静态博弈，指在短期内竞争对手针对经营者的某种策略做出反应而形成的竞争状态。在单期博弈中，经营者的长期策略、短期策略的变动、竞争者的反应速度等都忽略不计。因此，单期博弈只是初始化的竞争、阶段性的竞争模型。多期博弈根据前期产出对本期行为进行调整的复杂策略。多期博弈的关注点是寡头间长期的行为取向。例如，一家厂商可以通过在几个时期内降低自己产出的方法，向另一家厂商发出希望合作的信号。如果另一厂商通过降低其产出做出反应，则两家厂商就进行了合作，避免了竞争；如果一家厂商降价并

---

[1] 英国学者罗伯特·吉芬19世纪在爱尔兰观察到一个现象：1845年爱尔兰爆发了大灾荒，土豆的价格在饥荒中急剧上涨，但农民反而增加了对土豆的消费。人们把吉芬发现的这种价格升高而需求量也随之增加的经济现象叫做吉芬现象。在我国黄金、茅台酒等大致属于吉芬商品。

[2] 〔美〕格若赫姆·罗珀：《博弈论导引及其应用》，柯华庆、闫静怡译，中国政法大学出版社2005年版，第2~3页。

增加产出，另一家也将在一段时间内以增产进行报复，惩罚擅自降价的行为者。因此，在无限重复的单期博弈情况下，厂商间更容易走向串谋。这种理论较为全面地考虑到了市场的实际情况，能够为寡头企业长期市场关系提供理性分析，进而为卡特尔这种普遍性的企业反竞争行为进行法律约束提供权威的解释。

新产业组织理论在很大程度上改变了芝加哥学派的竞争政策，在重复博弈的情况下，企业合谋的可能性增大，包括卡特尔、企业合并，需要对其进行适度地限制。新产业组织理论提供了一种弱于哈佛学派强于芝加哥学派竞争政策的温和的反托拉斯政策，它再一次向人们展示了竞争经济理论的魅力和威力。

就竞争的经济学理论而言，其内容之丰富远超过上文的表述。在反垄断法的制定和适用过程中，不是每一种有关竞争的经济学理论都发挥指导性作用，由此，就有了所谓反垄断法解释论中的经济学思想的远近亲疏。即便是与反垄断法有亲缘关系的经济学理论，它对反垄断法的贡献也仅仅限于认识理解的层面，而作为反垄断法律关系本身有其自己的规则和运行方式。在反垄断法语境下，运用经济学理论的终极目的是提高制度运行的效率。

第二节 反垄断法中的经济学依赖

反垄断法借助经济学的概念、分析方法来解决"自己"的问题，进而使反垄断法和经济学产生某种依赖关系。

一、法律规范中经济学概念的使用

反垄断法中的一些概念来源于经济学。由于认识的视角不同，经济学上的概念往往有多重含义。反垄断法所援用的经济学上的相关概念多以规范的视角使用概念的内涵，而略去概念界定时主观歧义性的内容。这里的概念包括基本概念和专有概念。

（一）基本概念的使用

基本概念指涉及反垄断法立法宗旨、原则等方面所使用的概念，包括竞争、垄断、市场、消费者、经营者等。

竞争是经济学上内涵丰富的概念，人们对它的理解不尽一致。有人将竞争作为利益实现的方式，认为竞争是经济主体在市场上为实现自身的经济利益和既定目标而不断进行角逐的过程。[1] 也有人认为竞争是一种交易过程：市场参与者

---

[1] 转引自陈秀山：《现代竞争理论与竞争政策》，商务印书馆1997年版，第4页。

为了达成交易做出了努力，而同一市场的其他参与者也进行着同样的努力。[1] 还有人将竞争作为一种信息获取的渠道，认为竞争是市场中买方和卖方相互交往的演化性过程：购买者竞争获取相关知识，去哪里购买、如何购买、什么新产品处于试验中，如何做成一笔有利的生意；销售者则与供给密切替代品的其他供应者争胜，目的是利用新知识使自己在面对潜在购买者时占有优势地位，这种知识涉及产品变化和生产工艺，涉及组织、交流和销售方法，还可能涉及交易伙伴。[2] 此外，还有人将竞争作为一种发现的过程，等等。在法律上，竞争被界定为经营者之间的对抗。这种对抗中的每个主体都没有单方面影响商品市场的一般条件的能力或都受到其他主体经营行为的限制。[3]

垄断是竞争的高级状态，其内涵上文已述。法律对竞争和垄断的界定采取的是一种"二值编码"技术，即它们分别被划分为正当竞争、不正当竞争，合法垄断和非法垄断。在两个学科中，同为有效竞争和无效竞争含义截然不同，经济学中的有效和无效之"效"是指效率，通常被理解为投入产出之比；法律上的有效和无效之"效"是指效力，即行为的社会评价结果。当然，法律上的有效、无效或合法、非法的界定标准离不开效率分析，只是分析中选取了社会效率作为标准。法律是公共意志，经济学尤其是微观经济学不强调分析的公共视角。

反垄断法所涉及的市场被称为相关市场，一般有三种含义：相关产品市场、相关地域市场、相关时间市场。判断相关市场时通常采取替代性分析，包括供给替代和需求替代，实际上替代性来自于经济学上的交叉弹性。后文将述。除此之外，在反垄断法上，还存在行业市场问题。行业市场是根据行业特点划分的，一般包括商品市场和服务市场。商品市场又包括产品市场、技术市场；服务市场又包括金融市场、劳动力市场等。反垄断法不调整所有的行业市场，主要调整其中的一部分，如俄罗斯反垄断法调整的市场范围只包括商品市场和金融市场，不包括劳动力市场。[4]

经济学上的消费者是个泛称，即和生产者相对应的另一个微观主体。将现实中的销售者和消费者全部称为消费者，因此，可以将经济学上的消费者理解为消费的人，这里的消费包括经营性消费和生活性消费。另外，经济学上的经营者一

---

[1] [德] 迪特尔·格罗塞尔：《德意志联邦共和国经济政策及实践》，晏小宝译，上海翻译出版公司1992年版，第46页。

[2] [德] 柯武刚、史漫飞：《制度经济学》，韩朝华译，商务印书馆2000年版，第277页。

[3] 这是俄罗斯2006年《竞争保护法》第4条规定的竞争概念。目前只有极少数国家在反垄断法上规定竞争的概念。

[4] 俄罗斯对商品和特殊服务曾经分别立法：《商品市场竞争及限制垄断行为法》（1991年3月22日颁布）和《金融市场竞争保护法》（1999年6月23日颁布）。2006年统一为俄罗斯《竞争保护法》。

般用厂商和生产者来代替，是追求利润最大化的主体，其行为的效果用生产函数来描述。被湮没在相关经济学概念之中的消费者和经营者在反垄断法中被突出出来。消费者和经营者在反垄断法中被消费者利益和经营者（或竞争者）利益代替，消费者权益和经营者权益是以消费或经营行为、预期消费或经营行为表现出来的，由此也区别于《消费者权益保护法》中的消费者和《中小企业促进法》中的经营者。另外，《消费者权益保护法》和《中小企业促进法》确立的保护模式是从主体到行为的模式，可以称其为权利（力）法；反垄断法建立的是从行为到主体的模式，以经营者的不作为为中心，并以消费者利益和竞争者（第三者）利益为行为延伸的客体，从这一点出发，反垄断法可以被称为义务法。反垄断法中的消费者为泛化的一般消费者，其具有三个特征：消费行为经过成本计算；决策目的是使效用最大化；不存在一定的消费偏好。非理性的消费者如未成年人，或有消费偏好的人的利益在此没有涉及。

（二）制度中专业术语的对应使用

反垄断法制度中很大一部分术语在经济学中都对应使用。微观经济学主要研究单个经济单位的经济行为和相应的经济变量的关系，其中厂商的行为在不同程度上涉及竞争关系。经济学对竞争关系的关注时间早于反垄断法，在这一前提下，可将反垄断法制度中专业术语的对应使用称之为对经济学概念的援用。但由于法律仅仅关注经济世界中典型的、具有普遍性的反竞争现象，使得一些被法律援引的同一概念在外延上小于经济学上同一概念的外延。法律上在使用相关经济学概念时往往附加一定的限制条件。例如，最早从经济学理论上分析价格歧视的经济学家庇古把该概念分为三种类型：一级价格歧视，指垄断者完全了解每个顾客的支付意愿，并对每位顾客收取一种不同价格的情况；二级价格歧视，指卖方把买方分成几个与一定价格水平相对应的集团，分别以不同的价格销售；三级价格歧视，指对不同需求价格弹性的两个以上用户群（实质上是两个以上市场），以不同的价格进行销售。另外，许多合理的社会现象也可能被视为经济学上的价格歧视，如大学对贫困学生提供奖学金，可以认为这种政策是一种价格歧视[1]。反垄断法所规范的价格歧视除了对不同的人实行不同的价格外，至少还要求产生限制竞争的效果（或存在此目的）。这样，上述经济学意义上的价格歧视不都是法律意义上的价格歧视。

二、经济学方法的依赖

科学的立法需要准确运用实证方法，坚持从实践中来，到实践中去。法律规

---

[1] 〔美〕曼昆：《经济学原理》，梁小民译，三联书店、北京大学出版社1999年版，第338~340页。

范要有广泛的现象捕捉能力,这种能力来源于法律规范的前提——客观事实的代表性和对客观事实的类型化、抽象化,满足这个前提才能保障规范性文件概括的准确性和可操作性。法律规范除了对客观事物的属性进行抽象描述外,(有的)还需要通过量化来决定事物的质。

反垄断法中用来量化事物性质的情况有两种:一种是基础性标准的确定;另一种是定性的说理方法。

(一)相关基础性标准的依赖

反垄断法中,依赖经济学方法的基础性问题有两方面:贯穿始终的基础性问题是相关市场的界定和经济集中度的确定。

1. 相关市场界定中的经济学依赖

最初,市场的界定按产品功能这个标准进行,马歇尔把市场定义为一个区域,在这个区域中通过商品的价格经运输成本适当调整后趋于相等。随着产品功能的增加及近似产品大量出现,同一种产品的概念已经很难准确认定,商品市场也被相关产品市场所取代。这种取代的实质是判断对象的移位,原来从客体(产品性能)出发来判断市场,现在从主体——消费者出发依其选取的产品替代性范围来划定。易言之,由原来的供给替代转变为现在的需求替代。在美国,1956年杜邦公司案初步接受了这个标准,确定了界定相关商品市场的"合理互换原则"(reasonably interchangeable),但至于多大范围的合理互换,何种价格情况下进行合理互换等重要方面,该案则没有涉及(或者说该案涉及的互换不够合理)。美国1982年的《合并指南》解决了上述问题,确定了SSNIP(Small but Significant and Nontransitory Increase in Price)界定法,从而这个经济学方法成为法律规范中的一个重要内容。在我国反垄断委员会制定的《相关市场界定指南》中,SSNIP方法被称为假定垄断者测试,其本质是一种模拟市场价格上涨引发转移消费的调查方法。和传统的功能界定法相比较,SSNIP界定法更客观、更合理地解决了功能法对功能"近似"问题认定的不确定性。借助于经济学理论,反垄断法完成了对相关市场的认定标准的主观性向客观性的转化。相关地域市场是以同一产品的"旅行能力"来判断的,如果一种产品在两个地方的价格差别只是运输费用的差别,那么,这两个地方处于同一个市场中。[1] 显然,这些界定方法和经济学有紧密的联系,关于相关商品市场、相关地域市场、相关时间市场等后文将详述。

---

[1] 〔美〕斯蒂格勒:《价格理论》,李青原等译,商务印书馆1992年版,第83页。

2. 市场集中度的认定

反垄断法中的经营者集中，也被称为企业合并。法律控制合并的主要目的是防范合并之后产生市场危害，控制方法是设定市场许可的结构标准和行为标准，对危险的合并不予批准或附条件批准。法律上的判断标准被描述为"实质性限制竞争"、"阻碍有效竞争"等，一定情况下，这种模糊标准的量化需要经济学的方法，CR_X和赫芬达尔指数就是常用的方法。

美国一直采用市场份额为衡量市场力量的基本工具，只是在确认指标的具体方法上，1968年以CR_4为标准，1982年起改为HHI（Herfindahl – Hirshman Index）指数。2004年欧盟《合并条例》也以市场份额为基本指标。[1] 除了CR_X和HHI外，一些国家在反市场结构的分析上还采用勒纳指数（Lerner Index）和贝恩指数（Bain Index），例如，俄罗斯反垄断局每年发布的《俄罗斯竞争状况报告》就同时使用上述四种指数进行分析。勒纳指数是用于衡量市场支配力的一个基础性指标。按照微观经济学的基本原理，在充分竞争的条件下，其价格P等于边际生产成本MC，企业的经济利润为0。勒纳指数通过对价格与边际成本偏离程度的度量，反映市场中垄断力量的强弱。勒纳指数在0～1之间变动，指数越大，市场中的垄断力量越强；反之，竞争程度越高。在市场完全竞争时，勒纳指数等于0。贝恩指数说明在一个市场中，若持续存在超额利润，一般就反映了垄断的因素。超额利润越高，市场垄断性越强。因此，贝恩通过对企业超额利润的衡量来判断市场垄断或竞争的强度。相比之下，贝恩指数中平均成本的测算相对比较容易，而勒纳指数运用时MC难以计算。

（二）定性的说理方法依赖

一个行为被认定为违反反垄断法，一方面要在反垄断法上找到该行为对应的抽象的规范性内容，另一方面还要将抽象的规范性内容以一定的方法表达出来，以示结论的公正性。在可运用的方法中，除了使用一般解释（演绎）的方法外，更经常使用的是经济分析的方法。其中主要有价格—成本分析、福利分析和杠杆理论分析。

1. 价格—成本分析法

经营者的行为是否违法，需要一定的经济合理性，判断行为是否具有经济合理性，方法之一是价格—成本分析。

该种方法通常适用于掠夺性定价、价格卡特尔等价格垄断行为中。基本分析

---

[1] 该条例第（32）规定，如果合并由于参与企业之市场份额有限而不会妨碍有效竞争，则可以认为该合并与共同体市场相符合。在符合欧共体条约第81条和第82条的前提下适用如下标准，即参与企业在共同体市场或其重要部分的市场份额不超过25%。

方法是假定市场上有一个与具有市场支配地位的经营者同等效率的竞争者，通过评估同等效率竞争者的价格来说明经营者行为是否适当。

价格—成本分析方法的适用大致包括以下几种情况：

(1) 价格与成本的综合比较分析。欧盟对排他性协议的认定采取该种分析方法。如果同等效率的竞争者将其产品价格定得低于支配地位企业的平均可避免成本（Average Avoidable Cost），而客户仍没有随之增多，则说明支配地位企业的客户对该企业的忠诚度很高；如果同等效率的竞争对手将其产品价格定得高于支配地位企业的长期平均增量成本，这说明即便支配地位企业给予客户价格折扣，与其具有同等效率的竞争对手也能够在获利情况下与其展开竞争。在同等效率的竞争对手将其产品价格定得高于支配地位企业的平均可避免成本，但低于其长期平均增量成本时，委员会将开始调查该竞争对手在扩大产能或者新进入市场时是否存在实质性阻力。[1]

对于掠夺性定价的分析，也采取价格与成本综合比较分析方法。该种限制竞争行为的法律标准是营销价格低于成本定价。这里的成本是个泛称，一般指生产中所支付的各种生产要素的总和。因成本分为总成本、平均成本、边际成本等；总成本又可以分为固定成本和可变成本。此外，上述这些成本类型还可以按时间长短划分，所以，"低于成本定价"以哪种成本来衡量是理解和运用该法律规范的关键。

经济学上，相对于成本而言之短期和长期有特殊的含义。短期指厂商不能根据它要达到的产量来调整其全部生产要素的时期，在这一时期，它只能调整原料、燃料及劳动力数量这些生产要素，而不能调整厂房、设备和管理人员这类要素。长期是指厂商能根据所要达到的产量来调整其全部生产要素的时期。因此，在长期成本中也就没有固定成本和可变成本之分，一切生产要素都是可以调整的，一切成本都是可变的。这样，分析长期成本时，只能分析总成本、平均成本与边际成本。[2] 短期成本比长期成本更能够突显厂商的定价行为特性和价格的策略性。

在成本的类型关系上，平均固定成本随着产量的增加而变小，直至无限小；平均可变成本是成本中的常量，表现为一条圆滑的 U 型曲线，达到规模经济时，平均可变成本最小。平均成本是不变成本和可变成本的总和，通常平均成本高于平均可变成本。因此，如果采取平均可变成本作为低于成本定价的标准表明规制

---

[1]《适用〈欧共体条约〉第82条查处市场支配地位企业滥用排他行为的执法重点指南》第36~43节。转引自王晓晔：《反垄断法》，法律出版社2011年版，第221页。

[2] 梁小民：《西方经济学教程》，中国统计出版社1998年版，第144~151页。

态度较宽松；如果采取平均成本作为低于成本定价的标准则表明规制态度较严厉。美国芝加哥学派时期反垄断执法采取平均可变成本作为标准；欧盟法院实行两个标准：平均可变成本标准并具有限制竞争目的，高于平均可变成本但低于平均成本标准。

（2）消费者（购买者）的交易成本分析。对涉嫌垄断行为进行分析时往往会将分析的对象从经营者和竞争者身上移开，转到消费者购买成本分析上。

在购买商品时，消费者除了要支付以商品价格表示的产品制造成本外，还存在着大量的交易成本，包括信息成本、谈判成本等。在反垄断法的案件分析里，交易成本会作为评价行为性质的一个重要方面。如"广播音乐公司（Broadcast Music, Inc., BMI）案"中，法院在案件分析时突出强调了以下方面：首先，只要购买了这个一揽子许可，就可以使用协议里的所有作品而不必支付额外的成本；虽然许可费用因购买者的收入而不同，但这种不同与许可的成本没有任何联系。其次，在知识产权许可市场上，消费者的最大成本往往是寻找成本，如果所有的卖者都集中于同一个时间在同一个地方与消费者进行交易，那么消费者的搜寻成本就最低了。与商品价值有关的寻找成本越低，消费者在做出购买决定前就可以寻找到更多的信息以供比较。BMI的一揽子协议节约了大量的交易成本，如果没有这一协议的话，作品使用人就会与每一个作品生产者一一谈判。最后，流行歌曲的生命期本来就很短，往往等到使用人与生产者一一谈判完，这首歌曲可能就不那么有价值了。减少使用人的成本最终也降低了听众——第三方消费者的成本。最终，法院认为，这种许可协议中的价格结构有利于保护消费者利益。[1]

除了因信息成本给消费者带来的损害，转换成本也可能带给消费者损害，进而成为判定行为合理性的一个缘由。转换成本是指消费者从已经接受的产品（服务）的提供者转向另一个替代性产品提供者时所产生的一次性交易成本。1992年柯达案[2]中，转换成本成了案件定性的主要方面。该案中的转换成本指购买者从柯达设备转换到其他公司设备的成本。柯达公司在销售市场上具有市场支配地位，另外，柯达公司的许多洗印机零部件是柯达独有的，没有替代品，所以面对零部件的提价，顾客的需求是刚性的。基于消费者的转换成本很高，原告方提出，即使销售市场是竞争性的，售后市场的消费者也未必能免受因厂商权利的滥

---

[1] 441 U.S. 1 (1979). 转引自〔美〕基斯·N. 希尔顿：《反垄断法：经济学原理和普通法演进》，赵玲译，北京大学出版社2009年版，第96~104页。

[2] Eastman Kodak Co. v. Image Technical Services, 504 U.S. 451 (1992).

用而遭受的侵害。[1] 法院支持了该分析。理论上，竞争市场上的消费者本应有选择自由，但产品之间的转换成本过高的话，消费者就会被锁定（locked in）。在某一个产品上，被锁定的消费者不得不忍受产品价格提升到竞争水平之上直至达到转换成本的高度。在这种情况下，如果转换成本高于产品价格的提高，而且被锁定的用户数量高于新购买者数量，在后续市场（比如配件、维修、技术改进等后续服务的市场）上销售者可以在保持高于竞争水平价格的情况下仍然获利。

上升为反垄断执法政策的芝加哥学派和新产业组织理论对排他性交易的处理方法作了很大的改进，尤其是提高竞争对手成本理论（Theory of Raising Rival's Cost, 简称"RRC 理论"）。RRC 理论的基本原理是，在寡头模型中，某厂商的利润取决于它相对于竞争对手的成本优势，如果该厂商能够绝对或相对地提高竞争对手的成本，那么它就可以通过牺牲对手的利益来提高自己的利润。为了提高对手的成本，通常厂商必须拥有某种市场力量或政治力量。RRC 理论适用于搭售、拒绝交易、价格歧视等行为，在美国一些案件适用该理论进行了谴责。[2] RRC 理论的运用有三个条件：支配性企业从中获利的程度；竞争者是否受害；消费者利益是否受到损害。[3]

成本分析还扩展适用到进入壁垒（沉淀成本）的分析上，限于篇幅和内容，留待后文（第七章）表述。

2. 福利分析法

福利经济学作为经济学的一个分支，最早出现于 20 世纪初期的英国。1920 年庇古的《福利经济学》一书的出版是福利经济学产生的标志。1929～1933 年资本主义经济危机以后，英、美等国的一些经济学家对福利经济学进行了许多修改和补充，丰富了福利经济学的思想，形成新福利经济学。

"帕累托最优"和马歇尔的"消费者剩余"是福利经济学的重要分析工具。"帕累托最优"状态是指这样一种状态，任何改变都不可能使任何一个人的境况变得更好而不使别人的境况变坏。按照这一规定，一项改变如果使每个人的福利都增进了，或者一些人福利增进而其他的人福利不减少，这种改变就有利；如果使每个人的福利都减少了，或者一些人福利增加而另一些人福利减少，这种改变就不利。马歇尔从"消费者剩余"概念推导出了一项可执行的政策的结论：政

---

[1] 〔美〕J. E. 克伍卡、L. J. 怀特：《反托拉斯革命——经济学、竞争与政策》（第 4 版），林平、臧旭恒等译，经济科学出版社 2007 年版，第 443 页。

[2] 〔美〕赫伯特·霍温坎普：《联邦反托拉斯政策——竞争法律及其实践》，许光耀、江山、王晨译，法律出版社 2009 年版，第 354～355 页。

[3] 辛海笑：《美国反托拉斯理论与政策》，中国经济出版社 2005 年版，第 144～145 页。

府对收益递减的商品征税，得到的税额将大于失去的消费者剩余，用其中部分税额补贴收益递增的商品，得到的消费者剩余将大于所支付的补贴。

在反垄断法上福利经济学的观念得以应用的基础是：其以一定的价值判断为出发点，而不是一般经济学那样"价值无涉"，也就是根据已确定的福利社会的目标，建立理论体系，制定经济政策方案；以边际效用基数论或边际效用序数论作为评价社会福利目标的依据。

从经济学上看，消费者福利分析主要是根据供需关系展开，而反垄断分析中消费者福利则主要是需求因素的衡量，包括价格、质量等，因而形成价格福利分析和质量福利分析等。

（1）价格福利分析。在竞争市场上，一方面，价格能够向消费者传递产品稀缺性的信息，消费者会通过调整他们的消费作出价格反应，并将该反应传递给生产者以调节供给；另一方面，价格是消费者福利的一部分，支付的价格越高，消费者福利就越小。垄断导致价格提高、产出减少，使得福利由消费者向垄断者不公正转移。价格问题一直是反垄断分析中的重点，在反垄断案件中，当企业因为垄断行为将价格提高了20%时，就会引起注意[1]。20世纪90年代，加利福尼亚大学经济学教授提出了"单方效果"理论（Unilateral Effects Doctrine）。根据"单方效果"理论，即使是小企业间的合并，如果从经济学角度分析会导致涨价行为，从而使消费者利益受到损害，那么政府也应当对这个合并进行干预[2]。与价格有关的非价格垄断行为也涉及价格福利分析，比如合谋限制产量行为，根据需求与价格成反比例的关系，如果生产者将产量控制在一定范围内，也就是把消费者可需求的数量控制在一定范围内，价格就会上升。"理论分析表明：与一个真正的竞争者相比较，一个垄断者势必会采用更低的产量率和更高的价格。"[3]

除了价格卡特尔外，价格歧视案件也会使用消费者价格福利分析方法。价格歧视有两个特征：价格歧视是以利润最大化为目标的企业的理性战略；价格歧视要求能够根据支付意愿划分客户。实施价格歧视能使总体上增进的福利表现为生产者剩余的提高。歧视价格中高价部分是以部分购买者的被迫接受为基础来定价的，这个价格往往高于边际成本，企业由此获得垄断价格；而歧视价格的低价部

---

[1] See Robert H. Lande, "Consumer Choice as the Ultimate Goal of Antitrust", 62 *U. Pitt. L. Rev.* 511~540 (2000).

[2] 王晓晔：" 紧盯国际卡特尔——美国反托拉斯法及其新发展"，载《国际贸易》2002年第3期。

[3] 〔美〕马歇尔·C. 霍华德：《美国反托拉斯法与贸易法规——典型问题与案例分析》，孙南申译，中国社会科学出版社1991年版，第74页。

分往往是企业的正常定价，即根据成本与市场平均收益率制定的价格。

(2) 质量福利分析。反垄断法对质量的关注，常与价格相联系。美国夏普案（Sharp）[1]中，法院就明确表示降低价格与降低服务质量一般是相伴随而发生的，所以，生产商很难以确保足够的服务为理由来证明其降价的合理性。

相对于产品的价格和产量限制而言，质量限制并没有那么明显，但是仍然是很重要的反竞争效果分析工具。比如，美国牙医协会[2]案中，消费者是联合抵制行为的第三方，也是联合抵制方提供服务的对象。因联合抵制方不仅要向其消费者提供合理价格上的服务，还要提供合消费者需要的服务，所以不能因为降低成本而牺牲服务质量。从该案的分析过程来看，一方面反垄断法预设了消费者可以从竞争中获得低价和优质的服务，但意味着低价一定就是限制竞争；另一方面，对保护消费者利益不仅要注重价格方面的利益，还要注重质量等产品因素。

3. 杠杆理论分析

杠杆理论是指经营者可以将在一个市场上拥有的支配地位传导到另一个不具有市场支配地位的市场上，进而控制两个市场的情形。杠杆理论被广泛运用于搭售、排他性交易、纵向集中、混合集中等行为的分析上。

纵向多边缔约对反垄断政策的挑战包括两大类：一类是通过产权交易进行的纵向一体化或纵向分拆；另一类是通过产品关系（即契约关系）体现的纵向约束，如独家交易协议、限制转售价格协议、独占分销区域协议等。纵向控制的效果一直是反垄断理论争论的焦点，传统经济分析方法主要有市场锁定理论和杠杆理论。对于前者上文已简述。对于杠杆理论，其基本意涵是，在一个市场（包括上游市场也包括混合合并中的主要市场）拥有市场支配力的企业可以通过纵向一体化或扩展领域在另一个市场获得市场支配力，这种市场支配力的跨市场延伸会妨碍另一个市场的市场竞争，产生排他效应。同时，这种效应也会损害消费者福利。

在美国20世纪70年代以前，杠杆原理在反托拉斯法实施中得到广泛地运用。其基本适用条件是：在一个市场上拥有垄断力量；控制对方的能力。20世纪80年代以后受到芝加哥学派的挑战，形成了区分条件的杠杆原理的适用。在上述条件之上，又增加了一个结果条件：约束性的安排占有相当大的交易量。

---

[1] Business Electronics Corp. v. Sharp Electronics Corp., 485 U. S. 717 (1988).
[2] Federal Trade Commission v. Indiana Federal of Dentists, 476 U. S. 447 (1986).

1984年的杰弗逊教区医院案（Jefferson Parish）[1]是该种观点运用的典型案件。

在我国，2009年商务部审查"可口可乐并购汇源果汁"案作出了禁止集中的决定，其理由之一是"集中完成后，可口可乐公司有能力将其在碳酸软饮料市场上的支配地位传导到果汁饮料市场，对现有果汁饮料企业产生排除、限制竞争效果……"这里的"传导"指的就是杠杆作用，这条否决的理由运用的就是杠杆原理。

---

[1] Jefferson Parish Hospital District No. 2 v. Hyde., 466 U.S. 2 (1984). 医院将医疗服务和麻醉服务捆绑销售，法院认为，这种销售没有影响麻醉师业务市场的竞争。

第二章 反垄断法的产生与发展

反垄断法的产生有其特殊的时代背景、经济基础，也和国家职能的转变密不可分。反垄断法经历一个多世纪的发展，尤其在经济全球化的影响下，各国法律的形式和内容出现了趋同。

第一节 反垄断法产生的社会原因

经济力集中增加了经济关系的复杂性，并产生了新的矛盾：垄断企业限制产量、抬高价格损害了消费者的利益；企业之间订立垄断价格实现垄断利润但加剧了其与中小企业之间的矛盾；垄断组织分割市场、控制价格抑制了竞争和技术创新。为解决上述矛盾，创造有利于竞争的市场环境，政府开始运用法律手段调整垄断行为，进而产生了反垄断法。

竞争关系上升为竞争法律关系是个历史过程，其时间段限在竞争"身份"异化的垄断资本主义时期。其前提是竞争经济基础的重大变化和国家职能的转变。

一、经济基础的变化

在生物学领域内，科学家研究事物发生变异的原因，但他们往往不问生物往哪里变化，因为目的或目标的概念在生物学领域没有地位。在社会或文化领域内，情形则不大一样。社会科学家，需要知道经济和政治制度为什么发生变化，需要知道对经济和政治发展进程发生作用的个人和集团的目的或目标是什么。[1]

法律的产生和发展是经济关系的反映，竞争关系被确定为竞争法律关系的基本条件是经济基础的改变。尽管中古时期偶有类似法律调整竞争关系的现象，但因条文不系统和缺乏整体竞争理念，还不能将其作为竞争法律的开始。理解反垄断法应该从资本主义或前资本主义（封建制末期）开始，因为竞争机制是市场经济体制的表现形式和实现方式，而市场经济体制的条件之一是承认私有制和契约自由。

---

[1]〔美〕阿兰·G.格鲁奇：《比较经济制度》，徐节文等译，中国社会科学出版社1995年版，第6~7页。

分析垄断阶段的特殊经济环境对理解竞争立法具有重要意义。马克思对资本主义的理论分析和历史分析，证明了自由竞争必然导致生产集中，而生产集中发展到一定阶段就形成垄断。生产集中改变了经济关系结构，进而影响竞争的积极作用的发挥。

生产集中衍生了经营中的非效能竞争。效能竞争，是指积极进取型的竞争。在效能竞争中，经营者通过提高自己的效益、完善自己的技能等手段，来争取市场交易机会，来扩大自己的销售范围或促进自己的销售业绩。典型的效能竞争，如经营者成本下降使价格比竞争对手更为优惠、经营的商品或服务的质量比竞争对手的更好、其他交易条件比竞争对手更佳、售后服务比竞争对手更为完备。效能竞争应当是市场竞争的正常形态，效能竞争通常都属于正当竞争。即使经营者在从事效能竞争时旨在损害竞争对手的利益，甚至导致消灭竞争对手的后果，这种竞争行为也并不一定违法。非效能竞争，又称消极阻碍型竞争，是经营者通过阻碍竞争对手开展竞争活动，以便为自己获得交易机会创造条件的竞争。非效能竞争来源于垄断组织或垄断联盟的市场支配力。

非效能竞争的产生是由于垄断组织破坏了市场规则。对成员主体来说，加入垄断组织就意味着接受某种限制条件。不管是强迫还是自愿的，成员主体都在一定程度上抛弃或远离了市场规则。按照对市场规则破坏程度的不同，垄断组织可分为几种不同的层次。最脆弱的组合形式就是所谓"君子协定"。它基本上是竞争者承诺的但却缺乏约束力的一纸空文。高一级的组织是普尔（pool），即企业同盟。在同盟体内，产品的价格和销售量按照约定执行。由于普尔联盟的基础是成员自愿参加，这种组织具有不稳性。比普尔更高级的组织是卡特尔，是关于约定商品价格、商品销售条件、分割地域等内容的较稳定的垄断联合体。联合体成员在生产和商业上受协议内容的约束。托拉斯是更为稳定的垄断联合。其成员丧失独立性，成员企业的命运和全部经济活动完全依赖托拉斯。成员企业因失去自主性而部分地失去独立人格。人格不健全的企业通常都会将其残缺转嫁给社会来维持其存在。所以，垄断联盟形成的关系，不论是内部关系还是外部关系都是一种失衡关系。

19世纪后半叶，资本集中在发达资本主义国家渐渐进入全盛时期，首先是在金融领域和铁路领域，并进一步扩大到国民经济的大多数产业。主要资本主义国家相继形成了垄断的经济结构。奥地利的卡特尔开始形成于19世纪70年代后期,到20世纪的头10年它们的数量和经济实力一直不断增长。[1] 德国1896年卡特尔和辛迪加有250个,而1930年已有2000多个了[2]。"卡特尔几乎如闪电一般,从不再那么辉煌的天堂——各种力量自由竞争的信念,自由主义经济学的竞争和谐——来到人间。同来自经济自由主义的其他新模式相比,它们大概对'自由竞争'的教条施加了最迅猛的打击,它直接来自那些自由竞争的参与者。"[3] 垄断对资本主义经济的直接危害是冻结了或部分冻结了市场价格机制。垄断组织是价格的决定者,非垄断企业是价格的接受者。价格机制的失灵所引发的一系列问题随之凸显出来:消费者决策变为垄断关系中的消费福利掠夺;促进竞争的中小企业的生存环境恶化;财富越来越集中于少数主体。一面是财富的积累,一面是贫穷的积累。竞争天使的一面渐渐失去其美丽的容颜,在资本主义经济进入大规模资本集中的运动中,垄断企业在经济活动中翻云覆雨,垄断的魔鬼形象显现出来。正如熊彼特所言:"对典型自由主义资产阶级而言,垄断几乎成为所有弊病的根源——事实上,它成为头号妖魔。"[4]

经济主体的垄断及其多种表现形式改变了市场的竞争效能,使市场从效能竞争转向非效能竞争。典型的非效能竞争有两种表现:第一种是阻碍价格机制发生作用。限制价格、价格差别待遇、掠夺性定价等都由市场支配力而来并直接破坏市场价格机制。价格的自发调节是市场发挥资源配置功能的前提条件,破坏或阻碍价格调节功能就抑制了市场的基本功能。形式上,垄断组织或垄断联盟同非垄断组织或垄断联盟主体之间仍然存在竞争关系。但本质上,市场支配力滥用下的竞争关系不可能公平、效率(整体效率)。第二种是剥夺竞争对手的营业自由。经营者采取某些措施,使其他竞争对手无法展示其竞争力或直接消灭其他竞争对手,包括限制经销商的营业自由、阻止新的竞争者进入市场、将既有竞争者排挤出市场等。

二、国家身份的变化

垄断资本主义的经济基础是垄断。经济基础变化了,建立在新经济基础之上的国家职能必然发生变化,国家不再满足于社会经济关系的消极主体身份,而是

---

[1] Good, Economic Rise, pp. 218~226. 转引自〔美〕戴维·J. 格伯尔:《二十世纪欧洲的法律与竞争》,冯克利、魏志梅译,中国社会科学出版社2004年版,第61页。

[2] 〔俄〕依·斯·佐托夫:《垄断资本主义——帝国主义讲义》,吴振坤等译,高等教育出版社1956年版,第19页。

[3] Albet Schaffle, "Zum Kartellwesen und Zur Kartellpolitik", *zeitschtift fur die gesamte taatswissenschaft*(1898), p. 467.

[4] 〔美〕约瑟夫·熊彼特:《资本主义、社会主义与民主》,吴良健译,商务印书馆1999年版,第168页。

积极介入经济活动。国家作为社会职能的承担者、经济活动参加者和经济调节者，通过立法对危及社会利益的私人垄断、不正当竞争进行管理。垄断经济使长期以来政治国家与市民社会的"井水不犯河水"的关系，渐变为水乳交融的一体。

具体而言，国家职能的变化表现在：

（1）国家社会职能增加。经济垄断化的加强，要求国家保障"社会公共利益"、"社会福利"、"社会经济的健康稳定发展"、"社会经济秩序"等。就竞争而言，市场经济以来，一向作为私人利益存在并由私人维护的竞争秩序，转变为公共利益，并要求国家以一定的方式保障这种利益。国家职能变化体现在权利义务关系上，就是国家也是义务主体。历史上，国家一直作为权力主体而存在，不负担任何义务；垄断阶段以来，要求国家既保有传统的权力，又适应性地增加新权力，如调控权，在一定情况下也要求国家履行个人难以完成的社会性义务。为了履行上述保障公共利益的义务，国家将涉及公共利益的行为法制化、规范化，并设置了相应的维护公益的执行机构。至此，国家不再是社会经济生活之外的异己力量，而是社会生活内部的力量。

（2）国家活动方式的改变。在垄断资本主义阶段，国家在经济领域的活动有两种基本方式：一种是国家通过调节价格和劳动条件等影响社会需求，通过税收和融资活动影响收入分配等，这是国家的经济调节活动；另一种活动，是完全新型的经济活动，即国家以生产资料所有者的身份参加社会经济过程。在这一经济过程中，国家是独立的商品生产者，通过参与某些经济活动，化解或防止垄断组织恶性竞争、危害公共利益。这两种基本方式可以统称为参与性调整。国家的参与性调整已经成为作为公共权力的国家自身存在的一个条件。在反垄断法上，规定了国家参与的范围，即对适用除外的行业进行规范，这是由社会经济发展对基础设施的特殊需要决定的。

总之，国家身份的改变是对自由放任主义失败做出的积极反应，反垄断立法是国家身份改变后实现新职能的一部分。反垄断法已经不是资本主义国家的"专利"，实行市场经济必然有竞争，也一定会产生反竞争行为，自然需要控制反竞争行为的法。产生于垄断资本主义时期反竞争行为的法律调控，在现代条件下没有发生根本性的变化，因国家垄断资本主义、国际垄断资本主义没有改变国家与市场的关系的基本性质。无论是先立法国家还是后立法国家，之所以都取向反垄断法，主要是国民经济良性运行的需要。国家介入市场后，市场调整成为国民经济运行调整的一部分。国民经济运行的目标——实现经济增长、最佳资源配置和公平分配——只有通过国家规范市场秩序和宏观调控才能实现。国民经济运行的系统性要求调整该系统的法具有目标协调性，这使得反垄断法在国民经济运行法体系中拥有了自己的位置。由此，反垄断法能够在不同经济制度的国家找到与其生长相适应的土壤。

第二节 主要国家和地区反垄断法的产生与发展

根据法律产生的时期和国家（地区）性质不同，大致可以将反垄断法分为三种类型：19世纪末期美国的反托拉斯法，20世纪初期日本、德国反垄断法和20世纪末期俄罗斯、匈牙利等国反垄断法。前两种类型的立法称为发达国家立法，第三种类型称为转型国家立法。依立法适用范围是否限于本国，又可以划分出地区性反垄断法，其典型代表是欧共体竞争法。

一、发达国家反垄断立法

不论是从反垄断法产生的历史及其对后来垄断立法的影响，还是从现实的反垄断执法环境上看，美国、德国、日本的反垄断立法都具有代表性并值得关注。

（一）美国反托拉斯法

美国反托拉斯法产生基于两个主要原因：①垄断组织大量存在，联合限制竞争；②州立法调控能力不足。

第二次世界大战以后，新技术得以广泛地应用，加之铁路事业的发展，促使美国出现了一些大规模的企业。本质上，这些大规模企业的出现，标志着资本的积累方式已经由传统的资本积聚为主转化为资本集中为主。[1] 资本集中的首要的和基本的因素是大规模生产的经济效益。"竞争斗争是通过使商品便宜来进行的。在其他条件不变时，商品的便宜取决于劳动生产率，而劳动生产率又取决于生产规模。因此，较大的资本战胜较小的资本。"[2] 有些较小的资本消失了，其他的则落入更有效率的企业手里，使后者的规模增大。另一种促使资本集中的要素是信用制度。[3] 信用制度使资本集中通过建立股份公司这一比较平滑的办法把许多已经形成或正在形成的资本融合起来。所以竞争的本身会导致资本集中，

---

[1] 马克思在论述两者关系时，特别强调两者的区别，指出："这一过程（集中）和前一过程（积聚）不同的地方就在于，它仅仅以已经存在的并且执行职能的资本在分配上的变化为前提，因而，它的作用范围不受社会财富的绝对增长或积累的绝对界限的限制。资本所以在这里，在一个人手中大量增长，是因为它在那里，在许多人手中丧失了。这是不同于积聚的集中。"引自《马克思恩格斯全集》（第23卷），人民出版社1972年版，第686页。

[2] 《马克思恩格斯全集》（第23卷），人民出版社1972年版，第686~687页。

[3] 这里的信用制度应该从广义上理解，即不仅包括银行，而且也包括投资公司、证券市场等。

与资本集中相伴随的是企业数目的减少和竞争力的加强。

当竞争变成一场你死我活的角逐的时候,组合运动的基础就具备了。卡特尔是生产同类产品的企业为避免同行业之间就价格、划分市场、限制产量等方面达成协议的企业联合。卡特尔为了进一步垄断市场,获得高额垄断利润,在商品销售和原材料采购方面实现联合就产生了辛迪加(Syndicat)。比辛迪加更为庞大的联合体是托拉斯(Trust)。托拉斯最早出现在美国,1882年洛克菲勒通过对30多家炼油厂的不断收购和兼并,组建了美国历史上第一家也是世界上第一家托拉斯——美孚石油公司。这个公司控制了全国原油的46%~50%、精炼油的20%~45%。在1895~1904年间,美国"几乎有一半企业被吞并"[1]。

在势力日益强大的托拉斯面前,一方面,已有的法律对托拉斯的控制显得力不从心。当时美国已有的对托拉斯进行调整的法律主要包括州立法和普通法。19世纪80年代美国有13个州通过了反托拉斯法,但由于托拉斯组织的经营活动超出了州法管辖的范围使州法难以运用。另一方面,美国早期的普通法有限制贸易合同的规范,但在运用过程中由于不具有直接的针对性,只能以违反"公共政策"宣布托拉斯停止执行或无效,缺少更有效的制裁手段。由于中小企业主深受托拉斯之害,联合起来反对大企业(及其联合)控制价格和垄断市场进而掀起反托拉斯运动。面对公众反卡特尔、反托拉斯的强烈愿望和州法控制能力的不足,联邦政府在参议员谢尔曼的提议下于1890年6月20日通过了美国第一部也是世界上第一部反托拉斯法——保护贸易和商业免受非法限制和垄断之害法案,称为《谢尔曼反托拉斯法》(Sherman Antitrust Law,以下简称《谢尔曼法》)。

相比以往州法和普通法,《谢尔曼法》对违反该法的行为规定了非常严厉的处罚,其第1条规定:"任何限制州际间或与外国之间的贸易或商业的契约,以托拉斯形式或其他形式联合,或共谋,都是非法的。任何人签订上述契约或从事上述联合或共谋,将构成重罪。如果参与人是公司,将处以不超过1000万美元的罚款;如果参与人是个人,将处以不超过35万美元的罚款,或3年以下监禁,或由法院酌情并用两种处罚。"但是,由于其模糊性的规定,在颁布后几年没有得到很好的施行。"到1904年,美国共有工业托拉斯318家,除23家外,其余都是《谢尔曼法》颁布后组建的,其中包括拥有10亿美元资本的美国钢铁公司。美国历史上企业兼并浪潮和垄断组织发展最迅速的时期恰恰就在《谢尔曼法》颁布之后。"[2]

---

[1] Faulkner, *The Decline of Laissez Faire:1897~1917*, p. 167. 转引自胡国成:《塑造美国现代经济制度之路》,中国经济出版社1995年版,第47页。

[2] 王建红:"美国1890年~1916年的反托拉斯立法活动及其影响",载《历史教学》2004年第1期。

美国的反垄断法是内生的，垄断背离了自由竞争的理念并危害了市场机制的发挥，因此成就了最早的反垄断立法。美国通过两种方法细化上述模糊性规范：一是颁布成文法，在《谢尔曼法》之后颁布了《克莱顿法》、《联邦贸易委员会法》、《罗宾逊——帕特曼反价格歧视法》等内容更具体的规范，此外，还出台了一系列指导反垄断工作的"指南"，如司法部和联邦贸易委员会共同颁布的《横向合并指南》（1968年颁布，最新修订是2011年）、《知识产权许可的反托拉斯指南》等。二是通过判例形成法律规则。美国反垄断法适用中本身违法原则、合理原则都是由案例而来，许多规则也由是案例引申出的，例如1956年杜邦公司案对于划定相关产品市场的界限具有重要的标志性意义。

（二）德国反限制竞争法

德国对垄断的态度经历了从扶持垄断到反垄断的立法过程。德国的资本主义发展过程就是垄断组织不断建立和强化的过程。19世纪末期，以统一规定价格、划分市场为特征的卡特尔在德国的经济生活中具有举足轻重的地位。第一次世界大战期间，为了应付战争的需要，政府于1915年颁布《强制卡特尔法令》，在各行各业中强行组建卡特尔垄断组织。战后成立的魏玛共和国意识到卡特尔的危害，在1923年制定了《反滥用经济力量法令》（也称为《卡特尔条例》）。该法令有保留地授权国家对滥用卡特尔行为予以制止，但在原则上卡特尔是合法的，只是不得滥用卡特尔。1933年希特勒上台后，制定了《强制卡特尔法》，再次走上了一战时期的政府扶持卡特尔的道路。第二次世界大战后，德国开始推行自由经济政策，为了保障竞争性的经济秩序，1949年7月德国开始起草反垄断法。长久以来形成的势力庞大的垄断组织成了反垄断立法的阻碍力量，致使该法历经近十年才得以通过。1958年1月1日德国《反限制竞争法》生效。

德国《反限制竞争法》曾经历七次修订。最后两次修订主要是基于与欧共体竞争法的协调。第六次修订于1998年通过，1999年生效。从修改后的情况看，较为明显地体现了"严厉"这一特点，即吸收了欧共体竞争法中更为严厉的方面，保留了原法中比欧共体严厉的条款。内容上取消了一些适用除外领域，如电力和天然气；该法还增加了对体育领域的适用，禁止垄断体育转播权；在合并程序上采纳了欧盟的单一申报制度；在合并的方式上增加了"取得支配权"的规定等。在支配企业滥用支配地位的行为中，除不合理地限制竞争、以不合理的报酬和其他交易条件订立合同以及不合理的歧视等三种行为外，还规定了"拒绝进入网络或者其他基础设施"，并规定了禁止支配企业以低于进货价格销售商品。

第七次修订的目的是进一步增进欧共体法律适用的一致性。修订的内容主要有以下方面：

1. 对于限制竞争协议类型的统合

之前的法律分别规定横向限制竞争协议和纵向限制竞争协议，并采取不同的管制方法。对于横向限制竞争协议，原则上采取禁止的态度，并根据限制竞争的严重程度分别采取申请许可、申报异议、单纯申报、法定例外等不同的管制方法。对于纵向限制竞争协议，采取原则上合法，禁止滥用的态度。修订后的第1条将两种行为合并在一起规定，并统一采取原则禁止的立场。在此基础上，随同欧共体法采取法定例外（第1～3条）制度。大幅度删除了原法中一些豁免的规定（只保留了中小企业卡特尔的豁免规定），将删除的事项归于第2条第2款（集体豁免规则）。

2. 增进实施的效率

修订后的《反限制竞争法》在法律实施手段上的改变包括：①关于停止侵害的请求权行使的条件和主体的扩大。停止请求权行使的条件是"在侵害是可预见时就已存在"。主体是受影响当事人，包括受违反竞争法行为损害之竞争者或者其他市场参与者。此外，细化了协会的诉讼主体资格。原法律对协会的规定只是原则上表明"停止请求权也可以由具有权利能力的工商利益促进协会主张"，现行法律则从财务条件、章程规定等方面规定了行业协会的诉讼主体资格。②明确规定了禁止转嫁抗辩。③确立承诺制度。在反垄断执法机构进行初步调查阶段，涉案当事人能提出愿意承担一定义务的承诺，卡特尔局评估承诺义务后可以宣告中止调查。

（三）日本禁止垄断法

与德国同作为战败国的日本，也有近似于德国的为应付战争扶持行业垄断的经历。

日本在19世纪80年代中期基本上完成了产业革命的准备，之后，开始着手发展重工业，尤其是军事工业。日本产业革命始于棉纺织业。甲午战争前后，日本棉纺织业迅速发展，1894年棉纺厂有227个。甲午战争后，日本取得了在中国的许多特权并获得了大量的赔款，1899年纺织厂增至400个。1904年爆发日俄战争，日本进一步攫取了在中国的权益，大肆掠夺中国资源，提高了日本的资本积累，在此基础上以重工业为代表的日本财阀资本和国家资本迅速发展起来。到第一次世界大战时期，日本已进入帝国主义阶段。形成了三井、三菱、住友、安田四大财阀，并在国内经济政治生活中居统治地位。

第二次世界大战后，为了消灭为战争提供支持的日本经济垄断势力，美国对日本进行民主化改革，根据美国的指令，1947年日本政府制定了《禁止私人垄断及确保公正交易法》（以下简称日本《禁止垄断法》）。该法体现了美国反托拉斯法的基本精神，即预防性保护。尽管该法并不完全符合日本的经济状况，但在美国占领期间还是得到切实地执行[1]。盟军总部撤销后，1953年该法即行修改，删除了原法第四节"禁止卡特尔"的规定，许可萧条卡特尔和合理化卡特尔的存在，从而缩小了经济垄断的控制范围。

20世纪60年代后，日本物价上扬，主要原因是价格卡特尔和维持协议的广泛存在。为了抑制通货膨胀，保护消费者利益，1977年日本对《禁止垄断法》进行了第二次修改，加强了对价格卡特尔的处罚力度和对非金融公司最高持股额的限制。由于经济全球化趋势的增强，各国经济之间的依赖性加深。美国、欧洲各国强烈要求日本开放市场，1991年日本第三次修改《禁止垄断法》。对垄断状态、卡特尔和不公平交易作出了新规定。例如，明确规定一个企业符合下列所有条件即构成垄断状态：①该企业市场份额在50%以上或它与另一企业共同的市场份额在75%以上；②新企业进入该市场非常困难；③该企业的价格和利润一直处于较高的水平。这次修改确立了日本《禁止垄断法》规范的垄断行为的基本类型，即三个支柱：私人垄断；卡特尔和其他不合理的贸易限制；不公平交易行为。

上述主要资本主义国家反垄断立法在不同时空条件下表现出不同的特点，认识这些特点为后立法国家制定符合本国实情的反垄断法律制度非常重要。上述国家的立法历程还会带给我们更为深刻的认识，就是曾经将自由竞争奉为圭臬的资本主义国家在19世纪末期20世纪初期相继走向了垄断，垄断阻碍了自由竞争；由自由放任到放弃自由放任，实行国家积极干预经济是资本主义政治经济发展规律性的运动，反垄断是这个运动中的主导力量，反垄断法是这一规律性运动凝结的独特的法律文化成果。

二、转型国家反垄断立法

社会发展、进步，表现为社会转型。而社会转型被思想家描绘成各种形态。梅因的"身份社会"和"契约社会"；斯宾塞的"军事社会"和"工业社会"；迪尔凯姆的"机械团结社会"和"有机团结社会"；韦伯的"前现代社会"和"现代社会"等，抛开各自的研究领域认识视角的差异，其共同点是把社会归结为"传统"与"（近）现代"两种基本类型。"传统"到"（近）现代"不是"跳跃"进入的，而是渐进"滑行"的，这个"滑行"的过程就是社会转型期。这个时期经济的、政治的、文化的、伦理价值的等社会结构要素呈互动状态，共

---

[1] 1952年4月，旧金山合约生效，盟军总部撤销。1947~1952年日本公平交易委员会平均每年反垄断执法判决为18件。1950年是反垄断执法最严厉的时期，该年的判决达59件。而美国自《谢尔曼法》颁布后至1925年平均每年判决只有8件。

同推进转型。诸要素中经济要素无疑是最重要的，因为"在历史上出现的一切社会关系和国家关系，一切宗教制度和法律制度，一切理论观点，只有理解了每一个与之相应的时代的物质生活条件，并且从这些物质条件中被引申出来的时候才能理解"。因此，经济转型是社会转型的基础。[1]

经济转型，有狭义和广义两种理解。狭义上特指20世纪后期以来东欧、俄罗斯、中国的改革过程形成的经济转型；广义上指，"经济在一个历史阶段向另一个历史阶段过渡运行的一种经济状态"[2]。狭义概念有约定俗成的意味，广义概念则过于宽泛。其实，狭义与广义概念的使用取决于论述者的需要。德国学者沃尔夫冈·查普夫的《现代化与社会转型》则用"现代化"来限定源远流长的社会转型，集中论述第二次世界大战以后的德国经济转型[3]。依此方法，用竞争法律制度来限定经济转型，自然不会包括原始社会、奴隶社会等"历史阶段"的"经济状态"。竞争是伴随市场经济而存在的体制要求和体制现象。经济转型的本质即经济制度、经济体制或机制的改变。这样，竞争法律制度约束的转型经济的外延就是三个历史发展阶段——经济状态：非市场经济向市场经济、市场经济向混合经济（又称后市场经济）、非市场经济向混合经济。西方国家大约在18世纪完成了从非市场经济向市场经济的"第一次跳跃"，20世纪初期完成了市场经济向混合经济的"第二次跳跃"，在此将其称为先转型国家；俄罗斯、部分东欧国家、中国等由于一些历史原因而形成"第二梯队"[4]，在此称为后转型国家。与先转型国家相比，后转型国家正力图实现"先驱者们"曾完成的第一次跳跃或试图僭越市场经济直接进行第二次跳跃，以大踏步地进入混合经济行列。

市场竞争制度使先转型经济和后转型经济有了共同的语境，先转型国家在竞争法对市场经济的维护和促进作用方面积累了许多可资借鉴的经验，后转型国家可以在先转型国家竞争法律制度选择中借鉴、探索。竞争法产生的历史表明，竞争法的变化与发展和经济转型如影相随，其中"两波"是先转型国家留下的印

---

[1] 当下人们使用时，不将两者做严格界分。严格来讲，经济转型和转型经济是不同的，前者指过程，后者指状态。本书中两者不严格区分。
[2] 〔俄〕A. 布兹加林、B. 拉达耶夫：《俄罗斯过渡时期经济学》，佟刚译，中国经济出版社1999年版，第27页。按照此概念，马克思的社会发展阶段论中的任何两个阶段的过渡，都属于转型。
[3] 〔德〕沃尔夫冈·查普夫：《现代化与社会转型》，陈黎、陆宏成译，社会科学文献出版社1998年版。
[4] 〔俄〕A. 布兹加林、B. 拉达耶夫：《俄罗斯过渡时期经济学》，佟刚译，中国经济出版社1999年版，第42页。

记,最后"一波"是后转型国家实践的。[1] 因此,不管后转型国家竞争法强调本土性还是注重法律移植性,不可否认的具有原理性的认识是,经济转型时期需要竞争法。

在转型国家中,俄罗斯的反垄断立法最具典型意义:一是内容明确具体、制度体系化强;二是对有关国家的影响比较大,尤其是对其原加盟共和国的影响至今仍然持续着。故这里以俄罗斯为代表说明转型国家反垄断法的产生、发展。

俄罗斯的反垄断立法服从、服务于经济制度改革。经济制度改革追求的是混合市场经济的调节机制。根据俄罗斯联邦《关于国有和地方企业私有化法》的规定,"通过公营企业和地方企业私有化来确定俄罗斯联邦生产资料所有制关系,目的在于建立有效的面向社会的市场经济"。似乎大踏步地私有化改革就会自动建成市场经济。匈牙利著名经济学家亚诺什·科尔奈曾指出:一个社会若要建立市场经济,就必须承认私有制。[2] 除了承认私有制外,市场经济的构成要素还包括:市场要素的齐备,竞争制度的建立,完善的有关企业破产和清算的法律、法规等。[3] 这些经济要素中俄罗斯起码欠缺的是市场要素。在建立市场经济和维护市场竞争秩序这一因果关系中,俄罗斯竞争法和私有化法共同充当破坏原有制度的工具,而不是实现维护市场秩序的手段。这表明市场经济和私有制在逻辑上是充分非必要条件。俄罗斯反垄断法主要承担了拆散大企业的职能,以实现经济自由化——价格自由化、企业自由化和贸易自由化。

1991年俄罗斯颁布实施了《商品市场竞争及限制垄断行为法》(以下简称"俄罗斯《1991年反垄断法》"),该法第4条规定,一个或若干企业在特定市场中拥有独占性地位,对相关市场中的一般商品流通条件可以施加决定性影响,或有可能阻碍其他实体进入这一市场。其中,市场份额超过35%的企业即视为具有市场支配地位,或者相互竞争的经济主体之间就共同占有一市场份额65%以上所达成的任何协议,如果导致或可能导致对竞争的限制,则协议将被依法禁

---

[1] 第一波竞争法产生于19世纪最后10年;第二波竞争法产生于20世纪中期;第三波竞争法产生于21世纪90年代。见苏永钦:《走入新世纪的私法自治》,中国政法大学出版社2002年版,第226~227页。

[2] 〔挪威〕A. J. 伊萨克森、〔瑞典〕C. B. 汉密尔顿、〔冰岛〕吉尔法松:《理解市场经济》,张胜纪、肖岩译,商务印书馆1996年版,第44页。

[3] 〔挪威〕A. J. 伊萨克森、〔瑞典〕C. B. 汉密尔顿、〔冰岛〕吉尔法松:《理解市场经济》,张胜纪、肖岩译,商务印书馆1996年版,第85页。

止。35%和65%的比例严于经济民主化时期日本《禁止垄断法》的规定。[1] 实际上，俄罗斯企业集中化程度并不及当时的日本。俄罗斯诸多经济学家也认为，"上述标准非常之高，以至于会降低反垄断政策的效用"[2]。因此，俄罗斯传统上以工业为主体的市场结构将被反垄断法打散。这种做法顺应美国、英国等20世纪80年代后的放弃市场结构主义的潮流。

俄罗斯《1991年反垄断法》实施后，根据俄罗斯政治经济形势的变化，迄今已经修改十余次。其中大的修改主要发生在1995年、1999年、2000年、2006年。

1995年修改的主要内容：一是关于检查经济活动的标准的变化；二是在行政垄断方面。国家禁止地方行政部门干预地方经济活动，地方行政部门不能从被管理的企业中收取费用。1995年还颁布实施了《国家保护中小企业免受垄断和不正当竞争的法律》和《自然垄断法》。目的是在垄断化了的行业中鼓励和发展竞争，刺激在这些行业建立新企业，鼓励其他部门的企业生产垄断性产品，放宽外资进入垄断市场的限制等。

俄罗斯《1991年反垄断法》只规范生产流通及劳动力市场的垄断行为，没有涉及保险、金融和社会保障等领域。为此，1999年颁布了《保护金融市场竞争的法律》，对涉及保险、金融和社会保障等领域的垄断行为进行规范，确定了这些特许垄断行业不适用反垄断豁免。2001年颁布的《关于在对外经贸活动中保护消费者利益的法律》，规定了外经贸领域的合理竞争保护消费者利益的内容。

2000年的修改侧重于企业合并控制方面，加强了对企业合并过程中企业资金来源的监督。2002年完善了行政垄断的法律规定，并增加了招投标中的行政垄断的规定。2005年的修改细化了反垄断执法机构的职权。2006年的修改将商品市场反垄断法和金融市场反垄断法合二为一，制订了俄罗斯《竞争保护法》。

经过近20年的努力，俄罗斯形成了以《竞争保护法》、《保护消费者权益法》、《广告法》、《关于在对外经贸活动中保护消费者利益的法律》、《国家保护中小企业免受垄断和不正当竞争的法律》和《自然垄断法》等法律相配套的反垄断法律体系。

俄罗斯反垄断法中最大的亮点是关于行政垄断的规定，在转型国家中最早将

---

[1] 日本法规定，在一年期限内，一个事业者供给商品或提供服务的市场占有率超过50%或两个事业者的市场占有率合计超过75%；给其他事业者进入该领域造成明显的阻碍；利润率超过政令规定的利润率水平，或销售费和管理费高于一般水平。

[2] 〔俄〕A. 布兹加林、B. 拉达耶夫：《俄罗斯过渡时期经济学》，佟刚译，中国经济出版社1999年版，第363页。

行政垄断单列为一章以突出该种行为的特殊性。介绍和分析俄罗斯反垄断法自然要重点关注这一立法内容（第九章第三节将详述）。此外，在协同行为、反垄断执法等方面也有自己的特色。

三、地区性反垄断立法

目前，欧共体竞争法是地区性反垄断立法典范。

欧洲共同体是欧洲煤钢共同体、欧洲经济共同体和欧洲原子能共同体的统称。1965年4月，当时的六个成员国订立了《布鲁塞尔条约》，将三个共同体统称为欧洲共同体。《欧洲煤钢共同体条约》是欧共体竞争法发展历程上的里程碑，它确立的许多体制和规则为欧共体竞争法的发展提供了基本的模式，也为《欧洲经济共同体条约》、《欧洲原子能共同体条约》（统称为《罗马条约》）中的竞争制度提供了基本的经验与框架。

欧盟竞争法的来源有三个：①《欧共体条约》中的竞争法规范。体现在《欧共体条约》中实体性规定主要是第81、82条，有关保护竞争的内容被扩大并转化为《罗马条约》的第85~92条。程序性的规定体现在第17条。第81条主要规制阻碍、限制或扭曲共同市场内的竞争为目的或有此影响效果的企业间的协议、企业协会的决议和一致行动；第82条规制的是企业滥用市场支配地位，影响成员国间贸易的行为。《欧共体条约》中有关竞争的法律规范在欧共体竞争法中处于基础性地位，起着母法的作用，有最高的效力。②欧共体有关机构制定的竞争法规范。包括：欧共体部长理事会和欧共体委员会根据《欧共体条约》的规定制定的关于竞争政策的法规、指令、决定、通令、通知等，最著名的是1965年的17号条例。它们属于欧共体竞争法的二级法或三级法。③欧共体各有关机构根据《欧共体条约》的规定对外签署的国际公约中涉及的竞争法规范，如欧盟加入世界贸易组织后，关贸总协定中涉及竞争法的有关规范，也成为欧盟竞争法的一部分。另外，欧洲法院解释《欧共体条约》的具体竞争法规范所作的裁定，以及欧共体二级法院对涉及竞争争议的审理所作出的判决也属于补充性的竞争法渊源。

第三节 反垄断法的趋同化

抛开20世纪前后美国、德国具有开创性的反垄断立法，当我们将视线集中到20世纪中期，发现反垄断法虽然没有像历史上法国《民法典》从欧洲传递到亚洲（大陆法）、判例法从英国传递到美国（英美法）那样，具有藕断丝连的渊源特色，但反垄断法得以产生的经济基础条件——以工业化为基础的生产社会化和经济民主化,及政治条件——承认竞争的价值和排除限制经济自由的现实需要,在一些国家都相继得到满足。因此,反垄断法不但跨越了时间,也跨越了空间,搭建起受当代各国瞩目的、东西方法律文化互有通融的制度平台。在不否认各国法律传统和经济制度背景差异而导致的反垄断法的"路径依赖"特性的前提下,整体上形成这个制度平台的"支柱"有三个:欧盟法、转型法和美国法。这三根"支柱"促成了反垄断法制度部分地趋同。

一、范围扩展中的欧盟竞争法的中心地位

欧盟竞争法制度是以欧盟法为基础建立起来的协调成员国竞争法的地区性法律体系。欧盟竞争法制度建立的基础是欧洲经济一体化。欧盟竞争法制度的中心地位表现在两个方面:

(一)欧盟竞争法几乎成为全欧洲经济决策的主要因素

作为欧盟前身的欧洲煤钢共同体的目标是尽可能排除或减少欧洲国家间的冲突和战争,并以此目标将成员国在相关政策上连接在一起。如果说欧洲煤钢共同体的目标还是以政治因素为中心的话,欧共体的目标则主要转向经济目标:通过减少成员国之间的贸易壁垒来增进欧洲各国和欧洲整体的繁荣。欧盟建立以后,上述经济目标进一步强化和清晰化,即促进经济一体化内自由竞争。在从欧洲煤钢共同体到欧共体再到欧盟的转化过程中,竞争法扮演的角色非常特殊、非常重要。它既作为实现经济目标的手段,也是各国进行广泛政治对话并进行意见协调的平台,在欧盟《宪法》生效之前也一直充当着欧盟的经济"宪章"职能,生效之后其和欧盟《宪法》一起作为欧盟经济决策的关键因素。欧共体根据《罗马条约》建立了一个竞争法体系,而这一体系的发展反过来又促进着一体化的进程。欧盟的不断扩大和欧盟竞争法的作用密不可分。

竞争法的特有属性使其能够承担起实现欧盟的政治、经济目标的任务。和平时期,地区性主权国家的联盟都是以经济为先导,以一定的政治保障为后盾。欧盟竞争法在消除成员国地域限制、促进欧洲经济一体化、实现欧盟整体竞争力等方面显示了比欧盟其他法律更为明显的"协调"和"组织"能力。

欧洲煤钢共同体时期,共同体条约是阻止德国控制煤钢主要力量。《欧洲煤钢共同体条约》第60条是禁止歧视的规定,第65条是禁止卡特尔的规定,第66条是控制企业合并的规定。在欧洲煤钢共同体扩大为欧洲经济共同体以后,统一市场的目标主导着建立竞争法体系的过程,它是"新欧洲"的唯一中心动力。[1]

---

[1] 〔美〕戴维·J. 格伯尔:《二十世纪欧洲的法律与竞争》,冯克利、魏志梅译,中国社会科学出版社2004年版,第433页。

欧洲单一市场初步实现以后,开始实施共同体产业政策目标,旨在改善共同体产业竞争力。尤其是20世纪80年代至90年代初,企业合并、购并、合资浪潮使产业集中度大大增加。无论是在所有者还是管理机构上,公司的"国家"色彩减少了,更加"欧洲化"了。这反过来又导致了"欧洲"法律的发展和金融、保险和其他服务业的欧洲化。[1] 欧盟其他法律的制定都参照了欧盟竞争法的目标,强调了具体制度与欧洲统一市场的协调性及为协调而消除或部分消除本国相关的法律障碍。例如欧盟《公司法》确立了两个目标:一是降低因为欧盟成员国之间公司方面的法律规定不同而给股东、债权人和/或第三人带来的风险;二是消除在欧盟范围内运作公司所面临的法律障碍。[2]

(二)欧洲主要国家在欧盟竞争法的感召下创建和型塑了自己的竞争法制度

随着欧盟的扩大和共同体目标的逐步实现,欧盟竞争法成了加入欧盟前必须面对并做出正面回答的"格式契约"和有关成员国协调本国竞争法律的蓝本,包括制定竞争法但与欧盟竞争法不协调的成员国家和未制定竞争法而欲加入欧盟的国家。法国、德国、意大利、瑞典、芬兰等竞争法的制定和其加入欧盟的政治意愿关系重大,这些国家对竞争法所作一些修订主要是为适应欧盟竞争法。

德国竞争法在欧洲堪称前辈。其显著特征是用语规范、内容细致、机构稳定,有丰厚的理论基础,并和欧盟竞争法互有促进。早期的德国法对欧盟法有直接的影响。20世纪90年代以后国内一些呼声要求修订《反限制竞争法》,以更紧凑地反应欧盟竞争法。第六次、第七次修改都是为了和欧盟竞争法相协调。

法国的竞争法和其长期坚持的经济计划主义思想不相匹配,长期以来竞争法律制度散漫地分布于相关规章中。受欧盟的影响,法国1986年颁布了一部全新的竞争法。欧盟法对其影响最大之处是《罗马条约》第85、86条的基本结构和范围。法国《竞争法》第7条规定:以阻碍、限制或扭曲市场上的竞争为目的,产生下列后果的,应予以禁止。包括:限制他人市场进入或自由从事竞争活动;阻挠市场价格形成;限制或控制生产、行销、投资或技术进步;限制分配市场或供给来源。这基本上同《罗马条约》第85条的内容相同。第8条规定的是禁止"滥用"经济力,其内容与《罗马条约》第86条的规定有交叉,如都包含搭售、差别待遇、拒绝交易等。除了内容上与欧盟法协调外,法国法在控制机制上也有了重大的变化,改变了原来的行政管制价格的做法。正如一位评论家所言:

---

[1] 〔美〕戴维·J.格伯尔:《二十世纪欧洲的法律与竞争》,冯克利、魏志梅译,中国社会科学出版社2004年版,第460页。

[2] Cagdas Ergun, "A Study on the European Community's Company Law Harmonisation Programme", See *Secondary Files/University of Exeter/School of Law*, EX46TJ/United Kingdom.

"1986 年的改革是自由主义思想的产物,并受欧洲模式的鼓舞。旨在消除对经济活动的行政管制,建立一个能够检测和调节市场运行的独立机构。"[1]

意大利的竞争法长期依附在意大利《民法典》中,且内容简陋,没有禁止垄断的具体规定。欧盟一体化的进程促使意大利在 1990 年颁布了新的竞争法。同法国相比,意大利较全面地遵循了《罗马条约》的规定。该法第 2、3 条完全移用了《罗马条约》第 85 条第 1 款和第 86 条的规定。另外,由于意大利法律起草的时间穿越了欧盟《合并控制条例》(1989 年 12 月 21 日)的起草至生效的全过程,起草者在合并控制条款上也吸收了共同体合并条例的基本结构。

在竞争法协调性上更为积极和激进的国家是瑞典。瑞典大踏步地走进欧盟竞争法的庭院,承诺接受欧盟竞争法的绝大多数条款。这些条款包括两部分,一是欧盟竞争法的实体部分。1993 年瑞典《竞争法》基本上把欧盟竞争法的实体部分纳入了本国法律,不但瑞典法律中关键性的两条与《罗马条约》第 85、86 条相同,而且这部新法律还包含着欧盟法中大多数的豁免,仅仅根据瑞典的市场规模作了些无关紧要的调整,此外,欧盟法院的解释对于解释瑞典的法律具有权威性。[2] 二是新成立的竞争局,它实际有着与欧洲委员会的竞争事务总司性质相同的权力和工作原则。

尚未加入欧元区的英国与其他欧盟主要国家相比,其竞争法是个例外。英国的自由主义观念根深蒂固,在企业管理和企业自律的选择上更倾向于后者。具有现代意义的英国竞争法虽然在 1948 年就制定了,但其发挥的调整作用远远逊色于德国,加之 20 世纪 80 年代以后的自由主义"昔日重来",形式上制定了新竞争法(1980 年),实质上"应景"的意味十分明显。英国政府不愿意更多地将其主权出让给"大陆人"。尽管适应欧盟竞争法的需要也是新法出台的重要原因之一,甚至可以说其思想意识已经统一到欧盟竞争法的轨道上来了,但其内容仍保有鲜明的本土特色。

欧盟竞争法对上述之外欧盟成员国的竞争法的影响无须一一列举,仅从地域面积和人口数量分析,已经有理由认为,上述国家竞争立法与欧盟竞争法协调机制使欧盟竞争法几尽成为"全欧洲的"法律。

二、转型国家的反垄断法的趋同性

经济转型是转型国家竞争法产生的社会环境系统。经济转型从属于社会转

---

[1] Christian Bolze, Note on Judgement of January 28, 1988, Cour d'appel de Paris, 1989 Dalloz – Srey Jurisprudence [DSL] 505, 507.

[2] [美] 戴维·J. 格伯尔:《二十世纪欧洲的法律与竞争》,冯克利、魏志梅译,中国社会科学出版社 2004 年版,第 511 页。

型。伯尔曼的《法律与革命》对中古以来西方的法律变革历史做了权威、全面的阐释，但遗憾的是其描述没能延续到具有法律革命性转折的19世纪末期。晚近以来，经济法理论和制度的诞生以其关注的经济转型的独特视角从一个侧面接续了法律变革的历史，而内构其中的竞争法则是经济转型的主要推动力和法律变革的表征。竞争法以其特有的职能反作用于转型经济并推动经济转型的方向，因此，认识经济转型不能抛开对竞争法职能的研究。

经济转型如此重要，以至于成为20世纪最重大的经济事件之一。[1] 20世纪90年代，转型经济国家几乎同时开始竞争立法，转型经济国家竞争法虽然普遍采取合并立法的模式，但其风格和志向并不相同：匈牙利因其竞争法经过两次修改实现了进入欧盟的目标；[2] 俄罗斯反垄断法致力于私有化改革和消除行政垄断；中国的竞争法服务于构建和维护社会主义市场经济体制和秩序。尽管如此，转型国家竞争法的特色仍十分鲜明，就是对行政垄断的规制。

这和转型经济环境的变化有紧密的联系。转型国家的经济体制是"至上而下"产生的，长期实行计划经济，政府习惯于全面控制经济，排斥市场的作用。由计划经济向市场经济转轨的过程，与转轨完成后要实现的"政治国家和市民社会相互依存，良性互动"，"国家权力的有形之手对市场经济的干预不再是随心所欲"[3] 的社会构架还有一段距离。此时，政府之手还十分强大：在法律的边缘或法律的空白处极尽所能发挥调整经济的作用。这是导致产生行政垄断的现实基础。另外，过渡经济具有制度混合性、市场结构的差别性和市场行为的不稳定性。需要转轨的国有企业不会一下子蜕变为一般市场主体，国有企业和政府部门之间的关系很难一下子复归到设计中的市场与政府的一般关系结构状态。加上转轨中出现的经济利益多元化趋势使得政府及其所属部门也试图在多元的利益结构中占据一席之地，尽可能多地获得经济利益。

在俄罗斯，行政垄断是除了滥用优势地位之外的数量上位居第二的典型垄断形式。[4] 1991～2002年的商品市场反垄断法规定为三类行政主体，即各联邦权力执行机构、俄联邦各部门权力机关、地方市政当局。2002年法律修改后，在原有的基础上又增加了两个主体：委托或授权的权力机关或组织、立法机关。

---

[1] 它涉及世界上很重要的29个国家近16.5亿人口。此外，转型经济对经济学、法学、社会学提出了重大的挑战。见〔比〕热若尔·罗兰：《转型与经济学》，张帆译，北京大学出版社2002年版。
[2] 1984年颁布了带有旧体制色彩的《禁止不正当经济活动法》，1990年适应改革的需要颁布了《禁止不正当竞争法》，为适应欧盟竞争法，1996年通过《关于禁止不公平市场行为和限制竞争的法律》。
[3] 孔祥俊：《中国现行反垄断法理解与适用》，人民法院出版社2001年版，第165页。
[4] 〔俄〕К. Ю. 图季耶夫：《竞争法》（俄文版），РДЛ出版公司2000年版，第288页。

2005年又增加了预算单位。法律规制的行政垄断类型采取概括加列举的模式，另外，对抽象行政垄断的规制采取诉讼和审查相结合的方法等。这些内容比相关国家的同类规定更细致和有效。有关内容后文将详述。

在我国自《反不正当竞争法》实施以来，规制行政垄断一直是法律实施的重点和难点，《反垄断法》"接管"了这个任务以后，虽然颁布了相关细化的规则，但执法效果仍不尽人意。

可以说，转型国家中规制行政垄断是别于先立法国家的一个特色制度。

三、美国反垄断判例的示范作用

作为世界上最早的反垄断立法——美国《谢尔曼法》，理应对后竞争立法国家树立"权威性样板"，但在立法上的影响并非如此。美国反托拉斯法对欧洲国家竞争立法的影响微乎其微。欧洲竞争文化不同于美国，德、法等国在经济转型中强调经济联合；英国长期坚持自由放任。对反竞争行为进行控制的法律意识产生在第二次世界大战以后。战后德国的反垄断法和以美国为首的盟军强制推行的非军事化、民主化政策有一定的关系，但对德国公布生效的反垄断法无论在时间上，还是在内容上基本上没有产生直接影响。[1] 德国有自己独立的对反垄断认识的思想基础——秩序自由主义，这一思想也成为第二次世界大战以后大约十年内抵抗美国强迫其立法的有效力量。在亚洲的影响也非常有限，就日本而言，禁止垄断法出台源于美国的外部强力。1947年出台了充分反映以美国为代表的盟军意志的禁止垄断法，但仅仅持续到1953年（盟军撤走之前）。

其实，美国反托拉斯法不像欧盟法那样成为欧盟成员国竞争制度的协调中心，也不像转型法那样具有相同的经济背景和行政垄断现象，美国法之所以成为竞争法体系中三大支柱之一，主要是因为其充分运用了经济学作为分析工具，使得竞争政策建立在经济学的理性分析基础上，这为各国竞争执法机构所瞩目，并成为竞争司法过程的共同取向。所以，美国法的影响发生在法的实施方式和过程上。

20世纪50年代，公平观进入美国反托拉斯法领域并成为反托拉斯政策的主导观念。支撑其的经济思想是1959年贝恩提出的产业组织理论。该理论明确了产业组织研究的目的和方法，提出了产业组织理论的三个基本范畴：市场结构、市场行为和市场绩效。[2] 从而建立了哈佛学派的SCP范式。20世纪70年代以

---

[1] 德国限制竞争法第一个版本是在美国的催促下于1947年完成的，第二个版本是在盟军的主导下完成的。德国限制竞争法先后有13个版本。1957年正式出台的法律版本中已难觅美国反托拉斯法思想的踪影。

[2] Shepherd Willian G., Bain's Influence on Research into Industrial Organization, in Robert T. Masson and P. David Qualls (eds.), Essays on *Industrial Organization in Honor of Joe S. Bain*, Ballinger, 1976, p. 117.

后，SCP范式得以建立的单向因果关系因前提受到质疑从而影响到三段论结论的真实性。在对哈佛学派的批评中建立了芝加哥学派理论。芝加哥学派的竞争理论坚信，从长期看，在没有人为的市场壁垒的情况下，市场竞争过程是有效的；它会在很大程度上带来能够保证消费者福利最大化的生产效率和资源配置效率。在大约二十年的时间里芝加哥学派的竞争思想主导了反托拉斯法的适用。20世纪90年代以后，经济学家运用博弈论和信息经济学来分析企业行为和市场效率的关系，进一步细化了反托拉斯政策的目标（强调动态目标，而不是芝加哥学派的静态目标），使经济学分析更接近现实的经济过程，进而形成了挑战芝加哥学派的新产业组织理论。影响广泛的微软案件便吸收了这一经济学理论。

除了竞争政策有明确的经济学支持外，垄断行为的认定也离不开经济学方法。关于市场集中度的垄断性判断最具技术性，需要经济学和统计学的支持。上文提及的有关市场集中度（CR_4）的测量方法、HHI、SSNIP等，被各国反垄断法所吸纳。

在案件分析中，美国执法（司法）机构经常采取的成本分析、福利分析、杠杆原理等也广泛被各国反垄断机构所关注和适用。可以说，有关国家（地区）执法中对美国判例的依赖，成了各国处理本国案件的自觉或不自觉的习惯。在理论研究上，学者对美国法及其适用的关注远远高于其他国家，这一事实更自不待言。

当然，这种关注和追随应该理解为取向美国反托拉斯法控制制度的合理之处，而不是趋同于美国反托拉斯法。

第三章　反垄断法的特点与地位

反垄断法的特点不同于反垄断法律关系的特点，前者是从法律部门的角度揭示该法与其他类似部门法的外部特性；而后者则是从一个部门法的构成要素上揭示法律内部的特性。当然，不论是法部门的特点还是法律关系的特点，都是为进一步阐明反垄断法的法律性质和地位服务的。

第一节　反垄断法的特点

一般认为，法是由国家制定或认可的社会规范，法律关系是特定主体之间的权利义务关系。对部门法的特点研究往往是在与相关法的比较中得出结论的。反垄断法的特点可以从法系、法域和法属性上进行分析。

一、法系上的特点

在反垄断法上，判例法和成文法的界限时常变得模糊不清，英美法国家的和大陆法国家的反垄断法都是如此。美国《谢尔曼法》是成文法，后来的《克莱顿法》、《联邦贸易委员会法》，以及其他诸多的规范性法律文件都是以成文法形式出现。此外，美国还有大量的反托拉斯判例。在判例法国家首先以成文法确立的法律原则和基本法律规范，使它直接生根于成文法和判例法融合的土壤上。《谢尔曼法》的起草者借用了普通法的术语，本没有打算把有关竞争和垄断的法律法典化，所以每当看到律师或法官援引一些他认为是被《谢尔曼法》吸收到反托拉斯法中去的普通法原则来支持他的反托拉斯理论时，记住规范贸易的传统普通法跟《谢尔曼法》之间的不连续性是非常重要的。[1] 由于《谢尔曼法》的高度抽象性，将抽象的规则转化为具体规范只能依赖个别案件。1911年美孚石油公司案是根据《谢尔曼法》第1条和第2条认定的，该案件判决以后，引申出一个分析框架，即仅仅取得独占地位并不必然违反法律，只有通过"非正常的产业发展方式"所导致的独占，才是法律所禁止的。大量的案件和有关法案融合生长共同构筑起美国反托拉斯法的制度体系。

---

[1] 〔美〕理查德·A.波斯纳：《反托拉斯法》（第2版），孙秋宁译，中国政法大学出版社2003年版，第39页。

同为判例法国家的英国,其竞争立法虽取道相反——依判例先于成文立法,但殊途同归。早在 16 世纪就依普通法发展出了"限制贸易契约"的判例。工业革命以后,世异时移,早期的判例影响式微。第二次世界大战以后,竞争法内容细化的要求日益强烈,通过确定竞争受到的限制和范围使契约行为从整体上有利于国家经济,成文法帮助工党在 1948 年完成了这一任务,英国历史上第一部反垄断法——1948 年《垄断和限制行为(调查与管制)法令》[Monopolies and Restrictive (Inquiry and Control) Act 1948] 开启了构建竞争法——成文法系统的过程。虽然从形式上确立了英国竞争法的成文法形式,但在内容上没有扯断其与普通法的关联。英国竞争法的语言倾向于具体化和注重事实,而不是抽象和统一;其使用的概念,并不参照如德国法般的井然有序的概念体系,而是参照具体案件的事实。[1] 在一些类型的反竞争行为的管制中,判例及其司法程序依旧发挥着积极的作用。

一般而言,大陆法系与英美法系的主要区别就是它以成文法为主要法律渊源,判例法不被认为是正式的法律渊源。历史上,随着法典编纂越来越完备,法典一度成为大陆法的理想形式。尽管如此,判例法的优越性无时无刻不在吸引大陆法立法者和司法者的目光,且这种持久的吸引力发生的潜移默化的影响已经逐渐从观念上到立法实践上显现出来。在观念上,"制定法的优先地位和把判决看做技术性的自动制作(结果)的谬见正在衰退,人们确信制定法不过是一种可以广泛解释的概括性基本观点的表现,并且确信法院实务以持续的判例形态将成为一种独立的法源"[2]。司法实践中,大陆法践行判例法发生在两个法域内:民法典和竞争法。民法典的原则及其学理解释所具有的扩张性使其成为拥抱判例法之双手。意大利《民法典》第 1 条列举的法律渊源,就包括一般法律原则,这是法国《民法典》所望尘莫及的;在法国竞争行为的民法调整时期,虽然存在调整范围不适应的问题,但赋予了法官独立造法的职能,这一点在竞争法的历史上具有开创意义,它初步确定了竞争法的成文法和判例法的融合特性。瑞士《民法典》第 1 条也规定:"凡本法在文字上或解释上有相应规定的任何法律问题,一律适用本法。如本法无相应规定时,法官应依据惯例;无惯例时,依据自己作为立法者所提出的规则裁判。在前款情况下,法官应依据经过实践确定的学理和惯例。"

有学者认为,当代西方两大法系的判例法有相似之处,也有不同之点。单从

---

[1] [美] 戴维·J. 格伯尔:《二十世纪欧洲的法律与竞争》,冯克利、魏志梅译,中国社会科学出版社 2004 年版,第 279 页。
[2] [德] K. 茨威格特、H. 克茨:《比较法总论》,潘汉典等译,贵州人民出版社 1992 年版,第 134 页。

效果上看，都是法官创造了法律，而且这种"法官法"都具有一定的拘束力，但从创制法律的根据来看，两者有很大的差异。普通法系法官创制法律通常是以先例为基础通过推导，通过区别事实的技术，创制出新的法律规则，在无先例可循的情况下，则可通过审判活动创制新的先例。而大陆法系通过法官解释成文法而形成的"判例法"仍然是植根于法典之中的，它不过是法典主体上的一个派生物而已。[1] 这种认识符合异中求同、同中求异的辩证思维过程，反映了认识的深化。但不能将"派生物"作为从属物看待并否认其独立性。从规范到事实的运用过程，再由事实改造规范形成新规则，直至适用于后续同类事实这一过程，属于典型的判例思维——归纳推理，只是其前提开始于规范及其运用，即多了一个演绎推理的过程。

在我国，随着经济转型的深入，经济关系的复杂性大大增加，为适用判例制度灵活解决社会矛盾提供了前提。最高人民法院于2010年11月26日印发了《关于案例指导工作的规定》（以下简称《规定》）。《规定》的出台，标志着中国特色案例指导制度初步确立。各高级人民法院应当根据《规定》要求，积极向最高人民法院推荐报送指导性案例。最高人民法院专门设立案例指导工作办公室，加强并协调有关方面对指导性案例的研究。在此基础上，最高人民法院发布了《关于发布第一批指导性案例的通知》（2011年12月20日），第一次发布了四个指导性案件，要求各级法院组织广大法官认真学习研究，深刻领会和正确把握指导性案例的精神实质和指导意义；增强运用指导性案例的自觉性，以先进的司法理念、公平的裁判尺度、科学的裁判方法，严格参照指导性案例审理好类似案件，进一步提高办案质量和效率。这是我国第一次正式引入判例法制度。

"指导性案例"制度将在我国司法实践中发挥其特殊功能，并且还将进一步扩展适用：各高级人民法院可以通过发布参考性案例等形式，对辖区内各级人民法院和专门法院的审判业务工作进行指导。至此，"指导性案例"与"参考性案例"相结合的判例制度指导方向已经形成。这一制度也必将对反垄断法案件的审理产生积极的影响。

二、法域上的特点

法律之公、私之分渊源于罗马法。罗马人在构建其法律体系时，以不可思议的洞察力，把全体法律划分为政治国家的法和市民社会的法。前者称之为"公法"，其主角是权力，运作赖于权威、命令与服从，内容体现为政治、公共秩序以及国家利益。后者则是"私法"，它以权利为核心，以私人平等和自治为基本

---

[1] 潘华仿：《英美法论》，中国政法大学出版社1997年版，第43页。

理念，内容则体现为私人利益。[1] 西塞罗认为，国家事物是将全体人民视为整体的事物，尤其是国家组织及其机关的活动行为；私人事物是个人间因法律行为而生的各种关系或权利、义务。乌尔比安则以利益作为区分公法和私法的标准，认为公法是有关罗马国家稳定的法，私法是涉及个人利益的法。

私法与公法的划分打破了诸法合体的陈旧的法律体制，开辟了法律部门划分的新局面。在20世纪初期，经济的自然增长和自发平衡的幻想被经济结构不均衡、经济危机和社会分配不公等扭曲事实所打破。新矛盾的性质不是中古时期的人与人之间的身份关系矛盾，而是私人利益与社会利益之间的矛盾。这些矛盾依靠"条块分割"、"分立分治"的法的部门化调整无法解决，需要新的制度形式。正如恩格斯所说："法的发展的进程大部分只在于首先设法消除那些由于将经济关系直接翻译为法律原则而产生的矛盾，建立和谐的法体系，然后是经济进一步发展的影响和强制力又经常摧毁这个体系，并使它陷入新的矛盾。"[2] 解决上述部门化调整矛盾的主要方法是限制私人权利的扩张，打破部门法之间的"井水不犯河水"的局面，使公法意志介入私法领域，即实现"私法公法化"。20世纪中后期，转型国家出现了"公法私法化"运动。在"私法公法化"和"公法私法化"的双向运动中，私法与公法机械划分的标准开始动摇，两类法律逐渐相互渗透、融合。

私法公法化，就是指公法通过对私人活动的渗透，限制私法的效力。公法私法化，是计划经济时期的政府及其执行政府职能的公法组织将原有的一些权力交给市场，交由当事人意思自治。不论是公法私法化还是私法公法化，其共同的结果就是形成了新的法部门——经济法。经济法是"在资本主义社会为了以国家之手代替无形之手来满足各种经济性的，即社会协调性要求而制定的法，是为了弥补民法调整所不及的法律空白状况，即其中包含的与市民社会私人方面相对的公共方面的法"[3]。反垄断法是经济法制度的主要构成部分，是公法和私法融合的产物。

竞争法无法归于传统的私法或公法部门。传统公法、私法产生的法律部门，是建立在同类法律规范的基础上的，即法律规范要么由保障私人利益和私人行为的"私法"规范构成，要么由保障国家利益和国家行为的"公法"规范构成。例如，19世纪初期制定的法国《商法典》，属于纯私法的范畴，其中并无国家干预等异质性规范，也无公司犯罪概念和对公司犯罪的处罚条款。因此，法部门的

---

[1] 张俊浩主编：《民法学原理》，中国政法大学出版社1991年版，第2页。
[2] 《马克思恩格斯选集》（第4卷），人民出版社1972年版，第484页。
[3] [日]金泽良雄：《当代经济法》，刘瑞复译，辽宁人民出版社1988年版，第20页。

基本含义是以某种对象为前提的同类属性法律规范的总称。而竞争法不是单纯由公法规范或私法规范组成的法律规范。

另外，在法律形式上，有国家曾将竞争法制度归类于民事法部门之中，如意大利《民法典》,[1] 是否意味着该法就是民法的属性。部门法的出现肯定了法律关系的不同性质，并对不同性质的法律关系实行不同的法律控制手段，是法律进步的表现。但部门法的出现仅仅是适应经济发展阶段的法律发展的阶段性成果，随着经济的进一步发展，同类性的法律规范中融入了异质性的法律规范，打破了部门法构成的法律基础。产生了部门法形式化和部门法的跨部门化。意大利的竞争法律制度只在形式上属于民法典，"第一节竞争规则"之第 2595 条规定："竞争应当以不损害国民经济利益的方式并在法律和行业规范规定的范围内进行。"竞争行为是受国民经济运行约束的社会行为，而不单单是私人之间的事，竞争行为是社会公益主导下的私人行为。公益和私益融合在一起，不是简单的对接。意大利《民法典》制定时期，经济发展已经从单个自由过渡到一种新的联合形式，它不再允许个人主义经济力量任意发生作用。受德国民法的影响，"个人主义的经济观点和经济思想，自由放任的个人经济力量产生出共同的福利理论，完全的自私自利与共同繁荣兴盛间自发和谐的理论，已经开始呈现衰落"，社会思想开始上升。如德国《民法典》一样，"他的双足仍然立于自由市民的、罗马个人主义法律思想的土壤之上，但是，它的双手却已踌躇迟疑地、偶尔不时地向新的社会法律思想伸出"[2]。"新的社会法思想观念或此或彼地发生了影响。"[3] 因此，对法的性质的理解应该以法制度为基础而不是以法部门为基础，法与法之间的区别是制度之间的区别。

竞争法律制度的公法、私法融合性主要体现在如下方面：

1. 私人利益和社会利益的统一，且社会利益至上

竞争关系的总体是经营者、竞争者、消费者关系的组合。经营者获取利益的手段不能具有不利涉他性，换言之，经营者获得利益不得以他人利益减损为条件。因此，竞争法是通过保护公共利益（消费者利益和竞争者利益）限制私人

---

[1] 参见意大利《民法典》第十章：竞争规则和康采恩。事实上，该法仅仅规定了不正当竞争行为的简要内容。康采恩的规定相当于我国法中的企业集团的内容，涉及康采恩契约、登记和成员内部管理等事项，不是卡特尔式的反垄断内容。

[2] 〔德〕拉德布鲁赫：《法学导论》，米健、朱林译，中国大百科全书出版社 1997 年版，第 66 页。

[3] 当时，对民法典草案出现了两个意义深远的批评者，他们从不同的出发点，成了社会法思想的前驱：奥托·基尔克站在德意志法的立场上与草案的个人主义的罗马法学者作斗争，尔安东·门格尔则立足于社会主义观念之上批评草案的经济自由主义。参见〔德〕拉德布鲁赫：《法学导论》，米健、朱林译，中国大百科全书出版社 1997 年版，第 66 页。

利益（经营者利益）的。

2. 司法程序和行政程序的统一

司法程序代表客观公正，任何法都需要一种程序法保障。产生于近代的行政法具有突出的专业、效率的特点，它适应了反竞争行为认定的技术性、专业性要求。两种控制模式不是相互平行，而是既独立又统一。但两种程序各自所体现的意志不同，司法程序往往代表私人意志，行政程序代表公共意志。程序启动过程也能表现出私人性和公共性的区别：司法程序通常实行"不告不理"，即依申请处理；行政程序是依职权（主动）启动。

三、法属性上的特点

在法理学上，广义的法包括政策。反垄断法是法，也是政策，且反垄断法具有鲜明的政策特质，体现为：竞争政策与产业政策的融合。

一般认为，产业政策是政府为了实现一定的经济目标和社会目标而对产业的形成和发展进行干预的各种政策的总和。竞争政策是指通过自由竞争实现企业的规模、企业行为、资源分配等方面的调整，以促进资源在产业内自由、合理配置。因此，在现代西方经济政策意义上，竞争政策被视为自由竞争政策的同义语。[1]

由于反垄断法以限制和禁止的方式对经济关系进行调整，故必然涉及竞争行业和非竞争行业的划分，即竞争政策与产业政策的协调问题。

（一）反垄断法需要协调竞争政策和产业政策的分歧

经济危机和战争环境催生了反垄断法，在这些特殊的经济环境下，政府为使经济运行服务于特殊任务的需要，运用干预手段比经济自发运行更有效果。在初始的干预政策中，涉及的产业范围十分广泛，农业调整、银行拯救、重要物资的管制等。管制政策有两种目的不同的政策形式：经济管制和社会管制。经济管制是针对产品的价格、产品的种类、企业进入或退出市场的条件或某个行业服务标准的控制。进行经济管制源于国家防范经济危机或应对战争的需要。社会管制起源于社会团体的集体利益需要，如劳动者运动、消费者运动、环境保护运动等。国家通过改革既有的措施，对相关群体实行社会性保护。

反垄断立法最初来源于经济管制中的价格管制政策。价格在资本主义由自由经济向垄断经济过渡过程中扮演了双重角色：市场自发平衡的调节手段及打破市场自发平衡获取垄断利润的工具。特殊时期的价格管制也具有双重性质：防止某个经济主体或经济联合体掠夺性定价和回复价格的市场信号的功能。美国

---

[1] 德国理论界也有人将竞争政策称为纯粹的竞争政策，其含义也就是自由竞争政策。

1887年成立的州际商业委员会为避免价格战发挥了非常显著的作用。法国1945年颁布的有关价格的1483号条例始终承载着价格管理和竞争管理的双重职能。

反垄断立法之所以最初表现为价格管制，是因为价格是经济危机爆发的直接导火线，是稳定经济秩序的杠杆。同时，对于企业来说，价格是连接生产和消费的通道，是企业间剩余价值转换的工具。如果不存在外部因素，垄断企业将充当市场价格的制定者而不是价格的接受者角色。垄断价格是市场价格运动的必然结果，它把一部分消费者剩余转化为生产者剩余，进而扭曲分配效率，因而管制价格成了政府调节经济的必然。

成熟的反垄断立法会很好地处理竞争政策和产业政策的关系。一般竞争政策关注微观经济环节的目标，而微观经济和宏观经济不可能相互脱离，作为微观经济政策的竞争政策服务于国家宏观经济政策和协调微观经济的运行，它为宏观经济政策提供法律手段。

对产业采取管制还是放任政策，和一国的经济发展程度分不开。完全采取产业政策而放弃竞争政策或者相反都不切合实际。在发挥产业政策和竞争政策相互作用的前提下，发达国家和发展中国家在产业政策和竞争政策的运用上存在着一定的分歧。在经济全球化下，发达国家更希望并通过一定的方式迫使发展中国家执行竞争政策优先的产业政策；而发展中国家从发展民族经济的角度出发一般执行产业政策优先的竞争政策。20世纪80年代初期，美国著名的福利经济学家鲍莫尔提出了可竞争的市场理论（Theory of Contestable Markets）[1]，被一些西方经济学家奉为竞争政策的标准。可竞争的市场理论所表述的市场条件是：①企业进入和退出市场（产业）是完全自由的，相对于现有企业，潜在进入者在市场技术、产品质量、成本等方面不存在劣势。②潜在进入者能够根据现有企业的价格水平评价进入市场的盈利性。③潜在进入者能够采取"打了就跑"（Hit and Run）的策略，甚至一个短暂的赢利机会都会吸引潜在进入者进入市场参与竞争；而在价格下降到无利可图时它们会带着已获得的利润离开市场。即它们具有快速进出市场的能力，更重要的是，它们在撤出市场时并不存在沉淀成本。尽管对可竞争市场理论存在诸多争议，[2] 西方一些主流经济学派仍然将其作为现实目标，并

---

[1] Baumol, W. J., "Contestable Markets: An Uprising in the Theory of Industry Structure", *American Economic Review* 72, 1982, pp. 1~15.

[2] 一个方面的批评是，该理论对新企业进入产业后所采取的行为及其结果的一些假定是不符合实际的；另一方面的批评是，沉淀成本为零的假设也是不符合实际的。参见王俊豪：《政府管制经济学导论》，商务印书馆2001年版，第143~144页。

力争将这种思想消融在竞争政策中。事实上，这一竞争政策是排斥国家干预，即排斥产业政策的。

反垄断法涉及的竞争政策和产业政策的协调，主要体现在法律对产业和行业的划分及采取的措施上，反垄断法所划分的行业通常有：竞争性行业、特许垄断行业和自然垄断行业。通过划定自然垄断的范围为竞争行业提供效率竞争的基础；通过特许垄断防止竞争的高风险。自然垄断和特许垄断的范围大小和竞争行业的范围大小成反比例关系。因此，反垄断法执行产业结构政策的方式是进入管制，包括禁止竞争的进入壁垒和保护自然垄断。进一步而言，两类行业在反垄断法中被定位于"反垄断法适用除外"、"卡特尔豁免"等。产业组织政策在反垄断法中的体现，是对企业合并的控制。它涉及推动规模经济和抑制滥用规模经济的关系，其中关键的因素是市场观的确立。历史上，着眼于国内中小企业生存环境的产业组织政策，反垄断立法和执法曾导向结构主义。现代经济条件下，提高企业国际竞争能力是产业组织政策核心，反垄断法开始支持本国大型企业的发展，鼓励企业的兼并。反垄断法对企业合并的调整工具便体现出灵活性。对同一个市场而言，允许合并指标的不同体现的产业政策就不一样。一般而言，指标越高，越趋向于竞争政策；指标越低，越趋向产业政策。

发达国家希望发展中国家更多地开放市场，在企业规模上执行竞争政策，以使本国企业能顺利进入发展中国家的市场。因此，发展中国家在开放中需要协调好产业组织政策和竞争政策的关系。尤其对缺少或压缩了经济发展阶段的发展中国家，由于市场要素不完善，开放中的风险时时存在，企业合并中需充分考虑到经济安全和经济主权。

（二）反垄断法可以实现对产业政策的特殊调整

反垄断法对产业的特殊调整，主要体现在以下三个方面：

1. 经济规模的控制

经济学上，在规模经济较为显著的产业中，出现过剩进入以及具有劣等成本条件的企业虽然也能进行生产，但个别企业的产量较小的情形，由此难以利用规模的经济性，通过企业集中壮大经济规模，是实现规模经济是一种合理的选择，并为规模经济提供基础条件。集中后企业的成本条件优于集中前的企业，此时，企业集中减少了企业数目，福利水平得到了改善。企业集中是资本积累规律作用的结果。企业集中虽然不是开发技术的充分条件，但为开发技术提供了基本物质条件，因为企业集中则承担风险的能力增大。西方大企业不依赖企业集中而通过自我创新提高竞争力的示例凤毛麟角。经济学上的"马歇尔困境"[1]首先肯定经济规模,至于经济规模之上的垄断"困境"则需要结合市场和企业的主要活动范围来考察。现代经济条件下,马歇尔所谓的"困境"虽没有完全消失,但市场的拓展使"困境"在很大程度上解困了。经济全球化使越来越多国家的法律有意放任企业集中,尤其是新加入全球竞争行列的发展中国家,因为它们的企业相对弱小。已有数据显示,[2]我国企业创新和企业规模是正相关关系。所以,进一步推进大公司战略,增强中国产业集群竞争力和自主创新能力是我国竞争行业的企业面临的紧迫任务。在共同完成这一任务的诸法律中,反垄断法通过科学地划定垄断与非垄断的分界线,引导并警示企业集中。

2. 产品(包括服务)标准的创新

保护生态环境和自然环境,追求可持续发展已经成为我国经济发展的战略目标。严格并不断升级的产业标准会促发厂商提高产品或服务的竞争力。美国人长期关注污染防治工作,使得美国在污染防治设备和服务方面的出口竞争力很强。历史上,当德国、瑞典、丹麦等国的一些产业如化工等在环境质量方面超越美国时,它们的企业在该领域的国际市场竞争优势明显显现。

一个国家的产业规范不能合理调节经济结构时,这类产业规范就会伤害产业的竞争优势。原因是它们会延缓创新速度,或引导本国企业走向错误的创新发展方向。而一味地根据本国特色制定足以保障本国产业的产业规格,也将使得产业只能在国内享有竞争优势。[3]企业创新建立在开放式的标准之上,鼓励企业创新标准和进行标准认证。国外企业不断推陈出新的标准和标准化合法化地限制了我国企业的市场准入乃至在国外相关市场竞争机会,国内企业标准化建设相对落后,无法适应和跟上国际标准化趋势。这种落后的被动局面已经显现出来。一些产品没有建立标准体系,出口屡屡受到外国的抵制。例如,我国农业生产标准长期不健全,影响了农业生产的规范化,阻碍了农业生产与国际接轨。另外,我国

---

[1] "马歇尔困境"是马歇尔在《经济学原理》第四篇中提出的关于规模经济与竞争活力的两难命题。在他看来,规模经济对于企业竞争而言是非常必要的,但这又容易导致垄断,进而使经济运行缺乏原动力,企业缺乏竞争活力。参见〔英〕马歇尔:《经济学原理》(上卷),朱志泰译,商务印书馆1981年版,第280~303页。

[2] 2005年规模以上工业企业全年专利申请量为64 569件,其中发明专利申请20 456件,占31.7%。2004年末,在规模以上工业企业中开展科技活动的有32 924个,占11.9%。在大中型企业中,开展科技活动的企业所占比重为38.4%,小型企业中开展科技活动的占9.0%。参见《第一次全国经济普查主要数据公报》(第2号)2005年12月14日。

[3] 〔美〕迈克尔·波特:《国家竞争优势》,李明轩、邱如美译,华夏出版社2002年版,第531~532页。

已有的产品标准许多还停留在国内标准基础上。不吸纳相应的国际标准，产品市场只能依托国内市场，在同类外国产品纷纷进入的情况下，低标准产品注定要淡出市场。再有，已有的标准实行国家统一分级对口管理，标准单一，标准化的目标全部集中于安全和公众健康上，完善的标准化目标应包括安全、公众健康基本目标和创新引导目标上。为此，有人提出，应当变革我国当前标准化管理体制，从由国家主导转向行业协会主导。[1] 这一建议中的合理性在于关注到了建立竞争性的多元标准体制，"如果在一项产品上的标准是多元的，而且标准的制定及认证优势开放性的，那么这一的标准便可容纳各种各样的产品，从而降低了标准对革新的阻碍作用"[2]。竞争和创新要求标准化法有更加开放的性格，仅仅满足于"合格"的产品必将被以创新为竞争特征的全球化市场淘汰。

适于开放标准的要求，标准化法和反垄断法之依赖关系便产生了。多元标准制度同其他任何制度一样，其两面性同时存在。趋利避害是制度产生和制度维持的基本前提。反垄断法可以防止多元化标准滥用，进而防止限制竞争行为，保障多元化标准制度的可行性。反垄断法对利用标准限制竞争的规制主要体现在，禁止以标准化的名义实行价格联盟、以标准化为由进行联合抵制等。如果某创新产品需要其他创新设备相适应，在其他设备未开发出来之前该创新产品的垄断经营不应认定为反垄断法上的垄断。即如果企业不断投资，推出新产品带动创新与提高生产率时，即使因此造成其他竞争者丧失市场占有率，也不应该禁止。

3. 辅助建立产业损害预警机制

产业损害预警机制在日本被称为"重要产业安定机制"。建立和完善产业损害预警机制是运用国际通行规则，维护国内产业安全的产业信息收集、评价和制定应对措施的总和。该机制主要通过对国际经济发展变化、货物进出口、技术进出口和国际服务贸易异常情况的连续性监测，分析其对国内产业已造成及可能造成的影响，及时发布相关预警信息，制定应对预案等方法为政府主管部门制定企业决策服务。产业损害预警包括进口产品或服务预警和出口产品或服务预警。进、出口预警的分析上侧重点不同。对进口产品或服务，应着重分析其异常变化对本地区、本行业生产、经营、效益和可持续发展的影响，发现进口产品或服务可能对国内产业的损害或损害威胁的迹象，为国内产业及时运用贸易救济措施有效保护自己提供信息支撑。对出口产品或服务，应着重分析其异常变化与国内相关产业结构的关系及对调整产业、产品或服务结构的影响。

---

[1] 鲁篱："标准化与反垄断问题研究"，载《中国法学》2003 年第 1 期。
[2] 鲁篱："标准化与反垄断问题研究"，载《中国法学》2003 年第 1 期。

我国长期以来没有建立产业预警，入世以后，一些产业受外部冲击的情形日渐显现出来，产业预警工作始提上工作日程。按照商务部 2005 年 6 月发布的《关于进一步加强产业损害预警工作的指导意见》，具体的工作中心是围绕确定重点监测目录和建立监测指标体系进行。而确定监测产品或服务目录时应主要考虑以下因素：本地区、本行业在全国占相当重要地位、且易受进口冲击的主导产品或服务；本地区、本行业具有比较优势，且对经济发展具有重要意义的产品或服务；规模虽较小，但涉及国计民生，且可能受国际市场影响的产品或服务；本地区、本行业规划中拟重点发展，目前尚属幼稚产业的产品或服务。

产业损害预警体系和反垄断法的关系密切。对预警产业采取的法律手段主要是进入管制并垄断经营。如战后日本在钢铁、汽车、家电、半导体、计算机等产业采取了"战略性产业保护政策"，即阻止外国特别是美国的先进企业进入。和关税政策相比较，战略性产业政策能在一定的时间内保护性地阻断外部不安全因素进入，符合 WTO 国际经济秩序的要求。当然，确定保护——损害预警的统计、评估工作更具有客观性和说服力。在产业政策法在各国不具有普遍性的情况下，产业保护的通用规则落在了反垄断法适用除外上。因此，反垄断法为产业损害预警提供法律保障手段。

第二节 反垄断法律关系的特殊性

法律关系的构成要件包括主体、客体和内容。反垄断法律关系也是在这一内容组合模式下存在的。但反垄断法律关系在主体、客体和内容上都有别于传统法的特殊性，一定意义上，这些特殊性标表该法的独立性。

一、主体的特殊性

反垄断法的主体具有多样性、扩展性。各国反垄断法表述竞争法律关系主体时所用的称谓不尽一致，但不同称谓并不严格地拘泥于概念的外延，多具有指代意义。这形成了反垄断法独特的概念不周延使用的现象。

美国 1914 年《克莱顿法》第 7 条将该法的适用范围规定为"公司"（Corporations）。1980 年的《反托拉斯程序改进法》中将公司改为"人"（person）。这个"人"包括公司，非公司法人的合伙，未注册的合营企业、个人等。根据 1984 年美国通过的《地方政府反垄断法》，及联邦最高法院的有关判例，这个"人"还可以指诉讼中作为被告的市政机关。欧共体竞争法用"Undertaking"即"企业"（有的翻译成"事业"）来指称规制对象，在"Polypropylene"案中，欧共体委员会认为，企业不限于有法律人格的实体，而是包括参与商业活动的一切实体,[1] 在 Mannesman v. High Authority 案件中,欧洲法院认为"企业"包括从事商业活动的国家机关;[2] 日本《禁止垄断法》第2条规定:本法所说的"事业者",是指经营商业、工业、金融业等的事业者。为事业者的利益而进行活动的干部、从业人员、代理人及其他人,适用下款或第三章规定的,也看做是事业者。我国台湾地区的"公平交易法"第2条规定的主体是"事业",具体包括"公司,独资或合伙之工商行业,同业公会,其他提供商品或服务交易之人或团体",另依"公平交易委员会"的解释,"本案拟接受'政府补助'初期开发经费之行为主体虽可能为'政府机关'、自来水事业单位、民间企业或其他财团法人,惟其设置目的在于制造、销售饮水,不论其将来组织形态为何,皆属于'公平法'第2条所称之事业"[3]。俄罗斯的《竞争保护法》第3条第1款规定:本法适用于保护竞争的关系,包括预防和制止由俄罗斯的法人和外国的法人,联邦行政机关、联邦各主体国家权力机构、地方自治机关、其他行使上述机关的职能的机关或组织,以及国家预算外资金、俄罗斯联邦中央银行、作为个体经营者的自然人从事的垄断活动和不公平竞争的关系。

可以看出,反垄断法律关系的主体除了享有执行权的主体之外,[4] 违法行为主体的具有多样性、扩展性:

(1) 反垄断法主体的多样性打破了某些传统法的主体与法律关系的对应关系。传统的法律主体要么高度抽象要么十分具体。组织体经过抽象抛去了各组织的具体特点而被抽象为法人、非法人组织;抛去职业特点和社会地位的人被抽象为自然人。法人、非法人组织和自然人属于民法的特有主体。而公司、国有企业、国家机关、合伙等分别是公司法、国有企业法、行政法、合伙法的主体;人民、消费者、劳动者、公务员分别是宪法、消费者权益保护法、劳动法和公务员法的主体。反垄断法没有特定的主体,法律中所谓的"经营者"、"竞争者"都是已有有关法律主体,如公司、企业、个人等的综合。且反垄断法主体又不仅仅限于经营者和竞争者。行政机关和行业协会(事业者团体)不属于经营者和竞争者,但可能成为反垄断法的违法主体。与其说经营者和竞争者是竞争法的主

---

[1] 包括股份公司、合伙、个人、联合经济组织、国有公司、合作企业等,但国有公司行使公法权力时除外。
[2] 许光耀:"欧洲共同体竞争法研究",载漆多俊主编:《经济法论丛》(第2卷),中国方正出版社1999年版,第342页。
[3] 台湾《公平会会报》(第1卷第6期),转引自赖源河:《公平交易法新论》,中国政法大学出版社2002年版,第88页。
[4] 以下所言的反垄断法主体都是指违法主体,不包括执法主体。在此意义上,竞争法律关系的主体和竞争法主体本文作同意语使用。

体，不如说经营者和竞争者是反垄断法主体无法周延情况下的代表主体。因此，不能仅从经营者或竞争者概念的内涵出发，圈定其外延并确定反垄断法调整的内容。在我国，公立医院属于事业单位，不以营利为目的，不属于经营者和竞争者，但如果其在购买药品或者其他医疗用品中串通投标或收受回扣的，就成为反竞争行为的主体。

(2) 反垄断法的主体囊括了以往几乎所有的法律主体的分类。就法人而言，按成立基础不同，划分为社团法人、财团法人；按目的不同，划分为营利法人、公益法人、中间法人、机关法人。就非法人组织而言，包括合伙企业、个人独资企业、不具备法人资格的外商投资企业等。就个人而言，包括个体工商户、单位内部普通人员、单位的管理人员等。这些法律主体在反垄断法中都能找到适用的情况。自然人也可以成为滥用知识产权的主体。如日本法所说的"干部"，是指理事、董事、执行业务的无限责任社员、监事或监察人或准此职务者、经理或总店或支店的营业主任。这就包括了上述单位内部普通人员、单位管理人员。

(3) 反垄断法确立了法律关系主体的新标准。反垄断法几乎囊括所有法律主体的特性，揭示了一个不同于传统法主体划分标准的新思路。传统法确定主体的思路是从主体到行为，即"主体—行为"模式。例如，公司法是调整公司的组织及行为的法律规范的总称，国有企业法是调整国有企业经营管理和利润分配关系的法律规范的总称。反垄断法适用的环境——"经营中和交易上"决定了其从正反两方面来确定法律关系的主体。"经营中"表达的是"主体—行为"模式，即进行经营活动的主体（经营者）行使经营权，例如制定不公平价格，掠夺性定价等。按照"主体—行为"模式，反垄断法的主体是具有经营者或竞争者资格的主体，包括公司、合伙、经营关系中的个人等，或者说以营利为目的的法人、非法人组织或个人。"交易上"表达的是"行为—主体"模式。按照这一模式，反垄断法律关系的主体是实际参加或可能参加交易的主体，包括没有经营者资格但因其参加涉及垄断的交易关系中而成为反垄断法的主体，如国家机关不是经营者，但在参与经济活动中，给予有关经营者以优惠条件或阻碍经营的，国家机关就成为反垄断法的违法主体。同理，医院、行业组织、单位内部人员、消费者等非"经营者"可能成为竞争法律关系的主体。可能参加交易的主体还包括潜在竞争者、消费者。

在上述分析的基础上，反垄断法律关系的主体可以分为如下三种类型：资格主体、参与主体和参照主体。

资格主体，是指被反垄断法所规范的具有竞争法律关系主体的资格，并通过自己参加竞争关系，实际取得权利、承担义务的主体。资格主体是竞争法律关系的典型主体形式。凡由法律规定并由国家主管部门认定的享有从事生产、经营活动，获取利润资格的主体都属于此类。概括地讲，则是指具有"经营者"或"事业者"资格的主体形式，具体包括公司、合伙企业、个人独资企业、从事经营活动的个人等。

参与主体，是指依法律规定不具有从事生产、经营活动，获取利润资格的主体，但因参与危害竞争秩序的经济活动，而成为受反垄断法约束的主体。依法律规定，不具有从事生产、经营活动，获取利润资格的主体包括国家机关、事业单位、慈善机构、行业协会等。"参与经济活动"有两种情况：或因职权参与和滥用职权参与。国家机关、事业单位、慈善机构、行会等可以以经济主体（交易人）的身份参与某些经济活动，如本单位建设工程的招标、发包、物品采购等。上述主体参与的上类经济活动属于职权范围内的活动，参与经济活动不必然成为竞争法律关系的主体，若成为竞争法律关系的主体，还需具备行为"危害竞争秩序"。所谓滥用职权参与，指超过法律赋予的职权行使权力，并产生了限制竞争的后果，行政垄断是典型的滥用职权参与。此外，还存在从"单位"溢出的"个人"成为反垄断法主体的情况，如依据某公司的高管根据合同取得对其他经营者的控制权或者能够对其他经营者施加决定性影响，构成反垄断法上的经营者集中，如果不进行申报，则违法。

参照主体。表面上看，竞争关系是经营者和竞争者之间的"事情"，但由于竞争最终要在消费者身上反映出来，所以，反垄断法律关系应当是经营者、竞争者和消费者共同的"事情"。竞争者和消费者包括既有竞争者、既有消费者和潜在竞争者、潜在消费者。在反垄断法律关系中这两类主体通常是以受害者或第三者的身份出现的，作为第三人的竞争者（利益）和消费者（利益）是经营者行为正当性和合法性的判定标准。[1]

二、客体的特殊性

通常认为，法律关系的客体包括物、行为和智力成果。这种概括，并不完全适合于当代经济关系的事实。当代经济关系使客体的范围和种类不断扩大和增多，超出了传统法对客体的概括。反垄断法律关系的客体就能够体现这种的特性，具体而言，可以作如下分析：

（一）反垄断法律关系的客体是国民经济运行中形成的客体

这种客体，是生产社会化、国民经济体系化和经济全球化背景下形成的客

---

[1] 因为竞争法保障的是消费者的整体利益，所以本质上，消费者在竞争法律关系中是标准、是客体。对此，请参见刘继峰："竞争法中的消费者标准"，载《政法论坛》2009年第5期。

体。与自由放任经济阶段及以前诸经济阶段不同，从国民经济运行的需要出发法律对反竞争行为采取限制、禁止等措施。另外，这种客体具有私人性与公共性的两重属性。企业的合作属于合作者私人的事情，但这种合作不得危害公共利益。如企业交换情报、制定统一标准、避免价格战，可能涉嫌反垄断中的共谋；企业意图通过合并提高竞争能力，但可能构成经济力集中。因此，在反垄断法的视野中，每一个企业的行为，都涉及私人评价和社会评价。

（二）反垄断法律关系客体超越了传统民事法律关系客体的内涵和外延

传统民事法律关系的客体的内涵，是私人对物（有体物和无体物）的无限制地占有、使用、收益和处分行为的绝对自由。传统民事法律关系的客体是物、行为和智力成果。反垄断法律关系的客体建立在对物的受限使用的基础上。物和智力成果两种传统客体形态被对物和智力成果的运用行为吸收。知识产权对所有权人而言是一种无形财产，但在反垄断法律关系上，关注的是知识产权的滥用。

（三）反垄断法律关系客体的形态包括行为和状态

反垄断法律关系的客体主要是行为。许多国家的反垄断法规范直接表明了这一点。我国《反垄断法》第3条将"经营者达成垄断协议"，"经营者滥用市场支配地位"，"具有或者可能具有排除、限制竞争效果的经营者集中"都归于垄断行为。反垄断法律关系的特殊客体是状态，又叫垄断状态，指少数企业占有某行业或产业绝对份额的市场结构形式。对状态的调整源于这样一种因果推理，一定的市场结构会有与之相适应的企业行为方式，进而导致特定的市场绩效。高集中度会导致进入障碍、产量减少和利润率提高。美国1968年公布的《企业合并指南》明确将垄断状态作为调控的目标，即市场份额、集中度成为决定合并能否得到批准的决定性因素：在一个高度集中的市场上（$CR_4 > 75\%$），如果合并企业与被合并企业的市场份额分别达到4%，则可以推定合并为非法。对于其他因素，如效率，法院明确表示，效率改进非但不能作为抗辩的理由，相反，正可被用来攻击合并，原因是小的对手因此陷入了不利的境地。[1] 日本《禁止垄断法》也将"垄断状态"作为客体，并且法条中明确界定了垄断状态的含义及其构成条件，体现在日本《禁止垄断法》第2条之（7）规定上：垄断状态，是指在国内（出口除外）提供的同种商品（包括对与该同种商品有关的通常事业活动的设施不作重要变更而可能提供的商品）以及其性能和效用显著类似的其他商品的价额或在国内提供的同种劳务的价额，按政令规定，在最近1年内超过500亿元

---

[1]〔美〕奥利弗·E.威廉姆森：《反托拉斯经济学——兼并、协约和策略行为》，张群群、黄涛译，经济科学出版社1999年版，第4页。

的场合，该一定的商品或劳务在与其相关的一定事业领域内，出现下述各项给市场构造和市场造成弊害者：①在1年的期间内，一个事业者的市场占有率［在国内供给的该一定的商品以及其性能和效用明显类似的其他商品（输出除外）或在国内供给的该劳务的数量（在不适于用数量计算，可计算这些劳务的数量）中，该事业者供给的该一定商品以及其机能和效用明显类似的其他商品或劳务的数量所占的比例］超过1/2或两个事业者的市场占有率合计超过3/4；②给其他事业者新办属于该事业领域的事业造成明显的困难。

三、内容的特殊性

法律关系的内容包括权利、义务。传统法律关系的内容是相互对应的，主体处在双向权利、义务关系中，即一方的权利是对方的义务、一方的义务是对方的权利。换言之，传统法律关系的客体是两个权利、两个义务共同指向的对象。现代社会经济关系复杂化，使对应的权利、义务关系异化和组合多样化。一方面，权力加入到权利、义务关系之中，丰富了权利、义务的对应内容；另一方面，权利或义务集中化，使主体间形成单向的权利、义务关系。单向的权利、义务关系可以分为"权利—义务"型单向关系和"义务—权利"型单向关系。消费者保护关系中，消费者是权利（力）主体[1]、经营者是义务主体，属于前种类型。反垄断法律关系或反不正当竞争法律关系中，经营者是义务主体，权利（力）主体是国家或消费者群体，属于"义务—权利"型单向关系。由此，这两个法的重心已经分别偏向了权利和义务，可以将消费者权益保护法和竞争法分别称为"权利法"和"义务法"。

就反垄断法律关系的内容而言，包括以下方面：

（一）反垄断法律关系内容中存在国家经济权力

国家或者政府介入经济生活、参与引导经济活动是在市场经济中进行的，不仅不排斥市场机制，而且是以健全市场机制为目的；其限制了契约自由（权利），但不否定契约自由；其压缩了其他市场主体自主决策的空间，但未排除自主决策空间。国家或政府可以限制其他经济主体必须为某种交易类型，但并不一定干涉交易的具体内容。因这种权力、义务是国家或政府在履行其经济职能时生成的，为与国家或政府履行经济职能以外的其他职能所拥有的权力和产生的义务相区别，这里，将在国家或政府履行经济职能时生成的权力称之为经济权力。这是现代市场经济条件下国家职能演变的一个显著结果。

---

[1] 消费者权利是否为私权尚有争议，从法律规定的"权"的内容上，起码有些"权"不能归于私权或权利，如监督权、批评权。所以，消费者权利的完整说法应该是权利（力）。

(二) 反垄断法律关系内容中存在企业经济权力

滥用支配地位的主体拥有的市场支配力，本质上，也是一种经济权力。这个新的权力类型的产生，打破了权力的传统观念，即认为权力一定是国家行政机关（准确地说是行政主体）享有的控制性力量。这种权力的存在对反垄断法律关系（也扩展到经济法律关系）内容的概括将具有重要的重构意义。加入了企业经济权力后，反垄断法律关系的内容变为：权力对权利的限制、（国家）权力对（企业）经济权力的限制，及由此产生的义务。

由此，反垄断法律关系的内容具有双重复合性：国家经济权力限制经济权利、国家经济权力限制企业经济权力。

第三节 反垄断法的地位

一般情形下，一部法律的地位在其学科属性和在其所属学科中的地位体现出来。学科属性是在法体系基础上，找出制度的学科归属。学科中的地位是在学科同类性基础上通过与其他同类法律的比较，揭示法律的作用方式及效果，来反映其地位。

一、学科属性

尽管经济法的范畴尚有争议，但反垄断法属于经济法当无异议。依据目前理论界对经济法范畴的界定，反垄断法属于经济法体系中的市场规制法。经济法是在国民经济运行过程中，为了保障经济的协调、有序发展而进行市场规制和宏观调控所形成的经济关系的法律规范的总称。市场规制法由包括竞争法在内的诸多法律规范组成。

反垄断法之所以属于经济法，是因为两者具有内在价值的同一性。

(一) 国民经济良性运行需要良好的竞争秩序

竞争是一种理想的资源配置方式，维护有效竞争是竞争法的立法目标。效益好的企业将获得利润，效益差的企业将面临亏损与破产；竞争将产生商品低价或优质服务，消费者对商品或服务有更广泛的选择机会。有效竞争即建立在此基础上。如果企业亏损或破产大面积爆发，可能属于过度竞争。过度竞争不利于社会经济的发展，甚至会带来社会政治、经济动荡。

竞争法所维护的竞争秩序是国民经济运行秩序的重要方面。国民经济运行秩序表现为经济的协调、有序发展。所谓协调，是指供给与需求的大致均衡、社会经济内部各种结构和比例关系大致均衡；所谓有序，是经济发展平稳增长，无经济停滞、过速增长或大起大落。竞争协调、有序表现为三个标准：①结构标准。

不存在进入和流动的人为限制；对上市产品质量差异的价格敏感性；交易者的数量符合规模经济的要求。②行为标准。厂商间不互相勾结；厂商不使用排外的、掠夺性的或高压性手段；在推销时不搞欺诈；不存在"有害的"价格歧视。③绩效标准。利润水平刚好足以酬报创新、效率和投资；质量和产量随消费者需要而变化；厂商尽其努力生产技术上更优的新产品和优化生产流程；没有"过度"的销售开支；每个厂商的生产过程都是有效率的；最好地满足消费者需求的卖者得到最多的报酬；价格变化不会加剧周期的不稳定。[1] 虽然这些经济学指标有些抽象，但它为竞争法控制提供了基本目标。有效竞争是国民良性经济运行的表现形式和基本保证。

（二）维护实质正义

正义与公平、公正所表达的意思基本相同，都是人类所追求的一种理想，[2] 也是社会制度的首要价值。法律必须体现正义，一项法律制度如果不能体现正义，就必须加以改造和废除。[3] 法律制度体现的正义包括实质正义与形式正义。形式正义所遵行的是公开原则、合法原则、民主集中原则等；实质正义，主要指社会资源和要素分配的结果须符合公正原则。实质正义遵行公平分配、机会均等、缩小差距、公共福利高于一切等原则。经济法关注的是社会群体利益，具体制度以社会整体利益为出发点。竞争法在竞争领域实现社会整体利益，实现实质正义。竞争法实现实质正义的方式，是通过禁止禁止垄断行为和不正当竞争行为，为经营者创造相对均等的竞争机会并提高消费者的选择范围和自由。

二、学科中的地位

从反垄断法调整的对象上看，其涉及协议、契约、企业合并、知识产权、行政权力的运用等方面，[4] 这些对象已为有关合同法、公司法、知识产权法、行政法等部门法所调整。反垄断法转换了调整的视角和调整的方法，对相同的对象进行特别的调整，由此形成了制度的跨部门法属性。另由于反垄断法在保护法益、原则、价值、体系等理论范畴的研究上与经济法学科存在内在的统一性，所以，其应处于经济法学科的核心地位。

---

[1] 美国经济学家克拉克1939年提出了有效竞争理论。提议应建立一个竞争经济可行性的最低限度标准。如果一种竞争在经济上是有益的，而且根据市场的现实条件又是可以实现的，那这种竞争就是有效竞争。克拉克之后，Stephen H. Sosnick 提出了更为详细的标准，概括为三个方面：结构标准、行为标准和绩效标准。

[2] 孙国华：《法理学教程》，中国人民大学出版社1994年版，第106页。

[3] [美] 罗尔斯：《正义论》，何怀宏等译，中国社会科学出版社1988年版，第2页。

[4] 在反垄断法的语境下，协议不同于契约（合同），这一点，在"垄断协议"一章将详述。

日本理论界在经济法学科创立伊始，就认为反垄断法在经济法体系中占有基本的或核心的地位，这也是日本经济法学说较为一致的看法。只是各种学说由于方法论上的差异，确定核心地位的论理路径不完全一样。

丹宗昭信明确指出了《禁止垄断法》在经济法体系中的核心地位，认为现代资本主义国家中，基本经济政策的基础是维持竞争的政策，与此相适应的经济政策立法就是禁止垄断法。经济法的基本原则，是把"维持公正而自由的竞争→保护消费者→国民经济民主和健康地发展"这样的价值观念作为构成理论的前提，这正是垄断立法的基本原理。正田彬认为，《禁止垄断法》是通过排除形成的从属关系及其对竞争秩序的侵害，来确保交易主体间在交易地位上的实质平等，因此，它是经济法秩序的核心。金泽良雄和今村成和没有直接表明反垄断法在经济法中的地位，但从不同侧面地表达了《禁止垄断法》的核心地位。金泽良雄认为，在经济法体系中，限制、扶持、允许等多种政策并存。第二次世界大战以后，以谋求通过自由而均衡地发展经济的国际经济政策环境为背景，确立了维持和促进自由竞争经济秩序的垄断禁止法为基本政策的观念。经济法中，竞争政策法是基本法，反映限制政策和允许政策，而《禁止垄断法》是"竞争政策法"基本立场的集中反映。今村成和认为，经济实体法中，已经形成了"垄断禁止政策—禁止垄断法——般法和集中政策—个别立法—特别法"这样的模式，《禁止垄断法》在经济法体系中处于一般法的地位。[1]

美国虽没有经济法学科的概念，但将反托拉斯法称为"经济宪章"。美国最高法院在1972年的一项判决中指出：反托拉斯法……是自由企业的大宪章（The Magna Carta of Free Enterprise）。它们对维护经济自由和我们的企业制度的重要性，就像权利法案对于保护我们的基本权利的重要性那样。此后，美国最高法院常在判决中将《谢尔曼法》称为"经济自由的宪法"（Charter of Economic Liberty）。

这种指称的理由，是美国反托拉斯法与宪法有许多相同、相似之处。表现为：

1. 在追求自由的目标上两者具有内在的统一性

宪法是确定政治自由和经济自由的最高准则。经济政策在促进社会方面起着重要的作用。在广泛的意义上，宪法中经济自由本身可以被理解为政治自由的一个组成部分。另外，经济自由也是达到政治自由的一个不可缺少的手段。直接提供经济自由的那种经济组织，即竞争性资本主义，能够促进政治自由。所以，政

---

[1] [日] 丹宗昭信、厚谷襄儿：《现代经济法入门》，谢次昌译，群众出版社1985年版，第75~77页。

治自由是目的，经济自由是保障这个目的的手段；经济自由本身是一个目的，竞争法律则是实现这个目的的手段。政治自由和自由市场之间的关系是一致的，尚没有任何例证表明："人类社会中曾经存在着大量政治自由而又没有使用类似自由市场的东西来组织它的大部分的经济活动。"[1] 因而与政治宪法相对应，反垄断法被称为经济宪法也是顺理成章的。

2. 反托拉斯法和宪法一样对公民的基本权利有广泛的影响

在美国反托拉斯法适用于大量的经济活动，包括绝大部分交易。除了极少部分人可以从事不受反托拉斯法限制的活动外，其他所有公民每天所从事的经济交易都受反托拉斯法的影响。因此，像宪法一样，反托拉斯法对美国公民的日常生活时时刻刻都在发挥着重要作用。

3. 模糊规范的清晰化方式具有相似性

反托拉斯法是极具一般性的联邦法律，包含着诸多原则性和模糊性条文。美国最高法院将《谢尔曼法》称为"经济自由的宪章"，意图是将该法像宪法规范那样对待。正像宪法一样，要想知道反托拉斯法的内容，必须寻找解释反托拉斯法中的关键术语的判决。如法院判决对《谢尔曼法》第1条"限制贸易"的解释，就像解释美国《宪法》第5条和第14条修正案中"法律的正当程序"含义的判决那样重要。[2]

"经济宪法"虽是借喻表达，但美国的其他成文法律都没有享受这一殊荣，至少在形式上这种称谓是独一无二的。在形式服务于内容的规则下，反托拉斯法的作用及地位自然有其特别之处。

"经济宪法"称谓和地位在其他市场经济国家法律制度中也逐渐被认可。第二次世界大战以后，制定反垄断法被视为推行社会市场经济的主要动力，大多数欧洲国家为适应战后的形势，制定了在经济政策中起重要作用的反垄断法，从根本上彻底改变欧洲竞争法的道路。正如学者评价的，"秩序自由主义者重新定义了经济自由主义传统，从而为欧洲的复兴作出了贡献。他们阐述了一种新型的自由主义，其中法律是市场的必要助手，它把市场从社会分裂的根源变为社会整合的手段。在这种自由主义中，市场是必要的，但是光有市场是不够的。需要把经济纳入一个宪法—法律架构，它既保护经济，也有助于以市场为中心的社会整合。竞争法处在这个方案的中心位置"[3] "1957年德意志联邦共和国创设了限

---

[1] 〔美〕米尔顿·弗里德曼：《资本主义与自由》，张瑞玉译，商务印书馆1986年版，第11页。
[2] 孔祥俊：《反垄断法原理》，中国法制出版社2001年版，第19页。
[3] 〔美〕戴维·J. 格伯尔：《二十世纪欧洲的法律与竞争》，冯克利、魏志梅译，中国社会科学出版社2004年版，第327~328页。

制竞争法律制度，该制度将具有新的地位和在不同的原则基础上运行，其地位是'宪法性的'——张扬基本价值和保护基本权利，以及至少是通过司法和行政执法平分秋色的方式进行实施。"[1]

还有一些国家在宪法上直接规定了反垄断的原则性条款。例如，菲律宾1987年《宪法》规定：在公共利益需要时，国家应当管制或者禁止垄断。禁止任何限制贸易的联合或者不公平竞争。再如，俄罗斯联邦《宪法》第8条也将国家保障和促进竞争列为宪政的目标。

要进一步明确反垄断法在经济法体系中的核心地位，还涉及上述认识是否存在时效性。即上述"核心地位"的认定发生在第二次世界大战以后的经济恢复时期。战时经济管制是必需的，战后需要对管制的经济放松管制，重新营造市场环境。在此情形下，经济法尤其是反垄断法便有了用武之地。那么，反垄断法是否对这种特定的环境有"生存依赖"，或者其核心地位是否仅仅存在于这种背景下。回答是否定的。反垄断法的核心地位从那个时代到现今不但没有因经济环境的变化而降低，反倒更加稳固。主要原因是经济环境的基础没有改变，而出现的新的经济特征更需要竞争法发挥特殊作用。

自第二次世界大战以来，市场经济制度的适用范围越来越大，市场的基础调节作用及国家经济调控这一基础结构没有改变。有所变化的是竞争地域范围扩大了，和经济发展的动力集中了，即出现了经济全球化和形成了知识经济。

经济全球化对竞争的影响表现在以下方面：①市场拓宽，竞争关系复杂。经济全球化打破了国家间的地域界限，使得竞争关系比以往任何时候都复杂。因影响的效果不同，国家对国内竞争关系和国际竞争关系持不同的态度。国内竞争产生的效果直接反应在国内市场上，反竞争往往造成明显的秩序破坏；而国际竞争可将竞争的消极效果分化到外国市场，对本国并非不利，所以，发达国家多采取严厉的手段维护国家竞争秩序，同时，国家通过扶助企业参与国际竞争化解国内矛盾。②竞争主体身份双重性。一方面国内经济组织面临来自于国内竞争者和外国竞争者双重竞争压力；另一方面国内经济组织在占有国内市场的同时，也努力尽量扩大国外市场范围和份额。相应地，政府一方面防止跨国公司垄断本国市场；另一方面积极鼓励、扶持本国企业"走出去"。经济全球化下，竞争力被划分为紧密结合的两个概念：企业竞争力和国家竞争力。反垄断法和竞争政策服从和服务于企业竞争力和国家竞争力的需要。

---

[1] David J. Gerber, *Freedom, Law, and Competition*, Oxford University Press, 1998, p.267. 转引自孔祥俊：《反垄断法原理》，中国法制出版社2001年版，第21页。

这些新特点不仅不会改变国家对经济的调节作用，而且需要国家对经济关系有更深层次地介入，及采取更灵活的介入方式。这为各国反垄断法提出了新的适应性问题，修改反垄断法和灵活适用反垄断法是对新问题的回应。所以反垄断法的地位没有因时代特点的变化而减弱。

第四章 反垄断法的宗旨与价值

法的宗旨、价值和法的特点紧密相关，是对法的特点认识的深化。法的价值反应法的客观效用，不同法的价值不完全相同，而价值通过立法宗旨对外宣誓。

第一节 反垄断法的宗旨

随着反垄断法的独立，反垄断法的宗旨渐渐明朗。反垄断法的独立过程，是保护目标从主体到客体的转移过程。反垄断法的宗旨包含三个问题：立法目标的确立、反垄断法的法益和消费者在反垄断法中的地位。

一、立法宗旨的确立

早期的反垄断立法，始于对自由的限制，包括对契约自由和定价自由的限制，形式上依附于民商法。19世纪70年代至90年代是西欧资本主义发展最快的时期，也是垄断开始产生的时期。1871年德意志第二帝国建立后，"营业自由"的经济政策活跃了市场经济，同时不正当竞争愈演愈烈。同样，垄断协议所产生的法律问题，"作为合同法问题出现，并且也被人们理解为这样"[1]，但是随着垄断加剧，人们日益认识到合同法本身并不能对这种看似自由的契约进行规制，仅以民法手段来禁止垄断行为显得无能为力。因此立法者不得不考虑制定新的法律。在1892年，德国最高院对"萨克森木纸浆案"作出裁决时宣布："当卡特尔显然故意形成垄断，严重剥削消费者，或达成的协议和作出的安排实际上导致了这种结果时"，它便违反了法律。[2] 就此德国宣告了合同法对垄断问题规制的终结。

人为控制价格相当于遏制了自由竞争机制，其不仅为市场所不容，也与自由资本主义政治统治的观念格格不入。奥地利早在1803年就禁止价格卡特尔，旨在阻止商人从拿破仑战争所引起的物资短缺，尤其是食品短缺中牟利。法令规定：在同类商业中，数个或所有商人不经劳动而意图提高一种商品的价格侵害公

---

[1] 〔美〕戴维·J.格伯尔：《二十世纪欧洲的法律与竞争》，冯克利、魏志梅译，中国社会科学出版社2004年版，第109页。

[2] 〔美〕戴维·J.格伯尔：《二十世纪欧洲的法律与竞争》，冯克利、魏志梅译，中国社会科学出版社2004年版，第113页。

众，或者为了自己的目的而降低价格，或者为制造短缺而达成的协议，将作为严重的刑事犯罪，按其参与程度给予处罚。[1] 19世纪初期的法国，特殊的国内矛盾使价格处于社会经济的敏感中心。连年战争以后对稳定国内物价非常重视，法国最早用来规制价格的法律是1810年的《刑法典》第419条第2款："意图获得非自然供给与需求作用之结果的利益，以个人、集团或联盟，对市场为或意图为某种行为。直接或利用他人，使或意图使食品、商品或公司证券价格上涨或下跌者，处2个月至2年监禁并处以7200法郎至36万法郎罚金。"由于该条文仅涉及价格，对价格之外的反竞争行为，上述《刑法典》存在条文本身约束不足的局限性，对行为样态和内涵变化日新月异的企业联合行为不胜负荷。[2] 为此，19世纪中期以后，法国《民法典》第1382、1383条之侵权行为曾一度辅助处理价格之外的其他反竞争行为。这种嫁接的调整结构大约维持了一个世纪。

可以看出，西方主要国家初期的反垄断法，大多针对限制竞争的某一方面、某一手段，对于规制这些行为的法律缘由，要么是侵害私权、要么是侵害营业自由。历史上，法国、德国都曾经将反竞争行为作为民事侵权行为进行规制，相应地，都是以维护私人利益为中心来认识相关法律规范的，这种观点直到专门的反垄断法出现才动摇。

美国《谢尔曼法》的制定时，其立法目标也曾一度为美国理论界广泛争论。Hans B. Thorelli 认为《谢尔曼法》最初没有一个统一的目的。如同 Walton Hamilton 所言，"最大的烦恼在于激烈争论的事项从来没有被通过，通过的法令都是没有真正的讨论过的"。美国著名反托拉斯学者罗伯特·博克（Robert Bork）对《谢尔曼法》的研究，得出了《谢尔曼法》促进效率的目标，而且反托拉斯法关注的目标只有这一个，没有其他的。这些争论本身就表明了最初法律制度设定目标的不确定性。[3] 限于该法和其他法的紧密联系，1890年的立法者也不可能会有一个统一的看法或者是有任何对现代法规特别有用或者特别一致的个人观点。[4]

现代竞争法律观念发生了重大的转变并实现了认识上的统一，即反垄断法保护的客体是竞争。

---

[1]〔美〕戴维·J. 格伯尔：《二十世纪欧洲的法律与竞争》，冯克利、魏志梅译，中国社会科学出版社2004年版，第65页。

[2] 何之迈：《公平交易法专论》，中国政法大学出版社2004年版，第16页。

[3] Kenneth G. Elzinga, "The Goals of Antitrust: Other Than Competition and Efficiency, What Else Counts", 125 *U. Pa. L. Rev.* 1191, note2 (1976).

[4] Thomas B. Leary, "Freedom as the Core Value of Antitrust in The New Millennium", 68 *Antitrust L. J.* 5476 (2000).

在立法上，一些国家没有规定立法宗旨，而是直接展开相关法律规范，例如俄罗斯《竞争保护法》；另有一些国家立法上对此作了规定，在这些国家中，日本《禁止垄断法》第1条[1]的规定最为详细，以至于令人难以辨别哪个是立法宗旨。从第1条的规定中可以分解出以下立法目的：①促进公平且自由的竞争；②使事业者发挥其创造性；③繁荣经济，提高工资及国民实际收入水平；④确保消费者的利益；⑤促进国民经济民主、健康地发展。

日本国内著名的经济法学者、竞争法学者对之认识的结论，分歧大于共识。金泽良雄认为，《禁止垄断法》就是"具有这样一种结构，即《禁止垄断法》虽以确保消费者的利益为最终目的，但是它是通过维护自由竞争经济，从中实现事业者之间的经济民主（这是《禁止垄断法》的直接目的），也就是作为其结果，可以自然达到确保消费者利益（商品和服务选择自由）的地步"[2]。松下满雄认为：促进国民经济民主、健康地发展是终极目的，其他均是该目的的详细表现。今村成和认为：促进公平且自由的竞争是目的。丹宗昭信认为：促进公平且自由的竞争，确保消费者的利益，促进国民经济民主、健康地发展是竞争法的全体目的。[3]

认识的不统一要么是被认识事物本身的性质没有充分暴露或被揭示，要么是揭示事务性质的方法上犯了错误。实际上，可以运用系统论的方法来解读日本法的上述规定。

反垄断法属于市场规制法体系中的一个部分。市场规制法是经济法体系的重要构成部分和实现手段，其服从于国民经济良性运行的总目标（宏观）。市场规制法本身也是一个法体系，其运行的目标是维护市场秩序良好，反垄断法是保障市场秩序的手段之一。反垄断法本身也是一个发挥特定法功能的系统（中观）。其运行目标是促进竞争，保障竞争者利益和消费者利益（微观）。

如果站在宏观经济的立场上，反垄断法能够促进经济民主、健康发展；如果以中观经济为基础，反垄断法的目标应该是保护竞争；以微观经济运行为基础，反垄断法保护消费者利益并发挥事业者的创造性。而所有这些目标都是"通过禁止私人垄断、不当地限制交易和不公正的交易方法，防止事业者支配力的过度集

---

[1] "本法的目的是通过禁止私人垄断、不正当的交易限制以及不公的交易方法，防止事业支配力的过度集中，排除因结合、协议等方法形成的生产、销售、价格、技术等的不正当限制及其他对事业活动的不正当约束，促进公平的、自由的竞争，发挥事业者的创造性，繁荣事业活动，提高雇员及国民实际收入水平，确保一般消费者的利益并促进国民经济民主、健康地发展。"
[2] 〔日〕金泽良雄：《经济法概论》，满达人译，甘肃人民出版社1985年版，第182页。
[3] 赖源河：《公平交易法新论》，中国政法大学出版社2002年版，第20～21页。

中,排除用结合、协定等方法,对生产、销售、价格和技术等的不当限制以及其他一切对事业活动的不当约束"来实现的。可见,上述"使事业者发挥其创造性,确保消费者的利益",是行使"禁止"和"排除"手段的标准,反垄断法的立法目的应该是"促进公平且自由的竞争"。

时下,一种流行的观点是将保护消费者利益作为反垄断法的终极或核心目标。[1]持该论点的学者认为反垄断法的目标有很多,其中保护消费者利益是终极的或核心的目标。反垄断行为大都侵害了消费者权益。通过分析消费者福利是否受侵害可以得出反垄断法规制具体行为的理由。消费者福利的概念不仅仅包括价格,还应包括产品的多样化、质量以及创新。虽然消费者权益保护法等市场调控法提供了对消费者的保护,但是还有赖于竞争法的配合。

终极目标论者对于"终极"地位原因的阐述不能令人信服:

1. *竞争法刚诞生之时不包含保护消费者利益的含义*

不可否认的事实是,消费者权益保护法产生之前,竞争法就已经存在。如果说竞争法是以保护消费者利益为立法目标或立法终极目标,那么恐怕就不需要单独制定消费者权益保护法了。在竞争立法初期,没有将消费者利益保护列入立法的中心目的,同时,20世纪初期兴起的消费者保护运动也不是以反限制竞争为指导思想的。这说明,竞争法所能提供的对消费者的保护和消费者权益保护的对象是有区别的。后者对消费者的保护才是终极的保护。

2. *消费者利益无法与竞争者利益协调统一*

将消费者利益作为竞争法的终极目标,就是认为维护竞争的目的是维护消费者利益,而消费者利益维护的前提是消费者利益的被侵害。问题是,限制竞争的行为是否都侵害消费者利益呢?如果是,上述终极目的就可以成立;如果不是,则就不能确定所谓终极目的。事实上,限制竞争行为会侵害消费者的利益,如价格卡特尔,但这不是限制竞争行为唯一针对的目标。很多情况下,限制竞争行为是针对竞争者的,即侵害竞争者利益,而不直接侵害消费者利益,如掠夺性定价。所以,认为保护竞争就是服务于消费者利益是颠倒了竞争和消费者利益的关系,在颠倒过程中,由于将竞争者利益抛出了法益之外,使得建立的竞争与消费者的关系不相协调。

对于上述日本《禁止垄断法》第1条的规定将维护竞争、确保一般消费者利益与促进国民经济民主健全发展紧密联系在一起的做法,从语义上分析,维护竞

---

[1] 参见 Robert H. Lande, "Consumer Choice as the Ultimate Goal of Antitrust", 62 *U. Pitt. L. Rev.* 503 (2000). 另见颜运秋:"反垄断法应以保护消费者权益为终极目的",载《消费经济》2005年第5期。

争是确保消费者利益的前提条件,也是国民经济健康发展的重要前提。如果存在终极目的,终极目的应该是实现国民经济的良性运行。金泽良雄在其论述中的解释却很好地说明了日本《禁止垄断法》对于目的规定的逻辑。"根据《禁止垄断法》并通过该法得以保护的消费者利益,则是该法所规定最终目的的前段。"[1]根据这个逻辑,保护消费者利益仍然必须在国民经济民主、健全发展的前提下实现。

总之,保护消费者利益不是反垄断法保护的终极目的,国民经济运行也不是反垄断法的直接立法目的,反垄断法立法目的的准确概括应该是维护自由竞争。

二、反垄断法的法益

法益的结构性来自于利益的复杂性,不同利益关系的法律处理可以形成不同的法益结构,而在法律关系中利益的确定往往是以法律保护的客体为中心建立起来的。

（一）反垄断法法益的确定

理论界对于反垄断法保护客体的是竞争这一点几乎没有什么异议,而对调整对象——竞争关系[2]的构成,在理解上则有所不同。一种意见认为反垄断法调整企业和企业联合组织之间的特定竞争关系;[3]另一种意见认为,除了上述关系外,反垄断法还调整与垄断或限制竞争行为所涉及的竞争有关的其他社会关系。包括:①基于垄断与限制竞争行为而引发的消费者权益保护关系;②基于垄断与限制竞争行为而形成的顾主与顾客之间的特殊交易关系。[4]事实上,既不能将反垄断法所调整的竞争关系狭义地理解为竞争者之间形成的经济关系,因垄断行为除了发生在横向经济关系——经营者与竞争者之间的关系中,也可能出现在纵向经济关系——经营者与购买者之间的关系中;也不能将竞争关系狭义地描述为现实经济关系,因为横向或纵向限制竞争关系可能对既有市场竞争者产生排除、限制竞争效果,同时也可能使潜在竞争对手进入市场的障碍明显提高,进而,远期地看可能侵害潜在竞争者或消费者的合法权益。既有市场主体是"在场主体",潜在主体则是"假想主体"。这样,构成反垄断法调整对象的竞争关系的主体就比其他法调整的社会关系的主体复杂得多,往往是经营者、既有竞争者、潜在竞争者、既有购买者、潜在购买者、既有消费者、潜在消费者这些主体

---

[1] [日]金泽良雄:《经济法概论》,满达人译,甘肃人民出版社1985年版,第182页。
[2] 对反垄断法调整"国家经济管理机关在依照职权监督、管理垄断与限制竞争行为过程中所形成的竞争管理关系",认识基本一致。但这里的探讨不包括这种特殊关系。
[3] 种明钊:《竞争法学》,高等教育出版社2002年版,第197~198页。
[4] 吕明瑜:《竞争法教程》,中国人民大学出版社2008年版,第85页。

按一定条件排列组合形成的关系状态。

反垄断法保护的客体、调整对象的特殊性、法律关系内容（垄断行为和垄断状态）及调整方法的特殊性（否定性方法），决定了其所表彰和维护的法益只能是国家利益和社会公共利益。

在反垄断法中，体现维护国家利益的制度有两方面：一是反垄断法适用除外制度。自然垄断行业的公共性、农业的基础地位和对自然的依赖性等需要国家从国民经济稳定发展和经济安全的角度予以特殊关注。二是对某些涉及国家安全的垄断行为（如经营者集中），法律赋予反垄断机构以安全审查原则来评价该行为的合理性。[1]

引人深思的是，几乎没有一个国家在反垄断立法上将"国家利益"在立法目的条文中明确表述。但凡法律条文上确立立法宗旨并在立法宗旨上表述法益的，几乎都落实在社会公共利益这个概念或这个概念的外延形式上。[2]

不将国家利益直接表述于条文中的普遍性做法不能简单地定性为"问题"或不假思索地称之为"立法漏洞"。其实，反垄断法的着力点在否定（禁止）性调整而不是肯定（授权）性调整所涉及的内容之上，否定式调整内容的展开铸就了反垄断法的主体框架结构，即禁止垄断协议、企业集中、滥用支配地位和行政垄断。[3] 否定某种行为的基本理由，是该行为侵害了社会公共利益，而为保护国家利益设置的援助权、审查权等仅在特殊情况下才发生，如关系国计民生的企业危机时、外资并购时等。这样，立法上有意隐去"国家利益"概念并突出社会公共利益在本法中的特别价值和特殊指导地位则顺理成章。由此出发，可以将反垄断法保护的法益狭义地概括为社会公共利益。

社会公共利益具有整体性和普遍性两大特点。申言之，社会公共利益在主体上体现的是整体的而不是局部的利益，在内容上体现的是普遍的而不是特殊的利益。[4] 这一点区别于个体利益和集体利益。

反垄断法保护的法益之所以不是个体利益，是由于个体利益只反应利益中的特殊的、不稳定的东西。社会公共利益寓于作为个别的、特殊的和具有个性特点

---

[1] 这里的安全不限于经济安全。我国《反垄断法》第31条规定，对外资并购境内企业或者以其他方式参与经营者集中，涉及国家安全的，除依照本法规定进行经营者集中审查外，还应当按照国家有关规定进行国家安全审查。

[2] 虽然我国《反垄断法》第1条使用"社会公共利益"概念。但一般认为，社会公共利益和公共利益意涵相同，本文在此也作同意语使用。为了表述简洁，下文直接用"公共利益"。

[3] "行政垄断"这个概念的使用是有争议的，一些人认为，它包括国家垄断，即合法的垄断；另一些人认为，它就是指违法的垄断。本文在此持后种意见。

[4] 孙笑侠："论法律与社会利益"，载《中国法学》1995年第4期。

的个体利益之中又高于个体利益,反应个体利益中一般的、普遍的和共性的特点。竞争关系中的公共利益应该是每个参与者都寓于其中并受惠于其的某种积极的东西。因此,竞争中的个体利益需符合公共利益的要求,并受公共利益的制约。

反垄断法保护的利益也不是集体利益。建立在特种含义基础上的集体利益[1]不具有公共利益的整体性和普遍性特点,本质上属局部利益、特殊利益。卡特尔、辛迪加、托拉斯、康采恩等垄断组织的创立及其垄断行为都是建立在维护集体(团体)利益的基础上的。历史上,在生产社会化向国民经济体系化转型过程中,这些垄断组织曾一度作为"组织化的资本主义"的特有形式而被积极地推广,[2]但随着国民经济体系化的加强,垄断组织的组织化与国民经济的组织化产生了不可自发调和的矛盾,国民经济的组织化要求限制垄断组织的局部利益。反垄断法的诞生标志着"组织化的资本主义"的终结,也意味着在西方一度推崇的竞争关系中的集体利益观走向了衰落。

公共利益是反垄断法所保护的法益,但不是唯一由反垄断法所保护的利益。作为法益的公共利益内涵十分丰富。目前发达国家对"公共利益"的法律界定,有以法国《民法典》为代表的间接式规定,[3]和以联邦德国《基本法》为代表的直接确立其原则的规定。[4]我国以往颁布的法律大都采取如联邦德国《基本法》一样的原则性规定,如《合同法》中规定的"违反公共利益的合同无效"。近年来,有关立法过程中也曾尝试采取列举方式表述公共利益的内涵:公共道路交通、公共卫生、灾害防治、科学及文化教育事业、环境保护、文物古迹及风景名胜区的保护、公共水源及引水排水用地区域的保护、森林保护事业等,[5]但

---

[1] 毛泽东在《论十大关系》中指出,"要处理好国家和工厂、合作社的关系,工厂、合作社和生产者个人的关系",并提出处理好关系的原则,"必须兼顾国家、集体和个人三方面",显然,这里的集体是指工厂、合作社等组织形式。参见《毛泽东选集》(第5卷),人民出版社1977年版,第272页。

[2] 德国反限制竞争法律制度的历史定位最为典型。20世纪之交的德国,社会民主党认为,卡特尔有利于稳定工人就业,法律应当鼓励卡特尔的存在和发展,应该维持卡特尔;而代表消费者和中小企业利益的中央党认为,法律应当禁止卡特尔。希特勒时期德国的工业化和民主主义纠结在一起,也可以说国家主义成了当期主要的竞争法律原则,其具体制度是《强制卡特尔法》,卡特尔成为国家稳定的微观组织基础。

[3] 法国《民法典》第6条规定了"公共秩序"和"善良风俗"原则。

[4] 按照《基本法》第14条第2款规定,所有权附有义务,行使所有权应同时服务于公共利益。第14条第3款的规定,占取财产的补偿应通过建立公共利益和那些受到影响的利益之间的公正平衡来确定。参见张千帆:《西方宪政体系》(下册·第2版),中国政法大学出版社2005年版,第750页。

[5] 我国《物权法(草案)》(第1稿)第48条曾采取列举方式作上述表述以揭示公共利益的内涵。

迄今为止这种尝试尚未得到落实。由于公共利益具有的高度抽象性和内涵的广泛性，为了避免它在法律条文中流于形式或在法律运用中变成空洞的说教，必须借部门法制度使之内涵明确化，即使部门法没有明确指出"本法"所保护的公共利益是什么，也需要从理论上解读出"本法"中公共利益的含义，以揭櫫同为保护社会公共利益的法律部门间内在的差别。公共利益的内涵基本上可以从法所追求的目标上概括得出。如消费者权益保护法表达的社会公共利益是消费者整体福利；环境法所表达的社会公共利益是良好的环境状态。如此等等。那么，反垄断法保护的公共利益的内涵是什么呢？

反垄断法维护的是"以自由竞争为基础的经济秩序"，"妨碍这种经济秩序的事态，就是直接违反公共利益……某种行为具有竞争限制性效果的话，该行为就是侵害自由竞争秩序"[1]。因此，竞争秩序是反垄断法所表彰的公共利益。

何谓竞争秩序？德国弗莱堡学派及在其理论指导下的德国反限制竞争立法将竞争秩序分为并落实为两层含义：一是作为理念的应然竞争秩序，即"完全竞争秩序"，指合乎人的理性或事物的自然本性的秩序，也称为"奥尔多秩序"[2]；二是实然的竞争秩序，即现实经济领域竞争的条理性。

此外，源于竞争在市场经济中是手段而不是目的，竞争产生的积极效果，即竞争效率也是反垄断法中公共利益的应有内涵。正如日本《禁止垄断法》第1条所表达的：通过"禁止……防止……排除……促进公平的、自由的竞争，发挥事业者的创造性，繁荣事业活动……"，竞争效率可以表现为：改进技术、开发新产品；提高产品质量、降低成本；统一产品规格、标准或者实行专业化分工；节约能源；缓解经济危机等。

反垄断法之所以将竞争秩序和竞争效率作为价值目标，是因为竞争是一种最理想的资源配置方式，竞争所产生的效果反映客观规律，即那些效益好的经济主体将获得利润，效益差的经济主体将面临亏损与破产。竞争秩序和竞争效率体现了经济规律，但又别于自然规律。现代经济环境下，只有在尊重客观规律的基础上依构建性制度，"秩序"和"效率"才能得到保护。故而，竞争秩序和竞争效率作为反垄断法所保护的法益内容由来于、并体现了"法律是客观的权利、权利是主观的法律"的自然法和社会法思想。

（二）反垄断法的法益结构

竞争秩序和竞争效率是通过禁止或限制相关主体的单独或联合行为（不作

---

[1] [日] 丹宗昭信、厚谷襄儿编：《现代经济法入门》，谢次昌译，群众出版社1985年版，第92页。
[2] [德] 何梦笔：《秩序自由主义》，董靖等译，中国社会科学出版社2002年版，第3~4页。

为)实现的,而禁止或限制的理由是防止侵害相关不特定主体——竞争者、购买者、消费者的利益,这便产生了作为行为实施者的单个主体的利益(个体利益)、联合主体的利益(集体利益)与不特定主体利益——竞争者利益、购买者利益、消费者利益的关系问题。我国《反垄断法》第1条将法益描述为,"提高经济运行效率,维护消费者利益和社会公共利益"。这里,一方面没有将"竞争者利益"、"购买者利益"列出,似乎只截取垄断关系部分状态进行描述。由此增加了认识反垄断法保护利益的难度:难道反垄断法仅保护消费者利益,不保护竞争者利益和购买者利益?另外,因消费者利益和社会公共利益不是同一位阶的概念,将其并列起来在逻辑上是否周延?它们在反垄断法中的关系是什么?各自所起的作用是什么?诸多涉及法益的问题都值得深入探讨。

由于反垄断法涉及的利益关系的复杂性及法益类型的多元性,上述关系问题也就转化为法益结构问题。将消费者利益和社会公共利益并列的做法,也说明在立法者的观念上,反垄断法保护的法益类型不是单一的。迄今,在理论上,反垄断法的法益结构有"单层结构说"、"双层结构说"和"三层结构说"之分。

单层结构说认为,反垄断法的终极目标是保护消费者利益。[1] 上文已述。双层结构说认为,反垄断法保护社会公共利益和消费者利益。[2] 该观点源自《反垄断法》第1条的规定。三层结构说认为,[3] 反垄断法保护的法益分为三个结构层次:第一个层次是国家利益和社会公共利益,它是最高的利益保护层次,体现人们在法律上的总体追求和需要,只是反垄断法对这种利益的保护是间接的;第二个层次是相关竞争者的利益,反垄断法通过对市场竞争关系的调整,来保护相关竞争者的合法权益,维护公平竞争和市场秩序,这种利益的维护是直接的;第三个层次是消费者的利益,消费者是竞争关系中的一个重要环节,它影响着竞争关系的发展。[4]

与反垄断法保护法益不同观点相映成趣的,是有关国家反垄断法对法益的技术处理方式也不统一。依据有关国家的现行法律条文,对法益的处理方式大致可以分为四种类型:第一种是将法益隐藏在具体制度中,不指明本法中法益的具体内容,如美国、法国、俄罗斯等国的反垄断法。第二种是将"公共利益"隐含在反垄断法保护的客体——竞争之中,并强调维护消费者利益和竞争者利益,如

---

[1] 王显勇:《公平竞争权论》,人民法院出版社2007年版,第27页。
[2] 时建中:《反垄断法——法典试评与学理探源》,中国人民大学出版社2008年版,第3页。
[3] 昝淑珍:《国有企业市场化运行的法律控制》,经济管理出版社2003年版,第223页。
[4] 廖进球、陈富良主编:《规制与竞争前沿问题》(第3辑),中国社会科学出版社2007年版,第143页。

加拿大、日本、波兰、韩国、芬兰等国的反垄断法。第三种是将公共利益纳入立法宗旨加以表述，并揭示公共利益的表现形式和内容。例如，1996年匈牙利《竞争法》"序言"规定："法律保护经济竞争中的公共利益，保护竞争者的利益，并随着倡导诚实的市场行为保护消费者的利益。为上述目的，国会颁布以下法令。"第四种是规定了公共利益和相关主体利益。如英国《公平贸易法》规定："为了决定……一个具体行为是否影响或者可能影响公共利益，垄断与兼并委员会必须考虑在相关条款所有发生过的事件；并且必须考虑保护其他情况下该事件：①是否符合在英国提供货物和服务的人们维持和促进有效竞争的需要；②是否在收取价格方面以及在所提供货物和服务的质量品种方面符合促进英国消费者、购买者以及其他货物和服务使用者的利益的需要；③是否符合通过竞争促进成本的降低，促进新技术、新产品的发展和使用，帮助新的竞争者进入已存在的市场需要……"[1]

探究上述第一种类型——立法上未列明公共利益的理由，也许是公共利益过于抽象，不如直接列明主体利益来得直接。当然，没有明确规定公共利益的，不等于不维护公共利益。从第二、三、四种类型的规定上看，反垄断法法益结构的问题的差异也是难点在于，能否将公共利益和相关主体利益并列、相关主体利益有哪些。几乎可以肯定的是，上述立法上的法益处理的差异性应该不是由各国经济环境不同导致的，而是立法者主观上基于简略或繁复处理的意愿而形成的。这种处理结果的差异给该法法益的一般性理解带来了特殊的问题，即这部法律是否有保护利益的稳定模式？

在方法论上，庖丁解牛只有在谙熟各肢节的前提下才能由"所见无非牛者"到"所见无全牛"。同理，只有将反垄断法的各利益关系依次梳理，才能知道这部法律是否有稳定的利益保护模式。

按照"庖丁解牛"的方法，剖析构成每种垄断行为的实施者和受害者的利益关系，即可得出每种垄断行为的特殊法益结构。通过特殊法益结构的分析，可以进一步获得反垄断法的稳定的利益保护模式。

不同垄断行为所涉及的法律关系主体不同，其利益结构也不同：

（1）限制竞争协议。横向限制竞争协议（卡特尔）满足了卡特尔成员（经营者和某个/些竞争者）的利益，但侵害了购买者的利益；纵向限制竞争协议侵害的是下游主体在价格等方面的福利，在产品转嫁的情况下，也将最终削弱消费者福利（主要是成本福利）。图示分别如下（被圈定的主体是违法行为实施者，

----

[1] 转引自〔英〕约翰·亚格纽：《竞争法》，徐海等译，南京大学出版社1992年版，第65~66页。

实线箭头表示侵害的现实主体的利益,虚线箭头表示,如果放任这种行为可能进一步侵害的主体的利益。下同):

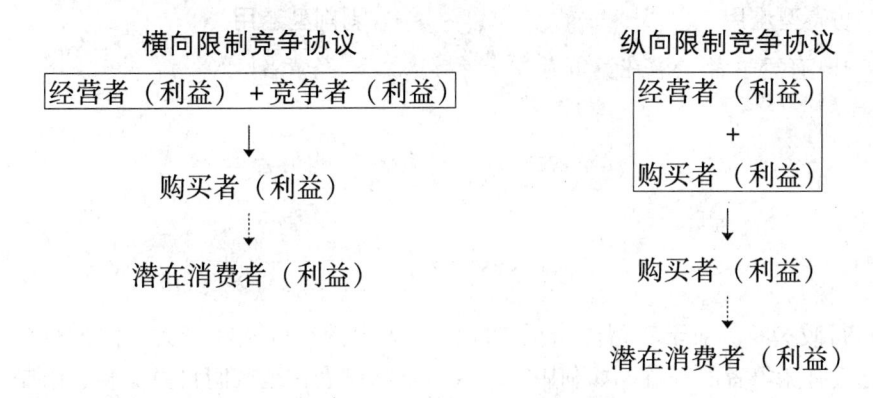

横向限制竞争协议　　　纵向限制竞争协议

| 经营者(利益)+竞争者(利益) |
↓
购买者(利益)
⋮
潜在消费者(利益)

经营者(利益)
+
购买者(利益)
↓
购买者(利益)
⋮
潜在消费者(利益)

（2）经营者集中。对经营者集中予以禁止或附加限制条件,其主要理由是因形成市场支配地位可能会通过控制原材料市场或产品价格,造成既有市场竞争者经营状况的恶化,和(或)产生潜在竞争者的市场准入构成障碍,进而使购买者利益或潜在消费者利益受损。图示如下:[1]

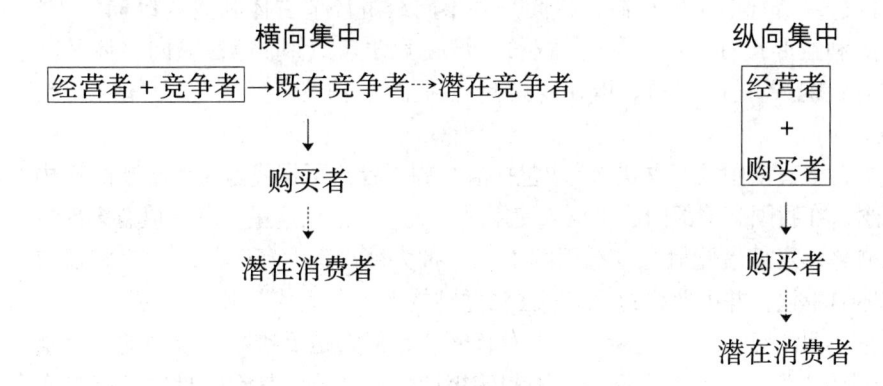

横向集中　　　　　　　纵向集中

经营者+竞争者 → 既有竞争者 ⋯→ 潜在竞争者
↓
购买者
⋮
潜在消费者

经营者
+
购买者
↓
购买者
⋮
潜在消费者

（3）滥用市场支配地位。滥用支配地位行为因行为性质不同,侵害的利益也不同。妨碍型滥用侵害竞争者利益,[2] 如拒绝交易、掠夺性定价等;剥削型滥用则侵害购买者利益(潜在消费者),如不公平价格、独家交易等。因此其图

---

[1] 为了表述简捷起见,下图省略"(利益)"。
[2] 根据行为的目标不同,可以将滥用支配地位行为分为剥削型和妨碍型两种。前者是在不剥夺交易人主体资格的前提下获取垄断利益,其侵害的是消费者成本福利、选择权和公平交易权等。后者是经营者为剥夺竞争者(潜在竞争者)的生存权而采取的限制或阻碍行为,侵害竞争者的生存权和发展权。

示分别有如下两种：

妨碍型滥用

经营者→既有竞争者⋯→潜在竞争者

剥削型滥用

经营者
↓
购买者
↓
潜在消费者

（4）行政垄断。对于转型国家反垄断法上规定的行政垄断行为，因该行为可能侵害既有竞争者的利益，如利用行政权力限制产品在地区间自由流转、限制市场准入，也可能侵害购买者的利益，如利用行政权力限定或者变相限定单位或者个人经营、购买、使用其指定的经营者提供的商品，因此其图示与经营者集中图示基本一致。

由上述简略图示可见，以经营者为中心，垄断行为所可能侵害的主体及其利益无外乎同一经济环节主体利益（横向）和不同经济环节主体利益（纵向）。横向主体及其利益形式有：竞争者（利益）、潜在竞争者（利益）；纵向主体及其利益形式有：购买者（利益）、潜在购买者（利益）、消费者（利益）、潜在消费者（利益）。

事实上，上文使用的"购买者"（包括潜在购买者）不是我国《反垄断法》中的专有概念，在我国其他部门法中也未使用这个概念。但在这里，笔者执意多次重复使用该概念，意欲借此概念以庖丁解牛之"批大郤，道大窾"的方法来将反垄断法益主体简单化，并由此找到反垄断法法益结构上的"固然"和"天理"[1]。

尽管它不是一个我国反垄断法律中专有概念，但它是反垄断实践中的一个重要主体。例如，生产者对批发商实施限制转售低价侵害的就是作为批发商交易人的购买者的利益。在反垄断法中，这么重要的主体不可能没有位置。显然，这个主体被另一个更为通用的主体概念吸收了。这里"通用的主体概念"是"经营者"吗？不是。因为反垄断法中经营者总是作为涉嫌违法的角色出现的，[2] 而

---

[1] 庖丁解牛的关键是"依乎天理，批大郤，道大窾，因其固然"。
[2] 如我国《反垄断法》第13条规定，禁止具有竞争关系的经营者达成下列垄断协议；第14条规定，禁止经营者与交易相对人达成下列垄断协议；第17条规定，禁止具有市场支配地位的经营者从事下列滥用市场支配地位的行为；等等。

购买者是受害者。因此,"通用的主体概念"只能是"消费者"。在微观经济学上,展开相关分析的主要视角是"生产与消费","消费"被解释为生产和生活而购买产品的人,相应地,消费者被解释为消费的人。[1] 这为将"购买者"概念归化到"消费者"概念之中提供了理论依据。

进行如此概念归化的原因,是现代反垄断法普遍实施预防性调整:法律所保护的竞争的内涵已扩展为现实竞争和潜在竞争。现实竞争是通过既有竞争者、既有购买者或消费者的实际影响来评价的;潜在竞争是通过对潜在竞争者和潜在消费者的影响来确定的。立法技术上,有一些国家立法将购买者与消费者并列列出,如爱沙尼亚《竞争法》(2001年)第22条第1款规定,评估实际竞争和潜在竞争时,需考虑"购买者、销售者和最终消费者的利益"。也有立法例细致地分解了消费者的外延,如欧共体《关于控制企业合并条例》(第139/2004号)第2条使用了"中间消费者和最终消费者的利益",中间消费者即购买者。也有的国家在立法上进行了概念整合,化繁为简,直接将购买者归入消费者,如匈牙利《竞争法》第2条明确解释了"消费者,是指订购者、顾客和用户"。对于立法上没有界分消费者与购买者、潜在消费者的概念关系的,如果不将消费者的内涵扩大到包括购买者、最终消费者,就无法合理地解释上游环节发生的限定交易、拒绝交易等行为被禁止的理由。

这样,上述"购买者、潜在购买者、消费者、潜在消费者"都属于"消费者"。自然,反垄断法上的"消费者"和消费者权益保护法中的"为生活消费而购买、使用产品或接受服务的人"不是同一概念,后者只是前者内涵的一小部分。

与消费者概念内涵被扩大一样,竞争者的内涵也应该被扩大,即竞争者包括既有竞争者和潜在竞争者。由此形成了广义消费者和竞争者概念。

在广义消费者和竞争者概念之下,上述垄断行为所涉及的主体就被缩略为(单独或联合的)经营者与消费者和(或)竞争者的关系。从主体法益关系也就体现为消费者利益和竞争者利益。结合上文中的客体法益——竞争效率,共同构成了反垄断法独特的法益结构。具体而言,反垄断法保护的是公共利益,内涵是竞争秩序和竞争效率。

---

[1] 即经济学上"消费者剩余"意义上的消费者。事实上,从18世纪开始,生产者(producer)与消费者(consumer)、生产(production)与消费(consumption)就用来描述制造与享用的行动的一组词汇。现代,消费者这个词被广泛地使用,以至于被定义为消息灵通、有辨识能力的购买者与使用者组成一群群的消费联盟。参见〔英〕雷蒙·威廉斯:《关键词:文化与社会的词汇》,刘建基译,三联书店2005年版,第86页。

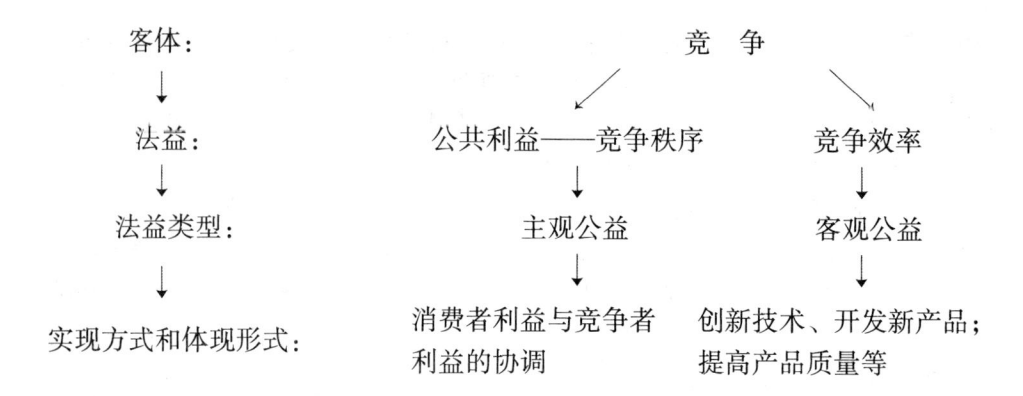

```
客体:                      竞  争
  ↓                       ↙      ↘
法益:          公共利益——竞争秩序    竞争效率
  ↓                  ↓              ↓
法益类型:           主观公益         客观公益
  ↓                  ↓              ↓
实现方式和体现形式:  消费者利益与竞争者  创新技术、开发新产品;
                    利益的协调       提高产品质量等
```

前述英国《公平贸易法》展示了反垄断法的完整的法益结构。而加拿大、日本等国反垄断法的法益处理模式和匈牙利《竞争法》的法益处理模式都是直接选取了法益的实现方式和体现形式来表达的,略去了法益层面的概括。

反垄断法之所以在消费者利益及竞争者利益之上附加一个公共利益,进而形成特殊的法益结构,是因为消费者利益和竞争者利益具有同类性;另作为受害(包括可能受害)人——竞争者、消费者在外延上包含潜在主体而具有非特定性和概括性,需要一个更高的标准来规划其与经营者的关系,由此,竞争者利益、消费者利益和公共利益就具有了内在统一性。

在上述法益结构中,因竞争秩序是由参与竞争的人的和谐关系来评价的,是否和谐需要对经营者利益、竞争者利益、消费者利益进行评价得出,故以竞争者利益和消费者利益为中心的公益可以称之为主观公益。相比较,竞争效率是由创新技术、开发新产品、提高产品质量等表现出来,故可以称之为客观公益。

在反垄断法法益结构问题上,时常发生两种错误:一种错误是片面抬高消费者利益或竞争者利益的位阶。我国《反垄断法》第1条的规定就属于这种情况:将消费者利益提高到与社会公共利益相同的位阶,进而从逻辑上出现了概念的不周延——将从属关系变为并列关系。这里混淆了法益和法益的表现形式之间的关系。另一种错误是将反垄断法保护的法益浓缩为消费者利益,排除竞争者利益,即所谓的终极消费者利益的观念。这种认识或许受亚当·斯密的"一切生产都是服务于消费"的观点的影响,或许是误读了日本《禁止垄断法》第1条的规定。在竞争关系中,竞争者有自己的独立利益,且经常处于利益被侵害的地位。消费者不是令经营者感兴趣的唯一主体,通过排除竞争者或剥夺竞争者利益而获得垄断利润往往来得更直接。因此,经营者从事的限制竞争行为可能对消费者产生不利影响,也可能对竞争者产生不利影响。如果仅从消费者角度评判反垄断法,说反垄断法只是为了保障消费者利益,显然有失偏颇。

在现有表述的基础上解决我国《反垄断法》第1条中法益问题的方法大致有以下几种：①将"和"改为"等"，变为"……维护消费者利益等社会公共利益"，这样，竞争者利益也能包括其中；②直接列举利益的表现形式，即变为"……维护消费者利益和竞争者利益"；③像上文英国《公平交易法》规定的那样，先确定总的价值——维护社会公共利益，再表述一个具体行为是否影响或者可能影响社会公共利益的评价标准。

第二节 反垄断法的价值

法的价值不是指法的有用性，而是指法的客观效用。竞争法的价值涉及两方面：秩序和效率。

一、维护竞争秩序

维护社会秩序和经济秩序是公共政策的中心功能。秩序之所以需要维护，理由有三：一是人们的认识能力是有限的，一种具有公共理性的秩序会协调具有相同意图的人们的行为，增进劳动分工并因此而提高生活水平；二是个人的行动自由与保障他人行动自由是构建秩序的前提条件；三是人们拥有的信息不对称，并经不住利益诱惑而时常机会主义地行事，这使得建立约束性承诺或强制执行的规则非常必要。[1] 有序竞争是高度抽象的概念，追求的是秩序价值。工业化社会孕育了一种考虑到当事人之间实际存在的不平等的契约关系的新观念。立法者倾向于保护最弱者，打击最强者；当事人必须服从于一个被现代法学家称为经济秩序的东西。[2] 这是秩序政策的核心内容，也是竞争法产生和发展的基本前提。

（一）竞争秩序构建的理论基础

对于秩序构建的基础，有个人理性和社会理性之说。哈耶克的自生自发秩序理论是当代个人理性构建社会理性的主要代表。在他看来，制度不是"设计"的结果，而是动态的"过程"，是不同人群互动和博弈的过程。这种"自由秩序"形成的条件，需要作为个体的人的自主选择和自主行动，即需要赋予个人以自由的权利。因此，自由之于哈耶克，不是一种绝对抽象价值的理想追求，而是人类生存的选择战略。这种有着亚当·斯密时代的经济基础的当代思潮是难以建立起现实的竞争秩序的。另一个在欧洲一直影响广泛的秩序理论——德国弗莱堡

---

[1]〔德〕柯武刚、史漫飞：《制度经济学——社会秩序与公共政策》，韩朝华译，商务印书馆2000年版，第380~381页。
[2]〔法〕热拉尔·卡：《消费者权益保护》，姜依群译，商务印书馆1997年版，第5页。

学派的社会市场经济秩序理论表彰的是构建的秩序。尽管弗莱堡学派的理论目标因架设在完全竞争理论上而成为一些经济学家进行学术批评的靶子，但该理想的手段在德国乃至欧共体竞争法制定中所发挥的作用却不容忽视。同时该种经济理论的"虚—实"结构对理解竞争法的宗旨不无借鉴意义。

因此，新自由主义之于弗莱堡学派，哈耶克之于欧肯的理论，都承认秩序之于自然界和人类的重要性；需要一种维持秩序的机制。但在维持秩序的方法上，两人（派）分道扬镳了：哈耶克走上了"自然之路"，欧肯转向"社会之路"。

哈耶克的自然之路建立在心灵自由基础上。哈耶克并未界定过什么是他所理解的竞争，他的有关竞争的作用和功能建立在初始市场经济的家族成员——自由的基础上，即"一个人不受别人意志的任意强制的状态"。自然，竞争就是他所认为的自由的人的行为及其结果，自由竞争便是一个包括工具在内的结果状态。这和他研究问题采取的方法论个人主义是分不开的。哈耶克对差别待遇和卡特尔的态度都建立在自治这个工具之上。"毋庸置疑，人们在社会生活中会就应予适用的标准和类似问题达成各种谅解或协议，只要人们没有就特定情势中的其他条件达成明确的协议，那么他们就标准问题达成的协议或谅解就应当得到适用。此外，只要人们是在完全自愿的基础上遵守这类协议，而且任何其他人都不得对那些认为退出这类协议对自己有益的人施加压力，那么这一的协议或谅解就是有百利而无一害的。或者说，任何对这类协议或谅解予以彻底禁止的做法都是极具危害的。"[1]哈耶克认为，垄断有两种类型，并应对其采取不同的态度。一种垄断是市场合理结构的表现，这种合理结构会走向平衡。由于他将竞争视作一种发现的过程，高额垄断利润很容易被竞争者发现，并使得进入市场富有吸引力。因此，在他看来，潜在的竞争者发现并迅速进入市场本身就排除了垄断定价，真正的长久保持垄断地位的情况是不存在的。而短期的垄断不应该受限制，如同创新性企业将其任何一个新产品销售到市场，其本身就是一定时间内的垄断者。这种意义上的市场结构代表了市场绩效。真正需要加以限制的垄断，是另一种垄断——在原来优越地位消失之后保护和维持其地位的垄断，即自然垄断。它使得潜在的竞争者无法进入市场。显然，这里的竞争秩序靠竞争者和潜在的竞争者调节即可显现，他将国家介入经济的最基本方式也排除了。总之，这种自生自发的秩序相对于国家而言，就是排除国家调节、国家参与。

弗莱堡学派构建的秩序自由主义有着与新自由主义相同的思想渊源，即接受

---

[1]〔英〕弗里德利希·冯·哈耶克：《法律、立法与自由》，邓正来等译，中国大百科全书出版社2000年版，第397页。

古典经济学的两个基本出发点：竞争是良好经济所必需的；必须由私人而不是政府决策引导资源流动。但在目标和方法上都发生了革命性的改变。他们不但要求分散政治权力，也要求分散经济权力。后一个目标是个人无能为力的，需要依靠政府的力量。政府的经济政策分为秩序政策和过程政策。所谓过程政策，是指在既定的或者很少变化的秩序框架和国民经济结构下，所有那些针对经济运行过程本身所采取的、并能影响价格—数量关系变化的各种国家干预调节措施的总和，包括货币政策、财政政策、收入政策等。秩序政策的地位要高于过程政策，过程政策是为秩序政策服务的。所谓秩序政策，指国家确定经济主体都必须遵守的法律和社会总体条件，以便使一个有运作能力和符合人类尊严的经济体制得到发展。国家必须为竞争秩序确定一个框架，并不断保护这个框架。在保证自由进入市场和防止垄断行为的条件下，市场过程的参与者可以自主作出决策。同时，市场把各个市场参与者的计划协调成一个国民经济的整体过程。[1] 这种秩序政策也被国内学者概括为社会市场经济政策，即所有那些为经济运行过程创造和保持长期有效的秩序框架、行为规则和权限的有关经济法律和措施手段的总和。[2] 秩序自由主义者在欧洲的影响十分广大，不仅仅对经济理论，更重要的是通过经济政策对经济产生了积极的影响。它确定了竞争法在经济中的中心地位，并确立了竞争秩序是一种国家构建秩序的理念。

毫无疑问，制订竞争法就是在实现国家构建秩序，它强制地限制某些自由来实现更广泛的自由。

维护竞争秩序是竞争法公开宣示的目标，也是竞争法的特有价值。美国《克莱顿法》第2、3条表达了竞争秩序不得损害的观念。德国《反限制竞争法》第1条规定确立了竞争秩序不可能由企业自我创造出来（"企业或企业协会为共同的目的所签订的合同以及企业协会的决议，其目的如果是限制竞争……则无效"）。日本《禁止垄断法》第1条则突出强调了竞争秩序的价值和统领作用。

竞争法之所以将秩序作为价值目标，因为竞争是一种理想的资源配置方式。竞争所产生的效果有两个方面：一是那些效益好的企业将获得利润，效益差的企业将面临亏损与破产；二是竞争将产生商品或服务的最低价，消费者对商品或服务有选择的机会。第二个方面的效果对消费者有利，它以第一个方面效果为基础，一定范围和程度的企业破产或亏损是市场规律发生作用的正常表现，维持这种程度的竞争就是经济学上所称的有效竞争。如果企业亏损或破产大面积爆发，

---

[1]〔德〕何梦笔：《秩序自由主义》，董靖等译，中国社会科学出版社2002年版，第3~4页。
[2] 陈秀山：《现代竞争理论与竞争政策》，商务印书馆1997年版，第131页。

则属于过度竞争。过度竞争不利于社会经济的发展，甚至会带来社会政治、经济动荡。过度竞争往往是由垄断引起的，当企业集中到一定程度，便可能发生中小企业大量破产的现象。维护有效竞争、防止过度竞争是反垄断法控制竞争的标尺。

反垄断法所确定的有效竞争标尺不同于经济学上有效竞争的标尺。有效竞争作为评价市场绩效的标准，被经济学上可行性竞争理论细化为一系列指标，[1]但经济学上的这些指标不能贯通于法学领域，因过于抽象，并常采用静态分析方法，往往以条件来解剖结果。法律制度的规则是设定条件控制结果。反垄断法律制度应根据一国的市场发育状况、企业规模、企业数量等综合因素，落实符合国情的反垄断控制指标。

（二）竞争秩序的评价方法

竞争违法行为侵害的是消费者利益或竞争者利益。但一个竞争违法行为不一定同时侵害消费者利益和竞争者利益，甚至，有时某种竞争违法行为可能只侵害一方利益而有利于另一方利益。竞争秩序的评价方法就是消费者利益、竞争者利益与经营者利益的协调。

作为两个不同的市场群体，消费者利益和竞争者利益不可能完全一致，但也不会走向另一个极端——完全对立。自20世纪60年代消费者运动兴起以来，为缓和与消费者的激烈矛盾而做出的种种努力，[2]确立了消费者和经营者之间在总体上的若即若离关系。消费者在享受日益技术化的产品带来的福利的同时，也对其中隐藏的不可预知的危险极为恐惧和敏感。经营者竞相采取并日益普及的进攻型的销售方式，[3]时时威胁着消费者的权益。除了消费者联合起来组成自治性的社会团体对抗势力庞大的经营者外，一些国家也相继成立了保护消费者利益的专门机构并赋予该机构以特别职权。经营者尤其是处于经济链末端的经营者一旦从事侵害消费者的违法行为，即使苦心孤诣从事迎合消费者的经营活动，理智的消费者也很难改变经营者形象和与己对立的观念。一些调整消费者和经营者关系的法律规范也强化了消费者和经营者间的对立关系，例如，各国消费者权益保

---

[1] 可行性竞争理论是美国经济学家克拉克1939年提出的，也称有效竞争理论。克拉克认为，完全竞争过去没有，现在或将来也不会存在，应建立一个竞争经济可行性的最低限度标准。如果一种竞争在经济上是有意的，而且根据市场的现实条件又是可以实现的，那种竞争就是有效竞争。

[2] 支助改善经营者形象的慈善事业、塑造形象广告、经营管理的消费者监督等，甚至在一定程度上讲，20世纪60年代以来的企业社会责任问题的热烈讨论，和经营者意图改变与消费者的关系有直接牵连。也可以说，是因消费者运动而产生的适应性的反映。

[3] 所谓进攻型的销售，是指经营者在扩大宣传、主动营销等理念下从事的经销行为。通常包括，上门推销、邮销、推销广告等。

护法格式化般地规定了消费者的权利、经营者的义务及经营者对消费者承担的强化了的法律责任。产品质量法亦然，消费者的产品权利、经营者的产品质量义务、产品的归责原则是该法的最基本框架，这个结构中消费者和经营者各自支撑着产品法律关系的"横梁"，但"责任"的重量加载在经营者一边。

在竞争法中，基本关系主体应该是三个：经营者、竞争者和消费者。以经营者为中心，三者的关系大致包括三种情况：经营者的行为有利于竞争者但不利于消费者，如横向价格协议；经营者的行为有利于消费者但不利于竞争者，如低价倾销、有奖销售；经营者的行为长远看不利于竞争者也不利于消费者，如企业合并后滥用市场支配地位。如果消费者利益和竞争者利益发生冲突，如何协调？

可借鉴政治理论中的公共利益的概念。流行于欧美的民主理论把公共利益界定为公益、人民的意志，如政府的行为符合人民的意志，体现公益，政府行为就是合法的；如果政府的行为不符合公益，或者不体现人民的意志，那么政府的行为就是非法的。把公共利益作为有关各方进行冲突和达成妥协的工具，这一方法可以为竞争法协调利益时借鉴。

竞争法的价值定位于竞争者利益和消费者利益的最佳结合点。抽象意义上，就是公共利益主导。

公共利益具有绝对性和相对性。从指导意义上讲，公共利益具有绝对性。各国宪法和基本法律都将公共利益作为保护的客体和指导原则，在司法实践中公共利益原则贯穿案件始终，并发挥决定性作用。从公共利益的内涵上讲，其具有相对性。随着时间、地点和承载的客体性质不同，公共利益的内涵可能不同。在这个地方被认为是公共利益的，在那个地方不一定被认为是公共利益；过去认为是公共利益的，将来也可能不认为是公共利益；过去认为某现象符合公共利益，现在也可能被认为不符合公共利益。例如，在德国卡特尔曾一度被视为宏观调控的手段，其存在具有公共政策性，但美国一直将卡特尔视为市场经济的大敌。电信、保险、邮政在20世纪80年代之前被英国等一些国家视为公共利益的保障，但之后它成了主要体现私人利益的产业。

承认公共利益的绝对性就是坚持其在消费者利益和竞争者利益冲突中的指导作用。建立公共利益主导下的消费者利益和竞争者利益协调机制，就是把握公共利益的相对性，就是坚持具体问题具体分析。

个案中，在消费者利益和竞争者利益比较中确定最大化利益和长期化福利目标，是公共利益协调的基本准则。比较中总的原则是公共利益应体现多数主体利益和利益的长期性。由于成本的原因和市场支配力的要求，限制竞争行为只能在少数人之间达成，那么，受益主体只是少数人。在一些特殊情况下，少数拥有支配力企业为了获得更大的利益可能采取"欲取之，先予之"的手段，此时的消费者福利是暂时的福利。如此等等。因消费者利益和竞争者利益都是法律维护的公共利益，反竞争行为同时涉及两种利益时，就需要从时间上，从体现利益的群体性上再划定一个标准。

在此基础上，具体标准包括以下类型：

1. 消费者利益大于经营者利益

例如，经营者的行为有利于竞争者但不利于消费者的横向价格协议，公共利益在得利者人数与失利者人数、利益的长期和短期比较中体现出来。价格协议满足少数卡特尔成员的利益，而消费者利益在"量"上远远大于前者。所以横向价格协议应当禁止。又如，价格歧视体现是少数经营者利益而剥夺消费者剩余。在布朗（Brown）鞋业案中，法官认为：反垄断法对于垂直联合的效果分析关键在于"是否是实质地限制竞争或形成垄断"，而搭售合同一般而言是违反反垄断法的，这一违反并不是因为其协议影响的市场大小，而是因为这个合同迫使消费者为了购买他想要的商品而购买他实际上并不必需的商品，这一特点就构成了"实质限制竞争"的可能性。这类合同的签订，损害的是消费者选择商品的自由，即使搭售商品总体价格小于单独出售搭卖品和结卖品价格之和。

2. 消费者长期利益大于消费者短期利益

对于有利于消费者但不利于竞争者的，如掠夺性定价、有奖销售等类经营者的行为，应该从时间上和效果上进行评价，长远的利益应当比眼前利益得到优先考虑。倾销者排挤掉竞争对手后，必然要抬高价格以弥补低价损失，从长远看，消费者的福利将被剥夺。欧盟竞争法对于消费者利益的分析将消费者的长、短期利益都予以考虑。对于长期利益，根据通货膨胀以及利息来折算将来的消费者预期利益的现值。如道格拉斯法官在 Socony 案中对固定价格的合理性的分析，"今天被认为固定的价格的合理性是永恒的，到了明天就有可能是不合理的"[1]。知识产权垄断的合理性，就是允许牺牲短期的消费者利益来促进创新带来的长期的消费者利益，而知识产权滥用实质是牺牲短期的消费者利益并抑制创新。[2]

---

[1] United States v. Socony-Vacuum Oil Co., 310 U.S. 150 (1940). 索可尼公司曾是美孚石油托拉斯的子公司，1911 年独立，1931 年同真空石油公司合并，改名索可尼—真空公司（Socony-Vacuum Corp.）1966 年又改称莫尔比石油公司。

[2] 1995 年《美国知识产权许可反托拉斯指南》规定："反托拉斯通过禁止某些行动来促进创新、提高消费者福利，被禁止的这些行为可能会在现有或新的为消费者服务的方面损害竞争。""美国诉微软公司案"，充分表明了创新带来的消费者利益优于短期价格上消费者利益。

3. 竞争者利益大于经营者利益

经营者可以和同盟者联合起来（吸纳少部分竞争者或上下游企业同盟）限制竞争者的经营活动，这种行为可能不直接涉及消费者利益，但直接危害竞争者利益。像拒绝交易、联合抵制、行政垄断等行为就是如此。这些行为的违法性判定标准是竞争者利益大于经营者利益。从反垄断司法实践来看，美国对于合并和限制性协议的效率分析中主要考虑短期内的效果，虽然对于非短期的影响会考虑，但是对于遥远而难以转化的预期效率则将竞争者利益作为主要的评价标准，消费者利益作为一个辅助的分析标准。

二、实现社会整体效率

经济学上的效率和法学上对效率的解释不同。"效率是资源配置使社会所有成员得到的总剩余最大化的性质。"[1] 一般情况下，促进有效的竞争和维护竞争秩序通常与经济效率最大化相一致。由于对竞争是"目的"还是"手段"存有不同认识，经济学家对竞争与效率冲突是否应进行规制的主张常有很大的分歧。著名学者波斯纳认为："效率是反托拉斯的终极目标，竞争只是一个中间目标，只不过这个目标常常离终极目标足够的近，使得法院不必看得更远。"[2] 而美国著名学者博克（Bork）认为，任何纵向限制是完全合法的唯一的理由就是其创造效率。他指出，只有在通过增加销售额而获取较高利益的情况下，生产者才会施加限制，而消费者只有在任何额外服务的价值超过销售商增加的收费的情况下，才会增加购买。他的结论是，只有消费者得到净收益时，纵向限制才会产生较高利润。[3]

可见，经济学上讲竞争效率时，强调的是资源得到优化配置；从法律认定标准的角度评价效率时，效率往往被转化为竞争参与者利益的平衡。

从效率类型上来说，效率包括生产效率、配置效率和创新效率。生产效率是指企业产出与投入的比值，其要求在现有技术条件下组合资源以最低的成本得到产品。一般企业获得生产效率的方式有：建立有效厂房、改进节约成本的程序、更有效地运用人力资源等。配置效率，或"帕累托最优"[4]，是指通过新的产品

---

[1] [美] 格列高里·曼昆：《经济学原理》，梁小民译，三联书店、北京大学出版社 1999 年版，第 152 页。

[2] [美] 理查德·A. 波斯纳：《反托拉斯法》（第 2 版），孙秋宁译，中国政法大学出版社 2003 年版，第 32 页。

[3] Bork, R., *The Antitrust Paradox: A Policy at War with Itself*, Order: Maxwell Macmillan, 1993, Chapters 14 and 15. 转引自吕明瑜：《竞争法制度研究》，郑州大学出版社 2004 年版，第 76 页。

[4] 在反垄断经济学分析中所提到的帕累托最优，因为测定帕累托最优的变量太多，往往指的是潜在的帕累托最优，后者是指获得的总价值比失去的总价值要多，它提出了一个补偿机制，即获得的一方需要对失去的一方提供补偿，如果差额大于零，那么从总的福利水平上看就是优的。

和新的生产方法使得长期产出的最大化和福利最大化。配置效率通过投入要素的最有效的组合生产出最优的或最适度的产品组合。[1] 创新效率是指组织、技术管理创新产生的效率。[2]

芝加哥学派对上述效率研究的时间起始是不同的。生产效率在芝加哥学派创立时就作为研究的中心内容，20 世纪 80 年代以来该学派开始强调配置效率，随着 90 年代知识经济的来临，创新效率成为芝加哥学派的研究重点。

效率权衡是芝加哥学派效率思想的核心。在芝加哥学派看来，效率的价值应该是：①生产效率高于配置效率。生产效率被认为是可以代表全社会的福利。在与消费者福利的比较中，即使消费者受到损害，只要企业获得了超过消费者损失的利益，合并就是有效的。[3] 威廉姆森将之称为效率抗辩，"效益辩护应该相当普遍地得到接受"[4]。②创新效率高于配置效率。自熊彼特提出创新理论表明动态效率会增进社会福利之后，创新带来的消费者福利也逐渐成为反垄断分析中的参考因素。创新具有动态特性，创新带来的消费者利益是长期利益。[5] 当技术经济逐渐取代传统经济成为财富增长的核心动力时，创新对经济增长的贡献将把资源要素的配置效率甩在了后面。创新效率和生产效率之间应当如何平衡，是一个难以定论的问题。创新效率有与生产效率协调的一面，也有制约的一面。

芝加哥学派的生产效率建立在社会财富是私人财富简单加总的关系这个大前提下，这样，"效率问题是一个做大蛋糕的问题，只有蛋糕做大了，消费者才能

---

[1] 最适度的产品组合可以通过各种不同的方式来确定。在福利经济学中，最适度的产品组合一般认为是这样的组合：它是由消费者根据完全竞争市场中价格的变化选择决定的，而这种价格又真正反映了产品的生产成本。最有效率的投入组合是这样的组合：以最低的机会成本把产品生产出来，投入因素这样使用时被视为在技术上是有效率的。见〔英〕戴维·W. 皮尔斯：《现代经济学词典》，宋承先等译，上海译文出版社 1988 年版，第 18～19 页。

[2] 有学者认为，这三层效率对于反垄断经济来说的重要性和可衡量性是不一样的，在重要程度上，创新效率 > 生产效率 > 配置效率，而这三层效率只有生产效率是可以衡量而且只能是适时衡量的，所以美国 80 年代时在司法中注重配置效率的分析是错误的。See Joseph F. Brodley, "The Economic Goals of Antitrust: Efficiency, Consumer Welfare, and Technological Progress", 62 *N. Y. U. L. Rev.* 1020～1053 (1987). 也有学者认为芝加哥学派将配置效率当做了生产效率的替代，但是这种方法值得商榷，在分析中需要将这两种效率剥离开来，参见辜海笑：《美国反托拉斯理论与政策》，中国经济出版社 2005 年版，第 56～64 页。

[3] 〔美〕奥利弗·E. 威廉姆森：《反托拉斯经济学——兼并、协议和策略行为》，张群群、黄涛译，经济科学出版社 1999 年版，第 26 页。

[4] 〔美〕奥利弗·E. 威廉姆森：《反托拉斯经济学——兼并、协议和策略行为》，经济科学出版社 1999 年版，第 13～14 页。

[5] 关于消费者的创新利益后文在消费者利益中将继续讨论，此处不做论述。

最终从效率增进中获得好处，使其境况得到改善"[1]。社会财富增加消费者福利最大化，由此得出结论，生产效率最大化等于消费者福利最大化。

其实，在上述三段论中，大前提是不周延的。在限制竞争的情况下，生产效率只体现个别企业的正效率，其他企业则可能是负效率。当然，这种推论也没有考虑因限制竞争而产生的失业等社会效果。所以，生产效率至上的价值观的实现是有前提的，即完全竞争的条件下，亦即它是一种脱离现实条件的价值观。

在动态竞争理论产生之前，消费者福利最大化是与配置效率相关的概念，但是，因配置效率需要从消费者剩余和生产者剩余的总量上进行平衡，所以，消费者福利最大化并不等于配置效率最大化。

反垄断法对于生产效率的态度是消极的支持（affirmative but passive）[2]。一方面企业并不会因为没有效率而违反反垄断法；另一方面反垄断政策允许增进企业生产效率，除非这一行为同时也增强了企业的市场势力。对于没有效率的企业，市场本身有优胜劣汰的功能。

创新效率是社会进步的源泉，也是实现消费者福利最大化和全社会福利最大化的基本动力。竞争法所奉行的创新效率的政策导向并非如熊彼特思想那样对创新主体的保护，而是对创新成果运用的特殊对待，表现为一定程度限制竞争的宽容。例如，在美国，搭售适用本身违法原则，但基于技术创新而产生的限制竞争行为在一定时间和条件下可以豁免适用反托拉斯法。这个原则在 20 世纪 50 年代初通过"美国诉 20 世纪福克斯公司案"[3] 确定下来，当时强调的是产业特征，即新兴工业中技术不稳定的特性。在知识经济中创新效率得到最大程度地体现，长期创新效率会使竞争力增强。

自 20 世纪 90 年代以来反垄断案件中增加了对创新的关注。[4] 典型的案例就是"美国微软案"。审理该案的法官并没有从价格上论证微软行为的非法性，而是从选择权来论述消费者利益的损害。微软案件的事实报告中，[5] 杰克逊法官在最后强调了微软的行为最大的损害是对计算机产业的损害，因为这最终导致

---

[1] 王传辉：《反垄断的经济学分析》，中国人民大学出版社 2004 年版，第 236 页。
[2] See Herbert Hovenkamp, *Economics and Federal Antitrust Law*, at 46 (1985).
[3] [美] 马歇尔·C. 霍华德：《美国反托拉斯法与贸易法规——典型问题与案例分析》，孙南申译，中国社会科学出版社 1991 年版，第 215~216 页。
[4] 在 1999 年"美国诉 VISA 案"中，就体现了消费者利益中创新内容的分析，DOJ（司法局）的陈词中就分析了 VISA 和 Mastercard 妨碍了创新，以致损害了消费者利益。See David S. Evans, "Dodging the Consumer Harm Inquiry: A Brief Survey of Recent Government Antitrust Cases", 75 *St. John's L. Rev.* 557 (2001).
[5] Court's Findings of Fact, in http://www.usdoj.gov/atr/cases/f3800/msjudgex.htm.

了一些真正利于消费者的创新不能产生。同时，杰克逊法官承认微软免费提供IE降低了公众消费者进入因特网的成本，而且还迫使网景公司不得不放弃对浏览器的收费，这使得消费者最终受益于网络浏览软件的质量的改进和成本的降低。但是，这些关于价格方面的短期利益却不足以弥补微软阻碍创新导致的消费者利益损害。"微软案"最终反映了对以创新为内容的长期竞争的关注。[1]

如果遵循上述效率目标分类，竞争法所奉行的效率准则，应当是保障消费者福利前提下的创新效率。

在反垄断法执行中，如果消费者利益不被充分考虑的话，反垄断政策就很难得到广泛支持。因为企业的寻租行为和X—无效率[2]会使得"由于生产效率提高带来的福利改进转变为社会的成本"，因此，在反垄断政策执行中适用消费者福利标准更为普遍。[3]

对创新效率的关注不仅体现在司法案例中，立法也给了创新效率以积极的关注。[4] 2000年美国《关于竞争者之间合谋的反托拉斯指南》对研发合谋进行规范，考虑到研发合谋促进创新的作用，一般都认定为其属于竞争性的，当然，需依合理原则进行具体分析。对于基于保护消费者利益可能会受到来自创新导致的市场支配力的侵害，该指南提出：如果该研发合谋产生或增加了市场支配力，那么就要分析其总竞争效果。"市场支配力的行使会损害消费者，其原因是将创新减少到本来应该出现的正常水平之下，导致消费者能够选择的产品减少或不存在，产品质量下降，或者产品到达消费者的速度比本来要慢。市场支配力的行使对消费者的损害，还因为研发合谋减少了货物、服务或生产工艺市场中竞争者的数量，从而导致价格升高或产量、质量或服务的减少。"这里的"中心问题是，是否增加反竞争性的能力或动力，减少独立追求或通过合谋追求的研发成果"。[5] 总之，对于研发合谋的分析，首先是肯定其因创新给消费者带来的利益，但创新带来的消费者选择机会的增加并不能成为消费者福利增加的正当理

---

[1] 〔美〕罗伯特·利坦、卡尔·夏皮罗："90年代美国政府的反托拉斯政策"，载《比较》2003年第8期。
[2] 1966年哈佛大学教授勒伯斯坦（Leibenstein）提出了成本扭曲的X无效率（X‐inefficiency）概念。他认为，大企业特别是垄断性企业，因外部市场竞争压力小、内部层次多、机构庞大，加上企业管理制度方面的原因，使企业费用最小化和利润最大化的经营目标难以实现，导致企业内部资源配置效率降低，这种无效率不仅体现在时间效率上，还体现在各种资源（当然也包括资金）使用的效率上。X指的是uncertain（待确定）意思，即成本扭曲可能来自于怠惰、没有绩效管理的经营阶层以及得过且过吃大锅饭的心理等原因。
[3] 辜海笑：《美国反托拉斯理论与政策》，中国经济出版社2005年版，第60页。
[4] 对创新的最大的立法关注应该是知识产权立法，本文限于讨论反垄断法立法中的关注。
[5] 《美国关于竞争者之间合谋的反托拉斯指南》（2000年4月联邦贸易委员会与美国司法部联合颁布）。

由，最终需要分析总的消费者利益是否有所改进。同样的关注也出现在欧盟的反垄断法规范中。在合并案件分析中，欧盟认为如果新的或改良的产品、服务业会有益于消费者，为了开发新产品而建立的合资企业可能会增加消费者利益，那么委员会将该效果予以考虑。[1]

保障消费者福利的创新效率是社会整体效率。因为以消费者为中心来配置资源必然使消费者的福利最大化。

社会整体效率和私人个体效率是一对矛盾统一体。社会整体效率的实现需要承认和尊重私人个体效率，没有个体效率，不可能存在社会整体效率。但不能过分推崇个体效率，尤其不能以牺牲社会整体效率为代价实现个体效率。在垄断状态下，以价格卡特尔为例，被价格卡特尔所固定的价格为垄断价格，成员企业因垄断价格获取垄断利润，对所有成员企业来说是有效率的，成员企业的有限性决定了这种效率是个体效率。价格卡特尔使大量的非成员企业难以通过正常的价格竞争充分行使自主定价权，不可避免地会降低其经济效率。另外，某种商品的价格被确定为垄断价格时，消费者无法在价格上做出选择，只能被迫接受高价商品，消费者的利益受到侵害。更为重要的是价格卡特尔扭曲了价格信号，垄断价格不能客观真实地反映商品或资源的稀缺程度，它会给经营者提供虚假信息，对生产和消费行为进行误导，造成社会资源的浪费。国家也无法据此实施有效的宏观调控措施。价格卡特尔是以损害社会整体效率为代价追求个体经济效率的典型形式，因此，各国反垄断法无一例外地禁止价格卡特尔。

第三节 消费者在竞争法中的地位

竞争法中的消费者往往被消费者利益、消费者福利等概念代替，是个争议颇多的概念。它既发挥着行为正当性评价标准的作用，也常被人认为是法律分析中被滥用最多的术语。[2]

各国竞争法无一例外地将消费者纳入了法律规范之中。[3] 理论上也有"竞争法保护消费者"的说法。但竞争法如何保护消费者，竞争法对消费者的保护和

---

[1]《关于评价横向合并的指南》（2004/C 31/03），王晨译，载许光耀：《欧共体竞争立法》，武汉大学出版社2006年版，第471页。

[2] See Joseph F. Brodley, "The Economic Goals of Antitrust: Efficiency, Consumer Welfare, and Technological Progress", 62 *N. Y. U. L. Rev.* 1032 (1987).

[3] 前者如《日本关于禁止私人垄断和确保公正交易的法律》第1条；后者如《联邦德国反对限制竞争法》第3条第（3）款之2。

消费者权益保护法提供的保护是否有及有何差异等，这些问题并没有被深入地探讨，这些问题也决非可简单地以"竞争法保护消费者"一言以蔽之。在竞争法中消费者的地位具有特殊性，消费者的特殊地位决定了其特殊的功能。

一、消费者在竞争关系及竞争法律关系中的身份

如同社会学理论所言，任何一个人都不可能仅仅承担某一种社会角色。消费者在社会中具有多重角色。

（一）消费者的三重身份

首先，在经济竞争关系中，消费者是受益者。竞争包括生产过程本身和生产过程的实现，离开消费者的竞争是不可想象的，消费者是生产过程最终环节的实践者。消费者受益源于竞争发挥的积极作用——产品或服务质量的提高、价格降低、产品替代加强等。受益一般表现为，充分地实现了消费者的选择权或增加了消费者的福利。

其次，消费者又是受害者。工业化以来的经济主体的组织结构及行为方式产生了导致市场力量不均衡的巨大变化，市场结构自由放任所引发的社会关系的紧张，最终在消费者身上以利益流失的方式化解，即具有支配地位的企业强迫消费者接受不公平的条件，如实行搭售、剥削型定价等。[1] 另外，第二次世界大战以后被战争压抑了的生产迅速释放引发的大量销售改变了企业的营销策略，守株待兔式的促销被积极进攻型的促销方式取代。在产品的复杂化、企业经销方式多样化等合力作用下，一方面显著地增加了新的竞争要素，商业广告、产品的包装、装潢、商品外观等纷纷加入到竞争关系中；另一方面竞争要素对销售的影响越来越大，两面性越来越突出，当这些竞争要素被恶意利用为销售工具时，给消费者施加的负面影响就显示出来。"销售上或销售方式过于灵活，对消费者施加的过度压力，都可能导致消费者做出考虑不周、不符合他需要和在不利条件下的购买。"[2] 19世纪末期以来，消费者案件此起彼伏，到了20世纪60年代，自美国和日本开始并不断扩散的带有世界性的消费者运动是消费者作为受害者汇集力量的又一次爆发。

最后，消费者是第三者。依据企业的业务范围对经营者进行划分，营业者要么被看成同盟者，要么被看成竞争者，要么被看成合作者。在作为同盟者和合作者的情况下，企业联合行为的后果总会影射到消费者身上，可能将消费者利益上

---

[1] 德国将滥用优势地位划分为妨碍型和剥削型两种。剥削型定价包括垄断价格、价格卡特尔等形式。见〔美〕戴维·J. 格伯尔：《二十世纪欧洲的法律与竞争》，冯克利、魏志梅译，中国社会科学出版社2004年版，第385页。

[2] 〔法〕热拉尔·卡：《消费者权益保护》，姜依群译，商务印书馆1997年版，第25页。

解，例如，价格联盟；也可能缩减经营者的利益实惠于消费者，例如合理化卡特尔。在类似这些涉及消费者的行为中，同盟者或合作者是合同关系的直接当事人，消费者处于同盟关系或合作关系的利害关系人的地位。在消费者行使选择权之前，消费者是间接性利害关系人，在做出选择之后是直接利害关系人。消费者有两种权利——行使选择权或放弃选择权。放弃行使权利的情况下，消费者始终是第三者。作为第三者的消费者是竞争法中的主要状态。间接利害关系人与受益者及受害者仅一步之遥，行使或放弃行使权利（当然有主动的和被动之分）成为两种身份相互转换的标志。因此，基于三种身份产生的消费者关系，"受益人"和"受害人"是关系的实然状态；间接利害关系人是预期受益人和危险接受人，是关系的未然状态。

竞争法非完全地、同等地对待和吸纳竞争关系中消费者的三种身份，竞争法的否定调整方式决定了在竞争法律关系上通过排除对消费者的危害——现实的危害或危险，及保护消费者受益是立法者的思路和执法者的行动进路。因此，竞争法立足于"消费者—受害者"和"消费者—第三者"的特殊身份。放弃了受益者身份的直接规定，即没有像《消费者权益保护法》（以下简称"消法"）那样授予消费者以"受益者"的正面权利人地位。由此一角，可以撩开笼罩在竞争法中所保护的消费者利益和消法中消费者利益之上的朦胧的纱幕。

（二）消费者在竞争法和消法中身份的差异

在反不正当竞争法中消费者受害体现在认知混淆上。具体而言，体现在商业标志的混淆、虚假广告、虚假表示等不正当竞争行为上。反垄断法中，搭售、价格卡特尔等行为加大消费成本。作为实际受害者的消费者发生在购买了相应产品或接受了相应服务的情况下。换言之，在消费者陷入混淆、虚假广告、虚假表示、接受搭售产品或卡特尔价格时，其实际受损才体现出来。此时，竞争法和消法发生竞合。

在竞合情况下，竞争法和消法两个法域的区别为：

首先，主体的含义不完全相同。消法的主体是个别消费者，而竞争法涉及的消费者主要（特殊情况下，包括个体，但是次要方面，后面将论及）指概括的消费者，或经济学上讨论"消费者剩余"时使用的含义。从个体与整体的关系上看，消法是基于消费个体的保护而铸就整体的力量，取道"个体—整体"模式建立关系；竞争法是为消费者整体划定保护标准，受害个体可以充分利用这个公共标准，取道"整体—个体"模式建立关系。

其次，消费者与经营者的关系状态上，消法强调实然进入状态，竞争法强调拟制状态。偶有发生的实然进入状态是特殊状态。消法强调的实然进入状态可以从法律对"消费者"的界定中得出,"为生活需要购买商品或接受服务的人",没有购买商品或没有接受服务的人不是消费者,可能是交易前的准交易人,其权益由他法保护,如缔约过失责任。如果经营者的行为侵害了消费者的利益,消费者能以积极的行动对抗经营者维护自己的权益。竞争法律关系上拟制状态中的消费者(实际是消费者利益)具有高度的抽象性。其不具体指明甲乙丙丁、购买(什么)商品或接受(什么)服务,往往充当场外主体的角色,例如发生在上下游企业之间的拒绝交易,或者生产企业之间的价格联盟,不直接关系某个消费者的利益;又如面对虚假广告消费者没有误认误购时也不损及其利益。所以,拟制状态的消费者比实然状态的消费者更超然,其无须行使消费选择就达到了对抗经营者的效果。但如果竞争法中的消费者进入到消费关系中,则发生竞争法和消法竞合适用。

最后,调整方法上,竞争法主要以否定方法进行调整,消法则以肯定的调整方式确立消费者的权利。否定性调整包括限制性调整、禁止性调整,"不得"、"禁止"是其标示性的表述语言。而消法以"消费者享有……权"、"可以"等语言模式表达。法律调整之否定方法多适用于具体行为偏离了某种价值观的情形,通过调整以期回复或接近价值观所预设状态。尽管竞争法的价值迄今仍存争议,[1] 但将竞争法价值观确定为消费者利益的一些论述往往选取反不正当竞争法中的个别行为,如虚假广告作为例证。如果将例证的范围稍做扩大,如侵害商业秘密行为,其结论的真实性便可想而知了,更不必将例证扩大到垄断行为。依据目前的论述及有关国家的法律规定,可以看出,"竞争法保护消费者"是竞争法保护的某种价值的体现,而不是价值本身。对消费者而言,竞争法的性质仅仅是政策宣誓,而非承担创设权利义务的任务。至于消法,肯定式的调整方式则努力全面地创设权利义务。因此,对于消费者保护而言,消法是基本法,竞争法是特别法。

二、消费者在竞争法中的特殊作用

消费者的第三者地位是法律的拟制,作为第三者的消费者是企业行为正当性的判断标准。

成文立法的规范模式大致相同,即以某种价值相统领,确立与其相适应的原则及相应的法律规范。如果将法律视为一种结构性规范的话,法的价值、法律原则和法律制度就形成了法内部具有不同位阶的结构。竞争立法,不论是列举式

---

[1] 认为保障效率、经济民主、自由、秩序等,但大体说来,英美学者更强调效率价值,欧洲大陆法学者更强调秩序。日本由于《禁止垄断法》第1条之规定的繁杂,引发学者对价值莫衷一是的表达:有的认为是自由竞争,有的认为是消费者利益,也有的认为是国民经济的健康发展等。上文已述。

的，还是概括式的，都服从于这种规范模式。但是，其否定性的调整方式产生了一种特殊的立法难题——应当否定什么，这个难题长期困扰立法者，并曾经使其在一些行为上犹豫不决。[1] 而各种价值学说或原则主张在没有立足点的情况下空泛的宣誓并不足以给立法者以坚定的决心。立法和执法都需要体现价值、原则的制度化的标准，使价值、原则有的放矢，制度内在统一。这个标准应当来源于制度但又高于具体制度。历史上，劳动者（利益）、消费者（利益）、中小企业（利益）（或称竞争者利益）、国家（利益）都曾充当过这个"沟通的桥梁"，[2] 并在原则具体化、制度原则化的运动中促成了不同类型的初始竞争法律的诞生。现代竞争法的建立和完善开始于判断标准的纯净运动。随着劳动法和社会保障制度的建立，劳动者的权利由契约到强制，"劳动者"标准最先退出了竞争法。[3] 正如法国学者热拉尔·卡所言："契约自由的减少曾在雇佣者和雇工之间表现得最为突出，如今又在经营者或产品或服务的经销商与个体使用者之间形成的消费关系中表现更为明显。"[4] 之后，伴随19世纪末期20世纪初期的国家身份的转化，[5] "国家"标准也融合到社会利益之中。由此，"消费者"标准和"中小企业"标准（又泛称为竞争者标准）沉淀为竞争法基本标准。[6] 进而完成了竞争法否定什么问题上的工具的构建任务。

消费者标准可以从以下方面理解：

（一）"消费者"作为行为正当性标准的基础是竞争法调整功能的预防性或事前救济[7]

与事后救济相较，事前救济不要求认定垄断或不正当竞争行为需发生控制结构或事实损害的消极结果，只要求存在产生消极后果的危险。《克莱顿法》确立

---

[1] 如德国反垄断法制定之前，认为卡特尔是有组织的资本主义，有利于解决失业；美国《谢尔曼法》不反对企业合并。
[2] 德国竞争法律制度的变革最为典型。20世纪之交的德国，社会民主党认为，卡特尔有利于稳定工人就业价值，法律应当鼓励卡特尔的存在和发展；而中央党代表消费者和中小企业利益，法律应当禁止卡特尔。希特勒时期德国的工业化和民主主义纠结在一起，也可以说国家主义成了主要的竞争法律原则，其具体制度是《强制卡特尔法》。
[3] 劳动法和社会保障制度的建立，劳动者的利益由企业保障到国家保障，尤其是劳动失业制度的建立，国家对企业的干预由内部转向外部——即由劳动者到消费者。从这个意义上，劳动法和社会保障制度为竞争法的建立奠定了环境基础。
[4] [法] 热拉尔·卡：《消费者权益保护》，姜依群译，商务印书馆1997年版，第5页。
[5] 即所谓国家社会化、社会国家化过程，国家不仅仅是政治主体、阶级主体，更是经济主体、社会主体。原来作为经济生活外部力量的国家现在融入到经济生活内部，并作为一种重要的调节力量。
[6] 限于主题和篇幅，"中小企业"标准在此不展开。
[7] 竞争法调整功能从权力介入的时间和效果上，分事前救济和事后救济。前者即为预防功能。

了事前预防原则：执法机构和法院都不必证明存在现实损害，也不必依靠过去的数据资料来证明对竞争的有害影响，只要"可能"危害竞争，就可以据此宣布某行为违法。有人将《谢尔曼法》和《克莱顿法》以枪支法作比喻：根据《谢尔曼法》型枪支管理，一个人可以携带枪支而不必担心因此被逮捕，只要他不对某人或物射击；根据《克莱顿法》型枪支管理，只要认为这个人是危险的——如果认为他很可能对某人或某物射击，那么，就可以没收这个人的枪支。[1] 这里的"某人或某物"就是竞争法所危害的某种利益，其中包括消费者利益。美国法中本身违法原则所规范的行为不强调给消费者造成了损害，而是强调"可能"。进言之，本身违法原则的适用标准可以理解为，消费者利益的假想损害。法官在执法和进行法律思维时，顺理成章地将假想的消费者利益（损害）作为判断和推理的基本标准。苏特（Souter）法官在"加利福尼亚牙医协会诉联邦贸易委员会"案中发表的意见明确体现了这一点，"加州牙医协会的规则明显地反映出这样的预期，即与减少'所有成员折扣'广告有关的竞争的成本将超过因准确、精确和容易证明（至少管理者易于证明）的折扣广告产生的消费者信息（和因此带来的竞争）的收益。根据经济学的观点，上述预期可能正确，也可能错误，但是它不是完全不可能的。法院和委员会都不能因为上述假设的错误就在一开始就驳回它。"[2]

美国反垄断法的一些变动时常能发挥竞争政策转向的风向标作用，每次变动或多或少地，或早或迟地影响有关国家或地区组织促使其相应地改变竞争政策，或促使其为改变立法而作出某种积极的努力。现在，预防原则已经成为竞争法带有普遍性的法治原则，有关国家或地区性组织的竞争立法大都吸收和借鉴了美国竞争法的预防原则。日本《禁止垄断法》第 24 条之二关于"限制转售价格协议"和第 24 条之三关于"克服萧条行为协议的排除适用条件"的认定标准都统一规定为：没有不当地损害消费者利益的危险。德国 1980 年修订版的《反限制竞争法》第 1 条之采取的是事后救济原则，[3] 1998 年第六次修订案则改为预防

---

[1] 〔美〕马歇尔·C. 霍华德：《美国反托拉斯法与贸易法规——典型问题与案例分析》，孙南申译，中国社会科学出版社 1991 年版，第 39 页。
[2] 争议的焦点是牙医协会制定"规范"的第 10 条，牙医不得对其受训的背景和能力进行不当陈述。见黄勇、董灵：《反垄断法经典判例解析》，人民法院出版社 2002 年版，第 298、309~310 页。
[3] 限制竞争的协议无效："企业或企业协会为共同的目的所订的合同以及企业协会的决议，其目的如果是限制竞争，且影响了商品或劳务的生产或市场情况，则无效。本法另有规定者不适用上述原则。"

原则结合事后救济原则。[1]《罗马条约》第85、86条适用的条件"可能影响成员国之间的贸易……应被禁止"的规定也体现为预防原则。2004年的欧共体《关于控制企业合并条例》（第139/2004号）通篇建立在"可能"的"危险"、"影响"、"损害"等基础上。

预防原则的普遍化过程也是不断重申消费者标准的过程。法律规范所表彰的"可能"、"危险"等要素，实则是消费者利益危害的"可能"或"危险"。本质上，法律规范的预防功能是立法者将企业（行为）与消费者（利益）距离人为拉近，以"他人是一面镜子"的手法来反照经营者。上述规范或类似规范中竞争者或合作者的经营行为正当性的判断表面上总是和消费者利益联系在一起，但实质上，消费者并不在场。故此，与其说此种法律规范保护了消费者的利益，勿宁说法律在列举经营者如何损害或可能如何损害消费者利益。如果非要套用有些论者的"保护消费者"的话语的话，那么，应该说，竞争法所提供的仅仅是对消费者的间接保护。

（二）竞争法中消费者标准的内涵是一般消费者

消法中保护的消费者具有同一性，不分国籍、居住地或认知状况。但竞争法中的消费者则有类别划分，消费者至少被分为一般消费者和特殊消费者两大类别。[2] 这种分类不同于营销管理上对消费者的分类。它不是根据产品的特性或购买动机进行划分的，而是根据主体的认知能力划分的。作为标准的消费者是一般消费者，与之对应的特殊消费者被排除在标准之外。特殊消费者特指游离于一般消费者之外的两极主体：一类是专业人士——行家；另一类是没有认知能力或认知能力很差的人。一个虚假医疗广告，医生对它的认识和患者本人对它的认识会截然不同，医生很容易揭穿广告的虚假本质；患者受急于治愈的心理作用，对夸大内容的广告内容往往信以为真。医生和患者就属于两极主体。一般消费者是"在通常时常状况下购买商品时，施以其通常购买此种商品之注意程度"[3]的人。

立法上，已经有国家直接将"一般消费者"作为法律概念固定下来。我国知识产权局颁布的《审查指南》（2001年10月18日修改）将一般消费者作为判断外观设计是否相同或者相近似的判断主体。所谓一般消费者是指一种假想的人。日本《禁止垄断法》第1条规定："本法的目的是通过禁止私人垄断、不当

---

[1] 该条规定："处于竞争关系之中的企业之间达成的协议、企业联合组织作出的决议以及联合一致的行为，如果以阻碍、限制或扭曲竞争为目的或使竞争受到阻碍、限制或扭曲，则禁止。"
[2] 国际竞争中，一些国家采取的贸易壁垒措施实则是将消费者分为本国消费者和外国消费者。
[3] 朱钰祥：《虚伪不实广告与公平交易法》，三民书局1993年版，第63页。

地限制交易和不公正的交易方法，防止事业支配力的过度集中，……以确保一般消费者的利益和促进国民经济民主、健康地发展。"再如该法第24条之二规定："生产容易识别的同样质量的商品或从事该商品的销售的事业者，在与该商品的销售对方事业者商定该商品的转卖价格，以维持该价格时所进行的正当行为，该行为不当地损害一般消费者的利益时，以及销售该商品的事业者的行为违反该商品生产事业者的意愿时，则构成违法。"此外，另一些国家或地区法律条文表述为"消费者利益"或"消费者"。[1] 消费者利益应属于公共利益的范畴，尽管何为公共至今仍存争议，[2] 但不是消费者个体利益这一点几乎没有什么异议。它强调许多单个消费者利益的集合。故消费者利益的含义应做"一般消费者利益"理解。此外，也有一些法律将"一般消费者"简化为"人"，例如德国、我国台湾地区、我国大陆地区的反不正当竞争法都规定了"引人误解"的虚假宣传行为，关于引人误解的认定，不是根据每个人的理解进行判断，而是根据一般人的理解进行判断，即根据"一般消费者"来判断。其原因正如有学者指出的，商业广告常常都是向一般消费大众作出的，而一般消费大众在购买商品或接受服务时，欠缺仔细分析广告内容的注意力，只是以普通注意所得到的印象作为选购的基础，故应当以一般购买人的注意力作为认定标准。所谓一般购买人，是指按照一般交易观念，通常可能消费该商品的人。[3] 不仅否定性规范涉及的消费者应理解为一般消费者，竞争法适用除外规范涉及的消费者也是在这一含义上使用的。例如《欧盟条约》第85条第3款规定，第1款不适用于有益于改进货物的生产或销售，或者促进技术或经济发展，同时使得消费者能够公平地享有由此导致的利益的协议、决定和一致行为。

司法机关和行政机关也是根据"一般消费者"来判断和认定竞争违法行为的。竞争案件的定性有时需要以调查为基础，调查所选取的对象就是一般消费者。司法机关或执法机关需要以一般消费者受到了不利影响作为认定案件的依

---

[1] 我国台湾地区"公平交易法"第1条："为维护交易秩序与消费者利益，确保公平竞争，促进经济之安定与繁荣，特制定本法。"韩国《限制垄断和公平交易法》第1条："本法的目的是，防止厂商滥用其市场支配地位，防止救济力量的过度集中，管制不正当的共同行动和不公平的交易行为，促进公正自由的竞争，由此扶持创造性的企业活动，保护消费者，实现国民经济的均衡发展。"1984年联合国《消除或控制限制性商业惯例法律范本》第5条之规定。等等。

[2] 因为公共是许多私人的集合体，一个公共需要由多少私人组成，抑或多少私人所能组成公共的可能性完全不能存在，是一个值得深入考虑的问题。但一个社会阶层或群体被赋予公共的概念一般没有问题。

[3] R. Callmann, *The Law of Unfail Competition Trademark and Monopolies*, Vol. 1 (4th ed. 1987), 5.14. 转引自孔祥俊：《反不正当竞争法的适用与完善》，法律出版社1998年版，第239~240页。

据。台湾地区"公平交易委员会"在西安秦始皇兵马俑世界巡回展案件的处理理由书中明确指出:"本件被处分人主办之'西安秦始皇兵马俑世界巡回展',……其文字表现之意义易使一般消费者认为系'西安秦始皇兵马俑'之'世界巡回展',而实际上其所展兵马俑为微缩小仿制品,……其大量表现于外的宣传资料,却未如实表现……真实内容,亦即一般消费者未能从其广告名称及内容中获得真实认识。"[1]因此,行为人的行为违反了"公平交易法"第21条。

发生纠纷的企业也以消费者为参照来表述自己的观点。那些声称受到不正当竞争行为损害的企业提出的理由一般都是以一般消费者的利益为中心,其试图表明,消费者由于不正当竞争行为受到了损害。故冲突应该按照有利于他们的方式解决才符合消费者利益。被追究责任的企业也把消费者的利益作为自己行为合法性抗辩的理由,并以此确立自己的论据。如垄断企业或者卡特尔的成员会声称,其行为不仅没有损害受保护的利益,反而有利于消费者。于是,企业的利益和消费者的利益之间就有了某种共同取向,一般消费者成了参考法庭。[2]

(三)竞争法中消费者主体性、个体性让位于客观性、整体性

作为"参考法庭"的消费者是一种论据,权力机构以及企业通过参考消费者的地位来说明自己的立场。这种情况表明,消费者的主体性让位于"论据"(标准)的客观性。

消费者标准的客观性是由上述"消费者不在场"的特殊身份决定的。竞争法中的经营发生在竞争环境——生产、销售、分配和消费的整个过程,而消法中的消费者仅仅参与消费环节。上下游企业之间(如棉纺织厂和织布厂)的合作者关系,同一环节企业之间(如各织布厂之间或其联合)的竞争者、同盟者关系和消费者都不存在直接的经济关系。但消费者将介入其关系之中,评定拒绝交易、价格卡特尔等经营行为的正当性。因此,这里的消费者不是某个直接利益主体,而是消费者整体利益,具有客观性和整体性。由此,竞争法中的消费者也不是私法主体,不涉及是否享有权利能力、行为能力等内容。日本《不正当竞争防止法》尚未将起诉适格者扩展至消费者,该法已经逐渐脱离营业者保护的市民法色彩,逐渐加入消费者保护作为衡量违法性之参考。[3]这从一个侧面说明了消费者标准的客观性、整体性。

消费者标准的客观性和整体性是由经济关系的需求和权力介入经济关系的不

---

[1] 转引自孔祥俊:《反不正当竞争法的适用与完善》,法律出版社1998年版,第241页。
[2] [比]保罗·纽尔:《竞争与法律》,刘利译,法律出版社2004年版,第57页。
[3] [日]松下满雄:《经济法概说》,东京大学出版会1986年版,第58页。转引自赖源河:《公平交易法新论》,中国政法大学出版社2002年版,第27页。

同路径造成的。传统法保护的消费者取道经营者和消费者的矛盾。工业革命以后,产品或服务中的技术增量转化为经营者和消费者之间的信息偏在。另外,对比明显的经济强力打破了简单商品经济时期的合同关系的平等性,对弱势群体施以特殊保护是消费者权益保护法的基本理念。所以,这种保护的思路是从产品或服务出发,解决经营者掠夺消费者的矛盾,提升消费者的地位——赋予消费者以特殊的权利。而竞争关系的基本矛盾是经营者的竞争冲突,这种冲突靠经营者自身无法解决,需要政府介入,政府制定了诸多评价企业行为的标准,其中之一是消费者标准。归纳消费者在消法和竞争法中的地位,可以得出两者具有如下方面的对应关系及其差别:

经营者与消费者的矛盾→政府解决方式→赋予消费者权利→消费者主体性
企业竞争关系中的矛盾→政府解决方式→制定规范化标准→消费者客观性

在竞争法系统中,禁止或排除何种行为,消费者标准(和竞争者利益标准一道)发挥着确认机制的作用。消费者标准服从于竞争目的,是竞争法立法目的的实现手段。竞争法所保护的客体——竞争,是指竞争环境。从社会经济关系上看,竞争环境由经营者的竞争机会和消费者的消费福利构成。法律保护竞争环境的方法是排除对竞争环境的不利影响。不利影响可能直接在经营者身上体现出来,但最终都会影射到消费者身上,并影响消费决策和消费选择权的行使。市场主体的支配力量不同决定了排除风险不能依靠自力风险规避机制,而应当依靠公力平衡机制,即政府介入机制。正如美国学者霍华德所言:"只要存在对竞争的不正当限制又对消费中、购买中合理判断的严重障碍,那么,政府干预就是必要的,这种社会的控制与其说是对自由企业体制本身进行限制,还不如说用来扩大企业在市场上的总体自由作为基本的指南。反托拉斯与贸易法规则为企业的(市场)进入、扩展和存在提供了有效的便利,并为消费者的有效决策提供了充分的帮助。"[1] 由于消费者是经营活动结果的最终承担者,政府在介入经营者活动时,权力机构将消费者的以下两个基本关注上升为法律控制手段:①消费者的喜好用以确定受冲突的市场范围。直接关联市场的划分是参考了消费者对商品或服务是否满足其某种需要(可替代性)的意见。②消费者的选择权用以确定垄断是否成立。市场上有一个或数个拥有权威的企业时,需要评价消费者在何种程度

---

[1] 〔美〕马歇尔·C. 霍华德:《美国反托拉斯与贸易法规——典型问题与案例分析》,孙南申译,中国社会科学出版社1991年版,第4页。

上还拥有选择的自由才能认定其存在的合法性：消费者能够对商品或服务进行选择还是他必须接受一个或数个特定企业所强加的条件。[1]

由消法保护的消费者主体到竞争法保护的消费者客体——消费者身份的转换，说明了竞争法保护竞争而不是竞争者[2]、保护消费而不是消费者。习惯上所言的"竞争法保护消费者"的说法，在法竞合适用的情况下是成立的；在非竞合情况下（或想象竞合性的情况下），竞争法中的消费者其实"只是一个传说"，竞争法保护的消费者利益是实现竞争法目的的反射利益。

---

[1] 〔比〕保罗·纽尔：《竞争与法律》，刘利译，法律出版社2004年版，第56页。
[2] 霍华德认为保护个别竞争者的主张混淆了竞争者与竞争的区别。如果保护竞争者而反对发展竞争，则竞争本身就不能存在下去了。见〔美〕马歇尔·C. 霍华德：《美国反托拉斯与贸易法规——典型问题与案例分析》，孙南申译，中国社会科学出版社1991年版，第42页。

第五章 反垄断法的效力

法的效力一般包括时间效力、空间效力和对事效力。时间效力用来揭示反垄断法产生的必然性和反垄断法的应变性;空间效力用以描述反垄断法的适用范围;对事效力是适用对象上的特殊性。通过"时间"、"空间"和"事务"三维的视角能够对反垄断法整体和部分、内外结构等进行一个基本的定位。

第一节 时间效力

法的时间效力除了指法产生的时间外,还包括立法随时间的变化而进行的修改和完善。反垄断法的适时修改是个更惹人关注的现象,因修改的频率超其他一般法律部门,所以在原理上,可以将其视为一种维持其活力的间断—平衡机制。

间断—平衡(Punctuated-equilibrium Theory)是用以描述作为生物形成或维持生物物种发展状态的一个专门术语,[1] 特指生物进化和类别细分使表面停滞但内里夹杂着的生物大规模灭绝和生物间替代的过程。现代生物学的研究证明:生物的进化并不总是缓慢地进化,也不总是连续性的、渐进的,而是有时跃进,有时间断性飞跃。这种现象也适用于社会政策系统的变化上。在社会系统内,间断—平衡机制本质上属于渐进式的制度变迁。反垄断法的不断修改、完善明显体现了生物进化间断—平衡机制的特点。站在现实的立场回望反垄断法的发展历程,其不但没有如法国《民法典》或德国《民法典》般一劳永逸,甚或像法国《刑法典》或《商法典》般的"大局不变,小有改动"的程度也达不到。自第二次世界大战以来,反垄断法的修订越来越频繁,在频繁的修订中不乏重大的修订;且不单单发生在某个或几个国家,而是各国普遍性的做法,所以,不断修订已成为该制度运行的表现形式。

依修订的目的不同,反垄断法完善的间断—平衡机制又可分为填补型、替代型和解释型的间断—平衡。

一、健全体系的制度填补

立法活动也是一个科学决策的过程。立法应当按照科学的决策程序,在科学

---

[1] 沈银柱、黄占景主编:《进化生物学》,高等教育出版社 2008 年版,第 168 页。

理论的指导下进行。一般而言,科学的决策过程需要经过发现问题、确定目标、设计方案、选择方案、试验论证、广泛实施等阶段。发现问题是制度供给的前提条件。填补型的法律修改的前提,是发现了当下法律调整所不及的空白。相应地,制定决策的目标应定在填补空白的方案设计上。

(一) 西方国家反垄断法体系化的制度填补

德国的《反限制竞争法》大的修改已进行了7次,一些工作是在填补法律空白。1958年生效的德国《反限制竞争法》仅规定了限制协议(横向、纵向垄断协议)和滥用市场支配地位两个方面的内容。1965年作了实质性的几处修订,包括放松对企业间特别是中小企业间合作的要求;引进一般滥用条款以填补仅包括所列举形式滥用的原有规定。而1973年第三次修订主要是增加了第25条关于协同行为的规定;1976年的第四次修订主要是增加了关于媒体合并的特殊规定;1980年的修订增强了合并控制的规定;1990年的修订将中小企业卡特尔列入豁免;1998修订是协调德国法和欧盟法的关系,体现为两个方面,吸收了欧盟法比德国法更为严厉的规定,引进了《欧盟条约》第85条第3款的豁免规则,取消了一些豁免;对一些内容作出了补充性规定,例如,拒绝进入网络或其他基础设施。[1] 2005年的修改增加了停止请求权诉讼、规定了禁止转嫁抗辩等。

日本的《禁止垄断法》自1947年制定以来,其变动令人眼花缭乱。大约两年就有一些修改,迄今已有二十多次。其中较大的填补性修改有:1948年制定了《事业人团体法》,防止事业人控制供给或需求,作为反垄断法的补充。1953年修改要点有:增设了对事业团体的限制;扩大了对不公平竞争方法和不正当交易方法的限制;禁止任何商业交易领域实质性限制竞争、禁止在商业领域限制企业的数量等;扩大了适用除外的范围;废止了典型卡特尔禁止,允许不景气卡特尔存在。1977年修改增设了对作为结构限制的垄断状态的措施;对卡特尔的违法行为处以罚款;统一涨价的报告;强化对股份保有的限制,特别是对大规模事业公司股份保有总额的限制。[2]

美国反托拉斯法的间断—平衡机制运行的基础是自由主义,《谢尔曼法》对处于同一经济状况的资本主义国家而言是经济调节的"政治宣言",由于《谢尔曼法》的法律条文非常含糊,致使企业很难搞清什么情况下违反法律,这使得美国法天然保有替代型的间断—平衡机制的需求。在立法20年之后《克莱顿法》细化了《谢尔曼法》,列明四种垄断行为,即价格歧视(第2条)、独家交

---

[1] 更为详细的内容见王晓晔:《竞争法研究》,中国法制出版社1999年版,第223~232页。
[2] [日] 金泽良雄:《当代经济法》,刘瑞复译,辽宁人民出版社1988年版,第139页。

易 (第 3 条)、企业合并 (第 7 条)、连锁董事 (第 8 条)。1936 年的《罗宾逊—帕特曼法》,进一步扩大了有关价格歧视条款的适用范围,在原来的"只要其结果可能实质性地削弱了竞争"后又增加了"……或者损害、破坏或阻碍了与同意给予或故意接受这种价格歧视利益的任何人或买主的竞争"。另外,还规定了一个特别禁令和两个特别命令。禁令是禁止任何厂商在与买主或卖主的交易中接受佣金或津贴。两个命令指第 2 条的第 4 款和第 5 款的规定,它要求供应商在向卖主支付服务的报酬和提供服务或设施时,必须按比例和平等条件向所有的买主提供。[1] 1950 年通过的《塞勒—凯弗维尔修正案》,将企业合并的方式扩大为股份和财产两种类型。1976 年的《哈特—斯科特—罗迪诺反托拉斯改进法》对企业合并在程序和实体上作了进一步的细化,规定凡达到一定规模(合并企业和被合并企业的净销售额或总资产额分别达到 1 亿美元和 1000 万美元[2])的公司之间的合并必须事先向执法机关汇报。

英国长期以来依靠普通法制度建立的程序和思维方式解决反竞争问题,缺乏体系性不仅使其竞争法逊色于同法系的美国法,之于欧洲大陆的德国《反限制竞争法》更是难以望其项背。这一状况没有因 1948 年第一部反垄断法的产生而改变。这一部法律与其说是一部法律,不如说是政党的主政纲领。工党的政治纲领强调经济强力服从共同体的需要,保护工人和小企业不受大企业的损害。法律成了实现其政党宣言的一种工具,因此该法缺乏对具体行为的规范性。保守党执政期间颁布的《限制贸易行为法》(1956 年)集中在控制模式的调整上,保留了原来的行政管制的一些特点,另外增加了司法控制的内容。1965 年工党颁布了《垄断与合并法》(Monopolies and Mergers Act),控制企业的自由合并。1973 年的《公平交易法》设立了一个新的机关——公平交易局——全权负责限制行为和垄断与合并系统的工作。为适应欧共体竞争法和提高国内产业的国际竞争力,1980 年颁布《竞争法》才结束分项分制的零散竞争法体制,走向规则、机构、程序的统一。

(二) 我国《反垄断法》出台前的制度填补

在我国,《反垄断法》出台之前的一个较长时期,对某些行业垄断行为的原则性规制一直散见于指导意见、行政法规、部门规章之中。从其内容的翔实不同,可以分为以下两类。

---

[1] [美] 马歇尔·C. 霍华德:《美国反托拉斯法与贸易法规——典型问题与案例分析》,孙南申译,中国社会科学出版社 1991 年版,第 41 页。
[2] 大型企业合并是指资产额在 1000 万美元以上的公司合并。

1. 宏观指导性规范

早在 1980 年 10 月国务院就发布了《关于开展和保护社会主义竞争的暂行规定》，在价格、地区封锁、鼓励创新、扩大企业自主权等方面为企业开展竞争创造条件。虽然该暂行规定在内容上已开始贴近竞争法，但限于当时的经济体制还保留有较大份额的指令性和指导性计划，竞争法的起草迟延至 1992 年。[1]

此外，代表性的规范性文件还有：①国务院发布的《加强生产资料价格管理制止乱涨价乱收费的若干规定》（1987 年），涉及垄断的规定是：不论是实行最高限价、浮动价格或市场调节价格的商品，企业之间都不得串通商定垄断价格。②国务院发布的《重要生产资源和交通运输价格管理暂行规定》（1988 年），规定了垄断违法的基本情况：国家禁止企业、行业垄断市场价格。凡是凭借垄断地位违反国家规定，哄抬市场价格牟取暴利的，企业之间或者行业协会、联合会以及其他经济组织串通商定价格的，均属违法行为，必须严格查处。③国务院发布的《关于严格控制物价上涨的通知》（1993 年），该通知提出，对部分城市中出现的商界或企业联手提价、压价或拒销等要加以制止，引导他们走上行业价格管理的正常轨道，防止价格垄断的出现和不正当竞争行为的发生。④国家发展计划委员会发布的《价格违法行为行政处罚决定》（1999 年），该决定提出的指导意见是：现实生活中的价格垄断行为只有在达到损害其他经营者或者消费者合法权益时，才能适用《价格法》及相应的处罚规定等。

2. 具体行为的规范

在我国，竞争立法和我国启动市场竞争机制的时间相比，滞后了大约十年。制定竞争法时，《反垄断法》晚于《反不正当竞争法》十几年。在《反垄断法》出台前的十几年里，反垄断的任务主要由《反不正当竞争法》来承担。所以，在我国《反垄断法》的完善上，"替代"的形式又不同于西方。具体表现为：

（1）以"暂行规定"代行法律调整。成文法对不成熟问题的处理视问题的多寡而定，一般可以通过法律规范的模糊性、弹性或者隐去次要问题来处理，即贯穿所谓"成熟一个，制定一个"的立法方针。在我国有一种广泛运用的尝试性的立法方法，即以"试行"的法律形式或"暂行规定（办法）"的方式来解决未成熟法律问题或把握不准的法律关系。这构成了一种应变机制，兼有回应社会需求、收集反馈信息、填补现行法律的不足、进一步完善法律制度等多方面功能。

---

[1] 1987 年国务院法制局和国家工商行政管理总局等 7 个有关部门曾组成联合小组，开始起草不正当竞争法，先后四易其稿，由于意见分歧较大，未能完成上报稿。

我国《反垄断法》出台之前，许多具体问题被分散出来进行尝试性的单项法律调整。例如，国家工商局颁布的《关于禁止串通招标投标行为的暂行规定》，商务部颁布的《关于评估经营者集中竞争影响的暂行规定》、《实施外国投资者并购境内企业安全审查制度有关事项的暂行规定》、《关于实施经营者集中资产或业务剥离的暂行规定》等。

"暂行规定"的合理性在于：①"暂行规定（办法）"的大量出现是由转型经济的不确定性决定的。这种不稳定性不同于资本主义经济危机的周期性。周期性是规律性，而不稳定性在非规律性向规律性形成过程的表现。现行制度不适应或部分不适应经济发展的需要，制度稳定与制度变动处于频繁的交替运动中。法律的"暂行规定（办法）"形式是经济矛盾的变动性的一种临时性回应。②"暂行规定（办法）"也是一个法律适用试错的过程。"暂行规定（办法）"已经建立起法律思想和客观实践的深入联系，但这种联系是属于个别的、偶然的联系还是普遍的、必然的联系，还需要实践的进一步检验，试错过程的合理性来源于"从实践中来，到实践中去"的唯物主义哲学观。"暂行规定"的法律通过不断试错而不断完善。"法律通过试错程序来汲取社会中的各种要求以及规范构成物从而丰富自己的制度化装置，其本质是在立法竞争中鉴别和选择最高的或者较好的规范内容的实践理性。"[1] ③"暂行规定（办法）"的立法目标是保障法律的延续性和可执行性。它处在法的空缺结构之时，其所确立的应变机制服务于法律系统的创建。

（2）以《反不正当竞争法》承担《反垄断法》的部分调整任务。因特殊的市场结构，《反垄断法》无法与《反不正当竞争法》同时颁布。但反垄断的任务并未搁置，在《反不正当竞争法》中规定了五种垄断行为。从逻辑上讲，我国《反不正当竞争法》一直以来存在一个明显的名实不符的形式逻辑问题——规制"不正当竞争行为，但却把一些垄断行为放入其中"。当然，这个逻辑问题似乎已经不重要，对于地区封锁等"不正当竞争行为"的《反不正当竞争法》规制还是发挥了一定的制度效果。

《反不正当竞争法》出台以后近二十年的时间里，该法并没有出现西方国家的不间断的修法经历，相反，它却保持一种特有的沉稳。《反垄断法》的出台将《反不正当竞争法》裁剪得支离破碎，迫使《反不正当竞争法》不得不进行重构。重构中也会体现"填补"的特性，如增加网络中垄断行为。

在我国《反垄断法》颁布之前，上述法规和规章发挥着《反垄断法》的基

---

[1] 季卫东：《法治秩序的构建》，中国政法大学出版社1999年版，第158页。

本调整功能。不仅如此，文件所适用的相关概念和语词（虽然会存在一些不明确、不准确甚至不规范的地方），对于确立和形成我国《反垄断法》的基本语境具有重要意义。

二、增加适应性的制度替代

每种政策过程理论都认真地对待政策变革，并都认为政策变革的前提是政策变革前发生的同类事件、因素或大的社会变动。[1] 竞争法发生的替代性变革的前提也是新的同类事件或因素的重复发生。

2002 年欧共体通过了第 1/2003 号规则，并于 2004 年开始实施。该规则禁止限制竞争协议之外的除外制度，对限制竞争协议由申报许可改为法定例外。依据该规则，德国第七次修改了本国的《反限制竞争法》，删除了《反限制竞争法》2005 年之前生效版本第 4~18 条。第 2 条第 2 项的规定协调了《欧共体条约》第 3 项规定的"集体豁免"。

再以日本为例，日本的经济发展和《禁止垄断法》的调控密切相关，20 世纪集中于特定阶段的经济高度发展的诸多因素中，反垄断法的适时调整功不可没。日本的经济发展可分为几个阶段：1945~1951 年是经济民主化时期，处于战后经济恢复时期。1952~1959 年是经济独立时期，反垄断法做了大幅度修改，允许创设不景气卡特尔、合理化卡特尔、废除《事业人团体法》、修改不正当的交易方法。1960~1972 年是经济高速增长时期，作为抑制通货膨胀、稳定物价对策的一环，反垄断法对转售价格维持、卡特尔行为进行强化规制。1973~1984 年经济陷入低速增长时期，价格卡特尔活跃异常引发反垄断法的修改：强化规制价格卡特尔、限制大规模公司的股份保有额。1985 年以后，经济全球化影响日本的经济政策和竞争法律的调整方向：两次提高罚款额、缓和企业合并的法律控制制定（1997 年）、废除不景气卡特尔（1999 年）、废除自然垄断行业的适用除外（2000 年）、废除大公司股份保有总额的限制规定（2002 年）、扩大分包法的适用范围（2004 年）等。

三、增强实用性的制度解释

法律规范具有高度抽象性和普遍性，需要进行细化的解释。以地方性法规或部门规章的方式解释法律，属于有权解释。在我国，以地方性法规或部门规章方式解释法律的现象非常普遍，它不仅仅发生在竞争法上，在消费者权益保护法、招投标法等上也有明显的体现。这种做法一方面可以结合本地的实际情况落实法律的实施，另一方面也可以促进法律的完善。

---

[1]〔美〕保罗·A. 萨巴蒂尔：《政策过程理论》，彭宗超、钟开斌译，三联书店 2004 年版，第 345 页。

一般,解释法律发生于法律规定的内容不明确、不具体之时。地方立法机关细化竞争法主要体现在细化《反不正当竞争法》的规定上。据不完全统计,二十多个省制定了《反不正当竞争法》的实施办法。

以部门规章解释法律的现象也比较普遍,我国国家工商行政总局细化了相关的垄断行为的适用条件。例如《关于禁止公用企业限制竞争行为的若干规定》(1993 年)、《关于禁止串通招标投标行为的暂行规定》(1998 年)。《反垄断法》出台后,国家工商总局公布了相关细化的规章,如《工商行政管理机关禁止垄断协议行为的规定》(2011 年 2 月 1 日起施行)、《工商行政管理机关禁止滥用市场支配地位行为的规定》(2011 年 2 月 1 日起施行)、《工商行政管理机关制止滥用行政权力排除、限制竞争行为的规定》(2009 年 7 月 1 日起施行)等。

此外,司法机关为了便于司法活动,也会作出一些解释。例如,最高人民法院《关于审理不正当竞争民事案件应用法律若干问题的解释》(2007 年)、《关于审理商标民事纠纷案件适用法律若干问题的解释》(2002 年)等。

尽管解释法律的做法及由此形成的法律运行机制使统一的经济市场可能适用不完全一致的法律,有法律被割裂之嫌,但地方的细化立法和补充立法为竞争法的完善提供了实践经验。这种机制不同于美国的联邦立法和州立法之间的关系,因后者可以排除前者的适用。在我国,《反不正当竞争法》和诸省级的反不正当竞争法实施办法之间是内在统一的,具有统一的法律宗旨、立法原则、调整方式等,地方立法作为竞争统一法律体系中的一个构成部分。地方立法不但不得排除中央立法的适用,而且不得和中央立法的内容相冲突。在法的适用上,如果地方立法有明确规定的,优先适用地方立法,但不排除中央立法的指导。

第二节 空间效力

反垄断法不仅仅在本国境内有效,一定情况下,对境外发生的垄断行为也会发生效力。理论上后者又被称为域外效力。

一、域外效力的产生

域外效力,也称域外适用,就是本国反垄断法对国外企业发生境外的经营行为对本国市场竞争有不利影响的适用效力。域外效力不是反垄断法制定之初就存在的一种制度,它的产生与特定的国际经济背景和一国的经济状况紧密相关。

反垄断法域外效力涉及国际法域外管辖权理论,但在某些原则方面又别于国际法上的处理。国际法上,管辖权来自于主权,主权的一个基本特征是,每一个国家都拥有在其领土范围内针对所有人制定具有约束力的法律的权力和实施管辖的权力。基于主权的管辖权坚持的是属地原则。随着国际公法的发展，不可避免地出现该原则的例外：①属人管辖原则，即一国对居住境外的本国国民拥有管辖权；②保护性管辖原则，即一国对发生在境外但危害到该国政治独立和领土完整等国家安全的行为实施管辖；③被动的属人管辖原则，即当发生在境外的行为危害到身居国外的国民时，该国可以主张管辖权。

属地原则是法律的域内效力问题，属人原则（包括被动属人原则）也是主权范围之内的事情，这些原则在国际公法中广为适用。但在反垄断法律适用中，属地原则和属人原则不足以保护一国的合法经济利益。随着国家间经济相互依赖性增强、国际贸易在经济发展中的作用日益凸显，发生在国外的外国公司之间的行为对本国经济秩序的影响日益加大，如果严格适用属地原则和属人原则，某些企业会因为行为发生在"域外"而不受本国管辖而使本国消费者利益和竞争环境遭受损害，所以，在反垄断法域外适用中，效果评价突破了国际法的基本原则。

反垄断法的域外适用制度开始于美国法判例，1945 年的美国铝公司案[1]中，美国联邦第二巡回法院判决中称："美国的反托拉斯法适用于外国人在外国之行为，若此行为意图且实际影响到了美国的商业。"这被称之为"效果原则"。1995 年美国司法部和联邦贸易委员会将域外适用的效果原则实体法化，颁布了《国际经营反托拉斯执法指南》，该指南第 3.1 条规定，美国反托拉斯法的管辖权不限于发生在美国境内的行为和交易。对美国国内或涉外商业产生影响的反竞争行为都可能违反美国反托拉斯法，而不论该行为发生地和该行为当事人的国籍。具体包括进口于美国的商业和出口到美国的商业，只要其对美国商业产生"直接、重大、合理可预见影响"都可以被管辖。例如，外国企业间卡特尔或外国垄断者通过直接销售、利用关联中间商等进入美国市场，或外国纵向限制或知识产权许可安排对美国商业具有反竞争性影响的各种情况，美国都可以对其起诉。另外，针对外国政府的容忍限制市场准入的反竞争行为的不作为，美国还可以依据1974 年《贸易法案》的第 301 款进行制裁。

20 世纪中期以后的一段时间里，美国之外的国家很少主张所谓的域外适用，于是，在理论上和法律上出现了效果原则和属地原则的截然对立。但 20 世纪末期开始，随着跨国公司的（尤其是母子公司）影响增大及美国的效果主义适用上的神出鬼没，一些国家逐渐改变其中规中矩的地域原则，接受或趋向接受本国

---

[1] 在该案中，一家加拿大制铝公司建立世界性的铝产品卡特尔，企图分割市场和实行铝产品份额出卖，被美国指控违反了《谢尔曼法》。

反垄断法的域外适用，日本和欧盟就是典型。

日本《禁止垄断法》接受域外效力是从对地域原则作扩大解释开始的，"客观属地主义"、"行为归属理论"、"实质的效果理论"等[1]使属地原则和效果原则之间的界限越来越难以区分，并在1998年修改法律增加了有关域外效力的规定。[2] 欧盟虽非主权国家，但碍于美、日等非欧盟国家的跨国公司对欧盟市场的影响，欧盟法院不排斥域外适用。在对"国际染料卡特尔案"所作的判决中，欧盟法院依据"行为归属理论"，即当位于欧盟领域外的企业，以在域内设立子公司的方式从事活动，并通过该子公司实施影响共同体市场的限制竞争行为使该子公司的行为可以归属为其在域外的母公司所为。另外，2004年通过的欧盟《合并条例》"总则"第24条规定，如果具有共同体影响的合并确立或者加强市场支配地位，且该市场支配地位对共同体市场或其重大部分的有效竞争造成严重损害，则应认定该合并与共同体市场不相适应。这可能是截至目前欧盟进行域外适用管辖可以援引的最直接的法律（原则）规定。在该条例中，还可能因转致而产生域外适用。依"总则"第5条规定："如果该成员国不反对转致，且欧盟委员会认定存在特定市场且合并可能会显著妨碍该市场内的竞争，则欧盟委员会可将此合并案全部或部分转致由相关成员国主管部门根据该成员国竞争法来进行审查。"尽管欧盟法没有明确域外适用，但在欧盟竞争法域外适用这一问题上，无论是欧盟委员会还是欧盟法院均基本上采用了"效果原则"或近似于"效果原则"的原则。[3]

二、域外效力的冲突

反垄断法属于国内法，按照一般的法律理论，法的适用效力仅在本国地域范围内发生效力。反垄断法的适用除外会涉及他国同类法律适用上的冲突。

本质上，反垄断法适用上的冲突是国家利益的冲突。在经济全球化和国际经济联系日趋紧密的背景下，公司行为的经济效果也具有了国际性，贸易大国为维护本国经济利益往往无视他国同类利益。随着经济全球化的加深，必然导致国家利益冲突日益显化和冲突的范围不断扩大。

具体来说，反垄断法域外效力的冲突主要表现在以下两个方面：

（一）管辖权冲突

反垄断法中的域外效力是一种国内法的规定，当多个国家都主张对同一限制竞争行为进行管辖时，就会发生管辖权的冲突。例如，国际巨型石油企业埃克森

---

[1] 王为农：《企业集中规制的基本法理》，法律出版社2001年版，第249页。
[2] 删除原法律第15条合并规制对象——国内公司。
[3] 王为农：《企业集中规制的基本法理》，法律出版社2001年版，第254页。

和莫比尔的合并,由于这两个企业在世界主要国家都有生产和经营活动,它们的合并不得不向美国、欧盟、加拿大、挪威、瑞士、墨西哥、巴西、匈亚利、捷克、斯洛伐克、俄罗斯、日本等12个国家或者地区的反垄断主管机关进行强制性的申报,甚至还向澳大利亚和新西兰反垄断主管机关进行非强制性的申报。由此人们就提出了这样一个问题:如果上述这些国家或者地区的反垄断主管机构对合并有不同看法,有些国家批准了合并,有些禁止合并,那么哪个国家最终有权审查或者批准这些对全球竞争有着重大影响的合并? 哪个国家的法律对合并有最终的管辖权?[1] 解决管辖权冲突涉及反垄断法实施的国际协调与合作。

(二) 执行冲突

他国反垄断当局对影响本国的限制竞争行为采取措施,涉及域外执行问题。一般如果没有双边协定或多边条约,反垄断法的域外执行基本不可能。另外,在他国的企业反竞争行为不一定也违反本国产业政策及国家利益,执行冲突可能会因为与本国政策或利益不相符合而受到抵制。因此,一国依据本国反垄断法对他国境内的限制竞争行为行使管辖权时,经常会遇到他国法律的抵制。有些国家为了拒绝他国反垄断法在本国适用,会在立法中设立"阻却条款"。例如,英国1964年《海运合同与商业文件法》禁止向外国反托拉斯管理机构或外国法院提供文件或资料;1975年英国《证据法》禁止本国法院仅因为外国法院主张域外管辖权而支持其对信息的要求;1980年英国《保护商业利益法》不仅限于阻却外国反托拉斯法的执行,还适用于任何外国法的适用对英国商业利益构成影响的情况。又如,澳大利亚1979年《外国反托拉斯判决法》第3条规定:"如果外国反托拉斯判决对其他国家的贸易或商业产生有害的影响,这种判决在澳大利亚是无效的。"

反垄断法域外效力带来的各种冲突,集中表现在企业跨国合并案件中。解决域外效力冲突的方法除了双边(三边)协定,还包括区域协定和多边条约(具体参见本书最后一章)。当然,对于合并企业而言,如果不忍放弃某个国家(地区)的市场,主动与该国(地区)协商,取得一致意见,也是直接有效的方法。例如美国波音公司和麦道公司的合并,该合并可以增强美国航空企业的国际市场竞争力,但可能对以法国空客为主体的欧洲市场竞争产生不利影响。按照欧共体理事会1989年第4064号条例规定,符合一定条件的企业合并必须在实施前向欧共体委员会进行申报,接受委员会的审查,欧共体委员会对这个合并具有管辖权。在这个案件中,委员会开始以该合并对欧共体市场有着严重不利影响为由,

---

[1] 王晓晔:"效果原则——美国反垄断法的域外适用",载《国际贸易》2002年第1期。

拒绝批准合并，甚至准备将与美国政府产生的争端提交给世界贸易组织，最后在波音公司接受了一系列附加条件的情况下，委员会才给这个合并发放了通行证。

三、我国域外效力制度的选择

反垄断法域外适用问题的核心有三个：主权宣誓、适用标准和冲突解决。适用标准主要有三个供选择的原则：属地原则、行为归属原则和效果原则。从我国《反垄断法》第2条的规定上看，我国反垄断法域外适用采取的是效果原则。效果原则比属地原则和行为归属原则的包容性更强。因为属地原则在管辖权的来源上需要扩张解释——一国的反垄断法适用于发生在本国领域内的垄断行为，本国不仅包括依行为发生地，还包括结果发生地。行为归属原则在适用时，需要在国内外公司之间确定关联关系及对国内的不利影响，从而实现对该国外公司行使域外管辖权。效果原则强调了两方面的关联：当事人在境外的行为和该行为对国内市场竞争产生了不利效果，这就抛开了扩张解释和关系推定等烦琐的程序。

在效果原则的指导下，我国如何选择冲突解决方式，值得考虑，单边主义、双边主义和多边主义各有特色，但不一定都适合我国。

我国没有采取单边主义的经济基础。事实上，作为适用标准的单边主义需要有一定的经济基础为后盾，否则，在他国没有法律义务的前提下适用单边主义不会产生相应的制裁效果。这种经济基础主要是他国对本国存在市场依赖、投资依赖、技术依赖等。符合这样条件的只有美国等少数发达国家。当然，我们也不必对单边主义避而远之。任何一个主权国家为维护本国经济利益有权依法阻却外国反垄断法的执行，而且可以适用于任何外国法的适用对本国商业利益构成不利影响的情况。从被动回应和主动出击两方面都需要以立法表彰域外效力，这也是许多后立法国家虽不具备相应的经济条件但仍在制定或修改其反垄断法时纷纷效仿美国法律宣布本法具有域外效力的理由。

我国应坚持双边主义为主、多边主义为辅的原则，并注重发挥竞争法的积极功能，回应经济全球化下跨国公司限制竞争行为对我国的不利影响。在现有国际贸易规则范畴内，及可预见的体系化的竞争政策实施以前，针对外国危害我国市场竞争秩序的种种行为，立足于双边解决机制，充分发挥双边机制的功能是一种最佳选择。积极参与双边协调机制，以有效地缓解与消除反垄断法域外适用的冲突及其不利影响。我国政府已于1996年和1999年分别与俄罗斯和哈萨克斯坦签订了《在反不正当竞争和反垄断领域开展合作的协定》，类似协定的缔约国范围应该进一步扩大。

WTO的政策核心有利于拥有竞争力的企业。贯穿于WTO各项协议的主线是自由贸易政策。这一政策的理论基础在于通过比较优势法则。政策目标是使价廉物美的商品或服务得以不受限制地在成员国市场间自由流通,促进全球资源的合理配置。而且,上述过程促成生产的专业化与企业的规模化,并最终导致商品服务成本的下降。中国出口产品很有竞争力,需要依赖这一广阔的市场和政策背景,这也是加入 WTO 的初衷所在。充分利用 WTO 规则,力争以双边机制化解矛盾。中国入世后面临正反两方面的夹击,对于国内市场供应不足而国际市场紧缺的产品,进口国以世贸规则要求中国多出口,例如 2003 年欧盟与中国炼焦煤争端;对于国际市场不紧缺但中国出口竞争力强的产品,则以反倾销相威胁压制出口。其实,世贸规则允许的缓冲措施为解决矛盾留下一定的回旋余地,用世贸规则的方法管制相关产品在一定程度上有与配额管理相同的效果。对于"对该国经济安全产生重要影响"的产业及可采取的措施应该以国内立法形式表述出来。因此,根本上回应如炼焦煤案中欧盟委员会委员帕斯卡尔·拉米提出的中国做法的"法律依据",应该是结合世贸规则制定有针对性的反垄断法律制度。此外,对大量的反倾销案件,应该在多边体制下充分运用双边机制,分类处理。

  GATT 引入反倾销制度,其初衷是维持国际贸易良好的竞争秩序。但反倾销渐渐开始背离制度的初衷,有被滥用的趋向。由于在裁定倾销的幅度、确定产业损害的标准上缺乏透明度和明确的标准,反倾销启动带有很大的随意性,反倾销认定多靠自由裁量。或许这正是进口国频繁对中国使用反倾销措施的一个很重要原因。一些案件似乎在敲山震虎,威慑刚刚进入国际市场的年轻的中国企业。另一些案件迫于利益集团的压力,以产业危害之名,行保护贸易壁垒之实。在反倾销规则清晰化之前,反倾销案件应立足世贸组织的自由贸易宗旨,依靠双边协调机制解决。

  TRIMs 协议要求东道国最大限度地减少对外资管辖权。尽管将国民待遇和一般取消数量限制原则引入投资领域可以促进国际贸易和国际投资的自由化及国际化,但发达国家与发展中国家经济的巨大差异,使这一协议不可能建立在实质公平的基础上。相反,事实上它成了发达国家利用 WTO 争端解决机制的报复手段,强迫发展中国家就范,并进一步壮大其本国投资者实力的专用武器。WTO 规则所留下的对发展中国家产业保护的空白点已经清晰显现。TRIMs 协议片面加重了东道国的义务,而对久已存在的跨国公司或其他大型企业的限制性商业行为对贸易造成的不利影响却没有任何限制。随着多年来关税减让和非关税壁垒措施适用的限制,私人厂商尤其是跨国公司争夺全球市场份额和优势地位的竞争所造成的垄断,日益成为在发展中国家建立起的新的贸易壁垒。尽管 WTO 曾试图在有关贸易和竞争政策的国际统一方面做出努力,但因受国家主权、南北矛盾、贸易政策及各国竞争法理论与立法差别等,这一愿望迄今仍未实现。

第三节 对事效力

由于立法态度明确——反垄断，因此狭义上该法管辖的事情仅仅是被"反"的项目，但是"反"什么的另一面——不"反"什么并不像有关法律奉行的"法无明文禁止即合法"那样简单。反垄断法通常从反面否定一些行为，同时也从正面肯定一些行为（或状态），从而产生了广义上的对事效力，即否定性效力和肯定性效力。

一、否定性效力

否定性效力来源于禁止性规范。一般这类规范使用"禁止"、"不准"、"不得"、"制止"、"不允许"等字样。因违禁行为能够直接定性并产生相应的法律后果，所以禁止条款要求内涵尽量明确、具体。反垄断法以禁止方式调整为主，确定禁止活动的范围。一般反垄断法禁止三类垄断行为：限制竞争协议、滥用市场支配地位、企业合并。每种行为又具有相应的具体行为类型。此外，转型国家的立法上还规定了一种特殊的行为类型——行政垄断。

我国《反垄断法》"总则"第3条规定："本法规定的垄断行为包括：①经营者达成垄断协议；②经营者滥用市场支配地位；③具有或者可能具有排除、限制竞争效果的经营者集中。"但在"分则"展开的内容上却分为四种，分别是第二章"垄断协议"、第三章"滥用市场支配地位"、第四章"经营者集中"、第五章"滥用行政权力排除、限制竞争"。这就产生了一个最基本的问题：我国《反垄断法》规定的垄断行为类型到底有几种？按说，这个最基本的问题应该有毋庸置疑的统一认识，但事实上，在解读我国法律上垄断行为时却存在"三种"和"四种"之不同答案。

问题主要出在第五章涉及的行政垄断行为，在总则中未被放置于第3条之中，而是以一个独立的条文远距离地（第8条）排列出来，即"行政机关和法律、法规授权的具有管理公共事务职能的组织不得滥用行政权力，排除、限制竞争"（以下简称"行政垄断"）。一般认为，这样特殊处理的原因，是前三种行为是经济垄断，实施主体是经营者；而行政垄断是利用行政权力实施的，实施主体主要是行政主体。

行政垄断不属于"垄断行为"吗？

行政垄断有与经济性垄断交叉的一面，也有偏离的一面。前者体现在《反垄断法》第36条的规定上——"行政机关和法律、法规授权的具有管理公共事务职能的组织不得滥用行政权力，强制经营者从事本法规定的垄断行为"，即所有的经济垄断行为可能因为行政权力的不当介入而转变为行政垄断,换言之,行政垄断的基础是双重的——经济力量和行政权力。与经济垄断相偏离的行政垄断,体现在第 32~37 条(第 36 条除外)的规定上,这些垄断行为仅是依靠行政力量维持的,也是行政垄断的典型形式。

如果像先立法国家的立法例那样,认为行政垄断从属于经济垄断的话(只是垄断力量的来源有所不同而已),则在结构上现行法律第五章就不应该独立存在,而应该将行政垄断行为分散放置于垄断协议和滥用支配地位的类型之中。例如,"对外地商品设定歧视性收费项目、实行歧视性收费标准,或者规定歧视性价格"这种行为可以像美国法那样归入到经济垄断的价格歧视行为之中。[1] 但是,这样"溶解"的方法在转型国家立法上几乎都不被接受。

转型国家立法都将行政垄断作为一种单独的行为并列于经济垄断,甚至有的国家在立法上还有意突出该种行为。[2] 在"总则"与"分则"的处理方法上,转型国家立法例大致有三种。

第一种模式是将经济垄断和行政垄断并列,并使用限缩了的上位概念加以限制。俄罗斯《商品市场竞争和限制垄断行为法》(2005 年修改稿)第二章分为两个部分,在名称上"第二章之一"规定了"垄断行为";"第二章之二"规定了"联邦行政机关、联邦各部门行政权力机关、各市政当局或被委托行使上述机构职能或权力的其他机构或组织的法令、行为、协议或协同行为"(姑且在此也称为行政垄断)。[3] 这里,由于"垄断行为"是行政垄断的上位概念,将其与行政垄断并列难免有形如我国现行法中出现的概念不周延的逻辑问题。为此,在俄罗斯法"总则"中特别解释了"垄断行为"——是指经营实体所从事的反垄断法

---

[1] 按照《罗宾逊——帕特曼反价格歧视法》第 1 条规定,商业者为使用、消费或转卖的目的,在美国从事商业的人在其商业过程中,直接或间接地对同一等级和质量商品的买者实行价格歧视,如果价格歧视的结果实质上减少竞争或旨在形成对商业的垄断,或妨害、破坏、阻止同那些准许或故意接受该种歧视利益的人之间的竞争,或者是同他们的顾客间的竞争,是非法的。

[2] 俄罗斯 1991 年《商品市场竞争及限制垄断行为法》(截止到 2006 年该法律习惯上简称《商品市场反垄断法》)第 7~9 条将"行政机关和地方自治管理机关限制商品市场竞争"作为一种独立限制竞争行为。2002 年该法修订后,更加突出对行政垄断的规制,将其单独列为法律中的一个部分——"Ⅱ-1 俄联邦行政机关、各俄联邦主体权力机关、地方自治管理机关、受托行使职权或法律授权机关及组织(以下称行政主体)颁布或实施的限制竞争的法令、行为、协议或协同行为"。

[3] 俄罗斯《竞争保护法》没有直接使用"行政垄断",因各主体立法机关、受托或授权组织行使职权的存在,法律对实施行政垄断的主体统称为权力机关。不同于我国行政法理论上,将行政机关、法律授权机构、行政机关委托的机构共同称为行政主体,进而在我国行政主体的限制竞争行为被统称为行政垄断。严格说来,用行政垄断这个概念描述俄罗斯反垄断法是不周延的,它无法涵盖地方立法机关的抽象行政行为形成的垄断。

所禁止的阻碍、限制或排除竞争的行动（不论行动是否实施）。区别于"经营实体所从事的……行为"，行政垄断是"联邦行政机关、联邦各部门行政权力机关、各市政当局或被委托行使上述机构职能或权力的其他机构或组织"从事的……行为。显然，经过"经济实体"限缩，"垄断行为"实际上仅指经济垄断，"行政垄断"不再属于"垄断行为"。（经济性）垄断行为包括滥用市场支配地位和协议（或采取协调一致行动）[1]。这样，在对"垄断行为"这个概念进行限缩的基础上，将"垄断行为"与行政垄断并列在逻辑上是周延的。2006年修改后的俄罗斯《竞争保护法》基本保持了上述格局[2]。

第二种模式是在"分则"中使用上位概念——垄断行为，并以经济垄断、行政垄断等展开。例如，阿塞拜疆共和国《反垄断法》第二章规定，垄断行为包括国家性垄断、部门垄断、地方性垄断、经济主体垄断……[3]即作为反垄断法适用除外的国家垄断、行政垄断和经济垄断都属于垄断行为。相比之下，这里的垄断行为概念是真正的母概念，俄罗斯法上的垄断行为由于内涵和外延被限缩，其只是一个子概念——经济垄断。哈萨克斯坦共和国《竞争和限制垄断行为法》第二章"垄断活动和保护竞争"采用的也是这种模式。

第三种模式是"总则"中概括行为的类型，在"分则"中再行展开。如保加利亚《保护竞争法》第1条第2款规定："为实现立法宗旨，本法禁止订立限制性协议、决定，协同行为；禁止滥用垄断和市场支配地位；限制经济集中；禁止不正当竞争行为以及其他可能妨碍、限制、破坏竞争的行为。"这里，行政垄断包含在"其他可能妨碍、限制、破坏竞争的行为"中。

在上述类型中，与我国《反垄断法》最相类似的处理行政垄断的模式是第一种模式。但是，由于我国《反垄断法》没有对垄断行为作解释，自然，按照垄断行为的本义，它应该包括经济垄断和行政垄断。[4]所以，上述矛盾产生的原因在于在"总则"中缺乏垄断行为概念的界定。按照"分则"展开的模式，增加一个像俄罗斯法那样的"垄断行为"的狭义解释，上述问题便不会产生了。

当然，在三种传统垄断行为类型中，还存在行为交叉或补充关系的识别问题，值得进一步研究。例如，为什么没有将纵向垄断协议放置于滥用市场支配地

---

[1] 在俄罗斯反垄断法上，经营者集中被列为国家管制的一种方法，而不属于垄断行为。
[2] 去掉了"之一、之二"这种表述，直接使用"第二章垄断行为"和"第三章禁止联邦行政机关……"排序方法。
[3] 参见时建中：《三十一国竞争法典》，中国政法大学出版社2009年版，第512~514页。
[4] 国家垄断一般是指产业垄断，而不是垄断行为，故一般意义上国家垄断不应该包含在垄断行为概念内涵之中。

位之中,两者是否会存在竞合?联合滥用市场支配地位行为为什么不属于(或是否可能属于)垄断协议?联合抵制是否同时属于滥用支配地位?如此等等。

二、肯定性效力

肯定性效力即法律赋予某些垄断状态或权利以合法性。在反垄断法上,体现为适用除外制度。尽管各国反垄断法的具体内容不同,但反垄断法适用除外制度却是各国反垄断法所共有的一项制度。

对于什么是适用除外,学者所作的表述不完全一致。有的注重内容:反垄断法适用除外制度是以反垄断法对于特定行业、特定企业或其特定行为触犯反垄断法基本原则、基本制度的宽容为基本内容。[1] 有的注重程序和条件:所谓适用除外,是指反垄断法本应予以限制和禁止,但根据法律认可或依据法定程序认可而合法进行的行为。

概念应该揭示事物的特有属性,反垄断法适用除外制度揭示的特有属性应该是一种依法享有的特殊权利(力),行为仅是权利(力)派生出来的表象。因此,反垄断法适用除外的定义应为:特定行业、特定企业就其经营行为依法享有的或一般主体就其特定经营行为依法享有的免受反垄断法追究的权利(权力)。

在我国,对反垄断法适用除外的性质问题,有人认为它是一种行政许可行为。在日本有相反的观点认为,它不是行政法学上的"许可",而应当看做是对"合法事实的确认行为"。[2] 行政许可行为是行政机关依申请的行为,适用除外不是依申请行为。认定适用除外是"合法事实的确认行为"未免偏颇,确认行为是针对争议事件的处理结果,是行政法上定分止争的一种方式。如果说某种事实是合法的,一般不需要确认。总之,行政许可的认定过于重视行为的起始过程,而"合法事实的确认行为"的认定过于强调行为的结果。

在属性上,"反垄断法适用除外"属于经济法的范畴。因为这种"宽容"是辅助实现社会整体效率的保证。因此,反垄断法中两个看似完全不同的两个领域——禁止垄断和允许垄断具有共同的价值取向,即社会本位目标。只不过两者调整的方法不同,前者采用的是禁止的方法,后者采取的是授权的方式。适用除外主体享有的是特殊的经济权力和经济权利。经济权力,是指反垄断法适用除外主体享有国家赋予的控制生产、经营地域、产品价格等的垄断性权力。概言之,是辅助国家进行产业结构调整、实施宏观调控的职能(实际也是义务)。经济权利,是指反垄断法适用除外主体为保持自身资格和能力从事除外范围内的经营行

---

[1] 曹士兵:《反垄断法研究:从制度到一般理论》,法律出版社 1996 年版,第 76 页。
[2] [日]金泽良雄:《当代经济法》,刘瑞复译,辽宁人民出版社 1988 年版,第 172 页。

为的权利。经济权力更多体现政策因素，经济权利更多体现经济因素。

综上，反垄断法适用除外的性质应该是一种经济法的调控方式，而不是行政许可行为或行政确认行为。

适用除外的现象表明，不是垄断都要"反"，垄断是个中性的概念。反垄断法的适用除外是对垄断的社会性认可，是反垄断法基本制度的修正，修正的理由是维护经济安全和社会整体效率的需要。

由于不同时期影响经济安全的要素不同，产生了理论上适用除外范围的确定和适用除外范围的适应性问题。从各国反垄断立法适用除外的内容看，既有特定行业适用除外，也有特定行为适用除外，归纳起来，有如下方面：

(一) 公用企业

公用企业，是指与民众日常生活密切相关，且具有规模经济和网络性特征的企业，如公共交通、电力、地铁、通信、天然气、自来水等企业。公用企业具有公共性和企业性的双重特征：一方面，作为一个经营者，实行自主经营、自负盈亏，追求效率；另一方面，作为一个为民众提供日常生活密切相关的公共服务的企业，其经营具有公益性特征。为保障公用服务的普遍性和不间断性，公用企业具有明显的规模经济和网络特性，这些特性决定了一个城市或区域只需一个或少数几个公用企业经营才更具效率性，由此，公用行业往往是独家垄断或寡头垄断的市场结构，其企业往往具有一定的市场支配力。

鉴于公用企业的上述特征，政府对公用企业的管制也是双重的：①公用企业作为营利性企业，如果涉嫌滥用支配地位，则适用反垄断法的禁止性规定；②公用企业作为公益性企业，其垄断状态或寡头垄断状态是被许可的，属于反垄断法适用除外。这源于自然垄断行业特点要求反垄断法适用除外。

对于公用企业在反垄断法中的地位，颇有争议：一种意见认为，包括国有企业在内的公用企业全部适用反垄断法。这种理解源于德国《反限制竞争法》(2005年修订) 第130条 [公用企业，适用范围] 的规定："①本法也适用于全部或部分属于公有或由公共部门管理或经营的企业；②本法适用于一切在本法适用范围内产生影响的限制竞争行为，限制竞争行为系本法适用范围以外的原因所致的，亦同。"另一种意见认为，公用企业全部属于反垄断法适用豁免。事实上，将德国《反限制竞争法》的上述规定作为普遍性规定来看待是不恰当的。因为德国关于公用企业的规定不仅仅涉及本国市场，作为欧盟市场的一部分，其公用企业的份额、国家对公用企业的态度 (如政府支持等) 都受到欧共体竞争法的严格限制。所以原则上，公用企业不能排除反垄断法的适用，另外，将公用企业一律看作反垄断法的适用除外也不符合实际，那会助长公用企业滥用市场支配地位。

　　这样，对于公用企业在反垄断法中的地位应该采取上述两分法来分别看待：公用企业的垄断状态属于反垄断法适用除外，公用企业的行为适用反垄断法。

　　公用企业的垄断状态属于反垄断法适用除外是由行业特性决定的。

　　俄罗斯《自然垄断法》［联邦第147号法（2001年修订）］使用了自然垄断企业来说明公用企业的市场地位，即"自然垄断是指商品市场的一种状况，在这种状况下的商品市场中，由于工业技术特性，生产中不存在竞争（原因在于每件产品生产成本实质性的减少导致产量的增加）需求能够被有效满足，且由自然垄断实体生产的商品不能被市场上的其他商品替代，因此导致在商品供给市场上其需求受价格影响的幅度小于其他类型的商品"。实际上，自然垄断的表述本身提供了解释公用企业的垄断状态的基本理由。

　　从经济学上，自然垄断具有特殊的市场垄断地位是由诸多的原因决定的：

　　（1）自然垄断企业具有巨大的资本优势或技术优势，能够承担一般规模较小的企业无法承担的任务。这些优势使其有能力按照较低的价格出卖产品或提供服务，这意味着垄断将导致福利的增加而不是损失。福利的增加就是社会整体效益的提高。这种社会整体效益的提高可以理解为抛却了一般企业的经营性风险而产生的效率增进，或者说，自然垄断比自由竞争较好地满足帕累托效率——垄断者的处境没有变坏而消费者处境比以前好。

　　（2）自然垄断可以节约交易成本。垄断的好处在于将外部行为内部化。分散的竞争者在竞争市场上将耗费大量的交易成本，因为它需要不断地为签订合同、发布广告等支付大量的促销费用。垄断组织可以将上述多次分散行为转化为一次或几次行为，从而节约了信息交换费用，节省了促销费用，提高资金周转和使用效率。自然垄断将一些交易行为或习惯是企业合并的外部行为内部化地更进一步提升——变为具有法律性的规则，且公示、公信，提高了交易信息的透明度和可信任度。

　　（3）自然垄断行业的投大，回收投资的时间长。自然垄断行业向社会提供的产品或者服务都是通过固定的管道或者线路进行的。因铺设管道或者道路的成本很高，从经济的合理性出发，从供应场所到用户的管道或者线路应当只有一条。如果要在这些部门引进竞争机制，势必就会重复铺设管道或线路，增加至少一倍的投资。如果自然垄断行业允许充分竞争，可能提高该行业产品的社会平均成本，从社会整体经济效益衡量，会造成资源的浪费，不利于社会福利最大化。

　　（4）从行业的生产和消费的关系上，自然垄断行业的生产和销售需同时进行且不宜中断。"以销定产"是这些行业区别于竞争性产品产业的最大特点，不存在消费需求不宜进行生产，否则就会造成社会财富的浪费。其市场需求在一定时间里相对稳定，一般不存在明显的产品销售"淡季"或"旺季"，也就是产品需求增长的空间相对平稳，在现有生产设备的连续运行能够保障需求的情况下，若再重复建设同类行业必然使整个行业同受开工不足的困扰，造成投入财产大量沉积，抑制整个行业的经营效率。因此，如果现有特定企业提供的产品能够满足社会需求，就应该阻止其他企业进入，保护现有特定企业的垄断经营。

（5）自然垄断行业需要保持长期稳定的经营业绩。自然垄断行业面向全社会，服务于各行各业和千家万户，并要求提供稳定的首尾相接的服务。它们的经营状况如何，能否提供安全和价格合理的产品或服务，直接关系到人民生活稳定和国民经济的发展。该行业需要保持长期稳定的经营。

上述垄断状态包括独占或寡占状态，也包括由独占转变为寡占状态的过程。为了激发垄断性公用企业的效率，政府对独占转为寡占往往采取不对称管制的措施，即给予新进入者较为宽松和优惠的政策，培育在位企业的竞争对手。形式上看，不对称管制似乎有违公平竞争原理，但在理论上，进行不对称管制的依据，主要是在位企业拥有对关键设施（瓶颈资源）的控制优势，如电信网络的本地环路、在位企业拥有作为对共同技术标准制定的优势等。另外，因在位者拥有由于网络外部性和用户锁定所形成的稳定需求的优势，在引入竞争的过程中，如果不对新进入企业给予优惠的扶持政策，新企业不可能在短期内成长为真正意义上的竞争对手。不对称管制通过采取一系列管制政策，消除新企业准入障碍，培育市场竞争力量，以实现有效竞争。通常，不对称管制手段主要有：①要求在位主导企业向新进入者以较低的成本价格提供核心设施（服务）；②允许新进入者选择业务量较大的线路和地区作为其经营范围，以降低成本；③限制在位企业的市场份额；④允许新的竞争者一定时期采取比在位主导企业更低的市场价格；⑤强制主导企业承担普遍服务义务，而新进入者无须承担此项义务。

反垄断法除了从正面确认公用企业的垄断状态之外，对于公用企业行为的管制，应分为两个方面来看待：一方面公用企业的业务由相关行业主管机关监管；另一方面，公用企业本身具有市场支配地位，如果其滥用市场支配地位，适用反垄断法。

对公用企业的反垄断法的适用，一些国家设立了统一的公用企业的综合管理机关，如俄罗斯联邦自然垄断行政机构；另一种形式是行业监管机构，例如在我国，电信企业由工信部负责监管。行业监管主要涉及的是业务管理，如确定最低服务标准。在这种模式下，对滥用市场支配地位行为的规制由反垄断执法机构和行业监管机构共同实施。

另值得一提的是，在理解自然垄断行业反垄断法适用除外时，需要区分两个概念：国家经营与自然垄断的关系。一般而言，国家经营（国有企业）多集中于自然垄断行业，但并不是所有自然垄断行业都由国家经营。自然垄断强调的是市场进入和退出的管制性，国家经营强调资产的国有性和资本运营的管制性（因此，自然垄断行业不绝对排斥竞争，寡头市场的情况属于垄断竞争的一种形式）。1982年以前，美国电信业是由AT&T公司一家垄断经营，这家公司由私人经营，其在价格方面受到美国电信委员会的严格控制。反过来，并不是所有国家经营的行业都是垄断行业。法国第二次国有化浪潮（1945年开始）席卷了竞争性行业的雷诺汽车公司。因此，国家经营的行业不等于自然垄断行业；自然垄断行业也不是只能由国家经营。

（二）知识产权的行使行为

知识产权是一种无形财产权，也是一种合法的垄断权。知识产权之所以被专门法律直接确认为垄断权利，是由于知识产权的非物质性决定的：智力成果的内容没有形体，不占有空间，不像有形财产那样便于实际占有。智力成果的完成人要推广应用其成果，就必须公开其成果的内容，而一旦公开了又容易被他人擅自使用。因此，就必须用专门的法律给予智力成果完成人以特别的保护，独占性或垄断性是知识产权共有的特性。

以专利法为例，1624年英国颁布的世界上公认的第一部正式而完整的专利法在名称上就叫《垄断法》，该法明确规定了发明是发明者的一种财产，发明者可以在一定时间内享有使用该发明的垄断权。虽然许多国家有禁止私人垄断的反垄断法，但专利法却积极地允许垄断，从而在反垄断法上开了一个大洞。[1] 专利制度是科技进步和商品经济发达的产物，它是依照专利法规定，通过授予发明创造专利权来保护专利权人的独占使用权，并以此换取专利权人将发明创造的内容公之于众，以促进发明创造的推广应用，推动科技进步和经济发展的一种法律制度。如果别人可以任意地、无偿地利用他人的智力创造成果，那么技术创造者的利益就得不到保护，其继续智力创造的积极性就会受到压抑，最终会阻碍科技进步、经济发展和社会发展。

当然，一种特权的产生总是伴随这该种特权被滥用的危险。知识产权的垄断性是以促进技术进步为前提而得到法律肯认的，这也就意味着，法律不应当允许知识产权的所有人因其合法的垄断地位而明显不合理地限制或者损害市场上的有效竞争。各国的法律都在努力平衡知识产权应当保护的两种不同的利益，即一方

---

[1]〔日〕吉藤幸朔：《专利法概论》，宋永林、魏启学译，专利文献出版社1990年版，第12页。

面,使知识产权所有人凭借其创造性的劳动取得一个公平的补偿;另一方面,避免知识产权的保护会妨碍技术革新和对社会资源的有效配置,从而损害整体积极的利益。也就是说,知识产权中的垄断权也不是绝对的。

(三) 农业和农业合作团体

农业受自然条件的影响大,完全依赖自然条件会导致农业生产不稳定,农业对工业的基础性作用和对国民经济稳定发展的基础地位要求突出农业的特殊性。

一些国家从卡特尔角度规定农业团体的例外。德国《反限制竞争法》(2005年修改)第28条规定,若农业生产者企业间达成的协议或者农业生产者企业联合会与此类农业生产者联合会联盟之间达成的协议或作出的决定的内容涉及以下情形的,则第1条不适用:包括农业产品的生产或销售,或为储藏、加工或处理农业产品而对共同设施的使用,但以其不包含价格约束并且不排除竞争为限。生产者联合会的联合会订立的协议和作出的决议,必须由该联合会即时向卡特尔当局申请登记。植物栽培企业和动物饲养企业以及在该类企业的层次上从事经营的企业,也视为农业生产者企业。另外,第1条也不适用于有关农业产品的分类、标记或包装的垂直转售价格维持协议。

也有的从国家援助和补贴的角度对农业给予特殊待遇。欧共体将农业列为国家援助的范围,1985年Caisse nationale de credit agricole一案,欧共体法院将国有银行对农业的援助视为国家援助,这除了国有银行这个因素外,还因为这项援助得到了邻国的批准,被列入国家对农业一揽子援助的内容。[1]

还有的从法与法的关系的角度排除与农业有关的事业团体适用反垄断法。日本1996年颁布的《关于〈禁止私人垄断及确保公正交易法〉的适用除外等的法律》规定了35种豁免的团体,涉及农业的有农业合作社、农业灾害合作组织、烟草耕种组织等。

我国《反垄断法》第55条是从环节的角度规定了农业生产的适用除外:农业生产者及其专业经济组织在农产品生产、加工、销售、运输、储存等经营活动中实施的不严重限制竞争的合作、联合或者其他协同行为,不适用本法。

---

[1] 转引自王晓晔:《欧共体竞争法》,中国法制出版社2001年版,第343页。

第二编 垄断行为

第六章　垄断协议

20世纪以来，曾被奉为"神圣"的契约自由原则受到了社会利益的挑战。在侵害社会利益的现象日益增多的情况下，法律不得不承认这样一个事实——不是所有的契约都将受到法律保护，契约有"好"、"坏"之分。反垄断法禁止的垄断协议是"坏"的协议。

第一节　垄断协议概述

垄断协议作为垄断行为的一种主要形式，在概念上，有其特殊的内涵和外延；在学理上，分为不同的类型。

一、垄断协议的概念和特征

对于协议限制竞争行为，有关国家或地区反垄断法上的称谓不尽一致。德国《反限制竞争法》将其称为"限制竞争协议"；日本《禁止垄断法》称之为"不合理交易限制"；我国台湾地区的"公平交易法"称之为"联合行为"；韩国《规制垄断与公平交易法》使用的是"不正当协同行为"。我国大陆地区《反垄断法》则称其为"垄断协议"。

（一）概念

一般认为，垄断协议是两个或两个以上的企业以协议方式实施的控制价格、地域、数量等意在限制竞争的共同意思表示。

大多数国家都采取直接以法律规范表达垄断协议的基本内容，而不是用概念的形式表述。也有一些国家的反垄断法只定义垄断协议的上位概念而不定义本概念。[1] 这和我国《反垄断法》形成了鲜明的对比。

我国《反垄断法》第13条第2款解释了垄断协议："本法所称垄断协议，是指排除、限制竞争的协议、决定或者其他协同行为。"从结构上分析，这个定义似乎是将垄断协议这个概念切割成了"垄断"和"协议"两部分进行各自解释——垄断，即排除、限制竞争；协议，即协议、决定或其他协同行为，然后拼

---

[1] 俄罗斯《竞争保护法》第4条界定了"垄断行为"，日本《竞争垄断法》第2条界定了"不正当交易限制"。

凑在一起而形成。这种"组合"定义法不仅不符合形式逻辑的要求，反而会产生一些形式逻辑问题。

1. 概念的定义缺少"邻近的属概念"

"属加种差"方法是一种基本的定义方法，[1] 用这种方法给概念下定义时，要首先找出被定义项的"邻近的属概念"，然后找出被定义项与其他同级种概念之间的差别——"种差"，最后把"邻近的属概念"与"种差"加在一起，组成定义。现有垄断协议定义中，"排除、限制竞争的协议、决定或者其他协同行为"是"种差"，而"邻近的属概念"付诸阙如。由此，我国《反垄断法》对垄断协议的界定采取的不是常规的概念界定使用的"属加种差"的方法，使用的是非定义方法中的解释性说明方法，即采取外延式说明的方法。既然如此，就不应该使用"是指"这个连接项，而只能使用"指"这类说明性的表示语。

2. "协同行为"之前加"其他"导致"协同行为"上升为属概念（母项）进而出现概念逻辑混乱的问题

通常，"定义性说明"以展开外延的形式完成。"垄断协议"概念中列举了三种外延形式："协议"、"决议"、"其他协同行为"。但是，由于协同行为是属于与协议、决议同位的种概念（子项），"协同行为"附加了"其他"之后，便产生了母概念划分标准不统一的问题。立法技术上，对于不能完全列举的项目或较为次要的项目，可以用"其他"一言以蔽之，只是要遵守的规则是，"其他"所附加的概念一定要回归到母概念才能使列举内容整体上周延。从目前各国反垄断法实施中总结归纳的结果看，补充"协议"和"决议"的其他垄断行为，只有"协同行为"。在"协同行为"前加上"其他"后，"协同行为"则变成了属概念。这便违反了概念划分应当遵循的"每次划分必须按同一标准进行"的规则。

换个角度说明，我们试按照上述方法定义如下概念：交通工具，是指能够携带人员或物质进行物理位移的水上交通工具、空中交通工具和其他陆地交通工具。这里，如果列举的子项穷尽了母项，"其他"应该去掉；如果不能穷尽，则应该回归统一的母项再用"其他"来兜底，形如"其他交通工具"的模式。按照这两种不同的方法，上述"交通工具"定义应该变为：交通工具，是指……水上交通工具、空中交通工具和陆地交通工具（穷尽的情况下，假设不存在上述三种列举之外的交通工具）；或者交通工具，是指……水上交通工具、空中交通

---

[1] 此外还有发生定义的方法、关系定义方法。参见中国人民大学哲学院逻辑学教研室编：《逻辑学》，中国人民大学出版社2008年版，第27~29页。

工具和其他交通工具（未穷尽的情况下）。

比较各主要国家的反垄断法，对垄断协议（或类似垄断协议的概念）的表述大致有三种方法：第一种是不使用属概念，直接列举种概念，即穷尽垄断协议包含的全部类型。例如，德国《反限制竞争法》（2005年修改）第1条规定：企业间的协议、企业协会的决议或一致行为，其以阻止、限制或扭曲竞争为目的或产生此效果的，应禁止。法国《商法典》第四篇"关于价格和竞争自由"（1987年）第L420-1条规定："共同行为、协议、明示或默许的协议或合并都是被禁止的，如果他们的目的或效果在于限制或扭曲市场竞争……"英国《竞争法》（1998年）第2条第1项规定："……适用于下列企业间的协议、企业联合组织的决定或者协同行为……"第二种是不使用属概念，且不完全列举种概念，使用"其他"进行兜底。如韩国《规制垄断与公平交易法》第19条规定：经营者不得以合同、协议、决定以及其他任何方法，与其他经营者共同实施或使得其他经营者以同样的方法实施不正当的限制竞争的……由于只有一个属概念——"任何方法"，内容表达在整体上是周延的。第三种是使用一般概念，以类推适用的方法确立两个范畴，无种、属概念之分。例如，瑞典《竞争法》（1998年）第3条规定："本法中与协议有关的条款也适用于企业协会的决定和企业间协调一致的行为。""协议"和"决定"及"协调一致的行为"不是种属关系，形同于我国《消费者权益保护法》第2条和第54条确定"消费者"所使用的方法，将消费者类推扩大适用到不属于消费者的（特定情况下的）农民。[1] 这在逻辑上也没有问题。

从上述适用第一种和第三种方法的法律规定上看，协同行为是和协议、决议并列的行为，并在总体上构成了垄断协议的三种表现形式。一些国家立法对"协同行为"在概念并列时的位序上作了微调——如爱沙尼亚《竞争法》（2001年）第4条规定：禁止企业联合实施的限制竞争协议、协同行为和决定——进一步表明了"协同行为"是并列于协议和决议的一种独立垄断协议类型。至于韩国法律中的"其他任何方法"包括哪些具有本国特色的协议（或行为）类型，不得而知，但其中主要包括"协同行为"应无异议。可见，我国法上述垄断协议概念中，由"其他"加"协同行为"导致了母项争位、子项混乱。

对于这种"定义性说明"，我们无法精确揣摩立法者是要表达协同行为是一种区别于"协议"、"决议"的另一种垄断协议的类型？还是除了"协议"、"决

---

[1]《消费者权益保护法》第2条规定，消费者为生活消费需要购买、使用商品或者接受服务，其权益受本法保护。第54条规定，农民购买、使用直接用于农业生产的生产资料，参照本法执行。

议"之外还有其他类型？如果表达的仅仅是第一个意思，那么"其他"两个应该去掉；如果表达的是第二个意思，则上述法律条文应该改为：本法所称垄断协议，是指以协议、决定或者其他形式排除、限制竞争的垄断行为。其实，"协同行为"这个概念的外延很大，信息交换、价格领导等等限制竞争的行为都在其中。从大多数国家的司法实践看，被规制的垄断协议的类型就是协议、决定、协同行为这三种形式，依循惯例，这里去掉"其他"应该不会发生任何脱法性的遗漏。

3. 概念外延的列举未穷尽所有事项

外延式解释需遵循的基本规则是外延的列举要全同——定义项的外延和被定义项的外延应是全同的。其理由是，概念的外延是客观事物的类的直接反映，概念的外延也是思想的确定范围，思想的确定范围在认识所能的情况下应和客观事物的类相一致。上述规则要求定义项的外延既不能大于被定义项的外延，也不能小于被定义项的外延，二者必须相等。大了要犯"定义过宽"的逻辑错误，小了要犯"定义过窄"的逻辑错误。[1]

垄断协议包括横向垄断协议、纵向垄断协议。横向垄断协议和纵向垄断协议的外延不同。横向垄断协议的外延包括协议、决定和协同行为；纵向垄断协议以当事人的交易为基础，我国法定的合同具有协议和合同的双重属性垄断协议概念缺少纵向垄断协议的外延形式。"协议"不能概括纵向垄断协议的外延。换言之，合同不包含在"协议"中。匈牙利《禁止不正当竞争法》第14条第1款规定了协调性行为或协议（统称为协议），在第3款又规定："禁止在合同中规定导致限制或者排除经济竞争的转售价格。"显然，这里强调的纵向垄断协议的外延形式是合同。我国台湾地区"公平交易法"第7条规定："本法所称联合行为，谓事业以契约、协议或其他方式之合意……"这里将契约和协议并列使用。[2] 韩国《规制垄断与公平交易法》第19条也将合同与协议并列使用。另外，相关词典解释"贸易限制"（restraint of trade）时，也将合同和协议分开处理。[3] 这些都表明，协议不能涵盖合同。

承上言，这里有必要甄别合同与协议的区别，以示我国上述概念表述中外延上的缺失。

---

[1] 包愚勤、于维同主编：《形式逻辑》，东北大学出版社1995年版，第38页。

[2] 笔者认为，合同和契约无区别，在这一前提下，下文只比较合同和协议的差别，而不再提及契约及其与合同的关系。

[3] 贸易限制被解释为：合同、联合或协议的结果，妨害了自由竞争。参见〔美〕杰里·M. 罗森堡：《工商与管理词典》，罗元峥等译，经济科学出版社1989年版，第389页。

相关国家反垄断法对这类垄断行为的描述几乎都使用"协议"的做法似乎告诉我们,"协议"的使用是"别有用心"的,协议与合同不能轻易地等量替换。反垄断法上使用"协议"而放弃使用"合同",主要是基于协议在以下方面与合同存在差异:

(1) 合同的核心因素是"对价"加"合意",而协议仅仅要求"合意"。传统合同中,"对价"是作为合意的基础存在的,或者说是从约因的角度来发挥作用的。一个合同必须存在约因且要求约因具有充分性,否则将不会建立一个有效的合同。美国《契约法重述(第2次)》第79条对约因作出了如下要求:一个有效的约因,必须要再考虑如下三点:①约因是否为允诺人带来收益、权利和利益,约因是否受允诺人产生损失、不利益或损害;②交换价值的相当性;③义务的相互性。约因和约因充分性的判断,本身都以经济交换为基础。也就是说,古典契约理论以及新古典契约理论均是以允诺模型以及作为允诺模型的经济交换为基础的,这是古典契约理论最重要的特征。[1]

卡特尔的成员达成协议不是为了从对方获取对价,相互间也没有对价。如果非要从对价上来分析,对价发生在卡特尔协议订立之后,发生在作为整体的卡特尔成员与其交易人之间,由此也可以说,卡特尔协议是为了获取另一个有对价的交易(成员与其客户)而签订的。

(2) 在"合意"这一共同条件下,两者在意思表示的方向性和涉他性上存在差异。单纯从合意的角度并不容易看出协议与合同之间的差别,因为都需要合意。在意思表示的方向上,协议的意思表示是同向的;合同的意思表示是相向的。垄断协议和公司设立中的发起人协议具有同类属性。美国《契约法重述》(第2次)也由此将契约和协议分开定义,即第1条 [契约的定义] 规定:"契约是一个或一系列允诺,违反允诺法律赋予救济,或以某种方式承认其履行法律义务。"第3条 [协议的定义] 规定:"协议是由两个或两个以上的人向另外一人作出的相互意思表示。"[2] 另外,在内容上,一般,合同的后果仅发生在合同当事人身上,但协议的后果涉及第三人。发起人协议涉及债权人的利益,垄断协议涉及协议产品购买者的利益。

(3) 合同主体利益的对立性。古典契约的缔约人是原子式的人,缔约主体的利益关系是对立关系,他们之间的交易只有在对立利益关系能够协调的前提下才产生。当然,现代的经营合作中使用的长期合作合同似乎体现了和谐的利益关

---

[1] 孙良国:《关系契约理论》,科学出版社2008年版,第70页。
[2] 转引自孙良国:《关系契约理论》,科学出版社2008年版,第68页。

系,但实际上,交易人之间的利益对立关系没有发生根本变化,只是改变了古典契约"一事一议"的特点。换言之,合同关系中,交易主体都是利益对立关系,而协议关系中,协议表达的是缔约主体的合作关系,合作的基础是长期共同利益。

(4) 对传统合同概念的另一项突破在于:无权利、义务的联合行为也构成垄断协议。一些卡特尔行为很难找到合意的证据,但各独立主体的行为之间存在规律性的外在有机联系,如个别企业提高价格后,另一些企业实施价格跟随,并在市场整体上使价格处于无竞争状态或有抑制竞争的危险。在查证存在进行沟通的证据,如会面的情况下,可能推定这些企业的行为属于卡特尔。我国台湾地区"公平交易法"第7条规定,"契约、协议以外之意思联络,不问有无法律拘束力,事实上可导致共同行为者",即属于联合行为。

签订合同的目的是为了取得"司法"效应,即确立合同缔约双方的权利和义务,而订立卡特尔协议则是为了规避"司法"效应。垄断协议全部违法,不存在部分无效的情形。但合同签订和履行中存在部分无效、部分有效的特殊情形。

综上所述,纵向垄断协议是经营者与交易人之间的、以合同的形式表现出来的一种垄断行为。如果垄断协议概念以外延说明的方式展开,并按照外延式说明的要求全面揭示外延,垄断协议的外延就应该包括合同。在合同不属于协同行为,进而不可能被"协议、其他协同行为"所包括的情况下,现有的垄断协议的三个外延的列举就有所不足。

完善垄断协议的概念,需要补充"邻近的属概念"。我国台湾地区"公平交易法"第7条规定将"契约、协议或其他方式之合意……"视为一种行为。按照我国《反垄断法》第3条的规定,垄断协议属于一种垄断行为。"邻近的属概念"就应该是垄断行为。这样,如果继续采取定义性说明的方法,则需要增加"合同"这个外延。那么,垄断协议的概念大致应该为:垄断协议是指以协议、合同、决定、协同行为方式排除、限制竞争的垄断行为。

4. 概念所处的位置不当

反垄断法所涉及概念相对较多,其技术处理大都采取统一放置于总则中的方法,如日本《禁止垄断法》或俄罗斯《竞争保护法》。但我国《反垄断法》对概念的处理并未完全遵循"统一于总则"的方式。有的分布在"总则"中,例如,经营者的概念在反垄断法中是统领性概念,在《反垄断法》中它被放置于"总则"的最后(第12条),[1] 与"相关市场"概念排列在一起;也有的放在某概

---

[1] 而在《反不正当竞争法》中则被放置于宗旨之后(第2条),《反垄断法》中的经营者概念被推后,其理由不得而知。相关市场概念放置于总论中的理由,或许是它适用于两种垄断行为——滥用市场支配地位和经营者集中。

念被首次使用的条文后，如《反垄断法》第 13 条规定的垄断协议概念，第 17 条规定的滥用市场支配地位的概念。

从被定义项来说，《反垄断法》第 13 条是在确定垄断协议的概念；但从定义项来说，[1]"协议、决定和其他协同行为"定义的却是横向垄断协议；另从该概念所处的位置来看——被放置于《反垄断法》第 13 条之后，说明现有垄断协议的概念符合以往法律设置概念所遵循的逻辑——放在该概念首先被使用的法律条文之下，像《反不正当竞争法》第 10 条规定的商业秘密的概念那样。可见，从内容上和位置上判断，该概念都是横向垄断协议的定义，而不是垄断协议的定义。但这里需要定义的是垄断协议，而不是横向垄断协议。

在完善"垄断协议"概念的基础上，相应地，这个概念的位置应该调整到横向垄断协议和纵向垄断协议之前。方法上，可以单独列一条，如列为《反垄断法》第 13 条，将现行法第 13 条排序为第 14 条，以此类推。或者如果单独列一条不符合我国立法的习惯，也可以放在垄断协议这章的最后一条。只有这样，垄断协议的概念才能覆盖横向垄断协议和纵向垄断协议。

（二）特征

根据定义和有关垄断协议的规范，垄断协议的特征概括如下：

1. 实施主体是两个或两个以上的独立经营者

非独立经营者，如法人的分支机构和职能部门，由于没有独立的财产，也不能独立承担民事责任，自然不能成为垄断协议的主体。垄断协议的主体必须是独立的经营者，包括一切从事商品经营或者营利性服务的法人、其他经济组织和个人。所谓"独立"，不仅仅指上述财产和责任，更重要的是指事实上决策能力的独立。那些在民事法律上虽然属于独立的法律主体，但是事实上不具有独立的决策能力的主体，不属于垄断协议所要求的独立经营者。例如，母公司与子公司之间就商品价格、销售地域等经"协商"确定的协议或决定，不属于反垄断法上的垄断协议。美国最高法院在 1984 年的 Copperweld Corp. v. Zndependence Tube Corp. 案明确地表达了这一点：母公司与其 100% 子公司之间不可能发生《谢尔曼法》第 1 条所称的共谋，母公司与子公司之间的协议是单方面行为。[2] 当然，不仅仅是母公司与其 100% 子公司才不属于垄断协议，只要属于母公司与其子公司的关系，其间的协议、决定等都不是垄断协议。

此外，实施垄断协议行为的主体必须是两个或两个以上的独立行为人共同采

---

[1] 被定义项，是需要揭示其内涵的概念；定义项是用以揭示该定义项内涵的概念，如"人"的定义项是"能制造和使用生产工具的动物"。
[2] 转引自戴奎生：《竞争法研究》，中国大百科全书出版社 1993 年版，第 52 页。

取措施，而不是单个的经营者自己的行为。这一点区别于单独主体滥用市场支配地位行为。换言之，任何单个的经营者所实施的市场行为均不可能构成垄断协议行为。这是由垄断协议的协议属性所决定的。从数量上讲，垄断协议参与者虽然要求是两个以上，但由于市场集中度不同，往往只有两个主体签订并实施的垄断协议的情况并不是常见的状况（双寡头垄断市场的情况下可以），而签订合同，当事人为两个的情况最为常见。

2. 行为的目的和结果是限制竞争

对于竞争者之间签订的垄断协议，如限制价格、产品数量、分割市场这类协议实际是协议各方之间的不竞争协议。联合抵制是部分竞争者联合起来对抗个别未参加协议的竞争者，联合起来的竞争者之间基于共同的利益，不但不展开竞争，还胁迫未参与联合体的竞争者就范。"不管卡特尔有许许多多种形式、任务和目标，也不管在实施中有无数微差，卡特尔的实施掩盖不了所有的市场协议，特别是价格方面的协议，其最终目的还是要限制竞争。"[1] 对于经营者和交易相对人签订的纵向垄断协议，虽然各方并不具有直接的竞争关系，但是通过垄断协议，可以增强自身的竞争能力，在与第三方竞争时取得一定的优势，最终达到限制或排除与竞争对手竞争的目的。垄断协议会损害竞争机制，使市场配置资源的基本功能难以发挥作用；另外还可能直接侵害其他有关竞争者和消费者的合法权益。

3. 表现形式的多种多样

垄断协议一般表现为协议、决议和协同行为。其中协议和决议不一定以书面形式呈现，可以是双方或多方的口头承诺。其实，垄断协议的诸多表现形式，并不是同时展现出来的，它们具有一定的接续关系，并反映了特殊的变异过程。早期垄断协议大都采取书面形式，以便于协议各方明确各自的职责并相互监督使协议顺利执行。后由于反垄断法的出现及反垄断执法的加强，口头协议的使用越来越多。此外，尽管无法考据协议和决议哪个最先出现，但它们都早于协同行为。协同行为是反垄断严厉执法的背景下，执意从事垄断的大型企业采取的去书面化、去口头化的产物，由于很难找到用于案件查处的直接证据，也可以说，它是一种隐身的卡特尔。

二、垄断协议的分类

根据不同的标准，垄断协议可以分成不同的类型。

---

[1] [德]路德维希·艾哈德：《来自竞争的繁荣》，祝世康、穆家骥译，商务印书馆1983年版，第116~117页。

（一）横向垄断协议和纵向垄断协议

横向垄断协议与纵向垄断协议的划分是基于协议的签订者是否处于同一经济环节所进行的划分，属于同一经济环节的，是横向垄断协议；不属于同一经济环节的，是纵向垄断协议。这也是反垄断法上及理论研究中最常用的分类。[1]

横向垄断协议，又称水平垄断协议或卡特尔，是指在生产或销售中，处于同一经济环节的、具有相互竞争关系的经营者之间签订的共同控制价格、产量、技术、产品、设备、交易对象、交易地区等内容的协议，或虽没有协议但共谋采取协同一致的行为。根据限制协议内容不同，可以分为限制价格协议、限制产量协议、技术标准协议、限定或划分市场协议、共同购买协议、联合抵制协议等。

纵向垄断协议，又称为垂直垄断协议，是指处于不同的经济环节的、相互不具有直接竞争关系的经营者之间为了限制竞争而订立的协议。根据是否以价格为中心，纵向限制竞争协议又分为纵向限制价格协议和纵向非限制价格协议。

纵向限制价格协议，又称限制转售价格协议，是上游企业向下游企业提供商品时，要求下游企业必须按照固定的或限定的价格向第三人销售产品。纵向限制价格协议又可进一步分为固定价格协议、限制低价协议和限制高价协议。市场供应过剩的情况下，生产商可能迫使销售商降低价格促销产品，以减轻库存压力，进而产生纵向限制高价协议；生产商为阻止零售阶段的价格竞争，维持高质量的产品形象，可能签订纵向限制低价协议。

纵向非限制价格协议，顾名思义，就是上下游企业就价格以外的事项达成的限制竞争的协议。包括搭售[2]、独家交易协议等。不过由于这类协议大都包含一定的来自交易对方的强制，其协商的色彩被淡化，大多数国家立法都将其归入滥用市场支配地位的行为类型之中。

横向垄断协议与纵向垄断协议不仅仅反映向性关系不同，它们之间的主要区别还在于：

（1）签订协议的主体不同。前者一个是处于同一经济环节的竞争者之间的协议；后者是不同经济环节层次的上下游企业之间的协议。

（2）对竞争所产生的影响不同。一般，横向垄断协议对市场的影响比较严重，尤其是价格协议、限产协议和地域限制协议，其可能产生某一行业的不竞争

---

[1] 爱沙尼亚《竞争法》（2001年）第6条直接使用了横向协议和纵向协议概念；俄罗斯《竞争保护法》（2011年修改）第4条使用了"垂直协议"，并作了定义。可见，这种划分的类型不仅仅用于理论研究。

[2] 对搭售的认识不同，其被放置法律中的位置也不同，一般都视搭售为滥用支配地位的行为。本书也将其放在滥用支配地位之中。

状况，即市场失灵的情况；而纵向垄断协议对竞争的影响一般限于某品牌的下游主体，直至形成对该品牌的消费者利益的侵害，但该品牌外在的竞争仍然存在。换言之，横向垄断协议涉及的往往是某个产业（多个替代品）的整体控制，而纵向垄断协议涉及的往往只是某个产品的上下游控制。

（3）法律对它们的规制态度不一样。横向垄断协议多适用本身违法原则；而纵向垄断协议一般采用合理原则，要考察行为的目的和行为的后果，只有行为的目的是反竞争的，并且对竞争产生恶劣的后果时，纵向垄断协议才被反垄断法规制。

（二）协议型垄断协议、决定型垄断协议和协同行为型垄断协议

根据垄断协议的表现形式不同，可以分为协议型垄断协议、决定型垄断协议和协同行为型垄断协议。由于每种行为外露的证据形态不同，对其规制的难易程度也不同。

最初的卡特尔如同其他商品交易契约一样以正式的"公开契约"的方式形成，由此建立的卡特尔被称为正式卡特尔，"公开契约"既是卡特尔成员的公开允诺、行动指南，也是集体惩罚违法者的标准。当然，它也是反垄断执法机关可以轻易得到并施以制裁的把柄。比较欧盟、德国、美国等国家反垄断历史，早期的垄断协议大都以书面的协议或决定形式表达，由于这类行为被严厉打击，垄断者才开始传入地下取向以"协同行为"方式表达他们的意思。美国联邦最高法院在1948年的U. S. v. Paramount Pictures案中，以判决的形式明确指出，企业之间无须具备一个明显的协议，意图从事联合一致的行为，只要实施这种行为就够了。法院考查的重点是企业做了什么，而不是看它们说了什么。[1] 欧洲共同体在1957年签订《罗马条约》时，没有任何一个成员国的国内法中有与"协同行为"（concerted action）相对应的术语。引进该术语无疑是受美国反托拉斯法的影响。[2] 德国1973年修订法律中才增加了第25条第1款："企业或企业联合组织协调一致的行为，若依本法不得作为有约束力的合同内容，得予以禁止。"只有后立法国家，如俄罗斯、我国等在立法之时径直规定了三种渊源形式。从这个意义上讲，协同行为是因为法律调整协议、决议型卡特尔的范围有限而产生，是对传统卡特尔类型的扩展。

（三）可豁免的垄断协议与禁止的垄断协议

这是根据法律对垄断协议所持的不同态度所作的分类。反垄断法并非把所有

---

[1] 参见吕明瑜：《竞争法制度研究》，郑州大学出版社2004年版，第57页。
[2] 孔祥俊：《反垄断法原理》，中国法制出版社2001年版，第372页。

的垄断协议都视为违法行为而一律禁止。有些竞争者之间的协议并不损害竞争，或者对竞争的危害较小。对于此类协议，反垄断法会予以特殊处理，给予豁免待遇。例如同一类型产品的生产厂商之间订立的关于产品标准的协议，这种协议在产品的规格、型号、对潜在的竞争对手进入市场的障碍等方面有着一定的限制竞争的消极影响，但是另一方面又可以推动有关企业加入这个标准，让参加的企业在产品的质量、服务、价格等方面展开竞争，也会提升产品质量和提高消费者福利。各国反垄断法中都有垄断协议豁免的规定，甚至法律还明确列举哪些垄断协议可以被豁免。即便没有明确列举，也会规定一个概括性标准确定符合哪些条件的垄断协议可以被豁免。

第二节 横向垄断协议

市场价格由价值规律决定，单个生产者只是市场价格的接受者。但在特殊情况下，经营者联合可能控制市场价格、地域等，进而形成垄断经营，削弱价值规律的作用。横向垄断协议就是可能被经营者利用达到垄断经营目的的一种常见手段。

一、产生的条件及维持的方法

横向垄断协议的形成不仅仅来源于经营者之间的主观意愿，更重要的是客观物质条件是否具备。甚至客观物质条件比主观意愿对能否形成垄断协议的影响更大。

（一）产生的条件

经营者联合控制市场必需具备一定的客观条件，包括主体自身的条件和外部条件两个方面。具体而言，主要有以下方面：

1. 产品的需求弹性（可替代性）较小

卡特尔是多方主体协调的结果。产品需求弹性的大小与厂商可协调性密切相关。以价格卡特尔为例，产品需求弹性越大，协议提高价格后消费者"逃跑"的可能性就越大。反之亦反。这样，需求弹性和达成协议的可能性呈反相关关系，即价格卡特尔在需求弹性越小的情况下更容易达成。理论上，如果卡特尔所面临的需求曲线是没有弹性的，达成价格协议的成本达到最小化。另外，对于已经达成的价格卡特尔协议，如果控价产品面对的是弹性较大的需求曲线，则维持高价格将加大收入下降的风险，即同盟者背判的可能性增加。

一般，需求弹性从产品性质和功能上或其组合上反应出来。产品差异表现在成本、性能、功能、原料、售后服务等方面，这些要素组合差别越大，产品差异就越大。不同成本差异所代表的产品竞争力也不同，成本越小、性能越优良、功能越独特，产品竞争力越突出。差异很大且有竞争力的产品的生产商缺少达成卡特尔的动力，其自身就具有垄断性。

2. 市场结构相对集中

有两种类型的市场结构易于生成价格密谋：整个产业经营者的数量很少，市场结构集中；数量较多的经营者，但在规模上其中一两家经营者占支配地位，或行业协会参与协调。通常情况下，经营者的数量越少，越容易达成垄断协议。美国司法部1910～1972年间关于操纵价格的606个案例中，每件案例所涉及的厂商最常见的是4个，半数案例涉及8个或更少。[1] 较少的经营者不仅节约达成协议的成本，也能提高监督协议执行的效率。只有少数经营者的卡特尔，个别背离协议提高市场份额的行为将直接在其他成员身上显现出来，背叛者很容易暴露身份。另外，在经营者数量较多但有行业协会参与协调时也容易达成价格卡特尔。行业协会作为企业和企业家的组织，是这个利益群体合法的代表者和维护者，其活动容易得到成员的响应。在某些时候，行业协会有可能采取牺牲他人利益而增加自己行业（成员）利益的做法。英国政治与经济规划部于1953～1956年对行业贸易协会进行了一个调查，结果发现1300个协会中的247个（占19%）有协助操纵价格的行为[2]。除了统一定价外，其他限制竞争行为，如数量限制、联合抵制和拒绝非成员同行进入已有市场等非价格卡特尔也容易在行业协会的协调下付诸实施。

3. 卡特尔的形成和经济发展阶段也有关

经济发展的周期一般分为繁荣、危机、萧条、复苏四个阶段。卡特尔宜于在哪个阶段形成？一种意见认为，卡特尔主要发生在经济萧条时期，即组织卡特尔是"迫不得已"的事情。例如奥地利经济学家Kleinwächter认为，在需求波动时

---

[1] [美] 丹尼斯·卡尔顿、杰弗里·佩罗夫：《现代产业组织》（上），黄亚均等译，上海人民出版社、上海三联书店1998年版，第266页。在1978年，美国司法部公布的价格卡特尔案件涉及人数也较少：4家预应力混凝土承包商在新墨西哥州控制报价和分配建筑工厂，暗中策划实行土地测量服务的价格卡特尔；5家公司与2位个体经营者密谋商定提出操纵性的报价并分配建筑金属材料的销售合同；2家国内知名的大厂商在全国实行煤气表的价格卡特尔；纽约州11家建筑物维修服务承包商通过划分顾客来进行非竞争性的承包合同报价，并相互赔偿各方因失去客户而蒙受的损失；南佛罗里达州5家公司和4位经营者暗中策划实行价格卡特尔并划分销售地域。

[2] 英国1956年以前一直不阻止价格操纵，1956年英国国会通过了《限制性贸易惯例法案》，要求所有在供应商之间签订的限制贸易的契约或协议报限制性惯例登记处登记。另，1973年公平贸易办公室掌管该价格卡特尔的审查职责，该机构有权对违背公共利益的协议提出质询，并将管辖的范围从商品贸易扩大到服务领域。

期，要想对生产进行有序的调整，非建立卡特尔不可；[1]另一种意见则截然相反，认为，卡特尔并不像人们常说的那样是"迫不得已"的事情，某一行业的企业愿意就价格或其他商业条件达成一致，恰恰不是在萧条时期（这个时期每个人都会另辟蹊径），而是在繁荣时期，因为只有此时才最有可能取得高于成本的销售价格。[2]

事实上，包括价格卡特尔在内，卡特尔在萧条时期更容易解体。卡特尔的生存紧密依赖需求的上涨。在经济萧条期向经济繁荣期过渡过程中，需求呈上升趋势，这为抬高价格等提供了客观条件。美国学者哈伯勒在《繁荣与萧条》一书中，提出了制成品与劳务在需求方面与生产方面的变动规律——"加速原理"，可以以此来解释卡特尔形成和经济繁荣之间的关系。该原理的基本含义，是某种产品在需求的带动下加速生产，会引起生产该种产品的那些上游生产品（或原料）更大的变动。"加速原理"不仅适用于和前一生产阶段对照处于任何"制成"阶段的产品的生产，也适用于作为经济环节最末端的消费品的销售。消费品需求的细微变动，都可以转化为更高阶段的那些商品需求的猛烈变动；这种变动越猛烈，贯穿到最初始的与该消费品相关的产品的生产阶段的力量也就越强，因此，距离消费领域最遥远的那些生产环节波动最猛烈。[3]这样，经济繁荣阶段，因消费需求增加而促动的产量上涨，相对于下游企业，上游企业的地位更有优势，这为上游经营者进行价格合作提供了客观基础。

当然，作为一种人为控制并缩小生产波动进而规避风险的方法，卡特尔不会在短暂的市场需求上浮出现时就立刻达成，如同一个大型交易往往需经过多次要约最终走向承诺一样，一个卡特尔的形成也往往经合作—背叛多次博弈，最终走向合作。经济周期的发展从萧条经过复苏到繁荣的过程，是需求状态稳定的时期，它给经营者提供了长期博弈的时间和空间，即经历"背叛无利可图"的短期博弈后，最终会走向共同实现均衡的长期合作战略。而在经济衰退时期，价格会降到平均成本以下，竞争性均衡不复存在。

相反，在从经济繁荣到经济萧条阶段，是企业抗击风险的阶段。由于各企业的成本函数（尤其是沉淀成本）不同，承担风险的能力也不一样。这决定了当它们面临同样的市场萎缩的经济局面时，每个经营者面临的生存能力考验是不同

---

[1]〔德〕曼弗里得·诺伊曼：《竞争政策——历史、理论及实践》，谷爱俊译，北京大学出版社2003年版，第31页。

[2]〔德〕曼弗里得·诺伊曼：《竞争政策——历史、理论及实践》，谷爱俊译，北京大学出版社2003年版，第31页。

[3]〔美〕哈伯勒：《繁荣与萧条》，朱应庚等译，商务印书馆1963年版，第107页。

的。生物学原理告诉我们，在经历同等危险或危险同等加重的情况下，弱者所受的冲击最大，所以，弱者最先退出市场。成本函数的不同和经济衰退危险的加重趋势阻碍了卡特尔的形成和维持。在需求向下波动情况下，不具备达成卡特尔的时间和空间条件。即便达成了价格卡特尔，因为担心其他竞争者并不同样提价，任何企业都不敢轻易单独提价，否则，它就会失去市场份额；同时，需求的上下变动也会使这种勉强达成的卡特尔迅速破裂。一些国家的历史证实了经济上升时期和卡特尔的繁荣具有平行、同步发展的对应性特点。1888～1890年、1895～1900年、1904～1907年以及1910～1913年都是经济周期上升和繁荣时期，也是卡特尔的发展壮大时期。[1] 美国20世纪60～70年代的经济快速发展时期和卡特尔之间的关系也呈现出上述关系特点。

4. 经营者内部成本结构也影响卡特尔的生成

企业总成本占企业资本的比例越大，企业间达成卡特尔协议的可能性就越大。资本密集型企业和劳动密集型企业承担风险能力不同，对结成卡特尔的意愿也不一样。对于劳动密集型企业，用以应对外部竞争而采取应对措施——降价的空间相对狭小，当外部市场价格降到不变成本加上必要的可变成本的水平时，企业处于维持现状的经营状态，而进一步降价就意味着迈向亏损—停产—破产的深渊。因此，劳动密集型的企业更恐惧削价，对垄断价格协议抱有更大的意愿。早期的卡特尔大都集中在劳动密集型产业中。[2]

（二）维持

从管理的角度来看，规范并不是特别有用的处理相互依赖的机制。让一个规范的环境来适合组织的需要并不是一件简单的事情。管理的任务是要弄清楚规范的限制对组织关系的影响，认识到什么时候规范较为有益，如果毫无益处的话，就要积极地采取措施努力改变它们，代之以经由协商而制定的新的社会认同。[3]

"倘若共谋协议的强制实施手段非常软弱，即对削价行为的探查又慢又不完

---

[1] 转引自〔德〕曼弗里得·诺伊曼：《竞争政策——历史、理论及实践》，谷爱俊译，北京大学出版社2003年版，第34页脚注。

[2] 德国的第一个煤炭卡特尔（煤炭销售联合会）是于1889年在多德蒙特成立的。在这个卡特尔成立以后，1890年产生了威斯特伐伦焦炭辛迪加，1891年产生了煤砖销售联合会等。参见〔苏〕伊·姆·范茵盖尔：《德国垄断资本发展史纲》，北京编译社译，世界知识出版社1964年版，第15页。另外第二次世界大战前后的有关国际卡特尔也是如此，主要集中在钢铁、有色金属、煤炭等行业。具体可参见〔苏〕吉冈斯基：《黑色金属与有色金属国际卡特尔》，中国人民大学对外贸易教研室译，中国人民大学出版社1953年版，第2、3章。

[3] 〔美〕杰弗里·菲佛、杰勒尔德·R.萨兰基克：《组织的外部控制：对组织资源依赖的分析》，闫蕊译，东方出版社2006年版，第168页。

全,该共谋集团就必须承认其弱点。"[1] 完全可能存在参与者表面上同意而暗地里自作主张的情形,因此卡特尔的维持比建立更为重要,卡特尔得以维持是一个"成功"的卡特尔的主要标志,维持时间越长,获得的利润越丰厚。卡特尔的维持,一方面要求参加人忠实守信;另一方面,需要一种内部承认的强制手段,以防止密谋瓦解。

当共同的意思表示仍使竞争处于不稳定的情况和存在问题时,组织会努力寻求环境中的其他因素建立联系,并用这些联系来获取资源和稳定成果。维持卡特尔尽管使用的具体方法不同,但每一种方法都有特定的效果。常见的方法包括内部监管、信息分享等:

1. 内部监管

卡特尔得以维持既需要特定的外部客观环境,也取决于卡特尔组织的监管措施是否得当。内部经常性地、便捷地查处协议的执行状况,违反协议的可能性就会减少。相反,在查处违反协议比较散漫的地方,违反协议的行为激励就会加强,协议也就难以取得成功。通过掌握经营者违反反托拉斯法的常规做法,或者通过特殊交易的典型特征,能够查处背叛合作行为的蛛丝马迹。

在方法上,一些卡特尔安排各参与者彼此检查账册,以从内部监督参与者的价格协议执行。当然,账册可以弄虚作假,这种检查并不能阻止个别主体秘密违背卡特尔协议的活动。也有一些卡特尔集体商定,要求成员提供一定数额的维持协议的"保证金"。保证金具有内部惩罚的特性:一方面,背叛卡特尔的成员将失去保证金的所有权,以此来约束和警示每个成员;另一方面,被"没收"的保证金由其他守约成员利益均沾,这为每个成员提供了集体和个体监督的激励。

较为高级的内部监管形式是组建常设的内部监督机构。企业发展的历史证明,组织机构是企业发展壮大的原因和结果。卡特尔这种松散的组织,若缺少组织系统其生命也将大大缩短。资料显示,美国《谢尔曼法》出台之前,美国最典型的卡特尔是铁路价格卡特尔。不断的指责和突然爆发的降价风,使人们感到必须搞正式的合作才能解决问题。合作开始于各铁路协会,后逐渐上升为各协会间成立的联合执委会等高级管理机构。1878年夏天,中西部铁路公司成立了西部执委会,制订东行的运费并分配货运量。同年12月参加协会的各铁路公司成立了一个联合执委会,对东部和西部区域委员会或协会所制订的一切费用具有最后批准权。当全体成员不能一致通过有关运费的协议时,交执委会主席处理。不

---

[1] 〔美〕斯蒂格勒:"论寡头垄断",载〔美〕库尔特·勒布、盖尔·穆尔:《斯蒂格勒论文精粹》,吴珠华译,商务印书馆1999年版,第201页。

久以后执委会的权力再度扩大,成立了一个仲裁局,受理对执委会主席行为的控诉,审查及裁决所有被控告的破坏协议的行为。[1] 其意义正如联合执委会主席在首届年会上所作的报告中指出的:"这是第一次,你们实行了一套切实可行的办法,依靠这套办法,能够将各公司间激烈的客货运量置于适当的管理和控制之下。……你们已经在立法部门——你们的会议——之外又增设了一个永久性的执行部门,其任务是查看所通过的决议和协议是否已被忠实地执行。此外,你们还设立了一个裁决部门,其任务是以和平的方式解决任何争端,避免诉诸毁灭性的竞争。"[2]

2. 信息分享

信息的价值是多元的,信息公开具有监督的功能。现代政府管理或公开公司的社会管理都需要信息公开,联合组织的价格等信息公开能够达到维持卡特尔的特殊效果——使得卡特尔的维持大大简化。对参与者们来说,如果能定期获得有关卡特尔产品交易的价格信息,或者是产量方面的重要信息,那么,参与者就难以秘密地违反协议。

公开哪些信息、向谁公开信息、在什么载体上公开信息,既涉及卡特尔的维持,也伴随着卡特尔可能暴露的风险。在公共媒体或内部交流信息平台事先公开宣布价格上升或下降是使所有感兴趣的各方所获得价格信息的一种最直接的方法,但如果信息显示的价格一致,也是最危险的方法。20世纪70年代以来,既满足实现维持卡特尔生存,又能有效规避法律监管的信息分享措施主要有两种:

(1) 设立共同的代理商。将所有卡特尔成员的信息集中在代理人处,通过代理人的反馈来间接监督卡特尔的统一价格。据弗拉斯与格里尔(1977),有3%的案例是这种情况,而波斯纳(1970)认为,比例大致为6%。[3]

(2) 利用政府信息公开。在涉及政府采购的案例中,政府的信息公开也为维护价格卡特尔的稳定提供了某些帮助。政府经常将关于政府合同投标的结果公布,如果存在违反卡特尔的欺骗,会立即为卡特尔成员发现。黑尔和凯勒(1974)发现了一些此类案件,在这些案例中,政府机构明显被排除在协议确定的交易对象之外。卡特尔成员相信,如果它们对准联邦政府,它们的操纵价格行

---

[1] 〔美〕小艾尔弗雷德·D. 钱德勒:《看得见的手——美国企业的管理革命》,重武译,商务印书馆1987年版,第156页。

[2] 〔美〕小艾尔弗雷德·D. 钱德勒:《看得见的手——美国企业的管理革命》,重武译,商务印书馆1987年版,第156~157页。

[3] 〔美〕丹尼斯·卡尔顿、杰弗里·佩罗夫:《现代产业组织》(上),黄亚钧等译,上海三联书店、上海人民出版社1998年版,第275页。

径更容易遭到调查和起诉。在非针对政府的交易中，为减少卡特尔成员之间潜在的冲突，某些公开交易信息的市场部门也常被排除在交易对象之外。尽管如此，利益的诱惑和侥幸心理的交织，在政府采购和其他公开信息的交易中仍然存在一些甘冒风险的共谋案例。1959年5月9日，美国新闻通报中记载了，田纳西谷管理局和西屋电气公司签订了一个变压器合同，金额为96 760美元，同时，爱里斯—查默公司、通用电气公司和宾州变压器公司报了完全相同的价格。在另一项传导电缆合同上，有7个完全相同的报价（精确到小数点后的数字），均为198 438.24美元。令人生疑的是，在秘密的招标系统中，3个公司怎么会传递出连个位数也相同的招标。1959年5月17日，美国《新哨兵》报道："田纳西谷管理局的购买记录揭示，在过去3年中，至少有47家大型和小型生产商，在各种项目上，参与了价格完全一样的投标行为。"在许多情形下，田纳西谷管理局只能随便找一家签订合同。[1] 据波斯纳（1970）的研究，在所有案例中，有7.4%涉及对政府的销售，有6.7%涉及其他的招标案例。[2]

3. 使用最惠国待遇条款

最惠国待遇是国际经济政策的工具，它为竞争性国际贸易提供了协商签约的基础。最惠国待遇，一般指在主权国家之间，依据平等互惠的原则，互相给对方国家，享受本国给予第三国在一定的经济往来中的优惠待遇（主要是在关税方面）。最惠国待遇的机理是通过对第三方信息的监督来达到待遇标准的统一。这里的第三国是参照国（参照标准），对方国家是待遇享受国。在国际交往中，因信息的透明，对方国家通过监督或证明可享受到第三国的优惠待遇从而具有可实施性。卡特尔需要维持价格的统一，也需要监督来维持，因此，这一条款可以用作卡特尔维持的工具。

价格卡特尔中的"最惠国待遇条款"是卡特尔成员向买方保证：不会以更低的价格销售给第三个购买者。一个市场中的小买主由于害怕他们强大的竞争者能够通过从一个卡特尔成员那里提取秘密折扣而对他们占有优势，要求在他们同卖方的合同中加入最惠国待遇条款，卖方会乐于接受，因为其效果将是避免该卡特尔被这种折扣腐蚀掉。[3] 一般的做法是，卡特尔成员在各自的销售合同加上

---

[1]〔美〕丹尼斯·卡尔顿、杰弗里·佩罗夫：《现代产业组织》（上），黄亚钧等译，上海三联书店、上海人民出版社1998年版，第254~255页。

[2]参见〔美〕丹尼斯·卡尔顿、杰弗里·佩罗夫：《现代产业组织》（上），黄亚钧等译，上海三联书店、上海人民出版社1998年版，第274页注释1。

[3]〔美〕理查德·A.波斯纳：《反托拉斯法》（第2版），孙秋宁译，中国政法大学出版社2003年版，第94页。

这么一条（或口头表达）：如果发现市场上有比我给你的价格更低的价格，我负责返还差价。这种"最惠国待遇条款"具有双重效力：首先它类似于厂商的一种保证条款——我不会打折扣，因为一旦打折扣，我还必须将这部分折扣返还给原来的消费者，这种部分退款机制相当于设定了违反卡特尔协议的罚金；同时它增加了来自于社会——消费者——监督的激励，因为消费者一旦发现厂商向别的消费者提供折扣，就有追索的"权利"，这样就降低了厂商降价的可能性。这种监督属于外部监督、民间监督、异体监督。

4. 设立触发价格警戒线

所谓触发价格警戒线，指卡特尔成员约定的如果任一成员的市场价格降至一定水平（称为"触发价格"）以下，则所有成员将其产出扩张至卡特尔成立之前水平的警示规则。在触发价格条款之下，成员的背叛仍可以在短期内有所收益，但最终将因为这种预设的处理机制所致的卡特尔毁灭而在利益上受损。

采取触发价格的一个外部条件是，在某些市场，厂商很难区分价格的变动是其他厂商的欺骗所通告的价格信息，还是因需求或供给成本的波动所致价格的随机波动。如果厂商们无论何时察觉价格下跌都将转向竞争行为，卡特尔将可能因价格的随机波动（而不是某一厂商的削价）而解体。但如果各厂商同意仅在一段预定时间内进行竞争，随后仍转向卡特尔行为，价格上的随时波动就不会永久性地毁灭卡特尔。

这种方案有吸引力的地方是，即使协议短期内被破坏，也无须进一步协商即可再次建立。在一个随机价格波动可能掩盖厂商对卡特尔协议的欺骗的市场上，这种协议可能导致价格与卡特尔利润水平周期性的大幅度下降。当价格的随机下降发生时，卡特尔成员们亦无必要惩罚别人。

实质上，该方法是将顾客作为监督人，激励顾客去监督和报告竞争对手的价格。这样，对价格偏离行为的察觉就容易多了，并且竞争对手率先降价的激励也将减弱。

实践中的操作方案是订立"不一致就解除"条款，即供货商与顾客间签订合同，规定供货商将与竞争对手的价格一致，若不一致就解除购买合同，寻找更优惠的供货商。

5. 标准化

作为维持卡特尔的方法，标准化和标准化卡特尔是两个范畴。标准化卡特尔是指那些规定采用统一的商品标准或者规格型号，但在质量、价格等方面仍然处于竞争状态的卡特尔；而卡特尔成员产品的标准化是通过减少产品可替代性维持卡特尔的一种方法。

"卡特尔想要的是其质量、形式、材料等不再有明显差别的批量商品。当然，这里也可以人为地加以促成，正像在商品交易所里所发生的那样。商品交易所同样是以商品的一定可代替性为前提的，因此特殊的商业惯例便规定出，商品要能提供交易所交易必须具备某种属性。卡特尔为达到同一目的，或者通过仅仅选择该部门的交易主要依赖的一定标准商品或者通过提出所有工厂主在制造他们的商品时必须遵守的规范，以消除质量的差别。例如，国际玻璃镜面卡特尔就遵从只生产1.0~1.5毫米厚的玻璃镜面的协定。""奥匈麻绳卡特尔首先对所生产的种类制定了样品，所有参加者有义务按该样品生产自己的商品。同样，奥匈黄麻卡特尔对要生产的麻袋提出了一定规范。"[1]

由此可见，标准的统一化具有双重性格。单纯提高产品质量标准为目的的卡特尔，有利于提高消费者福利，但提高标准的同时，价格随之统一，则构成了价格卡特尔，标准就成为维持价格卡特尔的手段。[2]

此外，实施标准化需要以技术的同质化为后盾，而技术同质化，单靠企业的各自开发是不可能成就的，技术卡特尔是技术同质化的最便捷途径。换言之，技术卡特尔的稳定性决定了以同质化的产品为基础形成的价格卡特尔的稳定性。

6. 统一销售或固定市场份额

如果卡特尔要存在下去，必须维持一种供求关系，使规定的价格在市场上被延续地遵守。调节供给和分配生产定额是市场价格统一的基础条件和传统方法。换言之，遵守价格的规定虽然符合整个卡特尔的利益，但并不总是符合个别成员的利益，个别成员可以通过扩大自己的生产来降低其生产成本，从而背叛卡特尔。如果产品销售不再由各成员自己进行，而由卡特尔成立的中心销售机构来进行，就可以防止成员私下扩大产量逃避卡特尔的规定。

美国全国大学生体育协会（NCAA）诉理事会案中，各大学达成协议，把他们的行业协会指定为各大学出售足球赛电视转播权的独家代理。独家销售代理在一定条件下可以成为一种维持卡特尔存续的手段。[3]

---

[1] 〔德〕鲁道夫·希法亭：《金融资本——资本主义最新发展的研究》，福民译，商务印书馆1994年版，第472页。

[2] 光储存技术起源于美国，后来该专利技术却落入外国竞争者之手。在CD和DVD标准的确定和执行，涉嫌地域分割和技术卡特尔。原荷兰皇家飞利浦（Philips）、日本索尼（Sony）和先锋（Pioneer），在光储存技术发展中，都单独或共同地受到世界范围内的反垄断调查和指控。参见何怀文："光储存专利技术发展与反垄断审查的历史思考——探析与3C成员以及3C集团相关的反垄断案例"，载《科技与法律》2005年第4期。

[3] 〔美〕理查德·A.波斯纳：《反托拉斯法》（第2版），孙秋宁译，中国政法大学出版社2003年版，第34页。

独家销售代理制度是指依照代理协议,代理人对委托人指定的商品在约定的地区和一定时期内享有代理销售专营权的代理制度。独家销售代理人以收取佣金为报酬,在享有指定商品专营权的同时,应承担一定的义务,如确保一定时期内的最低销售额,不在约定地区和时期内再经营或代理与指定商品同类的或具有竞争性的商品等。一般情况下,独家代理协议是一对一实行的,不排斥其他竞争者在同一市场销售竞争产品,故不会导致卡特尔化。如果竞争者联合起来,将较大市场份额的竞争性产品的销售权授权于一个经销者,相当于价格的统一、市场份额的固定。更为重要的是,这种销售切断了个别竞争者与顾客之间的直接关系,由此导致这些企业的商业独立性的部分丧失,易言之,卡特尔组织对成员的控制加强。通过消除成员企业的商业独立性,由一个单纯按照协议建立的辛迪加使卡特尔的稳定性和持续性得到保证。当然,要想使辛迪加成为可能,需以产品的生产标准同一化为前提。

固定市场份额可能是所有防止秘密削价的方法中隐蔽性最高的一种。一旦选定了最大利润价格,如果企业沿着产业需求曲线移动,那么削价并不能使其获利。通过对产出的检查和对背离产业份额而产生的损益的正确再分配,秘密削价的激励就可以被消除。除非产出检查成本高昂或缺乏效力(例如服务产出),否则它就是一种理想的执行方法,它已为合法的卡特尔组织广泛使用。但是对寡头厂商来说,固定市场份额是一种很容易被发现的合谋形式,因为这种合谋形式在产出记录中也会留下不可磨灭的痕迹。根据施蒂格勒的分析,包括独家交易在内的分配客户也是防止秘密削价的方法,且这种方法与固定市场份额几乎具有同等的效力。[1] 另一些学者以实证数据证明了这一分析结论。弗拉斯与格里尔发现,26%的价格操纵案例涉及市场分配方案。波斯纳则发现,14.6%的反托拉斯案例涉及区域的划分,7.8%涉及客户的分配,1.8%涉及产品市场的分割。[2]

此外,联合抵制可以迫使背叛的成员企业或局外企业加入卡特尔,进而有助于卡特尔的维持。2005年1月,在广州,全国首家眼镜平价超市——"眼镜直通车"为打开市场,挤掉了眼镜高价的水分,将原本卖二三百元的眼镜降到了一百多元出售,在惠及消费者的同时,触动了眼镜行业的行业利润,遭到了来自于眼镜行业协会的阻挠和封杀,迫于压力,这家厂商不得不恢复了眼镜原来的价格。

---

[1] 参见〔美〕库尔特·勒布、托马斯·盖尔·穆尔:《施蒂格勒论文精粹》,吴珠华译,商务印书馆1999年版,第201页。
[2] 转引自〔美〕丹尼斯·卡尔顿、杰弗里·佩罗夫《现代产业组织》,黄亚钧等译,上海人民出版社、上海三联书店1998年版,第277页。

7. 基点定价

以距离卖方最近的地方的运费为基点加到产地价格中，使商品价格变为基点价格加上从这一地区到每一个购入地区的最低运费，作为购入地区的商品销售价格，这便是基点定价。基点定价属于地理定价法的一种。在这种定价法中，货物成本由两个部分组成：生产地成本；从某一指定地点（即基点）起算的运费（被称为"虚拟运费"）。

在美国，20 世纪初基点定价制度就产生了，不管实际发运地点是何处，所有钢铁制品价格均以由匹兹堡发货的运输费用计算，即"匹兹堡附加额"定价制度。基点定价引起了经济学家广泛关注，它常在那些产品运输成本相对于产品价值较高的工业品中出现，如水泥、钢材、木材、食糖等行业。基点定价不同于 FOB 价格，后者是成本加实际运费，前者在绝大多数情况下是成本加虚拟运费再加实际运费。关于基点定价的做法到底是增加了合谋的稳定性还是使得合谋更困难，经济学者的意见还不统一。[1]

基点定价可以克服寡头厂商在地理上分散且运输费用比较可观等达成和维持合谋协议的不利条件。这种价格形式是否可以像有学者所言的——基点定价这样一种明显的串通勾结形式，其目的一目了然：企图通过串通勾结来提高价格和得到较高的卡特尔利润，法律应当毫无例外地取缔它，[2] 尚需结合具体案件进行探讨。

从法理上分析，基点价格在以下方面背离了市场机制：

（1）价格不是市场自主定价，而是协调价格。一个不占有市场支配地位的厂商实行基点定价应该属于无害的企业价格管理手段。但若干企业联合共同实施

---

[1] 斯蒂格勒（Stigler）证明了需求随地理分布变化而变化时，基点定价是共谋机制的次优选择；而 FOB 将导致厂商只选择在附近的地点销售，实现自然的市场细分。厂商采用 FOB 定价法，使得某需求不旺地区的厂商有动机通过削价去占领较远的领地，所以不利于合谋。而使用基点定价的情况下，厂商通过运费吸收（Freight Absorption）的方式允许厂商进入别人的自然领地从而分配行业销售比例。无论需求在地区间分配如何不均匀，厂商都可以自行安排销售。本森（Benson）等还证明了基点定价能够减少执行成本。当厂商都采用基点定价的时候，他们就能够轻易地察觉一个厂商的欺骗行为，为该厂商的背叛行为使所有厂商都能够很快受到影响，从而群起而攻之。而运用 FOB 的时候，一些厂商降低价格只会影响某一地区的产品销售，那么别地区厂商就不会有惩罚它的动机。卡尔顿（Calton）认为尽管基点定价制度能够促成串谋，但是不一定会导致串谋。在有些场合下，它比离岸定价制度更能激起竞争。参见干春晖主编：《产业经济学教程与案例》，机械工业出版社 2006 年版，第 181 页。另波斯纳认为，基点定价对于认定证明违反谢尔曼法是不必要的。参见〔美〕理查德·A. 波斯纳：《反托拉斯法》（第 2 版），孙秋宁译，中国政法大学出版社 2003 年版，第 107 ~ 108 页。

[2] 〔美〕考尔、霍拉汉：《管理经济学》，杨菁等译，贵州人民出版社 1989 年版，第 380 页。

价格相同的基点定价,则有违反反垄断法的嫌疑。"裁定这种做法为'垄断',并且实际上下令每家企业必须制定统一'工厂'价格,这不仅妨碍了该行业地区之间的竞争,也向本地企业授予了一种人为的垄断特权。每家本地企业被授予了在其所在地区域内、由外地企业的运费所设定的一个庇护所,在这里,它们能够向消费者收取一种垄断价格。"[1]

(2)基点定价实质上形成了地域分割的效果。厂商所处地点不同成为用户购买产品价格的决定因素。同类产品价格不同主要源于产品的成本,包括制造产品的成本和产品的运输成本,如果两家企业技术不同,进而产品的制造成本不同,同时加上相同的运输成本,两家的产品仍旧是竞争性的。技术先进企业的产品加上运输成本后也可能与落后企业未加上运输成本或加上少量运输成本的产品竞争。例如,A企业比B企业产品的成本低100元/吨,两家企业的产品同时运送到与两家企业所在地等距离的第三地销售,在运费相同的情况下,两产品的成本差仍然是100元/吨,在第三地两种产品的竞争力仍然不同。假设上述第三地离A企业所在地之距离远于离B企业所在地之距离,且假设这个距离差所需支付的运费在100元以内。按照正常的竞争价格,A产品在第三地还有优势。但是,按照基点定价,A企业的产品价格优势变成了劣势。这样,产品品质的不同掩盖在产地与购买者之间的距离之下。第三地的购买者有理由只到B企业购买产品。这就形成了以生产厂家为中心的地域市场,实为地域卡特尔。进一步说,大规模的市场和大规模生产所能带来的削减成本的好处,也不被减少,因为每家企业只能局限在一小块地方。基点定价使企业的地理分布也被改变——它们不得不聚集在大的消费中心周围,尽管其他地区能够向这些公司提供更多有利条件。

(3)这种策略惩罚了小企业。只有大企业有财力建立许多分支机构(基点),参与每个地区的竞争,中小企业无法承受那么大的沉淀成本。

美国有关涉及基点定价的案件,不管最终是否被认定属于违反反托拉斯法,证据的焦点都集中在是否合谋建立价格体系上。[2]这似乎抛弃了那么细致的经济学分析,直白地宣告这个价格是非法的。

二、主要类型

卡特尔因建立的基础不同,而分为不同的类型。常见的分类是根据行为的基础划分为:价格、数量、地域;另一种分类是行为的创新性。实际上,划分出的卡特尔类型,并没有遵循严格的形式逻辑按照统一的标准得出。法律上规定的只

---

[1] 〔美〕罗斯巴德:《权力与市场》,刘云鹏、戴忠玉、李卫公译,新星出版社2007年版,第64页。
[2] 参见〔美〕理查德·A.波斯纳:《反托拉斯法》(第2版),孙秋宁译,中国政法大学出版社2003年版,第108页注释57。

是市场上出现的典型形式。

（一）固定或者变更商品价格的协议

固定或者变更商品价格的协议，又称为价格卡特尔，指少数厂商之间达成的实行统一价格或实施价格统一变动的协议。

协议型或决议型价格卡特尔的表现形式多种多样。最简单的形式是，卡特尔成员向客户出售统一价格的产品。从技术性上来讲，垄断协议一般会把价格确定在市场上效率最低的生产者的价格之上。如果客户对被固定价格的商品别无选择，以及不能轻易地减少消费，价格提高的目的就可以实现。除了采取上述简单措施外，这两种类型的价格卡特尔还可以采取一些比较隐蔽形式，如确立计算价格的标准公式；在具有竞争关系但又非相同商品之间维持固定比率；消除价格折扣或者确定统一折扣；取消市场上低价供应的商品以限制供应和保持高价；未经其他成员同意不得减价的协议或决定；使用统一的价格作为谈判的出发点的协议。

相比之下，协同型价格卡特尔采取的手段比协议型和决议型的手段更加隐蔽。其中，以信息交换、价格一览表或遵守公布价格的规则等形式非常普遍，这些行为通常也被称为默示共谋。德国《反限制竞争法》实施后出现了许多"价格通报"。在英国的《商业行为限制法》生效后，正式的卡特尔同样被禁止，但出现了大约150个信息交流体系。[1] 美国还有另一种信息交换形式，就是美国钢铁工业中著名的"加里聚餐会"（遵守某种价格一览表的非正式协定）[2]。

协同型价格卡特尔因直接证据的缺失对反垄断执法（司法）带来新的挑战。我国台湾"公平交易委员会"处理过一个参考"信息平台"进行价格协同的案例（公处字第094057号）。在我国台湾地区，鸡蛋销售主要采取包销制，即不分鸡蛋之品质和大小，全数由蛋商参考"中国时报"或"联合报刊"刊载的台北大运输价减2元向蛋农收购，而"中国时报"或"联合报刊"所刊载的鸡蛋"台北批发"及"台北大运输"行情，系前一日的交易行情并受市场供需影响，为全国蛋商及蛋农自行引为鸡蛋交易的重要参考依据。桃园县蛋类商业同业公会于1993年6月30日召开协调会，嗣于同年8月14日及8月20日第7届理监事会联席会议决议，大运输业者每周提供一趟以每斤产地价减2元为计价基准的货源销售价，大运输业者的折损部分，由其向蛋场索取。审理认为：大运输业者既

---

[1] [德] 曼弗里德·诺伊曼：《竞争政策——历史、理论及实践》，谷爱俊译，北京大学出版社2003年版，第131~132页。
[2] 全美最大的钢铁企业、美国钢铁公司总裁曾经主持由该行业巨子参加的周日晚宴，与他们共同确定共同的价格。

然以买断方式向蛋场购入货源，理应自负风险，在未经蛋场同意的情况下强行以低于产地行情的价格要求蛋场供货的行为，违反了"公平交易法"。

美国最高法院在 1921 年硬木案（Hardwood case）中对行业协会的信息交流计划作了如下认定："这个机制（指定期信息交换）要成为一个常见类型的抑制竞争的组织，（认定为公开价格卡特尔）所欠缺的唯一因素是一个关于生产和价格的明确协议。但是，这一点得到了暗示：通过人们'跟随他们最聪明的竞争者'这种倾向；通过尽可能赚到所有的钱这种固有的禀性；通过能够万无一失地、迅速地发现降价的报告制度，……所有的人都是在被指责为背信弃义和受到强大竞争对手的惩罚这些约束下从事经营的。"[1] 行业协会为此辩解的理由是，该计划的目的不过是为该行业中地域分散的从业者提供信息，而这些信息等价于在行业工会或股票交易所出售的报纸和政府出版物中所包含的信息。但反托拉斯官方认为，一个显著而充分的区别是，那些公开的报告卖方和买方都能看到，而这些报告只有卖方看得到；另一个区别是，那些公开的报告不像在本案中这样有专业的分析师，这些分析师不断地提出建议，协调那些越是联合进行越是有利可图的行动。

在欧洲国家反垄断法实施中，也出现了这类典型案件：德国柏林高等法院曾支持了联邦卡特尔局的一项决定，即不允许占据市场份额 70% 的 17 家铝锭生产企业彼此交流信息。在英国，一个关于农业拖拉机销售数据的信息交流体系被欧共体委员会认定为非法。[2]

在相关国家对信息交流形式的价格卡特尔的打击下，20 世纪六七十年代，又出现了价格卡特尔的新变种，就是价格跟随（也叫价格领导）卡特尔。它实现了卡特尔组织的无纸化协同，也标志着价格卡特尔进入了一个新阶段。"当一个工业中大多数单位在决定售价时都采用它们中间一个单位所宣布的价格时，就是价格领导。"[3]

一家瑞士燃料厂商的代表宣布，该公司将于 1967 年 10 月 16 日开始提价 8%。另外 3 家德国企业，也于 1967 年 10 月 16 日提价 8%。德国联邦卡特尔局

---

[1] 一个硬木制造商行业协会有 365 个会员，占全部硬木生产的 1/3。该协会为会员提供市场信息，包括每个会员的销售价格、月产量、存货状况。所有信息按照木材级别、大小和质量进行分类。该协会要求会员向协会提交未来生产计划。参见〔美〕理查德·A. 波斯纳：《反托拉斯法》（第 2 版），孙秋宁译，中国政法大学出版社 2003 年版，第 189～190 页。

[2] 〔德〕曼弗里德·诺伊曼：《竞争政策——历史、理论及实践》，谷爱俊译，北京大学出版社 2003 年版，第 133 页。

[3] 〔美〕保罗·巴兰、保罗·斯威齐：《垄断资本》，南开大学政治经济系译，商务印书馆 1977 年版，第 63 页。

认定，4家企业共同占有德国80%的市场份额，其行为构成了非法卡特尔行为。上诉后，联邦法院推翻了联邦卡特尔局的决定。但欧盟法院认定该联合行为违法：每个厂商都可自由地根据其竞争对手现在和未来的行为决定其价格。但如果厂商间彼此就提价而采取同样的行为方式，并且为保证提价成功还事先消除了彼此间关于价格变动所涉及的程度、对象、日期及地点的不确定性，那么，不管他们采取什么方式，都有背于《欧共体条约》中所规定的竞争原则。[1]《纽约时报》(1963年12月7日)报道了这样一类在当时十分普遍的现象：1963年10月2日美国第二大生产商雷诺兹公司将每磅铝价提高半美分，绝大部分工业迅速跟进。2个月后，美国铝公司声明它不打算提高它的铝锭价格，12月6日有两个公司也撤销了它先前铝锭每磅增价1美分的决定。这个事件属于明显的价格跟随。当时的美国在烟草工业，各大公司轮流发动变动价格；在石油工业，不同的公司在不同的区域市场及不同的时间"轮流坐庄"等现象十分普遍。

价格领导的实质，是一种价格跟随战略联盟。它们的战术多种多样，包括同时（相对同时）涨价、同时（相对同时）降价、轮流部分涨价、轮流部分降价等。这些都增加了认定协同型卡特尔的难度。

在认定价格卡特尔行为违法的时候，有两个因素经常被当事人拿来抗辩：

(1) 协议并没有使当事人取得市场支配地位，因而是合理的。这种抗辩一般是不成立的。尽管固定价格协议的当事人，通常会因为联合而取得市场支配地位，但是认定其违法的时候并不需要考虑其是否达到了市场支配地位，如果因为该协议本身具有地域性从而具有反竞争性，该协议就是违法的。

(2) 固定的价格本身是合理的，并没有损害公共利益。合理性来自于普通法关于合同有效性的抗辩。这方面经典的案例是"美国诉特灵顿陶器公司案"(U. S. v. Trenton Portteries Co.)。在该案中，卫生陶器制造者协会对多种卫生间所用的陶器的价格作了规定，而该协会成员厂家的产品产量占全国同类产品产量的80%以上。被告在法庭上答辩道：它们所规定的价格是合理的，并没有损害公共利益。对此，法官在判决中指出：只有那些不合理地限制州际商业的行为才是《谢尔曼法》所禁止的行为，这是该法所确立的一项原则；但并不能由此而作出这样的推断：因为价格自身是合理的，所以确定价格或维持价格的协议即是合理的。只有通过考察其对竞争的影响，才能认定这类限制行为是否合理。不管经济学家们对一个毫无限制的竞争体制存在着如何不同的见解，《谢尔曼法》及

---

[1]〔德〕曼弗里德·诺伊曼：《竞争政策——历史、理论及实践》，谷爱俊译，北京大学出版社2003年版，第131页。

其司法解释无疑是基于这样的认识,即只有通过维持竞争才能使公共利益免受垄断与价格控制的危害。任何一项定价协议的目的和结果都是一种竞争方式的取消。固定价格的力量,无论是否合理行使,都含有控制市场及制定专断的不合理的价格的力量。今天固定的合理的价格,由于经济及商业情况的变化,就可能成为明天不合理的价格。价格一经确定,就可以因为缺乏竞争而维持不变。创设这种潜在力量的协议,完全可以被认为其自身即是不合理的或违法的限制,而不必再详细地考察每一特定的价格合理与否。[1]

可见,普通法中所谓合理性往往是意思表示是否真实,Mitchel v. Reynolds 案[2]的认定就是这样:原告提供了"良好的和充分的考虑"。该案还形成了一个至今在限制交易领域仍然有效的规则:如果对于一些主要的交易而言是合理的和辅助性的,或者在时间和空间上是有限度的,不竞争的约定有可能被认为是合法的。

(二)限制商品生产数量或者销售数量的协议

限制商品生产数量或者销售数量的协议,又称为数量卡特尔。数量卡特尔同样是严重的损害竞争的行为。

古语云"物以少者为贵,多者为贱",表述了物以稀为贵的道理。现代商品经济理论也认为,如果市场上某种商品比较稀缺,供不应求,商品的价格自然就高;相反,如果该商品在市场上供应充足,以致造成供过于求的状况,价格就会跌落。限制数量协议便是通过在生产企业之间达成限产或停产的协议来限制商品的供应数量或者降低企业生产能力,人为地压缩供应,导致市场上该商品一直处于"未饱和"状态,使价格长期居高不下。

从经济理论来看,在有效竞争的市场上,市场的供给量影响着商品的销售价格,而价格的变动又影响着市场需求,市场需求和市场供给的良性互动共同决定着市场价格,亦即均衡价格。价格这只无形之手的调节,可以使供给者之间相互竞争,并通过供给者和消费者之间的博弈,优化资源配置。当商品的生产或者销售数量不是通过市场竞争,而是竞争者之间的协议确定时,价格配置资源的机制将无法发挥作用。

---

[1] 转引自张瑞萍:《反垄断法理论与实践探索》,吉林大学出版社 1998 年版,第 117~118 页。
[2] 雷诺兹有一家面包店。米切尔从他那里租了面包店,签订了 7 年的租约,条件是雷诺兹在这一时期不得重新进入本地的面包店市场。后雷诺兹却重新进入了这一市场,与米切尔相竞争。米切尔向法院提起诉讼,请求损害赔偿,雷诺兹则声称,该合同是不可执行的,因为它限制了交易。法院支持了该合同,因为合同当事人双方都是有能力的,进行了充分的考虑,而且限制是合理的。参见 [美] 基斯·N. 希尔顿:《反垄断法:经济学原理和普通法演进》,赵玲译,北京大学出版社 2009 年版,第 34~35 页。

数量卡特尔与价格卡特尔有着密切的联系。单纯限制数量并不构成一个独立的目的，其如果不与价格联系起来则会变得毫无意义。因为价格卡特尔的最大不稳定因素来自于内部成员的不忠，在不限制生产数量或者销售数量的情况下，价格上涨所带来的高额利润就会诱惑着经营者为了追求利润的最大化而扩大生产或销售规模从而获取比遵守协议更多的利润。随着供给的增加，产品的垄断高价将难以维持下去。为了防止成员背叛，维持价格卡特尔的高利润，企业联合限制价格的同时也往往限制它的产量或销售数量。固定或变更价格协议在客观上会形成对生产数量或销售数量的限制。限制生产数量或销售数量可能会外在地呈现产品价格不同的一面，在数量限制之下的产品价格总体上会高于市场自由定价，这与固定或变更价格协议实施的效果是一样的。所以，可以说，一个稳定的价格卡特尔总会同时伴随着至少一个的数量卡特尔。

数量卡特尔的行为方式主要有三种形式：①限制产量。即参加者通过协议明确自己的生产配额，各成员只能严格按照自己生产限额进行生产，不得超限额生产。这种形式通过直接限制成员的生产量从而限制流通量，人为抑制供求变化，实现对价格的控制。②限制销售量。即直接控制投入市场的商品量而最终控制价格。③限制库存量。即通过限制成员的商品库存量，实现对市场投入量的限制，最终控制价格。

（三）分割销售市场或者原材料采购市场的协议

分割销售市场或者原材料采购市场的协议，又称为地域卡特尔，指若干同行业经营者之间共同划定或者分割地域市场、顾客市场或产品市场的行为。同价格、数量卡特尔一样，也是严重的限制竞争行为。

市场的划分避免了企业间的价格竞争，所形成的产品价格就不再反映市场竞争和价格规律，因而就等于间接地固定了价格。尤其当原本处于竞争的各方共谋划分顾客时，他们轮流提出最低报价，以便各方得到总营业额的适当份额。

划分市场协议是一种变相的价格卡特尔。价格卡特尔能直接为成员带来垄断利润，但是它并不打破既有市场总利润的分配比例，但划分市场协议，是以地域为基础确定市场总利润的分配，通常会打破原有的分配比例，甚至可能通过利润补偿使成员单位利润平均化。因此，它得以建立的前提条件是，大家同意就总利润进行分配，即每一个成员和其他成员企业共同承担风险。这一点不同于价格卡特尔。

只实行市场划分而仍进行价格竞争对协议主体来说意义不大，除非能够阻止成员从一个高价格区域转向低价格区域，如国际地域卡特尔。一般，在划分市场的同时只有再规定一个大致相近的价格幅度才可能实现划分市场的目的并维持划分市场协议。"大致的价格幅度"约束的市场价格属于策略性价格。[1]

划分市场协议既可以来自相关市场竞争者之间的协商,也可能基于一方主导力量来组织和协调各成员利益的分配,这种力量来源,常见的是工业产权。工业产权许可中的排他许可或一般许可都可能被用来作为划分市场的工具。

分割市场会产生以下两个后果:一方面,效益差的企业因为市场划分得到了保护而不被淘汰,效益好的企业因为市场受到限制而不能扩大生产和经营规模,从而对效益较好的企业来说是一种不合理的限制;另一方面,这些人为割裂开来的市场中,各垄断企业联合实施的非市场价格,会削弱消费者成本福利。

在具体案件的认定中,由于地域卡特尔常和价格卡特尔竞合,会产生认定价格卡特尔的这个中心被强化,"谴责被告划分市场的重要性被削弱"[2]。当然,如果在认定属于价格卡特尔问题上还存在不确定性,如中小企业价格卡特尔,那么市场划分也会加入进来"考虑价格固定和市场划分的效率之和"[3]。

划分市场具体形式包括划分地域、划分顾客和划分产品三种:

1. 划分地域

划分地域即竞争者之间根据地理区域所进行的市场划分。例如,甲方将其销售活动限定在中国的西部地区,而乙方将其销售活动限定在中国的东部地区;或者,甲方在城市的 A 区,乙方在城市的 B 区销售,丙方在城市的 C 区销售……一个行业中的几家最大的企业可以通过这种方法来避免相互之间的直接竞争。湖北省最大的两家啤酒生产企业东西湖和金龙泉就曾有这样的市场划分协议。双方约定在各自已经形成的市场范围从事销售活动,互不到对方的主要市场范围内做广告、主动开拓市场。其结果是在协议执行期内,武汉地区的消费者买不到金龙泉牌啤酒,荆门市周边的原荆州地区的消费者喝不到东西湖牌啤酒。[4]

---

[1] HBJ 是美国最大的律考辅导课程提供商,在 1977~1979 年,HBJ 和 BRG 公司展开了激烈的竞争。在 1980 年初,双方达成协议,授予 BRG 在乔治亚销售 HBJ 教材和使用 Bar/Bri 商号的排他性权利。双方同意 HBJ 不会在乔治亚与 BRG 竞争,BRG 也不在乔治亚以外与 HBJ 竞争。根据该协议,HBJ 获得每一个 BRG 注册学生 100 元并且可以获得超过 350 元后所有利润的 40%。在 1980 年的协议签订之后,BRG 的学费立刻从 150 元涨到 400 元。最后法院认定 BRG 与 HBJ 之间订立的协议构成垄断。See Palmer v. BRG of Georgia, Inc., 498 U.S. 46 (1990).

[2] 〔美〕盖尔霍恩、科瓦契奇、卡尔金斯:《反垄断法与经济学》(第 5 版),任勇、邓志松、尹建平译,法律出版社 2009 年版,第 193 页。

[3] 〔美〕盖尔霍恩、科瓦契奇、卡尔金斯:《反垄断法与经济学》(第 5 版),任勇、邓志松、尹建平译,法律出版社 2009 年版,第 194 页。

[4] 邓保同:"限制竞争行为与我国反垄断立法",载《华中师范大学学报》(人文社会科学版)1999 年第 1 期。

2. 划分顾客

划分顾客是指通过协议将特定的客户分给协议指定的企业。例如，甲方可以选择某些大型客户作为它的特殊顾客，而其他的客户则留给乙方；或者一方仅将其产品出售给团体机构，而另一方仅将其产品出售给零售商；或者把顾客按照男、女、老、幼进行分类，由不同厂家负责专门面向不同的顾客生产、销售。在这种情况下，不同的厂商仅向分配给自己的顾客群销售自己的商品，实际上也能够形成垄断价格，避免生产或销售同类产品的厂商之间发生竞争。

例如，乙公司是甲公司在某国销售酒精的分公司。但在该国市场上最大的酒精供应商是丙公司，其市场份额超过了50%。由于其他原因，丙公司决定停止自产酒精，专从乙公司处购买酒精。双方达成协议，乙公司仍将供应原来的大部分客户。而丙公司则除供应其原客户外，还供应原乙公司的小部分客户。乙公司同意其直销量只能占双方销量的25%，如果超过了这个限额，则向丙公司支付赔偿金。双方约定维持统一的销售价格，并且交流顾客情报和销量情报，协议期限为10年。该协议由于双方通过划定各自的顾客范围而划分了酒精市场。[1]

串通中标协议也应属于划分客户。在公开招标时，当事人通过协议只安排一家企业作中标的准备，其他的协议企业根本不参加投标，或者作虚假的投标，从而使所安排的企业很轻松地中标。当出现其他的招标时，便可以用同样的手段安排另外的协议企业中标。

3. 划分产品

划分产品，即各方商定生产同种类但替代性较小的产品来进行市场划分。在这种情况下，甲方销售一种特定类型的产品，乙方则销售另一种类型的产品。这些产品往往是互补商品，这些产品虽可以在同一地理区域内销售，但相互不可替代而具有划分市场的作用。例如，在60年代初期，将近95%的双面刀片都是吉利公司销售的，而希克保安刀片公司和美国保安刀片公司则是单面刀片的主要制造商。法院注意到："以吉利公司为一方，以希克保安刀片公司和美国保安刀片公司为另一方，双方都不想通过生产另一种类型的刀片来占据对方的销售市场。因此法院认为，它们之间不存在有效的竞争。"[2]

在我国《反垄断法》中，对地域卡特尔进行的是另类划分，即按照销售环节进行的划分，分为原材料市场和销售市场。其实，分割销售市场，可以分为两种情况：①经营者通过垄断协议划定销售某种产品的地域市场；②经营者约定分

---

[1] 本案由丹麦"BPKemi/DDSF案"改编，具体参见阮方民：《欧盟竞争法》，中国政法大学出版社1998年版，第372页。
[2] 梁上上："论行业协会的反竞争行为"，载《法学研究》1998年第4期。

别将产品销售给不同的对象,例如,约定部分经营者只能将产品销售给固定的经销商,而其他经营者则只能将产品销售给其他经销商。分割原材料采购市场,旨在打压原材料的采购价格,也可以包括两种情况:①约定从不同的地理区域采购原材料;②约定分别从不同的供应商采购原材料。

(四)限制购买新技术、新设备或者限制开发新技术、新产品协议

该协议也称限制创新协议,指竞争者间签订的限制购买新技术、新设备或者限制开发新技术、新产品的协议。技术创新和产品创新都会在竞争力上得到体现,创新技术的应用、创新产品的出现会改变竞争结构,使创新者具有更强的竞争力。

按照我国《反垄断法》的规定,限制创新卡特尔所限制的客体包括三类:创新产品、创新设备、创新技术。按照美国学者克拉克的有效竞争理论,企业运用新技术、推出新产品、开发新市场、实行新的生产组织形式,可以获得"优先利润",并在竞争中占据市场优势地位,这类企业被其称之为"先锋企业"。抑制创新能够阻止"先锋企业"的出现,进而均摊利润。事实上,限制创新不仅仅是创新产品、创新设备、创新技术,限制开拓新市场等同样可以使经营者从诸多竞争者中脱颖而出。

另外,单从技术角度而言,限制创新与知识产权保护的理念不相一致,对此,许多法律制度都作了原则性规定。例如我国《合同法》第323条规定,订立技术合同,应当有利于科学技术的进步,加速科学技术成果的转化、应用和推广;第329条规定,非法垄断技术、妨碍技术进步的技术合同无效。

需要注意的是,我国《反垄断法》第13条规定的限制创新协议不同于第55条规定的知识产权滥用行为。[1] 限制技术购买或技术开发,可以是作为竞争者的生产企业间达成的协议;也可以是作为竞争者的技术开发企业之间达成的协议。知识产权滥用可以是单个主体实施,如在技术转让或许可合同中,让与人(许可人)通常会要求受让人(被许可人)接受一定的限制性商业条款,以保障让与人(许可人)在技术上的优势地位,减少技术转让所带来的潜在竞争;也可以是竞争者联合实施,如专利池的滥用。联合实施情况下其和限制创新协议的主要区别在于:①"滥用"是市场支配力施加于下游主体身上,而"协议"是同一环节主体间的合意;②"滥用"是交易中(作为)的滥用,"协议"是限制购买(不作为)。

---

[1]《反垄断法》第55条规定,经营者依照有关知识产权的法律、行政法规规定行使知识产权的行为,不适用本法;但是,经营者滥用知识产权,排除、限制竞争的行为,适用本法。

（五）联合抵制的协议

联合抵制，又称为集体抵制、共同拒绝交易，或集体拒绝交易，是经营者联合起来以损害特定竞争者利益为目的，联合起来对该竞争者拒绝供给、拒绝购买或促使经营者的交易人拒绝供给或拒绝购买以使竞争者陷入不利经营地位的行为。

联合抵制可以是三方主体，也可以是两方主体。在三方主体的情况下，经营者联合起来对竞争者的上下游主体施加不正当力量，要求上下游主体拒绝与竞争者交易（不供给或拒绝购买），这种抵制是间接联合抵制。在两方主体的情况下，经营者（联合）与合作者进行直接的利益对抗，其目标是实现（经营者或合作者的）群体利益，这种抵制是直接联合抵制。

直接实施的联合抵制主要以下几种方式：

第一，利用行业协会制定规则排挤竞争对手。行业协会是同业经营者之间为了增进共同利益而成立的组织。一般来说，行业协会具有参与上的开放性和自愿性，即具备组织章程规定条件的经营者都可以加入组织，并享有相应的权利。但在某些特殊的行业，行业协会成员的身份对于经营者从事经营具有特别重要的意义。如果行业协会成员联合拒绝接纳新的竞争者或者设置歧视性条件，将会有效阻止竞争对手参与竞争。在国外这样的案例十分常见。如在比利时，没有获得相关证书的洗衣机是不能被安装的，而证书是由洗衣机的制造者和专门进口国外生产的洗衣机的进口商才能加入的协会颁发的。尽管该协会打出的口号是维护公共健康，但是，这些规则却给予平行进口商以沉重的打击，因为除非它们能够获得有关证书，否则他们找不到能和他们做生意的分销商。这样，平行进口商在洗衣机销售中就陷入了十分被动的地位。欧洲法院认为，本案中所涉及的行为违反了《欧共体条约》第81条。[1]

第二，给竞争对手设置技术壁垒，阻碍竞争。由于某些技术设备的研发和普及需要耗费大量的人力、物力，单个企业常常难以独自完成。于是，同业经营者经常创立一些合作组织，并通过该组织联合研发新技术、新设备，共同开拓市场。但是，如果新技术、新设备（如某些重要的专利技术、设备等）一旦被这样的组织所控制，他们往往会不允许非成员使用，或者对非成员的使用设置歧视性条件，这将有效维护成员的利益同时排挤竞争对手。尽管专利技术具有天然的垄断性和独占性，专利所有人有权利决定专利技术是否授予他人使用，但在特定情况下，这种共同拒绝行为可能严重限制竞争，并由此受到反垄断法的规制。

---

[1] Eastern States Retail Lumber Dealers' Assn. v. United States, 234 U. S. 600 (1914).

1945年的《美联社案》就是一个涉及这一问题的典型案件。美联社是一个拥有1200个报社成员的合作性的、非营利的联合组织。该规章明确规定，不得将其成员内的新闻报道与组织外新闻报社共享，并且其新采集的报道材料只能上交美联社。美国政府认为，该规则阻碍了其他报社与美联社的公平竞争，给非美联社成员的新闻报社的竞争带来了严重困难，因此，这些规章制度是违法的。美国最高法院在审理后最终认定美联社有关规章制度违反了《谢尔曼法》。[1]

间接联合抵制需要借用上游或下游的力量来实现。此类联合抵制在我国的药品、商业零售、航空业领域较为常见。东星航空公司是刚刚获准从事航空运输的企业，实施薄利多销的经营战略。在正式开业前，其对外宣传的机票价格比市场同类价格低30%左右。但是，就在其开业后不久，诸多城市的机票代理点都拒绝销售东星公司的机票。经查实：南方、东方、海南等6家航空公司和40余家机票代理商、6家旅行社曾联合召开会议。会上他们宣布了四条对东星公司的禁令：①各机票代理点不准销售东星的机票，否则8家航空公司将终止代理商的销售；②不允许东星公司机票签转联程；③各旅行社不允许帮东星公司订票；④6家航空公司实施同一航线统一价格。前三项措施具有联合抵制的性质。

当然，联合抵制并非都是违法的，根据对竞争效率的影响，可以分为促进竞争的联合抵制和反竞争的联合抵制。

促进竞争的联合抵制是能够产生效率，使得市场更有竞争性的联合抵制。如国内企业之间共同拒绝购买外国相关产品，对于国内的竞争没有明显的破坏。

反竞争的联合抵制通常发生在以下的情况，即联合相关企业取得市场支配地位，通过直接拒绝与竞争对手进行交易，或者迫使供应商或者客户中断与这些竞争对手进行交易，从而将竞争对手置于不利的地位。这种联合抵制通常是拒绝某企业获取某种必须的产品、设施、资源等。这种联合抵制的反竞争影响相对明显，而促进竞争的效果相对较弱。

所以，对联合抵制行为的正当性，需要进行效率抗辩。在我国，效率抗辩主要考虑该种行为是否具有《反垄断法》第15条规定的竞争效率。例如，中小企业联合抵制协议并不使当事人的联合具有市场支配地位，那么这种联合是有可能保持市场竞争并增强中小企业与大企业抗衡的能力。又如，如果被抵制者处于严重的不利地位，或者无法竞争，甚至被排挤出市场，那么这种联合就是反竞争的；如果该企业仍然有获得它被拒绝前欲取得的其他相同或者类似的交易机会，那么这种联合抵制就不是反竞争的。

---

[1] Associated Press v. United States, 326 U. S. 1 (1945).

三、行业协会参与的垄断协议

不同的国家或地区对行业协会的称谓不完全相同。日本《关于禁止私人垄断及确保公平交易的法律》称之为"事业者团体",德国《反不正当竞争法》称之为"产业团体",美国判例曾使用"行业协会"和"职业协会"两个概念。[1] 在我国商会与行业协会有广义和狭义之分。广义上的行业协会包括商会,此外还包括职业者的联合(或称之为职业协会),如医师、律师、会计师等;而狭义上的商会属于行业协会。原初这种划分的意义在于确立组织的性质,但现今,由于这些职业协会都存在营利的情形,在这个意义上,单独使用商会和行业协会已无特别意义。我国有些地方有关行业协会的立法中,也统一了这两个概念,如《温州市行业协会管理办法》第2条规定:"本办法适用于本市行政区域内依法设立的各类行业协会、商会、同业公会(以下统称行业协会)。"本书在此不作严格意义上的区分。

行业协会的功能是多重的,基本功能是:代表行业的所有厂商与政府沟通、游说,公布产品的标准,发布行业数据,设立产品标准,出版行业期刊、报纸,组织业务交流等。这使得它与垄断具有某种天然的联系。

传统上,行业协会的自我管理和早期卡特尔的创建目的及活动内容非常相似,甚至一些行业协会并不掩饰其联合组织的特性:在章程中明确规定一致销售价格或市场协同价格,并明确违反规定的处罚措施。在民国时期,为达到抵制日货的目的,天津的《木商同业公会简章》规定:"各号售货每星期日报告,以便注册,将存货物卖结为止;必须团体坚固,始终如一,以昭大信;各号所存仇货(即日货)业经报过商会,从此不得再买,如私行批买,一经查出任凭各界联合会处置;如有用户破坏本会章程,自行购买仇货者,一经同业查出即行报告各界联合会扣留罚办,以做效尤,藉资巩固;倘有私买仇货知情报告者,以该货多寡估价,抽罚五成以一成赠报名人,以四成充办地方公益,以示大公。"[2]

美国19世纪末期成立的铁路干线价格卡特尔是一种典型的自我管理组织,内部不仅有专业的管理机构和协调机构,也有相关制度性规则。在《州际商业法案》和《谢尔曼法》出台之前,该组织曾像现代行业协会一样,向政府或国会反映成员诉求,只是由于无法证明其活动符合大众利益而使期待卡特尔合法化的

---

[1] 梁上上:"论行业协会的反竞争行为",载《法学研究》1998年第4期。
[2] 天津历史博物馆南开大学历史系《五四运动在天津》编辑组编:《五四运动在天津——历史资料选辑》,天津人民出版1979年版,第246页。

目标最终落空。[1] 可见，行业协会和卡特尔之间在历史上如此"志同道合"，这或许是现代各国反垄断法都不敢轻视行业协会并将其作为一种重要的主体在规范中予以明确警示的根本理由。

现代社会，行业协会本身的卡特尔特性已经退化了，型塑为介于政府和企业之间的组织，并发挥克服"政府失灵"和"市场失灵"的特殊功效。法律上给予它合法的地位和身份——一经登记注册，它就成为来源于成员，又独立于成员的实体。它的公开、独立、合法的身份与卡特尔的隐蔽、连带、违法的特性形成鲜明的对比。但法律的规划并不能保证行业协会被牢固地束缚在限定的范围内，行业协会时常扶助成员企业走回到历史的老路上。

反垄断法中的行业协会的身份具有双重特性：一方面行业协会为了维护成员的整体利益可以原告主体的身份到法院起诉，即以受害者代表的面目出现；另一方面行业协会在业务协调和管理中可能促成卡特尔，即成为致害者（根据波斯纳的早期（1970年）研究，所有反托拉斯案例有43.6%涉及行业协会）。[2] 前者是积极身份，后者是消极身份。我国《反垄断法》上只规定了行业协会的消极身份。[3]

（一）组织卡特尔的理由和基础

行业协会基于利益需求，包括自身的和成员企业的利益需求，具有进行反竞争行为的天然倾向。行业协会自身的优势使其与限制竞争行为之间如此靠近，以至于其时常充当卡特尔的幕后黑手。

行业协会的性质和工作方式为创建价格卡特尔提供某种组织条件。

自治性是行业协会最本质的特征。行业协会由法人或非法人组织自愿组成，并按照章程开展活动来实现会员的共同意愿。其组织机构的管理人员通过民主选举产生，且大多由有资历、有威望、有实力和能力强的企业主担任。行业协会在法定范围内，独立自主地管理自己的事务。表现为自愿入会、自选领导、自聘人员、自筹经费、自理事务。

法律上，行业协会不具有政府享有的管理权力。在活动方式上，坚持自我管理、自我服务、自我协调、自我约束、自我教育的方针。但是，行业协会内部容

---

[1] 关于此活动的历史记载，请参阅〔美〕小艾尔弗雷德·D.钱德勒：《看得见的手——美国企业的管理革命》，重武译，商务印书馆1987年版，第157~158页。

[2] 〔美〕丹尼斯·卡尔顿、杰弗里·佩罗夫：《现代产业组织》（上），黄亚均等译，上海三民书店、上海人民出版社1998年版，第270页。

[3] 参见《反垄断法》第13条和第16条的规定。在此仅探讨其消极身份，积极身份在"反垄断法实施"一章展开。

易产生类似于政府权力性质的管理与服从关系。一方面行业协会整合本阶层利益，形成企业家的利益代表和利益表达的机制，即通过一定的渠道向政府反映这个组织群体阶层的经济和政治诉求，沟通和协调企业与政府、企业与社会的关系，排解不正当的行政干预，维护会员企业的合法权益，从制度环境中体现成员的心声和反映成员的呼声；另一方面，成员整体利益受侵害时以集体的力量对抗总比个体分散力量对抗具有更强的优越性，从抗击风险这一点，行业协会和初期的卡特尔具有设立缘由上的一致性。

作为代言人的行业协会处于政府之下、企业之上的特殊位阶，在政令的传达和内部管理过程中原本来自于成员集体的意志会转化为行业协会的权威。这样，作为利益维护者的行业协会，在维护企业会员的整体利益，降低行业风险求得公平竞争环境的活动中很容易赢得威信。此外，会员资格、质量标准、产品代码、资质认证、行业道德标准的制定等都似同管理者从事管理活动。也有人认为，行业协会本质上是其成员建构的一种具有网络性和组织性的关系实体，行业协会是一种关系网络。[1]该关系网络通过内部的规章制度，确保其存续上的永久性，并通过为成员谋利益而能够获得成员的心理认同。

根据美国学者黑尔和凯勒对美国司法部价格操纵案件的研究，在超过15家厂商共谋的8个案例中，有7个是涉及行业协会的，而在所有这7个案例中牵涉的厂商超过25家。弗拉斯与格里尔发现总计有29%的案例涉及行业协会，所有价格操纵建立中36%涉及行业协会，而且案例中厂商书面的中位数是16。[2]

行业协会管理上的优势有利于促成卡特尔。这些优势体现在以下方面：

（1）信息优势。行业协会提供了一个信息交换的平台，行业协会的管理建立在广泛占有信息的基础上。这里的信息包括行业协会各成员产品的主要信息，非行业协会成员企业的相关主要信息，甚至整个产品市场的信息、国际市场的相关信息等。较单个企业或者部分企业的自我联合来说，行业协会对信息的掌握具有全面性、实效性和宏观性。建立卡特尔需要的客观条件和主观条件，行业协会依据掌握的客观和主观信息较单个企业或者部分企业私下联合达成限制竞争协议具有节约成本的优势。

（2）协调优势。行业协会的主要职能之一就是协调成员企业之间的行为。与私人协调相比较，行业协会协调的专业性和权威性更加明显。与政府协调相比较，行业协会因站在"行业"的立场上具有较强亲和力，所作出的决策更容易

---

[1] 鲁篱：《行业协会自治权研究》，法律出版社2003年版，第258页。
[2] [美]丹尼斯·卡尔顿、杰弗里·佩罗夫：《现代产业组织》（上），黄亚均等译，上海三联书店、上海人民出版社1998年版，第270页。

被成员接受和执行。成员企业都享有独立的经营自主权,但作为竞争主体,难免在市场竞争中发生冲突。为了整个行业的整体利益,行业协会也愿意并积极地对众多企业的行为进行协调。

(3) 组织优势。行业协会组织比政府和单一企业更便于反应和表达同类社会成员的共同问题。而且行业协会本身具有规模效应、外部经济和一致性集体行动优势,以这种组织效率为基础,成员企业可以获得整体认同感。

(4) 监督优势。达成的卡特尔在执行中,若有背叛行为,行业协会可以采取某些处罚措施来惩罚背叛者。尽管有些处罚不能与法律的强制力相互衔接,但内部的组织性惩罚常常成为推行其决议或命令的后盾。[1] 更何况在大多数情况下,这些决议或命令是符合协会大多成员利益的,为大多数成员所支持。

除了这些优势吸引企业加入行业协会并希望接受其提供的服务外,有时还存在被动加入或被裹挟执行决策的情形,即不加入行业协会或加入后不执行集体决策的企业将被集体抵制,甚至因集体抵制而被挤出市场。这种涉及生存的威胁往往比内部处罚更令企业恐惧,依此建立起来的卡特尔会更稳固、更持久。美国20世纪40年代和50年代,全国房地产协会和地方房地产协会达成了协议。要求所有成员按统一佣金率提供服务,而且,还通过了专业房地产商加入协会的进入壁垒——公司有足够大的客户基础。而没有加入地方协会的地产商,不能获取协会所控制的任何一个地方的待售房屋。这个决议使地方协会可以有效地阻止非成员的业务。同样,如果破坏协会的统一决定,惩罚的威慑力也相当大。由于卡特尔力量的不断壮大,从20年代(美国房地产市场)的佣金率2%～3%上涨到50年代的5%,到了60年代,佣金率已经达到6%～7%。[2]

总之,相比主体间私下结盟,行业协会的存在简化了谈判的过程,并限于"内部"协调而不容易在创建时暴露行踪,因而具有结盟隐形化的特点。

行业协会介入其中从事的限制竞争行为的种类很多:划分市场、限制产量、固定价格、集体抵制等。其中,最常见的就是固定价格(价格卡特尔)行为。在固定价格行为中,西方早期的公开卡特尔形式由于太露骨在现代已经不多见,更为隐蔽的"信息交换"形式渐渐占据上风。对行业协会的这种"印象派创作",先反垄断立法中已经有了大致明确的说法,而后反垄断立法中对此尚付阙如,这种反差本身就是关注此行为的最好提示。

成功企业的营销策略建立在市场充分调查并获取翔实市场资料的基础上,这

---

[1] 1998年,中国农机工业协会曾对山东时风集团等企业以不执行行业自律价为由,进行了罚款处罚。
[2] [美]丹尼斯·卡尔顿、杰弗里·佩罗夫:《现代产业组织》(上),黄亚均等译,上海三联书店、上海人民出版社1998年版,第271～272页。

些数据包括有关价格、销售、库存、原材料、需求等方面的信息。但是，上述很多信息往往被信息所有者作为商业秘密封闭起来，获取这些信息并不是一件轻而易举的事情。信息的阻滞制约了企业制定适应市场的最佳经济策略，造成生产与销售的盲目性。对于某一行业来说，行业内信息的充分公开，对本行业经济效率的提高和本行业的长远健康发展都是有利的。因此，行业协会主导的信息交换便具有了诸多有利的影响。但是，信息交换也可能演化为限制竞争的一种特殊形式，即在行业协会的主导和协调下经营者彼此之间掌握了对方的信息及整个行业的情况，形成价格同盟或价格趋同。

正常的信息沟通和信息交流式的价格卡特尔之间的差别在于：前者吸纳信息后，价格的输出是各自进行的，且价格离散化；后者在定价行为上表露出高度一致性或交错行动的规律性。因此，认定这种类型的价格卡特尔就需要具备两个条件：信息沟通，价格一致或趋同。

行业协会促成信息交换的形式主要有：

（1）由行业协会直接组织的信息交流。在这类信息交流中仍能体现行业协会的主导作用。具体表现为积极召集、主持会议和进行价格引导。行业协会通过召集成员企业召开联席会议，互通有关价格、库存、商业计划等方面的信息。所谓主持会议，往往是行业协会站在成员团体立场上综合分析市场价格趋势，发现自身的优缺点，扬长避短。可能行业协会不会强制性地要求成员企业必须执行某种固定价格，但经常的做法是作引导性分析、聚合性价格提示。当然，行业协会所作的分析或提示不等于市场价格凝滞，如果在此情况下市场产品价格仍属于多元化或者具有价格波动的常态，就不能认为形成了价格卡特尔，认定为卡特尔还需要有成员企业的统一行动。

（2）行业协会在成员内部发布信息指南。发布信息指南似乎只是一个数据汇编，缺少综合性分析和倾向性引导。一般情况下，仅仅发布信息指南和价格卡特尔之间似乎没有直接的关联，但行业协会所收集和整理的信息为价格卡特尔的形成提供基本的技术数据。一般情况下，行业协会发布信息指南都抱有提携涨价的目的，只是有时将这种目的直白表达，有时更加隐讳。在信息指南的基础上，成员企业可以利用有关方面的信息将固定价格的意向交由行业协会，行业协会再向其他企业发布。虽然行业协会发布信息指南，和成员企业形成固定价格之间可能缺少联结点，但也可能很容易地连接起来。

（3）行业协会为成员提供信息交换平台。行业协会会以一种更为隐蔽的方式来影响竞争，其中最常见的是，为成员企业提供信息交换的平台。如行业协会在其官方网站或者电子刊物的特定区域开辟一个专栏，用于各成员企业在其上发布各自的信息。这一方面比发布信息指南更及时地跟踪市场信息,增加信息的准确性;另一方面也减少了交易相对方的搜索成本。当然,也可能由此使各成员企业的价格趋于一致,形成事实上的价格同盟。

卡特尔从公开明示协议式到信息交流式的"进化"和法律对卡特尔所营造的严肃环境有关,与行业协会在其中发挥的作用更是紧密相联。甚至毫不夸张地说,行业协会的不适当举动扩大了卡特尔的内涵和外延,尤其是协同行为的广泛出现。

(二) 行业协会违法行为的规制

行业协会进行反竞争行为,若采用决议、命令等形式,则依此证据可径直认定其违法性。为躲避反垄断机构的调查,行业协会通常不会在公开场合探讨协调行为等方面的问题,也不愿意通过明确的书面协议确认最后的结果。为了掩盖会议的内容,他们会采用特殊方法,如进行电话联系时,宁愿使用公用电话亭的电话而不使用办公室的电话。[1] 在这些情况下,即使成员企业采取了协调一致的行动,也很难认定是行业协会进行了反竞争行为。对此,一些国家或地区的法律采取了模糊化的应对措施,以防万一。《欧盟条约》第85条规定:"如果企业间的协议、企业协会的决定或者联合行为可能影响成员国之间贸易,并且在目标或效果上阻止、限制或者扭曲共同体市场内的竞争,尤其是在以下情况下,则应当被禁止,并被自动认定无效:①直接或间接地固定商品买卖的价格或任何其他贸易条件;②限制或控制产量、市场、技术发展或投资……"这里的"联合行为可能影响成员国之间贸易,并且在目标或效果上阻止、限制或者扭曲共同体市场内的竞争"包括了决定方式但不限于决定方式。我国《反垄断法》第16条规定:"行业协会不得组织本行业的经营者从事法律禁止的垄断行为。"但是,何谓"组织"?是否包括上文提到的"组织信息交流"、"制作发布信息指南"、"提供信息交流平台"?恐怕还需要对此作进一步的扩张解释。

对于行业协会组织的卡特尔应承担的责任,日本在2000年5月再次修改《禁止垄断法》,在原有的基础上扩大了损害赔偿诉讼的范围,即将事业者团体的行为追加为反垄断法损害赔偿的适用范围。我国《反垄断法》第46条规定:"行业协会违反本法规定,组织本行业的经营者达成垄断协议的,反垄断执法机构可以处50万元以下的罚款;情节严重的,社会团体登记管理机关可以依法撤销登记。"可见,对行业协会的违法行为,违法者只承担行政责任,不承担民事责任,受损的他人只能要求行业协会的成员承担民事责任。

---

[1] 〔美〕马歇尔·C. 霍华德:《美国反托拉斯法与贸易法规——典型问题与案例分析》,孙南申译,中国社会科学院出版社1991年版,第102页。

另外，还涉及一个问题，就是行业协会作出具有卡特尔性质的决定时，投反对票的成员是否可以免责，换言之，公司法上的免责是否能平移到反垄断法上。[1] 我国《公司法》第113条规定："董事应当对董事会的决议承担责任。董事会的决议违反法律、行政法规或者公司章程、股东大会决议，致使公司遭受严重损失的，参与决议的董事对公司负赔偿责任。但经证明在表决时曾表明异议并记载于会议记录的，该董事可以免除责任。"行业协会的决议不以全体成员合意为必要，只要普通多数通过即可，且对未参与表决或反对者亦有拘束力，理论上称之为"合成行为"。[2] 是否有必要像《公司法》那样区分出决议中的反对派？有学者认为，"不论是通过补充《公司法》'法人人格否认制度'的适用情形，还是通过增加反垄断法损害赔偿责任主体，都应当追究垄断企业内部直接责任人的损害赔偿连带责任，当然同时也应注意适用除外的情形，即：能够证明其已尽到适当的注意义务并努力阻止公司实施垄断行为的除外"。[3] 事实上，对垄断行为的认定，不需要特别强调主观要件，甚至完全不关注主观要件。在此基础上，对反对派的归责应该分三种情况处理：①如果行为已经实施，且反对派也随同实施，则反对派与其他成员承担同样的法律责任。包括受到强制不得不随同实施也应承担责任，因为此种情况下，反对派可以检举揭发垄断行为获得宽免。②如果其他成员执行了决议而反对派没有执行决议，则不应该处罚反对派。③如果总体上决议均未执行，在适用《反垄断法》"尚未实施所达成的垄断协议的，可以处50万元以下的罚款"时，反对派的意见可以作特殊考虑——减免处罚。

第三节　纵向垄断协议

一、纵向垄断协议的分类

根据常用的限制手段，纵向垄断协议又可以分为纵向限制价格协议和纵向非

---

[1] 当然，这个问题只有《反垄断法》规定公司的高管对垄断违法行为承担责任这个前提下才有实践意义。
[2] 与合同行为酷似而实有不同者，为决议及选举。在决议表决或选举投票之意思表示，同向一方面之点，以及意思表示须达多数一致之点，酷似合同行为。然在前者数当事人之意思表示必须总结合为一致，而各意思表示不失其独立性，其行为仍止于为意思表示人之行为，在后者依多数决之原则。对于未参加决议或投票，甚至为反对之意思表示者，亦有效力，而依多数决所集合多数之各个意思表示，失其独立性，而成为别一独立之单一全体意思，二者大有不同。故有以前者为结合的合同行为，而以为集合的合同行为，然不如以此为合成行为，而有别于合同行为。参见史尚宽：《民法总论》，中国政法大学出版社2000年版，第311页。
[3] 时建中："我国反垄断法的特色制度、亮点制度及重大不足"，载《法学家》2008年第1期。

限制价格的协议。在纵向非限制价格协议中，常用的手段是独家交易（包括具有地域划分的分销协议）、搭售、知识产权许可等。由于纵向非限制价格协议大都是依赖支配地位剥削或掠夺交易人，"协商"并"利益均沾"的成分较少。故而，有关国家的立法大都将其归入滥用市场支配地位之中。我国《反垄断法》亦如此。

除了滥用市场支配地位从事纵向限制外，非依赖市场支配地位的纵向协议一般根据合同法中的合理性来判定是否有效。此外，一些国家（地区）的法律还关注介于市场支配地位和合同平等地位之间的一种状态——优势地位，并在法律中规定了优势地位情况下的限制交易，进而构成了法律上的纵向非限制价格协议。

（一）纵向限制价格协议

纵向限制价格协议，也称限制转售价格协议，是指经营者固定或限定交易人向第三人转售商品价格的协议。

限制转售价格的成立，首先要求协议的内容涉及两个交易关系，即生产商或供应商与销售商之间的交易关系、销售商与第三人（零售商）之间的交易关系，且后一个交易关系的价格内容在确定前一个交易关系时已经被事先确定。如果限制价格涉及的只是一个交易关系，则不构成限制竞争行为，如生产商与经销商之间是代理关系或寄售关系，代理行为和寄售行为不独立，其后果由本人和委托人承担，故代理人或寄售人的销售行为属于本人和委托人的销售行为，而不是转售行为。英美国家还将母子公司之间的关系视为非独立主体之间的关系，涉及的固定价格销售通常被认为是内部关系，而不是限制转售价格关系。

其次，转售价格是固定价格或限定价格。对于被限制转售的经营者而言，如果可以执行该价格也可以不执行该价格，不执行该价格，不会受到施加限制的另一方经营者的威胁或经济上的制裁，则不构成限制转售价格。实践中，一种较为常见的类似限制转售价格的情形是建议零售价。通常，建议零售价是生产商没有事先通知零售商而在产品上标注的，是生产商的单方行为。建议零售价制度的优点在于为消费者选购商品提供了直接的价格参考，消费者可以判断零售商对商品的定价相对于厂商建议零售价的高低。对于制造商而言，该建议零售价是制造商希望零售商出售该商品的价格；对零售商而言，由于存在建议零售价，在对该商品定价时会适当考虑围绕该价格定价，而不会盲目定价。从法律角度，这种建议零售价是没有法律约束力的，转售商可以遵守也可以不遵守，制造商也不会因为某一零售商没有遵守该建议零售价格而对其采取制裁措施。但如果生产商或批发商采取强制措施，迫使转售商不得不遵守此"建议"，如对不遵守"建议"的转售商采取拒绝供货、限量供货、只供应不畅销货物等手段进行制约的，就应认定该种建议零售价格属于限制转售价格。

依据不同的分类标准，可将纵向限制转售价格分为不同的种类：

（1）按照对价格的限制幅度的不同，可分为固定转售价格和浮动转售价格。固定转售价格，是交易双方所限定的价格为固定不变的单一价格，下游企业只能按照这个单一价格出售商品，不得改变，否则视为违反约定。浮动转售价格，是指交易双方约定一个价格范围，下游厂商可以在这个价格范围内任意定价，如规定售价的上限和下限，或者规定以进价的一定百分比作为上下限，在此范围内的定价都符合约定。浮动转售价格又分为最低转售价格和最高转售价格两种。最低转售价格，是交易双方约定转售商品的最低限价，即下游厂商只能以高于这一限价的价格出售商品。最高转售价格，是指交易双方约定转售商品的最高限价，下游厂商之定价不得超过这个上限。

（2）按照约定的表现形式，可以分为明示转售价格、默示转售价格与承认转售价格三种。明示转售价格，即经营者以口头或书面方式明确的价格，并要求下（上）游厂商遵守转售价格的约定。默示转售价格，即经营者未对交易人明示限制交易人的订价自由，但交易人如果定价低（高）于一定标准，则对之施以"经济制裁"。承认转售价格，即经营者未明确规定交易人的转售价格，但规定交易人在确立某一销售价格前，必须经过经营者的同意。

（3）依转售层次的限制不同，可分为一级转售价格限制和二级转售价格限制。一级转售价格限制，是指交易双方就下游企业将商品转售于第三人时的销售价格加以限制。二级转售价格限制，是指交易双方不仅就下游企业将商品转售于第三人时的销售价格加以限制，还要求下游企业对第三人再转售时的销售价格（即再转售价格）加以限制的行为。[1]

以上各种分类当中，限制最低转售价格、限制最高转售价格与建议零售价的分类已被一些国家的立法所采用。如欧盟执行委员会于1999年通过的《垂直协议群体除外规则》第4条（a）规定："卖方不得要求最低售价，得作建议售价或限制最高转售价格，但不管任何方式，都不得直接或间接造成固定转售价格或限制最低转售价格。"美国的司法实践也对限制最低转售价格与限制最高转售价格区别对待。

（二）纵向非限制价格协议

1. 独家销售协议

独家销售协议也称排他性销售协议，是指出于转售某种商品的目的交易一方

---

[1] 赖源河：《公平交易法新论》，元照出版有限公司2005年版，第272页。

向另一方承诺,在特定市场只向对方提供商品的协议。在经济生活中,独家销售协议是很普遍的现象。这种协议有利于降低销售费用,提高产品质量,改善售后服务,并且可以灵活地在企业间分配经营风险。所以,世界各国对独家销售协议一般采取宽容的态度。

但是,同其他非价格约束一样,如果独家销售涉及的市场范围过大,或者通过这种销售加强了市场支配地位,这种协议也可能被视为违法。欧共体《纵向协议和纵向协调行为适用欧共体条约第81条第3款的第2790/99号条例》对独家销售协议的违法性与合法作了基本界分,体现在第2、3条的规定上。一个纵向协议要得到集体豁免,协议当事人的市场份额不得超过一定标准。如果一个纵向协议的供货方在其出售协议产品或者服务的相关市场份额不超过30%,或在独家销售的情况下,买方在其协议产品或者服务的相关市场上的份额不超过30%,协议可以得到豁免。当然,如果一个协议的市场份额超过了30%,这个协议不能得到集体豁免,但当事人可以要求欧共体对该协议进行个别分析和审查,寻求个别豁免。

2. 独家购买协议

独家购买协议,是交易一方向另一方承诺,除了对方交易人或者由其指定的第三人外,该当事人不得从其他任何供货商处购买特定商品的协议。

独家购买协议有助于推动供货商的生产活动,同时对销售商也可能有利。销售商可以获得稳定的货源,甚至可以获得供货商资金和其他经济方面的资助,改善销售条件,提高其市场竞争力。此外,独家购买协议也可能利于消费者。消费者可以更方便地获得自己需要的商品,在同类产品不同品牌之间的竞争中获得好处。

同独家销售协议一样,独家购买协议所影响的市场范围不能过大。衡量受影响的市场范围一般要考虑协议当事人的市场份额、交易量以及这个交易量在相关市场所占的份额等因素。

3. 选择性销售协议

选择性销售协议是产品的制造商或者供应商与符合条件的销售商之间就产品销售商的限制条件达成的协议。它是制造商根据一定的资格标准(员工技术水平或者场地的要求等)选择销售商的一种销售方式,通常适用于某些高档、精密、复杂的产品,如汽车、电子设备、高档首饰、高档手表、高档化妆品等。

选择性销售协议具有很大的合理性。产品的制造者希望具备一定资格和条件的销售商销售其产品,以保证这些复杂、精密、昂贵的产品能够得到妥当的维护和销售。当然,制造商不仅会对销售商有一定的专业要求,还会规定一个统一的价格。不过人们普遍认为,虽然销售商之间基本不存在价格竞争,但销售商之间非价格竞争带来的好处超过了供货商限制销售价格的不利影响。对此,欧共体法院认为,只要供货商是根据客观的质量标准选择销售商,例如销售商的专业水平、人员情况和物质条件等,而且这些选择条件是一视同仁地适用于所有的销售商,不存在歧视,那么这种选择性的销售协议就是合法的。欧共体委员会和欧共体法院在认定选择性销售合法性方面发展出了三个原则,即必要性原则、适当性原则和无歧视原则。[1]

4. 特许专营协议

特许专营协议是独立企业之间,一方许可另一方使用自己所拥有的商号、企业形象、厂商标记、专有技术和其他知识产权等,提供技术上以及经营上的帮助,并就其特许经营的产品或服务收取特许权使用费的协议。特许销售方式是生活中非常常见的一种方式,如麦当劳、肯德基等。

特许专营协议在经济上具有一定的合理性。正如欧共体委员会在1988年《关于特许专营协议集体豁免条例》中所指出的,这种协议可以是特许权人利用有限的资金建立一个统一的特许专营网络,由此便利新的供货商特别是便利中小企业进入市场,从而强化生产商之间的竞争,改善商品的销售。此外,这种协议也为独立的销售商开展新的经营活动创造了条件。通过这种协议,特许权人可以向专营人提供其经验和资助,为这些销售商与大商业企业开展竞争创造有利条件。再有,在特许专营条件下,特许权人对被特许人的产品或服务都有统一、严格的质量标准,也有利于增进消费者的质量福利。

特许专营协议是排他性交易的深化。其所具有的排他性表现为禁止从第三人处购买同类产品。它之所以属于排他性交易的一种例外形式,是由知识产权的影响和它本身的实践作用决定的。特许经营搭借知识产权等无形财产权利建立起来的垄断经营,知识产权在反垄断法中的地位在特许经营中被同样适用,包括知识产权垄断和滥用。

在特许专营协议里往往也会含有很多限制性的规定,如限定被特许人购买商品或原材料、限制被特许人的销售区域等。这些限制性规定如果是维护特许经营所必需的,则可以得到豁免;如果超过了必要和合理的限度,则可能被认为违法。如特许人向被特许人提供专有产品以外的产品,即有关被许可使用知识产权范围之外的产品,则限制了经营者的销售自主权,具有搭售的性质。我国商务部2004年12月制定的《特许经营管理办法》第10条对以合同固定购物渠道的限

---

[1] 参见王晓晔:《竞争法学》,社会科学文献出版社2007年版,第280页。

制作了明确规定,特许人应当履行下列义务:按照合同约定为被特许人提供货物供应。除专卖商品及为保证特许经营品质必须由特许人或者特许人指定的供应商提供的货物外,特许人不得强行要求被特许人接受其他货物供应,但可以规定货物应当达到的质量标准,或提出若干供应商供被特许人选择。[1]

可以看出,特许经营协议的合理性,主要基于条件的公开性和谈判的充分性,大多数情况下协议都能够实现双方权利、义务的平衡,并不会对第三人带来不利影响。但特殊情况下,也可能产生损害第三人利益的情况。不过,这个特殊条件在法律上如何表述仍是个难题,尤其是和滥用市场支配地位的关系如何界分。所以,迄今大部分国家都没有如上述欧盟委员会那样确定的具有补充(市场支配地位)性的优势地位的规定。

二、实施纵向垄断协议的目的

纵向限制竞争协议能够产生两种间接的经营效果:一是促进制造商形成卡特尔;二是如果零售商有多个,事实上形成零售商卡特尔,"制造商起到了卡特尔协调者和设施者的作用"[2]。在这个意义上,纵向垄断协议也可以称为"纵向卡特尔",以示区别于竞争者之间达成的卡特尔。[3]

一般而言,纵向垄断协议可以满足达成协议的交易双方的意愿,这点区别于滥用市场支配地位的行为,后者往往是基于支配地位主体的强迫。当然,即使能够满足交易双方的意愿,交易双方签订协议的目的也会有所不同。

就生产商来说,意图限制转售价格的主要目的有以下方面:

(1)减少来自销售商的压力。生产商与销售商有各自独立的利益目标。在利润分配中,价格是平衡各主体利益的一个重要的因素。谁控制了价格谁就占据利益分配关系的主动。若生产商控制了产品的价格,就可以实现保持利润前提下的产量控制;若销售商控制了价格,就可以使销售风险最小化。销售商为了获得更大的利润,通常要扩大销售量,而扩大销售的基本方法是降低价格。所以,生

---

[1] 国家经贸委2002年制定的《关于规范加油站特许经营的若干意见》也明确了合同限定的合理性范围,该意见第8条规定:受让人必须履行以下基本义务:遵守特许人的经营方针和政策,自觉维护特许经营体系的名誉及加油站的统一形象,不得有以下行为:销售第三方油品;自行开展促销活动;从事合同约定之外的其他经营活动。

[2] [美]基斯·N. 希尔顿:《反垄断法:经济学原理和普通法演进》,赵玲译,北京大学出版社2009年版,第205页。

[3] 尽管"纵向卡特尔"的概念并不通用,但在评价纵向限制协议的违法性时,重点考查对市场的影响,主要来于纵向限制协议是否促成了单一价格的形成,即是否形成了卡特尔。第一个将限制转售价格划归《谢尔曼法》调整的案件——1911年 Dr. Miles 案的违法性证明就是:限制转售价格计划本质上是一种卡特尔,为此,"纵向卡特尔"这个概念的使用有其实践价值。

产商会经常受到销售商投奔其他生产商（即生产商的竞争者）即"逃跑"的威胁。生产商采取限制转售低价可以控制并避免销售商"逃跑"。在产品属于知名品牌、驰名商标或生产商价格卡特尔时，这种价格控制的目的可能被实现。

（2）防止下游销售商之间相互搭便车。对于消费者而言，有时售前或售中服务很有必要，尤其是在购买一些高档商品或特殊耐用商品时。假设存在一种对消费者很有价值的售前服务，一个销售商为了吸引顾客而采用了宽敞的展厅、雇佣有专业知识的人员为其提供购买咨询、现场演示等服务，这些服务成本最终要加算到商品的价格中并使商品的价格提高。另一个不提供售前服务的销售商可能会诱导消费者到提供这种售前服务的销售商处进行咨询、试用，最后再到不提供售前服务的销售商处以较低的价格购买该商品，消费者也会选择同质量而价格低产品。这样，不提供售前服务的销售商就以低廉的价格抢得了生意。长此以往，会降低产品的形象，使商品总的销量下降，对生产商造成不利影响。这种搭便车现象的存在，使提供售前服务的销售商要么降低售前服务的内容和质量，要么决定取消售前服务。为防止出现不利影响，生产商可以规定一个最低销售价并对提供售前服务的销售商进行特殊处理。

（3）生产商在特殊情况下可以以此排解内在积压成本的压力，即生产商在市场供应过剩的情况下，可能会迫使独立的销售商压低价格、加大销售产品的速度（限制转售高价），以减轻存货过多的压力。

（4）生产商为了保持其产品高档次、高品味的形象，希望把产品的转售价格保持在较高的水平上，以提高其产品的公众形象，并保证零售商能够获得足够的利润，以使后者忠实地与其合作，继续推销它的产品，这种情况下生产商往往会限定产品的最低转售价格。例如，化妆品、药品（未实行国家限制价格的药品）。

对销售商来说，采取限制转售价格的意图是维持销售中的价格卡特尔。实践中，有许多限制转售价格行为是由销售商发起的，销售商之所以会发起或支持生产商的维持零售价格方案，是因为这个方案为它们提供了一种反削价竞争的工具。如果没有限制转售价格，在竞争日益激烈的零售业中，一些实力雄厚的零售商可能会采取削价竞争的办法，从而增加交易机会，而小的零售商由于实力不足，很可能陷入经营困境。因此，这些小的销售商更愿意采取零售价格限制。

当然，限制转售价格不仅发生在上下游企业之间，或一个上游企业和若干下游企业之间，也可能在上游企业或下游企业中都存在卡特尔，基于卡特尔的联合力量实施限制转售价格。

三、限制转售价格的两面性及规制方法

由于限制价格协议在违法性上的"黑白"界限难以划清,因而诸多国家立法上都回避了此类问题。对规制方法问题的分析,需要从这种行为的两面性开始。

(一)纵向垄断协议的两面性

任何事物都具有两面性,纵向垄断协议有积极的一面和消极的一面。

1. 积极意义

上文已述,实行纵向垄断协议可以防止搭便车,还可以共同增进生产商和销售商的经济效益。具体而言,其积极意义还体现在如下方面:

(1) 增加不同品牌产品间竞争和同一品牌的服务竞争。纵向垄断协议对竞争的影响包括对内和对外两个方面,一般被限制的是经营某一品牌产品主体范围内的竞争。在对外部品牌的竞争关系上,美国芝加哥经济学派的经济学家认为,纵向限制竞争行为虽然限制了同一品牌内部的竞争,但是促进了不同品牌产品之间的竞争。

另外,对内限制的往往也只是某一个方面,例如,限制最低转售价格只是在价格上失去了自主权,因价格的非自主性往往会使同一产品的销售商之间的竞争转为了服务竞争:每个销售商会在售前、售中、售后服务上投资,努力改善销售场所的环境、从事商品展示、功能解说、使用方法说明、广告宣传、促销活动、售后服务,以从其竞争对手处将顾客吸引过来。

(2) 节约交易成本。在销售商可以自由定价的交易中,销售商报出的价格往往有一定的伸缩性,为了达成交易,销售商与购买者通常要花费大量的时间来讨价还价,这就造成交易成本的增加。如果生产商限制了转售商的转售价格,会省去讨价还价这一交易环节,节约交易成本。再有,如果限制最高转售价格低于市场同类产品价格,可以增加消费者的福利。

(3) 推动新企业进入市场。企业要进入一个新的市场,必然面临一定的风险和市场进入障碍,如现行厂商成本优势(如经济规模)、品牌忠诚度、客户转移成本、政府管制政策等。如果新企业采取独家销售方式,则有利于销售商迅速获得规模经济,缩短成本回收期限,从而鼓励有能力和有进取心的销售商为推销新产品而投入资金和劳动力。

2. 消极影响

其实和横向垄断协议一样,纵向垄断协议也是通过限制产品或服务的价格、限制生产销售数量、地域、限制交易对手等方式进行限制竞争的,所以横向垄断协议对竞争的一些不良影响也可能出现。具体来说,消极影响依不同情形体现在

如下方面：

（1）推动价格卡特尔的形成。如果一个生产商限制或固定其销售商的销售价格，自然就限制甚至取消了同一品牌商品的销售商之间的价格竞争。

如果是生产商启动的限制转售价格，需要具备的前提是生产商独占或生产商价格卡特尔。如果没有这种卡特尔，销售商很容易倒戈投奔到生产商的竞争者麾下。在存在纵向价格约束的情况下，不同品牌的生产商在价格方面更容易进行协调，生产商之间的价格卡特尔会更持久、更稳定。如果是多个销售商启动的限制转售价格，相当于在销售商间建立了价格卡特尔。因此，限制转售价格不能仅仅理解为纵向价格协议，并基于这种理解评判其优劣。限制转售价格可能混杂着价格卡特尔、独家交易等限制竞争行为。其消极性应当以"行为总和"所造成的整体影响来认识。

（2）减弱价格的市场调节功能。经济学上，自由价格反映一种产品在市场上的供需状况，并对产业的协调发展起着基础性的调节作用。"价格是促使人们从事生产并发现新的生产可能性的最基本的激励因素，它本身总是在起着配给有限的供给量的作用：它上升，以便抑制过多的消费和扩大生产；它下降，以便刺激消费、减少生产和消除过多的存货。"[1] 在自由竞争的市场经济体制下，商品的定价权掌握在企业手中，但商品的市场价不掌握在企业手中。限制转售价格使同一品牌内不同经销商之间的价格竞争减弱，使价格调节供求的功能削弱。反垄断法所关心的并不是价格本身，而是关心价格是否在竞争中形成。如果价格不是在竞争中形成，而是生产商与销售商联合定价，即使这一定价只是生产商所辩称的成本加上合理的利润，即所谓"合理的价格"，也不一定为反垄断法所允许，因为价格是否合理必须通过竞争本身的结果来判断。

（3）限制交易相对人的营业自由。营业自由包括营业时间选择、经营产品的选择、产品的自由定价等方面。限制转售价格主要侵害了交易相对人的自由定价权。对企业经营权的限制必须有合法的渊源，一般可分为法定的限制和约定的限制；也可分为权力对权利的限制和权利对权利的限制。权力对权利的限制一般为法定的限制，权利对权利的限制可以为约定的限制。约定的权利限制只有在不违反公共利益的情况下才有效。长期限制交易相对人的营业自由会使交易主体之间产生依附性，违背平等、自由的交易规则，破坏市场秩序得以建立的基础。

（4）侵害消费者的利益。限制最低转售价格可能造成产品价格偏高。固定价格是"以一种隐晦的方式对公众掠夺的行为，固定价格中更高的价格最终将成

---

[1]〔美〕斯蒂格勒：《价格理论》，施仁译，北京经济学院出版社1990年版，第17页。

为消费大众的费用"。[1] 一些生产商为保持产品高档次、高口味的形象，把产品的转售价格保持在较高的水平上，以提高产品的公众形象，在不增加售前服务的情况下，消费者无法在价格上做出选择，只能被迫以高价购买产品。甚至有人认为"强化售前服务、提供消费资讯等，基本上乃系强加在蒙受高价不利益之消费者身上，消费者之福祉并未增加。何况，即使高价格伴随着较好的服务，但消费者对于低价格商品之选择权益不应被剥夺"。[2]

（二）纵向垄断协议的规制方法

近代资本主义制度以个人主义、自由主义思想为中心，建立起所有权神圣、契约自由和自由竞争三大制度支柱。限制转售价格破坏了自由市场经济的基本规则，使自由资本主义得以建立的"三大支柱"从所谓的"神圣"走向了祭坛，契约自由在反垄断法的淬炼下实现了凤凰涅磐，确定了新的观念——不是所有的基于意思自治的交易都是合法的。

由于纵向垄断协议对社会影响的正反两面的对比中缺乏明显的倾向性，对于一种纵向垄断行为何时是合法的、何时是违法的，几乎没有哪一个像限制转售价格那样经历了如此漫长和反复变动的过程。

美国最高法院在1911年的 Miles Midical v. John D. Park & Sons 案（简称"Dr Miles 案"）中，依据《谢尔曼法》第1条认定限制转售价格行为是违法的，但在1919年的 U. S. v. Colgate & Co. 案（简称"Colgate 案"或"高露洁案"）中，法院的判决又放宽了对制造商的法律限制，指出在没有明确固定转售价格协议的情况下，制造商只是宣布拒绝与不执行其最低零售价格的下游厂商交易，并不算违反《谢尔曼法》第1条。[3] 由此，确立了两个互补的限制转售价格的判定标准：只有采用合同或协议形式并实际控制（即固定）零售价格的行为属违法，其他宣称或间接控制零售价格的行为是合法的。[4] 受20世纪30年代大危机的冲击，美国的立法和政策放宽了对限制转售价格的规制，加利福尼亚等州先后通过了公平交易法，公开允许在本州贸易中实行零售价格控制。由于联邦立法和州立法对限制转售价格的态度不一致，为协调两者的意见，1937年美国国会通过了《米勒—泰丁斯法》，规定了州立法的效力具有优先性：控制零售价格行

---

[1] 〔美〕马歇尔·C. 霍华德：《美国反托拉斯法与贸易法规——典型问题与案例分析》，孙南申译，中国社会科学出版社1991年版，第81页。

[2] 赖源河：《公平交易法新论》，元照出版公司2005年版，第275页。

[3] See U. S. v. Colgate & Co., 250 U. S. 300 (1919).

[4] 这种状况在1951年才得到修正，该年国会通过了《麦奎尔法》，规定控制零售价格政策对非签约者也同样具有效力。See Herbert Hovenkamp, "Economics and Federal Antitrust Law", *Hornbook Series Student Edition*, 1985, p. 248.

为如果不违背州的法律，也不违反《谢尔曼法》。1937～1975年将限制转售价格合法问题交由各州立法调整。而各州基本上都认为，固定或维持有牌号产品的零售价格是合法的。[1]

随着第二次世界大战以后的美国工业复兴和企业管理上的革命（主要是福特工作法的广泛应用），大工业生产时代的来临，其结果是：产品的成本下降，产量明显上升，零售商的地位逐渐提高。商人们在有公平贸易法的州和没有公平贸易法的州之间进行的套利交易，使得限制转售价格的合理性和合法性备受质疑。期间发生了适用本身违法原则处理的典型案件——1968年阿尔布赖特诉赫雷德（Albrecht v. Herald）案。1975年《米勒—泰丁斯法》和《麦奎尔法》被废除，同年，制定了《消费商品定价法》（Consumer Goods Pricing Act of 1975），取消了关于限制转售价格不受联邦反托拉斯法管辖的规定。这样，限制转售价格行为在规制方向上重回到本身违法原则。但这种状态仅维持了短暂的时间，1980年以后，兴起的芝加哥学派思想在反垄断政策中变得举足轻重。芝加哥学派的代表人物波斯纳法官公开主张纵向限制价格对竞争无害。[2]司法部反托拉斯局公开赞成以合理原则对待限制转售价格。甚至曾作为主管反托拉斯司的司法部部长助理巴克斯特公开宣称："纵向价格协议所产生的反竞争结果仅仅体现在横向方面。"[3]从20世纪90年代开始，所有限制转售价格的联邦政策再一次被强化，司法部反托拉斯局和联邦贸易委员会对限制转售价格行为的控制更加积极、主动。

美国对限制转售价格的钟摆式的政策运行，高度浓缩了美国反托拉斯政策的历史周期，这种政策是否会一如既往地大幅度摇摆，不得而知。当我们剥去政策变动的表象，探寻其背后运动规律时，会发现：每次同向运动的社会背景大致相同，即经济发展时期强化规制，经济停滞期放任规制。

与美国不同，欧盟各国对限制转售价格采取的是原则上禁止，同时根据该行为的后果进行具体分析的方法。一般认为，限制转售价格需要有有利于竞争的后果支持，否则将予以制裁。这给限制转售价格行为留出了一定的豁免空间。欧盟执行委员会于1999年通过的《垂直协议集体除外规则》第4条（a）规定："卖

---

[1] [美] 马歇尔·C. 霍华德：《美国反托拉斯法与贸易法规——典型问题与案例分析》，孙南申译，中国社会科学出版社1991年版，第222页。

[2] [美] 理查德·A. 波斯纳：《反托拉斯法》（第2版），孙秋宁译，中国政法大学出版社2003年版，第200～222页。

[3] [美] 威廉·F. 巴克斯特："对众议院司法委员会垄断与商业法小组委员会的声明：'关于司法部1982年财政年度的权限'"，1981年4月29日影印本，第4页。转引自 [美] 马歇尔·C. 霍华德：《美国反托拉斯法与贸易法规——典型问题与案例分析》，孙南申译，中国社会科学出版社1991年版，第206页。

方不得要求最低售价，但得作建议售价或限制最高转售价格，但不管任何方式，都不得直接或间接造成固定转售价格或限制最低转售价格。"[1] 韩国《规制垄断与公平交易法》第 7 章第 29 条规定："生产或者销售商品的事业者不得实施转售价格维持行为。但是，在一定的价格以上不再进行商品或劳务交易的最高价格维持行为，具有正当理由的除外。"另外，第 30 条规定："生产或者销售商品的事业者不得实施转售价格维持行为。申报事项有显著损害消费利益的可能或者违背公共利益的场合，公平交易委员会可以命令尝试变更或修改申报事项。"[2] 英国的《零售价格法》规定，如果生产商能够证明维持转售价格不会给消费者造成相应损害，则根据其申请，法院可以对其行为给予豁免。

从美国法规制的变动状况和有关国家（地区）的法律规定上，大致可以作出如下判断：

第一，适用合理原则。即便在政策不断摇摆的美国，自 1968 年阿尔布赖特（Albrecht）诉赫雷德（Herald）案适用本身违法原则，到 1997 年 State 石油公司诉可汗（Khan）案该原则被推翻，改为适用合理原则以来，迄今一直坚持适用合理原则。

第二，限制转售高价基本上是合法的。一个模糊性的概念或制度如果不能从正面"是什么"的角度界定清楚，从反面"不是什么"的角度进行界定也是有意义的。限制转售高价合法性的理由主要是限制高价会加大下游企业的销量，因而照顾到了其生存和发展。美国前司法部部长助理巴克斯特曾指出："只有当纵向协议有助于限制产量和提高价格时，这种协议才会被禁止。"[3] 另外，"State 石油公司诉可汗（Khan）案"中，经济学家布莱尔的论述进一步明确了转售高价的判断："当销售量上升时，消费者的福利也要上升。用合理原则考察限制转售高价实际上暗示了一个'产出测试'——如果最高零售价格导致了销售量的增加，那么这种行为就是促进竞争的；但是如果销售量下降，限制转售高价在合理推定原则下就应当受到处罚。"[4] 因此，"产出测试"是一种评价限制转售高

---

[1] 魏杏芳："欧洲共同体管制垂直协议的新里程——一个全新的群体除外规则"，载《月旦法学》2001 年第 79 期。

[2] 尚明：《主要国家（地区）反垄断法律汇编》，法律出版社 2004 年版，第 575 页。

[3] 〔美〕威廉·F. 巴克斯特："对众议院司法委员会垄断与商业法小组委员会的声明：'关于司法部 1982 年财政年度的权限'"，1981 年 4 月 29 日影印本，第 4 页。转引自〔美〕马歇尔·C. 霍华德：《美国反托拉斯法与贸易法规——典型问题与案例分析》，孙南译，中国社会科学出版社 1991 年版，第 206 页。

[4] 〔美〕J. E. 克伍卡、L. J. 怀特：《反托拉斯革命：经济学、竞争与政策》，林平、臧旭恒等译，经济科学出版社 2007 年版，第 348 页。

价具有可操作性的方法，甚至也可适用于限制转售低价的违法性分析。

第三，虽然限制转售价格发生在消费的上游环节，但在所谓的"综合分析"中，还要考查是否给消费者带来危害，即用消费者利益进行平衡。这是一种写意式的描述案件性质的手法。

我国《反垄断法》第14条仅规定了固定转售价格和限制转售低价，没有规定限制转售高价，意味着限制转售高价是合法的。这种规定是否合理，如果用"产出测试"来判断的话——不是所有的限制转售高价都会增加销售量，即限制转售高价也可能违法。对于限制转售价格作何种判断，我国《反垄断法》仅作了原则性的规定，即第15条规定的原则性豁免。

第四节 垄断协议的豁免

豁免是指对应当适用反垄断法的垄断行为，基于其对维护国家利益、社会利益上积极性的一面，而免予追究法律责任的制度。为了维护社会整体和长远的利益，各国的《反垄断法》中都设有豁免制度。

一、豁免制度的合理性

理论界基本上都承认，反垄断法上的豁免不同于适用除外。但同时也出现了一种认识倾向：一定程度上两个概念可以通用。事实上这两个概念并非可以任意互换，从两个概念的角度分别把握其制度对于了解反垄断法的调整方法及认识两种行为的性质仍具有理论意义和实践意义。

在调整方法上，"适用除外"采取的是肯定的调整方法；"豁免"采取的是否定的方法。也可以说，适用除外是从"正面"而来，豁免是从"反面"而来。由于适用除外和豁免制度的存在，垄断的法律性质的类型变得更加细腻：合法（适用除外）、违法但不予处罚（豁免）、违法并应当处罚。

在调整对象上，"适用除外"就是在适用范围之外，不属于反垄断法管辖的范围；"豁免"则意味着适用反垄断法，属于反垄断法管辖的范围。那么，不属于反垄断法管辖的范围为何还在反垄断法中规定呢？原因是其本身属于垄断事务，反垄断法的调整方法主要是否定式的（禁止或限制），对于应当维持其垄断地位的这部分，不适用否定式的调整方法，所以准确地讲，"适用除外"是指否定性调整方法的初始不适用。就反垄断法本身而言，其划定了两个区域，一个是允许垄断的区域；另一个是禁止垄断的区域。广义上，"适用则除外"的部分也适用反垄断法，因为是由法律划定了其合法的身份。另外，"适用除外"仅仅指垄断状态的适用除外，不是垄断行为的适用除外；"豁免"针对的则是垄断行为的豁免。

在管制手段上,划定"适用除外"的范围是基于那些相对明显的垄断经营优于竞争性资源配置的行业和组织,而"豁免"的情况则是对 些仍具有两面性但积极的一面较强的行为进行加重认识。从这一个意义上讲,"适用除外"是基础,"豁免"是对"适用除外"的扩展。基于这些情况,两者的管制手段也不同,"适用除外"的事项会有明确的法律规定;"豁免"的情况则需要合理分析。"豁免"中的合理分析,可以事先授权、事中认可和事后救济。事先认定的方法主要有登记或备案;事中的方法主要是行政权力介入适时认定;事后的方法主要是诉讼。

豁免制度是利益衡量的结果。具体而言,首先是竞争政策与其他经济政策关系的平衡,例如,对于中小企业的发展各国都非常关注并在产业政策上给予特别对待。其次,豁免制度也是反垄断法的适用原则的刚性和灵活性之间的平衡。理念上,适用除外针对的是最合理的垄断现象;本身违法原则适用于最恶劣的卡特尔(核心卡特尔)。这构成了反垄断法规制范围上的两极。在这两极中间,豁免是相对较好的垄断行为(在规制理念和方法上更偏向于"适用除外");[1] 合理原则适用于相对较差的垄断行为(在规制理念和方法上更偏向于"核心卡特尔")。

从方法上,豁免制度是对具有限制竞争性质的行为的影响进行利弊分析,在利大于弊时将其排除适用反垄断法的禁止规定。这里的"利"即是豁免制度存在的合理性。豁免制度涉及的法益包括国家利益和社会公共利益,豁免制度的合理性即来自于这两个内容。

1. 维护国家利益

体现为国家利益的内容包括:为缓解经济不景气组建卡特尔;对外贸易和对外经济合作中的国家利益。

为加快企业适应市场变化和减轻结构性波动而成立的卡特尔服务于国民经济稳定发展,如结构危机卡特尔可以加快参与企业的结构转换,避免转换过程中的过度振荡;特许卡特尔,即出于国民经济发展的总体需要和社会公共福利的需要由政府特殊批准成立的卡特尔;为扩大出口、增强本国企业在国际市场上的竞争能力成立的卡特尔,如避免由于相互竞争压低出口商品价格的出口卡特尔;为使本国在国际贸易中获得更多的利益组建进口卡特尔;等等。

---

[1] 从豁免的对象的特殊性即可看出:豁免的对象主要是那些维护国家利益有积极意义的行为以及那些对市场竞争关系影响不大,但对社会公共利益有益的限制竞争行为。

2. 维护社会公共利益

反垄断法中的社会公共利益分为客观公益和主观公益。

客观公益的内容包括：改进技术、研究开发新产品；提高产品质量、降低成本、增进效率，统一产品规格、标准或者实行专业化分工；实现节约能源、保护环境、救灾救助等。体现为客观公益的行为包括：

（1）为提高市场透明度、减少交易成本设立的卡特尔。标准卡特尔和型号卡特尔规定了某类产品的统一标准和型号，其执行的标准高于国家标准；支付条件卡特尔和折扣卡特尔规定了商业往来中有关供货方式和支付条件及折扣标准等。这些卡特尔组织或卡特尔协议行为，有利于增强市场透明度，减少市场主体在经营活动中的交易成本，同时也为消费者带来一定的利益。

（2）为提高社会的生产效率、改善市场结构成立的卡特尔。专业化卡特尔可以提高和加强企业间的专业化生产；协作卡特尔可以使参加的中小企业通过协作提高生产效率；合理化卡特尔可以通过参加企业相互协调采取合理化措施，提高生产技术和管理水平，进而改善市场供应，更好地满足市场需求。

（3）为促进中小企业发展、增强经济活力成立的卡特尔。中小企业在任何一个国家的经济发展过程中都发挥了不可替代的作用。具体而言概况为三个方面：①促进经济增长。即使是在号称"大企业王国"的美国，中小企业的数量在企业总数中都占绝大部分，在产值、销售额、就业人数等方面也占有很高比重[1]。②扩大就业。与大企业相比，中小企业虽然规模小、组织结构简单，但工资成本低、资本有机构成低、管理成本低，所以相同的资金投入，中小企业能够比大企业提供更多的工作岗位。另外，中小企业具有高度适应与应变能力。尤其在经济不景气的状况下，中小企业以其特有的适应性吸纳大量大企业分流的劳动力，对扩大劳动力就业更具现实和长远意义。③推动技术创新。中小企业在技术创新方面具有组织机构安排灵活且富有弹性的独特优势。在创新效率上中小企业有明显的优势。在技术创新的周期方面，中小企业明显短于大企业。

主观公益包括消费者利益和竞争者利益。由于消费者利益和竞争者利益是在和经营者或经营者的联合中比较而得出的利益形式，在"量"上多于经营者（或其联合）利益，所以称其为主观公益。主观公益也是反垄断豁免的理由。

二、豁免的标准

根据法律对豁免的处理方法不同，形成了不同的立法例：

（1）没有明确规定但灵活适用豁免。美国法律没有明确规定哪些垄断协议

---

[1] 史际春、王先林："建立我国中小企业法论纲"，载《中国法学》2000年第1期。

可以豁免，基于其法律传统，美国法院可以根据不同时期的经济发展状况灵活地决定豁免的范围。法院在判断一个行为是否能够得到豁免时，主要根据合理原则来分析该行为是否具有反竞争的效果。对于那些可能产生的积极效果大于消极影响的协议，给予豁免。

（2）概括加列举式。德国《反限制竞争法》对于豁免的卡特尔曾经规定的非常具体，但随着欧共体规则统一化进程，德国对卡特尔豁免做了多次修改。2005年修改后的《反限制竞争法》删除了标准化卡特尔、条件卡特尔、合理化卡特尔、结构危机卡特尔、专门化卡特尔的豁免规定，只留下关于豁免协议的一般条款和中小企业卡特尔的豁免条款（第3条）。一般条款即第2条第1款："企业间达成的协议、企业联合组织作出的决议以及协同行为，如其能够使消费者分享由此产生的收益、有利于产品的生产或销售或者有利于促进技术和经济的进步，可以豁免适用第1条的禁令。"

欧共体竞争法上的豁免制度源于《欧共体条约》第81条第3款。根据该款规定，垄断协议要取得豁免必须具备以下条件：①有助于改进商品的生产或者流通，或者促进技术或者经济进步；②消费者可以公平分享由此产生的收益；③对有关企业的限制，是实现前两者所必不可少的；④不存在使有关企业可以在相关市场内排除竞争的可能。

（3）列举式。我国台湾地区"公平交易法"第14条规定了七种豁免情形：①为降低成本、改良品质或增进效率，而统一商品规格或型式者；②为提高技术、改良品质、降低成本或增进效率，而共同研究开发商品或市场者；③为促进事业合理经营，而分别作专业发展者；④为确保或促进输出，而专就国外市场之竞争予以约定者；⑤为加强贸易效能，而就国外商品之输入采取共同行为者；⑥经济不景气期间，商品市场价格低于平均生产成本，致该行业之事业，难以继续维持或生产过剩，为有计划适应需求而限制产销数量、设备或价格之共同行为者；⑦为增进中小企业之经营效率，或加强其竞争能力所为之共同行为者。

我国《反垄断法》第15条规定了七种豁免情形。经营者能够证明所达成的协议属于下列情形之一的，可以获得豁免：

（1）为改进技术、研究开发新产品的。改进技术、研究开发新产品，可以提高生产率，有利于经济发展和消费者利益，因此此类协议可以得到豁免。

（2）为提高产品质量、降低成本、增进效率，统一产品规格、标准或者实行专业化分工的。这是关于标准化卡特尔和专业化卡特尔的规定。统一产品的规格、标准，主要是指经营者对各种原材料、半成品或者成品在性能、规格、质量、等级等方面规定统一要求，使商品之间具有可替代性和兼容性；实行专业化分工，是指经营者发挥各自专长，分工协作，使他们从生产多种商品的全能型企业转变为专门化企业。标准化卡特尔和专业化卡特尔并不必然能够获得豁免，只有当它能够提高产品质量、降低成本、增进效率时，才可以获得豁免。

（3）为提高中小经营者经营效率，增强中小经营者竞争力的。这是有关中小企业卡特尔的规定。在与大企业的竞争中，中小经营者往往处于劣势。如果中小经营者之间的联合能够提高效率，增强竞争力，则会促进市场竞争，因此，可以取得豁免。

（4）为实现节约能源、保护环境、救灾救助等社会公共利益的。我国《反垄断法》的立法目的之一就是维护社会公共利益，促进社会主义市场经济健康发展。因此，诸如有利于实现节约能源、保护环境、救灾救助等社会公共利益的垄断协议，应得到豁免。

（5）因经济不景气，为缓解销售量严重下降或者生产明显过剩的。这是有关不景气卡特尔的规定。在经济不景气的情况下，市场会出现严重供大于求、销售量大幅度下降的现象。在这种特定情况下，对经营者达成的限制产量或者销量的垄断协议予以豁免，有利于避免社会资源的更大浪费，有利于避免造成大量失业，更有利于经济的恢复。因此，不景气卡特尔应得到豁免。

（6）为保障对外贸易和对外经济合作中的正当利益的。对外贸易垄断协议包括两种：进口商之间的垄断协议和出口商之间的垄断协议。其中最常见的是出口商之间的垄断协议，即出口卡特尔。垄断协议可以避免出口商之间的恶性价格竞争，提高对外谈判能力，但在实践中容易引起国际间的贸易摩擦，对未参加的其他厂商也可能构成进入障碍，还可能影响国内市场。然而，基于国家整体经济利益，我国对其中保障对外贸易和对外经济合作中正当利益的协议依法予以豁免，从而保障和促进我国经济的对外发展，提高国际竞争力。

（7）法律和国务院规定的其他情形。这是一个兜底条款，以顺应国内和国际经济形势的变化。值得注意的是，对该项的解释应当以法律和国务院的规定为准，而不是由反垄断执法机构来确定。

上述列举的豁免情形，在适用中还应进行合理性分析，以确定其对市场竞争的影响是利大于弊，还是相反。利弊衡平应由经营者负举证责任。因为在垄断协议的认定过程中，市场信息处于不对称状态，经营者更有条件证明符合法定情形的事实存在。并且，如果垄断协议排除适用反垄断法的禁止性规定，最大是受益者是协议当事经营者，经营者显然更有动力来证明行为符合法定条件。

对于属于前述第 1～5 项豁免情形的，经营者除了证明协议本身的目的正当之外，还应当证明协议的实施具有两个效果：①所达成的协议不会严重限制相关市场的竞争。这是对协议实施的消极效果的限制，要求不会对相关市场的竞争构成"严重"限制。②能够使消费者分享由此产生的利益。这是对协议实施的积极效果的要求，消费者应能从协议的实施中获得好处。如果协议的实施损害了消费者的利益，消费者除了得到损失补偿外，还应"分享"收益。这里将第6项排除在外，主要是因为进出口卡特尔需要国家间的双边协调，确定和执行豁免，不能仅仅根据本国的法律给予豁免。

三、豁免的方法

根据管制的方法不同，可以分为行政监管和诉讼两种方式。因诉讼而豁免是按照诉讼程序认定垄断协议不予处罚的情形。因判断标准与行政监管相同，且程序上无特殊之处，故在此不作赘述。

从理论上说，行政监管可以及早预防和及时纠正卡特尔危害，但将所有的卡特尔行为都纳入行政管制程序不仅增加了当事人的负担，同时也不能阻止包括价格卡特尔这类诱惑力巨大的垄断行为。迄今，保留了行政管理体制的国家仍然不少。行政监管根据监管的环节不同，又分为事前监管（授权）、事中监管和事后监管。

（一）事前监管（授权）

历史上，英国曾以行政管制对待卡特尔。其管制过程和方法是将签订包括该种行为在内的限制性协议向有关主管机关申报，如同企业设立审批一样，未经审批的协议一律无效。1930年英国颁布了一项决议，承认卡特尔是经济生活的一种现实存在，但要求遵从公开性原则，即强制性通知、注册与卡特尔协议的公开。1948年英国制定的《独占及限制行为调查管制法》，从名称上即可看出，该法的主要任务是通过调查进行管制。经历1956年修订立法，直到1998年英国《竞争法》都实行事前申报制度。现行英国《竞争法》第一章第四节专门规定"豁免"，其内容包括"个别豁免"、"类型豁免"、"平行豁免"等。[1]

很多转型国家立法对豁免事项也实行事前申报制度。俄罗斯反垄断法因未设私人反垄断诉讼，反垄断执法依赖于单一的行政管理措施。正如俄罗斯法学家所言：在商品市场实行这样的程序在国内法上还是第一次。[2] 从1991年到2002年的《商品市场竞争和限制垄断行为法》一直要求意图缔结协议或采取协同行为的经济实体向反垄断机构提出申请，就协议或协同行为是否违反反垄断法进行审查。2006年修改后的法律将事前审查改为事后监管。但受俄罗斯法影响较大的

---

[1] 时建中主编：《三十一国竞争法典》，中国政法大学出版社2009年版，第243～246页。
[2] 〔俄〕К. Ю. 图季耶夫：《竞争法》（俄文版），РДЛ出版公司2003年版，第252页。

白俄罗斯、爱沙尼亚等国依然保持了事前管理这种传统模式。2006 年白俄罗斯根据 1992 年的《关于反垄断活动和促进竞争的法律》制定了《有关反垄断法协议的审查程序》，授权经济部对协议进行事前管理。爱沙尼亚《竞争法》（2001 年）第三章规定了"准予豁免的程序"，其中第 9 条规定："为了获得本法第 6 条规定的豁免，必须在订立该相关协议前、协同行为开始前或形成相关决议前，向竞争委员会提交豁免申请。订立相关协议或采用决定需要得到授权豁免的，可以在订立或采用后 6 个月内提交豁免申请，在获得授权豁免之前，该协议或决定中限制竞争的内容无效。"

欧共体的豁免通过两种方式赋予有关企业：第一种形式是集体豁免，即通过立法的形式，给予符合特定条件的垄断协议豁免，且不需申报。目前，欧共体所作出的集体豁免规定主要涉及农业、交通运输（公路、铁路、内陆水运、海运、空中交通）、保险等部门，本质上集体豁免就是适用除外。另一种形式是个别豁免，即对于不符合集体豁免条件的协议，由当事人单独申报并经欧共体委员会审查后认为符合法定条件而授予的豁免。不过，根据 2004 年 5 月 1 日生效的《关于执行条约第 81、82 条中有关竞争规则的第 1/2003 号条例》，有关企业认为其行为符合欧共体条约第 81 条第 3 款规定的，可以直接实施，由欧共体事后控制。

（二）事中监管

实施事中监管的相对较少，因为事前和事后基本上可以控制反竞争行为的危害，无需再增加一道程序。但有些国家仍然细致地规定了事中监管。例如爱沙尼亚《竞争法》（2001 年）第 9 条规定："不违反本法规定的协议、协同行为、决议或加入协议、开始协同行为和形成决议的其他行为，如果其后出现了违反本法规定的情形，应当在该情形出现之日起，或者在该情形变得显著之日起 3 个月内提交豁免申请。在得到重新豁免授权之前，出现违反本法规定的情形之后，该协议、协同行为、决议的全部或部分无效。"

事前豁免和事中豁免的程序，需要当事人申请，反垄断执法机构审查，并作出决定。由于竞争环境的变化，被豁免的事项可能已经不符合豁免的要求，如何进一步防止借豁免之名从事垄断行为，大致有两种作法：一种是规定修改权或撤销权。例如英国《竞争法》第 16 条第（4）款的规定、爱沙尼亚《竞争法》第 12 条的规定。修改或撤销的条件一般是：①作为获得豁免基础的信息或条件发生了实质性改变；②未遵守授予豁免裁决中要求的条件或义务；③授予的豁免是基于不完整或不正确的信息，以及授予豁免的协议、协同行为或决议不符合法律规定的条件。另一种方法是规定豁免权的期限，即确定企业所享有的免于处罚待遇的有效期限。如爱沙尼亚《竞争法》第 12 条规定的最长豁免期不得超过 5 年。

（三）事后监管

立法都赋予专门反垄断监管机构以行政决定权和处罚权，且在行政机构行使职权时，从内部机构的构成、人员的任期、权力行使的程序、裁决的效力等方面综合表明了其准司法机构的性质。已有大量的资料表明，作为先立法的美国联邦贸易委员会、德国联邦卡特尔局、日本公平交易委员会等机构具有这一特性。或许正是因为对垄断行为的行政处理本身包含了司法公正的成分而使单一的行政处理程序能够独立存在。

可见，对豁免事项的事后监管是基于行使决定权的权威性和行使处罚权的威慑来阻止反竞争行为不利影响的扩大而产生的。

第七章 滥用市场支配地位

滥用市场支配地位是一种特殊的法律规制制度，单从用语而言，滥用的是"支配地位"而不是权利（力），这本身就不是一种常规的表述。从价值观角度，市场支配地位并不是反垄断法必然要"反"的对象，要"反"的是滥用市场支配地位。为此需要预先解决什么是"市场"、什么是"市场支配地位"、什么是"滥用"，然后才能判定是否滥用了市场支配地位。

第一节 相关市场的界定

反垄断法中"市场"的完整称谓是"相关市场"。任何竞争行为（包括具有或可能具有排除、限制竞争效果的行为）均发生在一定的市场范围内。在禁止经营者达成垄断协议，禁止经营者滥用市场支配地位，控制具有或者可能具有排除、限制竞争效果的经营者集中等反垄断执法工作中，均可能涉及相关市场的界定问题。

一、界定相关市场的意义

相关市场，是指经营者在一定时期内就特定商品或者服务（以下统称"商品"）进行竞争的商品范围和地域范围。

科学合理地界定相关市场，对识别竞争者和潜在竞争者、判定经营者市场份额和市场集中度、认定经营者的市场地位、分析经营者的行为对市场竞争的影响、判断经营者行为是否违法以及在违法情况下需承担的法律责任等关键问题，具有重要的作用。因此，相关市场的界定通常是对竞争行为进行分析的起点，是反垄断执法的基础性工作。

（一）几乎所有的垄断案件都会涉及相关市场

从我国现有的法律文本上看，似乎只有滥用市场支配地位和经营者集中提到了相关市场的问题，但实际上，包括垄断协议和行政垄断都会涉及到相关市场的判定问题。

美国学者波斯纳研究了从 1890 年通过《谢尔曼法》到 1969 年间美国司法部的价格操纵案例，发现这种共谋几乎有一半（47.4%）发生在地方性或区域性市场。市场的地理范围越小，就越有可能由少数几家厂商控制很大的份额。在我国,曾发生这样的事件:2004年11月重庆三大电信运营商——巴南电信、网通和铁通就"协调"价格问题召开了一次联席会议,会上签订了"诚信经营自律协议":避免恶性价格战,固话及宽带业务资费形成一致意见;加强通信设施保护和互联互通工作,出现问题主动沟通、及时处理;规范广告经营行为。会上三家企业还决定,每家各抽调两人组建执行委员会,以监督协议落实情况。并订立规则:联席会将每月召开一次。[1] 如果从全国范围进行考察,这个行为对全国市场的影响并不大,但如果从地域市场角度考察,这个行为的消极影响却非常明显。显然,这里需要借助于相关地域市场的概念和分析方法。

当然,相关市场的认定在卡特尔和行政垄断案件中往往被忽略了,其主要原因是卡特尔案件大都适用本身违法原则,只要确认行为的概念属性即可认定行为违法。同样,行政垄断案件由于涉及行政权力的滥用,从宪法和行政法的要求来讲,滥用权力就是违法的。由此在这两类案件中相关市场的地位远不及在滥用市场支配地位和经营者集中中那样显化。

(二)由于该工作的基础性,相关市场界定是否准确对案件的权威性具有直接的影响

美国历史上,因相关市场界定不合理而产生的经典错案不止一个。在1945年美国"铝公司案"中,被告被指控垄断了州际和外国市场,并同时存在和相关企业达成垄断协议的行为。如果以纯铝锭为基础确定相关市场,美国铝公司占据的市场份额高达90%;如果将进口原铝包括在内,则该公司的市场份额为64%;如果把回收利用的铝废品包括在内,该公司的市场份额则为33%。最后法院以纯铝锭为依据判决该公司构成垄断。如果该案的错误之处在于法官忽视了产品的替代性的话,那么,1956年美国"杜邦案"的错误则走向了另一个极端——夸大了产品的替代性。杜邦公司以生产玻璃纸为主业。在美国市场上,杜邦公司生产和销售的玻璃纸占市场份额的75%。司法部指控杜邦公司依靠这个力量垄断了州际贸易,违法了《谢尔曼法》第2条。美国最高法院从产品的质地、用途和价格三个因素来分析玻璃纸和其他包装材料的合理替代性,并进行了实地调查。[2] 最终认定,杜邦公司在相关包装材料的市场份额只占17.9%,不构成市场支配地位,进而不存在滥用市场支配地位的行为。

---

[1] "重庆三大运营商缔结不降价联盟涉嫌垄断市场",载《重庆晚报》2004年11月24日。
[2] 法院调查后确认四类存在可替代性的包装材料:①不透明、不防潮的纸包装材料;②不透明、防潮的包装材料;③透明、不防潮包装材料;④防潮非薄膜材料。调查的使用情况是:第二次世界大战前5%~10%的熏肉和培根的包装材料都选用杜邦公司的材料。第二次世界大战以后,防油纸、透明纸、氯化橡胶纸和玻璃纸都在同一时期使用。因此,它们之间具有替代性。

可见，相关市场的界定有时是判断当事人行为合法与否的决定性因素。这些错案的不断出现，既反映了界定相关市场的重要性，也表明了界定相关市场的复杂性。事实上，除了适用本身违法原则的行为外，对任何行为从竞争角度进行判断和评估，都会涉及分析相关市场的大小和结构。如果相关市场被界定得过于狭窄，有意义的竞争将会被视为垄断；如果相关市场界定得过于宽泛，竞争的程度可能被夸张，从而放纵某些垄断。

二、相关市场的界定

按照上述相关市场的概念，相关市场可分为相关商品市场、相关地域市场和相关时间市场。在反垄断执法实践中，比较常用的是相关商品市场和相关地域市场。

（一）相关商品市场

相关商品市场，是根据商品的特性、用途及价格等因素，由需求者认为具有较为紧密替代关系的一组或一类商品所构成的市场。这些商品表现出较强的竞争关系，在反垄断执法中可以作为经营者进行竞争的商品范围。

界定相关商品市场其实就是要判定哪些产品具有竞争关系。一般来说，相关商品市场的界定需要考虑两种情况：一是有竞争关系的同质产品市场；二是有竞争关系的替代品市场。当某个企业向市场推出一种自己生产的产品时，它不仅要与市场上生产同质产品的企业进行竞争，而且还要与市场上生产可以替代其产品的其他企业进行竞争。所以在界定相关商品市场时，应从产品的"同质性"和"替代性"两方面来进行考察。在反垄断执法实践中，同质产品比较容易认定，一般是根据产品的工艺流程和产品成分构成等特点来判断的，在这个意义上，矿泉水就不同于矿物质水，也不同于纯净水。美国反托拉斯历史上，1945年"美国诉美国铝公司案"认定相关市场时采取的就是同质产品标准。比较难以认定的是替代品。一般而言，每一个产品都会有外在的替代品，不同产品的外部替代品多少也不一样。各种替代品中，替代程度也不一样，如矿泉水同矿物质水具有很强的可替代性，但同果汁的可替代性较小。替代品越多、替代程度越高，意味着产品之间的竞争程度也越强。

在市场竞争中，对经营者行为构成直接和有效约束的，是市场里存在需求者认为具有较强替代关系的商品或能够购买到这些商品的地域，因此，界定相关市场主要从需求者角度进行需求替代分析。换言之，需求替代可以对一定产品的卖方构成最直接和最有效的制约力，特别是对他们的定价行为能够产生重大影响。如果一个企业的客户能够轻易转向其他生产商或者转向其他地域取得替代品，这个企业就不可能对市场现有的销售条件特别在价格方面具有决定作用。

需求替代是根据商品功能用途、质量、价格以及获取的难易程度等因素，从需求者的角度确定不同商品之间的替代关系。原则上，需求者认为商品之间的替代程度越高，就越可能属于同一相关商品市场。

1. 需求替代分析

从需求替代角度界定相关商品市场，可以考虑的因素包括但不限于以下各方面：

（1）产品的功能。商品可能在特征上表现出某些差异，但需求者仍可以基于商品相同或相似的用途将其视为紧密替代品。认定两个或者两个以上的产品是否属于同一产品市场，可以从产品的性能、用途来评价。一般来说，如果两种产品具有相同或近似的功能，那么就可以认为它们之间具有替代性，属于同一相关商品市场；反之，如果两种产品的功能相差很远，它们必然无法满足需求者的同一需要，自然也就不会属于同一相关商品市场。

产品的功能是从产品物理性能出发得出的结果，当然，也附加了需求者的主观评价因素。于是，商品的功能是否相同或近似就有两种评价：主观功能和客观功能。主观功能是指需求者认为产品具有的功能和用途能够满足自己的需要；客观功能是指产品生产者设计、制造和提供产品的动机和目的是什么。[1] 用于满足使用者的需求首先是商品具有某种功能，因此客观功能是否相同或近似，是确定商品之间具有替代性的决定性因素。一般情况下，商品功能的认定应立足于市场上大多数的需求者的一般认识。

有时两个商品的功能看似类似，但物理性能差别不大，它们可能被视为不具有替代性的商品。欧共体委员会在1991年的雷诺和沃尔沃一案中，将卡车分为运载量5~16吨和运载量16吨以上的两个产品市场。其理由是这两种卡车的技术性能差别很大，具有不同的用途。欧洲法院在1979年关于霍夫曼—拉罗赫（Hoffmann - La Roche）一案的判决中，从不同维他命的不同性能和用途出发，认定7种维他命属于7个不同的商品市场。欧洲法院1978年关于联合商标（United Brands）一案的判决，从香蕉的特性出发，如一年内在一定季节成熟，能够长期满足某些人的需求（例如柔软、无核能满足幼儿、老人和病人的特殊需要），且在上市高峰时期也仅在有限程度上受其他新鲜水果的影响等，说明香蕉和其他水果不具有相互可替代性，从而香蕉就是一个单独的商品市场。

（2）价格因素。价格因素，即需求者因商品价格因素的变化，转向或考虑转向购买其他商品的可能性。产品价格是影响合理可替代性的重要因素。价格差

---

[1] 阮方民：《欧盟竞争法》，中国政法大学出版社1998年版，第115页。

异将形成需求者不同需求形式，如果简单地划分，可以将价格因素影响的产品分为高等产品和低档产品，进而形成高档需求和低档需求。例如，白酒市场上，假设 A1 产品的价格是 B1 产品价格的 10 倍，它们应该各自形成相应的市场。再假设 A2 产品的价格只高于 B2 产品价格的 10 元，如果产品 A2 产品的价格上涨，消费者可能觉得不划算而转向购买产品 B2 产品；或者因为产品 B2 的价格上涨，消费者可能认为其价格和质量放大而转向购买产品 A2。这两种产品尽管价格有一定的差异，但它们之间就具有一定的可替代性。而上述 A1 产品即使价格上涨也不可能形成和 B1 产品的大批量替代。故前者属于高档产品市场，后者属于低档产品市场。

可见，在界定相关产品市场的时候，决定性因素不是价格的绝对差异，而是一种产品的价格变化是否对另一种产品产生了竞争性的影响。这就涉及价格与产品需求的关联关系问题。经济学上，这个关联关系用"需求交叉弹性"来表达。需求交叉弹性是需求交叉价格弹性（Cross-price Elasticity of Demand）的简称，它表示一种商品的需求量变动对另一种商品价格变动的反应程度。

在经济学上，产品的替代性有"总体替代性"与"近似替代性"[1]之分。总体替代性与近似替代性的不同在于，在总体替代性中，需求者满足自身的某种需要以牺牲其他需要为代价，如买了汽车就没钱再去购房了，因此它并不是一种合理的可替代性。而在近似替代性中，由于产品性质、功能的近似性，需求者可以选择任何一种产品来满足自身的需要，这反映了相关市场的产品用途"相关性"，因而是一种合理的可替代性。

美国和欧盟的反垄断法借用经济学上的需求交叉弹性来界定相关产品市场。其机理是，如果一种产品的价格发生变化，这个变化就会引起需求者对其他产品的需求。需求交叉弹性反映了消费者在选择商品或者服务时一种变化的可能性，这种可能性的大小和价格变化的幅度呈正相关关系。这样，相关产品市场的界定就转化为以何种价格变化幅度来测试需求者反应的问题了。

有关"弹性"或替代性的理论表达视乎是可以理解的，但如何将这种理论运用于反垄断实践，则是一个更为重要的问题。

将这个概念引入到反垄断法上具有重要意义，它为解决美国铝公司案件"忽左"和杜邦公司案件"忽右"找到了一个平衡工具。从需求交叉弹性角度分析，美国铝公司案件中法官认为铝锭的弹性为零；杜邦公司案中玻璃纸的弹性（几

---

[1] 总体替代性，指在一个最广泛的市场上，任何一种产品都有替代其他产品的可能性。当消费者认为两种产品或服务在性能、价格等方面具有互换性时，就可以认为这两种产品具有近似替代性。

乎）为百分之百。这两个案件的启示在于，分析相关商品市场需要确定合理的需求交叉弹性。何谓"合理"，1978年美国著名经济学家阿里达、特纳提出的"足够小的范围"，即"小到排除所有那些在价格合理的波动范围内只有限的买方会转而去够买的产品"。这个表达的核心价值在于：既否定了零替代，也否定了无限制的弹性，确立了弹性应该是一个相对折中的范围的观念。

在此基础上，美国1982年的横向合并指南吸收了阿里达、特纳提出的"足够小的范围"观念，并把"足够小的范围"确定为5%。从而解决了替代合理性的问题。1984年的合并指南进一步指出，根据不同情况，弹性范围可以放大到10%。这构成了确定相关商品市场的"SSNIP方法"（Small but Significant and Non-Transitory Increase in Price），也叫假定垄断者测试。

假定垄断者测试，是界定相关市场的一种分析思路，可以帮助解决相关商品市场界定中可能出现的不确定性，被目前主要国家（和地区）制定反垄断指南时普遍采用。依据这种思路，人们可以借助经济学工具分析所获取的相关数据，确定假定垄断者将商品价格提高并维持在高于竞争价格水平时的最小商品集合和地域范围，从而界定相关商品（地域）市场。

根据《欧洲共同体竞争法界定相关市场的委员会通告》（以下简称"欧盟《界定相关市场通告》"）第17节的规定，在界定一个相关市场时，"需回答的问题是，作为对一定产品或者一定地域内假设的一个数目不大（幅度5%～10%）但长期性的相对价格上涨的反应，当事人的客户是否愿意转向购买可以得到的替代品，或者转向其他地区的供货商。因为涨价会减少销售数量，在替代程度足以大到使涨价行为无利可图的情况下，这些替代产品或者扩大了的地域就应当包括到相关市场之中。扩大相关产品市场或者相关地域市场的这个过程直至这个数额不大的和长期性的涨价可以使当事人无利可图为止"。

根据国务院反垄断委员会《关于相关市场界定的指南》（2009年5月24日）第10条的规定，使用这个标准界定一个相关市场的时候，总体上需要三个步骤：

第一步是假设某经营者是以利润最大化为经营目标的垄断者（假定垄断者），并确定该经营者销售的产品（即目标商品，地域市场也是如此，这里以产品为例）。这个产品可以假定为A。

第二步是初步划定其他近似产品，并将目标商品A进行数额不大（一般为5%～10%）但长期性的涨价（一般为1年），调查确定目标商品涨价导致需求者转向购买那些其他近似商品上。

第三步是根据不同情况得出相关结论：①如果目标商品涨价后，即使假定垄断者销售量下降，但其仍然有利可图，则该目标商品本身就构成相关商品市场。

②如果涨价引起需求者转向具有紧密替代关系的其他商品，使假定垄断者的涨价行为无利可图，则需要把该替代商品增加到相关商品市场中，该替代商品与目标商品形成商品集合。上例中，A产品涨价后，其用户将会转向B产品、C产品等，那么，A产品、B产品、C产品就构成商品集合。接下来再分析如果该商品集合涨价，假定垄断者是否仍有利可图。如果答案是肯定的，那么该商品集合就构成相关商品市场；否则还需要继续进行上述分析过程，直到涨价不再使其用户改变需求为止。随着商品集合越来越大，集合内商品与集合外商品的替代性越来越小，最终会出现某一商品集合，假定垄断者仍可以通过涨价实现盈利，由此便界定出相关商品市场。

（3）消费者的偏好。需求替代建立在产品的功能基础上，但在一些产品功能上差距不大的情况下，如果对某一产品存在特殊的偏好因素，那么产品之间的替代性也会减弱。当消费者特别偏爱某种产品时，那么即使有与其功能、用途相似的其他产品，它们之间也不具有替代性。所以产品间的竞争强度还需要分析是否存在偏好、偏好的普遍性及偏好的忠诚度。

例如，奶茶和茶（也包括奶茶和鲜奶）都属于饮品，可以相互替代。但对于那些对奶茶有特殊偏好的消费者而言，他们一般不会用茶来代替奶茶，也不会用奶来代替奶茶，在这部分消费者看来，奶茶与茶、奶茶与奶就分别属于不同的市场。除了偏好存在的客观性外，还需考查偏好存在的普遍性，只有这两个条件同时齐备，才可以认定偏好产品的市场是另一个市场。欧盟委员会在欧盟《界定相关市场通告》中曾指出："委员会要与主要的客户接触，收集他们关于界定产品市场的观点以及划分市场范围所必要的信息。"[1] 这里"必要信息"可以理解为消费偏好是否存在及其普遍性的信息。

美国1956年杜邦公司玻璃纸案中，法院认为玻璃纸所具有的透明性、低度透性等特性在其他包装材料上均可以找到，因此玻璃纸与其他弹性包装材料具有相似的物理性能。同时法院发现的"消费者在玻璃纸与其他弹性包装材料之间会发生购买转移"，进而认为，它们之间在用途上具有可替代性。这种分析没有考查消费者转移是否具有普遍性，基于此，法院认为将玻璃纸与其他弹性包装材料归于同一相关产品市场是不合理的。

2. 供给替代

供给替代是根据其他经营者生产设施改造的投入、承担的风险、进入目标市场的时间等因素，从经营者的角度确定不同商品之间的替代程度。之所以还涉及

---

[1] 王晓晔：《欧共体竞争法》，中国法制出版社2001年版，第79页。

供给替代,是因为反垄断法对竞争的保护,不但包括现实的竞争还包括潜在竞争。需求替代性实际上只关注了市场实际存在的商品和商品生产者之间的关系。某种商品市场虽然存在垄断,但只要其他生产者能通过合理成本很容易地进入上述商品市场,垄断者就难以谋取垄断利益。潜在竞争者会使垄断商品市场竞争条件发生变化,如价格卡特尔会使潜在竞争者的预期利润增高,一旦其进入这个市场,涨价就不能持续。这种情况就可以认为存在供给替代性。

在相关商品市场分析中考虑供给替代性,其意义在于通过考虑潜在的竞争者扩大相关产品市场,将一定条件下潜在生产者的生产能力也纳入相关产品市场中。原则上,潜在经营者市场准入的投入越少,承担的额外风险越小,提供紧密替代商品越迅速,则供给替代程度就越高,界定相关市场尤其在识别相关市场参与者时就应考虑供给替代。不过,由于供给替代性考虑的竞争仅仅是一种可能,因此一些国家和地区虽然使用"供给替代性"方法分析相关商品市场,但也只是作为辅助手段。[1]

(二) 相关地域市场

相关市场的另一个重要内容是相关地域市场。欧盟《界定相关市场通告》第 8 条将相关地域市场界定为:相关企业供给或者购买产品或者服务的地域,且它们在这个地域内的竞争条件基本是一致的。我国《关于相关市场界定的指南》将相关地域市场界定为:需求者获取具有较为紧密替代关系的商品的地理区域。相关地域市场是判断产品(某种产品与它的替代产品)形成竞争性关系的地理区域。这些地域表现出较强的竞争关系,在反垄断执法中可以作为经营者进行竞争的地域范围。

相关地域市场,首先表明竞争有地域限制,不是所有的同类产品和替代产品都会由观念上的竞争关系形成事实上的竞争关系。应该说,相关地域市场是对相关市场的进一步约简。地域市场的形成,往往和产品的运输成本、保鲜性、法律限制有紧密的关系。

1. 产品的运输成本

运输成本是经营者决定产品价格的重要因素。如果某种产品的运输成本较高,其"旅行"能力就弱;相反,运输成本低,产品的"旅行"能力就强。旅行能力弱的产品的市场地域范围小。换言之,运输费用占产品总价格的比率越低,地理市场的范围越大;比率越高,范围越小。

---

[1] 阮方民:《欧盟竞争法》,中国政法大学出版社 1998 年版,第 120 页。

2. 保鲜性要求

保鲜性长的产品行销的地域就广泛,反之亦反。如冷藏保鲜奶不宜长途运输,只能在生产地附近进行销售。

3. 法律限制

法律对相关地域市场的影响主要体现在国际市场范围的界定上。不同国家或同一国家不同地区之间的关税税率不同会影响市场的范围。例如我国大陆地区和香港地区就是两个不同的地域市场。低关税税率或零关税税率的国家或地区,外国(地)产品就很难和该特殊税率地进行竞争。如果一国的关税较高,那么外国生产者势必会为此付出更多的成本。即便产品价格上升,相关地域市场的范围往往也不会扩展到该外国(地)。

(三)相关时间市场

相关时间市场,是指相关市场存在的时间期限。相对于商品市场和地域市场而言,时间因素在界定相关市场中的意义有限。美国司法判例对时间市场没有明确的界定。欧共体委员会和欧洲法院、德国法院判例表明其将时间市场(temporal market)作为与商品市场、地域市场并列的因素。[1] 我国《关于相关市场界定的指南》也将其作为一个辅助性的认定标准:"当生产周期、使用期限、季节性、流行时尚性或知识产权保护期限等已构成商品不可忽视的特征时,界定相关市场还应考虑时间性。"需要强调的是,该市场只在特定时间出现,且商品和服务的数量有限,如西方展览会中的展位销售或我国中秋期间月饼的销售。可见,相关市场的时间性只是对于那些相关市场存续的时间较短的商品和服务的市场界定有重要作用,在一般案件中,时间性仅是作为对产品市场和地域市场界定的补充和修正。

(四)相关技术市场和创新市场

随着科学技术的进步,技术因素特别是知识产权对市场竞争的影响越来越明显。美国《竞争者协同行为反托拉斯指南》指出,当知识产权与使用它的产品被分别划分在不同市场时,执法部门在评估包括知识产权许可的竞争者协同行为后将界定技术市场。技术市场包含被许可的知识产权和它的近似替代品。近似替代品,是指与被许可使用的知识产权相比,在限制市场力量方面足够相似的技术或商品。具体执法中,执法机关还会根据《知识产权许可的反托拉斯指南》相关规定来确定技术市场的范围和市场份额。

创新市场,是针对特定新的产品和方法或者其改进的研究和开发,或者与该

---

[1] 阮方民:《欧盟竞争法》,中国政法大学出版社1998年版,第114页。

研发相似替代性工作形成的市场。在竞争者的协同行为在创新方面产生的竞争效果在产品市场和技术市场中没有得到充分考虑的情况下，且当相关的研发与特定企业的特有财产或者特征有关时，才会界定创新市场。

应该看到，相关技术市场和创新市场的界定与特定技术相关，尤其是与技术开发和使用相关。相关技术市场和创新市场对于技术型企业或企业联合垄断技术的判定具有重要意义。

我国《关于相关市场界定的指南》中也考虑到了相关技术市场和创新市场的问题："在技术贸易、许可协议等涉及知识产权的反垄断执法工作中，可能还需要界定相关技术市场，考虑知识产权、创新等因素的影响。"

第二节 滥用市场支配地位的确定

滥用市场支配地位的前提是具有市场支配地位，没有市场支配地位就不可能滥用市场支配地位。当然，拥有市场支配地位的主体如果存在正当理由，从事某些行为也不构成滥用市场支配地位。因此，这里需要重点理解三个问题：如何确定"市场支配地位"、"滥用"的含义、滥用市场支配地位的表现。

一、市场支配地位的确定

市场支配地位，是指经营者在相关市场内具有能够控制商品价格、数量或者其他交易条件，或者能够阻碍、影响其他经营者进入相关市场能力的市场地位。

市场支配地位来源于市场力量。经济学上，市场力量是经营者实施高于竞争价格（边际成本）而仍不丧失客户的能力。市场力量可以由一个主体单独显示出来，也可以在几个主体联合之后显示出来，它是垄断组织或组织成员制定垄断价格的基本经济条件。欧共体委员会对于市场支配地位的经典表述是：一个企业如果有能力独立地进行经济决策，即决策时不必考虑竞争者、买方或供货方的情况，它就是一个处于市场支配地位的企业。如果企业凭借其市场份额，或者凭借其与市场份额相关的技术秘密、取得原材料和资金的渠道以及其他重大优势如商标权，能够决定相关市场大部分的价格，或者能够控制其生产或者销售，这个企业就处于市场支配地位。[1]

市场支配地位可能来源于市场份额、供求关系的失衡，也可能来源于资本量的悬殊差距，还可能来自于知名品牌或法律授予的特权。在方法上，市场支配地位的确定有推定和认定两种。

---

[1] (1972) C. M. L. R. DII, para. II. 3.

(一) 推定

所谓推定，是指依照法律规定，从已知的基础事实推断主体法律状态的过程。为了降低反垄断执法机关和司法机关的评估难度，减少工作量，提高执法和司法效率，各国法律都规定了可以推定经营者具有市场支配地位的情形。

德国《反限制竞争法》第19条规定，一个企业占有相关市场至少1/3的市场份额；3个或3个以下企业共同占有其50%或50%以上的市场份额；5个或5个以下企业共同占有其2/3或2/3以上的市场份额。日本《禁止垄断法》第2条规定，一个企业每年在相关市场的销售额超过1/2，或者两个企业的销售额之和超过3/4，就具有市场支配地位。俄罗斯《竞争保护法》则规定，市场份额超过65%的企业具有市场支配地位，市场份额不超过35%的一般不具有市场支配地位。同时，为了避免出现错误的推定，在俄罗斯被推定具有市场支配地位的经营者可以举出反证推翻反垄断执法机关和司法机关的推定，以维护被推定的经营者的合法权益。

我国《反垄断法》第19条规定，有下列情形之一的，可以推定经营者具有市场支配地位：①1个经营者在相关市场的市场份额达到1/2的；②2个经营者在相关市场的市场份额合计达到2/3的；③3个经营者在相关市场的市场份额合计达到3/4的。有前款第2、3项规定的情形，其中有的经营者市场份额不足1/10的，不应当推定该经营者具有市场支配地位。被推定具有市场支配地位的经营者，有证据证明不具有市场支配地位的，不应当认定其具有市场支配地位。

另外，自然垄断行业也被推定为具有市场支配地位。在俄罗斯，自然垄断行业的垄断主体具有支配地位，不论是否达到35%的市场份额。这种推定市场支配地位的情形，符合自然垄断实体经济的性质。按照俄罗斯《自然垄断法》(2001年修订)，"自然垄断"是指商品市场的一种状况，在这种状况下的商品市场中，由于工业技术特性，生产中不存在竞争（原因在于每件产品生产成本实质性的减少导致产量的增加）需求能够被有效满足，且由自然垄断实体生产的商品不能被市场上的其他商品替代，因此导致在商品供给市场上其需求受价格影响的幅度小于其他类型的商品。我国最高人民法院发布的《关于审理因垄断行为引发的民事纠纷案件应用法律若干问题的规定》确立了推定—抗辩制度。其第9条规定：被诉垄断行为属于公用企业或者其他依法具有独占地位的经营者滥用市场支配地位的，人民法院可以根据市场结构和竞争状况的具体情况，认定被告在相关市场内具有支配地位，但有相反证据足以推翻的除外。另第10条规定：被告对外发布的信息能够证明其在相关市场内具有支配地位的，人民法院可以据此作出认定，但有相反证据足以推翻的除外。

各国法律所推定的市场支配地位的指标不完全相同,[1] 和本国的市场结构和竞争状况有关。市场结构越松散，市场竞争越激烈，市场份额越高。

(二) 认定

经营者是否具有市场支配地位，在上述明显的情况下可以推定，但不具备上述条件的，也可能具有市场支配地位，这需要综合考虑各种因素进行认定。

综合分析各国立法例，一般都规定以市场份额作为主要考虑因素，同时需要结合其他因素综合考虑，如原材料的控制能力、企业的财力、企业的技术优势等。我国《反垄断法》第18条吸收了先进立法国家和地区的反垄断立法经验，规定了认定经营者的市场支配地位的情况。

一般，认定市场支配地位依据下列因素：

1. 经营者在相关市场的市场份额，以及相关市场的竞争状况

这是评价经营者是否具有市场支配地位的结构性方法。市场份额是指特定经营者的总产量、销售量或者生产能力在特定的相关市场中所占的比例，又被称为市场占有率。经济合作与发展组织（OCED）认为：所谓市场份额，是"根据企业总产量、销售量或者能力的比例，对企业在一个行业或者市场中的相对规模的测定方式"。[2]

市场份额是企业规模的外在反映，也是企业利润的内在基础。对于上游企业而言，市场份额大的企业采购能力也强，同时，市场份额大的企业往往拥有庞大的销售网络，任何一个下游的"逃跑"都不会对其形成制约，进而不会威胁到其生产经营状况。市场份额较小的竞争者则不具有上述能力。

在市场份额不高的情况下，判定一个经营者是否具有市场支配地位，需要考查相关市场的竞争状况。这个"竞争状况"指相关市场的其他经营者的市场份额状况，即整个行业的市场结构状况。欧共体委员会在"Virgin 大西洋航空公司诉英国航空公司"（Virgin/British Airways）一案中，认定市场份额只占39.7%的英国航空公司在英国民航旅行服务市场上占市场支配地位，这是因为该公司的最大竞争者Virgin公司在该市场上的占有率仅为5.5%。在联合商标一案中，欧共体和欧洲法院一致认为，因为联合商标在相关市场上占45%的份额，而这个份额是其最大竞争者市场份额的两倍，因此这个企业是一个占市场支配地位的企业。

---

[1] 除了上述列举的推定市场支配地位的标准外，一些国家规定的推定市场支配地位的市场份额标准具有本国特色。欧盟成员国总体的平均份额是40%。芬兰、英国、西班牙是25%；捷克、葡萄牙、匈牙利是30%；波兰、立陶宛是40%；瑞士是40%~50%；蒙古、韩国是50%；俄罗斯是65%。

[2] OCED, *Glossary of Industrial Organization Economics and Competition Law*, p. 57.

2007年1月17日，俄罗斯联邦反垄断机构发布了"关于改变依职权确立经营者支配地位行政规则令（No.5）"明确了不足35%市场份额的经营者可能也具有市场支配地位。该规则令指出：反垄断机构分析竞争状态认为在商品市场上其份额低于35%的经营者具有支配地位的，应当符合下列条件：该经营者比其他经济实体在相关产品市场所占比例高，并且可能对商品流转的一般条件产生决定性影响。具体而言，决定性影响包括如下条件：①经营者有能力单方面确定商品的价格水平，并将对商品销售的相关产品市场的一般条件起决定性的影响；②由于经济、技术、行政或其他限制，新的竞争者进入相关产品市场是困难的；③经营者在消费时无法取得其他替代品（包括生产用的消费替代品）；④商品价格的改变并不导致需求降低。

可见，经营者市场份额的大小和经营者是否具有市场支配力量之间具有紧密的联系，但并不是市场份额未达到推定标准的企业一定不具有市场支配地位。反垄断法关注的是经营者是否有足够力量来排除或限制竞争，而不是禁止经营者达到某种规模。

2. 经营者控制销售市场或者原材料采购市场的能力

一切生产只有通过销售才能实现其最终目的。销售市场是链接生产和消费的关键环节。控制销售市场也就有能力将控制力向上传导（生产市场）和向下传导（消费市场），进而可能形成对上下游的控制。这种控制力可以依一个经营者的力量形成，也可以由几个经营者联合形成。辛迪加就是以签订共同销售产品和采购原材料的协议而建立起来的垄断组织。这种垄断形式的主要特点，是成员企业在法律上和生产上仍保持独立，但产品销售和原材料采购上由辛迪加统一处理。所以，它比卡特尔有更大的稳定性。

一般来说，一个经营者能够控制产品销售渠道或原材料采购来源，就能对上下游经营者形成间接控制（和依据占有股权形成的直接控制相比较）。一个经营者与其上下游经营者订立排他性交易的情况下，市场被控制的程度达到了最大化，独家代理就属于这种情况。独家代理是在约定的地区范围内，代理人拥有某类商品或业务专营权的代理。由于合同中约定，委托方不得在本地区委托第三方代销该项商品；未经独家代理同意，委托方也不得指定任何分代理，因而独家代理人就形成了垄断某种产品销售渠道的能力。

3. 经营者的财力和技术条件

资本量差距悬殊也能产生支配力。竞争的激烈程度同相互竞争的个体数量多少成正比，同相互竞争的资本差距大小成反比。资本代表着承担风险的能力，常规的竞争大都以价格为中心，价格优势的实质是财力优势和技术优势。

技术尤其是专利技术或知名品牌，本身就是一种竞争优势。高技术产品和知名品牌将加大竞争产品间差别的显著性，进而其产品的市场替代性变小，垄断性加强。从知识产权来讲，知识产权是一种公认的垄断权，拥有这种特权的主体就拥有特殊的竞争力量。但这种特权不能被滥用，反垄断法反对知识产权的滥用。

4. 其他经营者对该经营者在交易上的依赖程度

上述市场份额、控制销售市场和原材料、财力和技术条件等产生的市场支配地位，主要是从整个行业甚至整个产业角度来描述判断主体是否具有市场支配地位，它涉及这个行业（产业）的主要或所有竞争者。相比之下，本条件描述的是交易人之间的微观关系，这个视角的描述可以理解为是上述条件的补充。意味着，在上述市场份额等方面并不处于支配地位，但在与交易对方进行交易时却表现出一定的市场优势，也可以认定为具有市场支配地位。由于它是在与交易对方的交易中比较得出的，准确地讲，它是一种"相对市场优势地位"。

滥用相对市场优势地位一般可以分为两大类：一是基于需方对供方的依赖而形成的优势地位；二是基于供方对需方的依赖而形成优势地位。具体而言，在供大于求的情况下，生产者会在产品流通中形成对销售者的一定依赖关系，销售者的地位优于上游的生产者，甚至下游的销售者的地位也优于上游的销售者。在我国市场上，作为生产者的中小企业依赖大型零售商拥有强大的销售渠道，需要交纳所谓的进店费、上架费等就是这种依赖关系的典型表现。相反，在供不应求的情况下，生产者的优势地位则高于销售者。

另外，因长期合同关系也能产生相对市场优势地位。供需双方之间建立的商业往来关系，一个经营者与另一经营者缔结了涉及经营基本事项的长期契约关系，则会有针对性地在资本投资、技术发展、人员培训、商业信誉以及客户网络等方面投入主要资源，在已适应的供货渠道与模式的情况下，就形成一种需方对于供方的依赖状态。同样，长期销售合同也是如此，上游经营者会形成对下游经营者的依赖。

5. 其他经营者进入相关市场的难易程度

这是从是否存在进入壁垒的角度进行的分析。进入壁垒是影响新企业进入市场的重要因素。进入壁垒的高低决定进入后的利润水平，进而直接影响新企业的进入激励。经济学上，即使原有企业与潜在进入企业具有相同的边际生产成本，但由于进入壁垒的存在，潜在进入企业进入市场后，它所面临的边际生产成本也要高于既有企业。尽管对进入壁垒认识不同，[1] 但进入壁垒是客观存在的。一般而言，形成进入壁垒的因素有三个：技术、设施和法律，相应地，壁垒的类型分别为：技术壁垒、设施壁垒和法律壁垒。

技术壁垒，是商品的生产在一个大的产出水平范围内呈现边际（与平均）成本递减而产生的壁垒。生产技术使得规模相对大的厂商是低成本的生产者（经济学上也将这种优势称之为自然垄断）。在这种情况下，既有厂商可能发现通过削减价格将其他厂商挤出该产业是有利可图的。同样，一旦建立起垄断，进入就很困难，因为新厂商生产规模相对较小，从而生产的平均成本相对较高。[2] 对于这种壁垒如果既有厂商没有设置挤出战略（例如掠夺性定价），一般不认为是违法的。

设施壁垒，主要指关键设施（essential facility）壁垒，也称瓶颈壁垒，指进入市场所必不可少的设施的占有者拒绝提供该设施形成的壁垒。设施占有者掌握着其他竞争者进入市场的瓶颈，潜在竞争者在关键设施的限制下束手无策。换言之，市场的潜在竞争者依赖于关键设施，依赖于关键设施的拥有者。美国和欧洲反垄断法判例发展出了"关键设施原则"。关键设施原则的适用要求原告证明："①垄断者控制着关键设施；②从现实性或合理性的角度来看，潜在竞争者没有能力复制该关键设施；③拒绝竞争者使用该关键设施；④垄断者提供该关键设施的可行性。"[3]

在实践中，关键设施涉及的范围很广，包括铁路、港口以及电信等运输网络设施、金融部门中的支付系统，等等。知识经济的背景下，关键设施还扩展到知识产权领域。

法律壁垒，即由法律而不是由经济条件所带来的进入壁垒。被法律限定的进入壁垒一般是合法的，例如由政府授予专利垄断权，这种壁垒的合理性在于鼓励创新；另外，由法律授予一家厂商在一个市场提供某种服务的特许权如公用事业（煤气与电力）、邮电业、电视台与电台等形成自然垄断行业，其合理性在于：这一产业的平均成本在一个大的产出范围内是递减的，从而，可以通过将产业变

---

[1] 哈佛学派认为，进入壁垒是由于行业的技术特性和需求的特点所产生的对既有厂商有利而不利于潜在进入者的客观因素。因此评价进入壁垒应更多地关注市场力量和市场集中度。芝加哥学派认为，进入壁垒是寻求进入的厂商必须承受的而既有厂商却不必承担的成本。因此，除了政府的法律限制外不存在真正的进入壁垒。
[2] 〔美〕沃尔特·尼科尔森：《微观经济理论基本原理与扩展》，朱幼为等译，北京大学出版社2008年版，第355页。
[3] 〔美〕盖尔霍恩、科瓦契奇、卡尔金斯：《反垄断法与经济学》，任勇、邓志松、尹建平译，法律出版社2009年版，第147页。

为一个垄断产业来达到最小的平均成本。当然，也存在以法律形式形成的非法的进入壁垒，如抽象行政垄断。

6. 与认定该经营者市场支配地位有关的其他因素

除了上述通常的因素外，认定经营者是否具有市场支配地位有时还要考虑一些其他因素。例如，联合体与成员之间的关系、地域影响等。例如，德国《反限制竞争法》第36条第2款规定，参与集中的一个企业是《股份公司法》第17条意义上的从属企业或支配企业，或是《股份公司法》第18条意义上的康采恩，则以此类方式联合在一起的诸企业视为单一企业。若干个企业开展合作经营，以致它们能够对另一个企业施加支配性影响的，它们之中的任何一个企业都视为支配企业。

二、"滥用"的实质

在各国反垄断法上，几乎都不存在"滥用市场支配地位"一词的定义。通常在法律上，提到"滥用"往往指行政权力的滥用或民事权利的滥用，而不存在所谓的"滥用地位"之说。既然这里使用的是"滥用地位"（且各国都使用该概念），首先，表明这是个反垄断法中专有的概念；其次，也应该表明，这个被滥用的"地位"就其本质，应该不是行政权力，也不是民事权利，那么，滥用的是什么？

很少有法律明确这一点，理论界也鲜有讨论。俄罗斯法上，关于禁止滥用市场支配地位的规定不仅仅体现在竞争保护法上，在俄罗斯《民法典》中，对此也作了原则性规定。按照俄罗斯《民法典》第10条第1款的规定，"禁止以限制竞争为目的行使民事权利，同时禁止滥用市场支配地位"。这一规定引发了关于滥用民事权利和滥用支配地位关系的广泛的讨论。

俄罗斯《民法典》第1条规定，民事立法建立在契约自由的基础上。第2条规定，民事立法调整从事经营活动的主体之间的关系或者他们参与的关系。同时，俄罗斯《竞争保护法》第3条规定，《竞争保护法》适用于调整经营者参与并形成的竞争关系。这样，《竞争保护法》禁止占有市场支配地位的经营者从事的相关活动，其中也包括民事合同关系。

一般来说，滥用市场支配地位体现为对交易人的强迫，既然强迫是滥用市场支配地位的一个内在因素，需要立法确立强迫的具体情况和正确适用这个规范的应用程序从而使反垄断执法机构准确把握法律规定的禁止条件。俄罗斯的反垄断机构的执法实践表明，在案件中涉嫌强迫的方法多种多样，常见的是，占有市场支配地位的经营者对合同交易人施加不利的条件。这种行为不是对合同交易人实行胁迫或身体强制，而是拒绝或改变合同签订的正常条款，剥夺作为一个法律关系主体本应享有的平等权利。恰是如此，占有支配地位的经营者坚持其提出的不利于交易对方的合同条款且对方无法放弃，就被视为滥用了市场支配地位。此外，关于施加强迫还可由占有支配地位的经营者在合同中增加对方的负担等不符合正常商业惯例和交易人意愿的特殊条件来证明。按照俄罗斯《竞争保护法》，权利受到占市场支配地位的经营者侵害的一方有权向法院或反垄断机构申请解决纠纷。

俄罗斯理论界对于滥用市场支配地位和滥用民事权利的关系曾进行了广泛的探讨，主要观点如下：

М. М. 阿卡尔科夫（М. М. Агарков）认为，滥用市场支配地位建立在违法行使权利的基础上，所以像滥用支配地位那样的行为事实上不属于民事权利。因为人们的行为超出了法律赋予其行为的权利时，其行为就不是滥用自己的权利，而是违法行为。[1]

В. П. 格里巴诺夫（В. П. Грибанов）认为，"滥用民事权利"这个概念只存在于主体拥有确定的权利的情况下。在主体从事了无权利基础的行为时，是不能称之为滥用民事权利的。民法典上，滥用民事权利概念本身表明了与行为相关联的不是行为的内容，而是行为的实现过程。滥用民事权利讲的只可能是，权利能力主体不限于主体权利范围、权利构成的诸多权利能力范围内，且行使权利的方式超出法律设置的实现方式。行使民事权利的界限由以下要素构成：民事立法规定的主体界限（确定权利能力）、时间界限（确定实现权利的期间）、与此概念相关的实现民事权利的原则、实现权利的方法（如销售财产的方法：出卖、赠与等）、私人允许的和保护其主体权利实现的方法。如果权利能力主体在法律规定的权利界限之外从事活动应该被认定为违法。

Е. А. 苏哈诺夫（Е. А. Суханов）认为，滥用权利是一种独立的、专有的、具有一般性称谓的违反行使民事权利原则的形式。承认滥用民事权利作为民事违法的形式，其基础在于合法（违法）行为的判定标准，在缺乏具体规范的情况下只能依赖一般原则。俄罗斯《民法典》第 6 条第 2 款规定的就是这种情况的总原则，[2] 而立法者确定的用来认定合法（违法）的"一般原则和立法精神"不是别的，正是民法的原则。О. Н. 萨际科夫（О. Н. Садиков）认为，像滥用权利的违法行为可以滥用民事权利的形式表现出来，也可不以滥用民事权利为必要条

---

[1]〔俄〕阿卡尔科夫："苏联民法中的滥用权利问题"，载《苏联科学信息》1946 年第 6 期，转引自〔俄〕Е. Ю. 巴尔基洛：《滥用支配地位：俄罗斯和外国的解决方法》（俄文版），Статут 出版公司 2008 年版，第 103 页。

[2] "如果不能使用法律类推，则当事人的权利和义务根据民事立法的一般原则和精神及善意、合理、公正的要求予以确定。"

件。这样，应进一步将权利的使用区分为实质性限于权利范围的使用和降低对民事流转的实际影响的权利使用两种。

显然，争议来自于滥用权利的概念，以及什么情况下滥用支配地位才属于滥用权利。按照 Н. И. 科列伊（Н. И. Клейн）的观点，《民法典》第 10 条通过禁止有关行为划定了一条实现民事权利的界限。规定了一般约束民事主体适用和实现权利的限度：如果危害他人的权利和利益，则禁止行使自己的权利。包括以下情况：直接故意滥用民事权利侵害他人利益；（即使没有侵害他人的目的）滥用民事权利客观上给他人带来了危害；滥用市场支配地位限制竞争；不公平竞争和广告等。[1]

俄罗斯《民法典》将滥用民事权利和滥用市场支配地位并列放到《民法典》第 10 条的处理方式，其合理性值得怀疑，将滥用市场支配地位等同为滥用民事权利也令人无法接受，并列表述本身即意味着滥用市场支配地位不是滥用民事权利。况且，存在市场支配地位并不表达存在某种特殊的民事权利。那么，滥用市场支配地位自然也就不是滥用民事权利。由此，有俄罗斯学者认为，类似《民法典》第 10 条的规定对司法实践不仅没有实践意义，且开创了无用的、重复性规定的先例。萨际科夫也认为，应将《民法典》第 10 条第 2 款剥离出来与《宪法》第 34 条第 2 款（禁止垄断性和不正当竞争性的经济活动）合并一起作为一个独立条款。[2]

萨际科夫的观点有诸多支持者，但萨际科夫平移法律规定的建议也未必能够划清滥用民事权利和滥用支配地位的界限问题。

事实上，谈到滥用民事权利和滥用市场支配地位的关系，必须清楚的是民法和竞争保护法是不同类型的规范，后者以禁止性规范为出发点。民法赋予合同双方平等地位，法律上的平等不意味着经济上的平等。竞争法规范的内容有两类：消除不当交易关系的规范和保护市场公平的规范。第一类规范体现为禁止强制交易对方不利的合同条件，如强制交易、差别待遇、拒绝交易；第二类规范是保护公平环境的规范，如禁止不公平价格、搭售、掠夺性定价等。第一类规范保护交易关系上的交易意愿，其针对的是交易对方的选择权。这种情况下滥用支配地位行为的技术手段是剥夺交易方的选择权利。实践中，在签订或履行合同时这类滥用支配地位行为都存在消除合同一方选择权利的后果。第二类规范是从经营者一方的行为出发，不强调交易对方。一般，被侵害主体不特定，由于主体不特定在性质上这类行为不属于民事行为。这样，可以得出一个基本的结论：即便是第一

---

[1] Н. И. 科列伊：《俄罗斯民法典述评》（一）（俄文版），莫斯科出版社 1999 年版，第 31 页。
[2] 〔俄〕Е. Ю. 巴尔基洛：《滥用支配地位：俄罗斯和外国的解决方法》（俄文版），Статут 出版公司 2008 年版，第 104~107 页。

类规范属于滥用经营自主权——可以归入滥用民事权利，那么，第二类规范因其被侵害主体的不特定性则无法归入到滥用民事权利的范畴，也由此从属性上滥用市场支配地位不能笼而统之地归入到滥用民事权利之中。那么，滥用市场支配地位行为滥用的到底是什么？

有俄罗斯学者认为，第二类规范涉及的占有支配地位的主体拥有的不是民事权利，而是需要国家监督的特殊的经济势力（支配力、垄断力）。[1] 可以认为，俄罗斯学者认为的经济势力是一种新型的权力——经济权力。首先，这种权力不同于行政权力，它不是来自于国家立法的授权，也不是基于行政机关的委托；实施主体不是行政主体。其次，这种权力来自于资源控制能力，依赖资本额、原材料或销售渠道的控制能力、知识产权的掌握等形成。最后，它和行政权力的相同之处在于都具有强制性。所以，市场支配地位的实质是主体拥有控制市场的经济权力。滥用市场支配地位的实质是滥用经济权力。

第三节 滥用市场支配地位的行为类型

滥用市场支配地位是以行为的方式表现出来的，因行为类型有多种，可以（也需要）对各种行为进行归纳，分析不同行为类型的共性和个性。

一、学理分类

学理上的分类往往是多视角的分类，形成的分类结果也具有多元性。根据滥用市场支配地位的目的不同，分为剥削型滥用和妨碍型滥用；根据行为主体数量不同，分为单独滥用市场支配地位和平行滥用市场支配地位；根据行为的载体不同，可以分为价格上滥用市场支配地位和非价格上滥用市场支配地位。

（一）剥削型滥用和妨碍型滥用

德国理论界将滥用优势地位划分为妨碍型和剥削型两种。[2] 剥削型滥用，是指具有市场支配地位的经营者对其他经营者提出不合理的交易条件，剥夺其应得的利益。这类滥用行为主要有：垄断高价或低价、价格歧视、搭售或者强加不合理条件等行为。妨碍型滥用，是指具有市场支配地位的经营者为了维护自己的市场支配地位，排挤竞争对手或阻碍潜在竞争者进入市场。

剥削型滥用侵害的是购买者利益（潜在消费者）；妨碍型滥用侵害的是竞争

---

[1]〔俄〕C. A. 巴拉舒克：《竞争法》（俄文版），Городец 出版公司 2004 年版，第 158 页。
[2]〔美〕戴维·J. 格伯尔：《二十世纪欧洲的法律与竞争》，冯克利、魏志梅译，中国社会科学出版社 2004 年版，第 385 页。

者利益。另外，前者是在不剥夺交易人主体资格的前提下谋取垄断利益，具体而言，侵害的是消费者成本福利、选择权和公平交易权等；后者是经营者为剥夺竞争者（潜在竞争者）的生存权而采取的限制或阻碍行为，侵害竞争者的生存权和发展权。

这种划分的意义在于，理解不同类型行为的本质及侵害的利益关系，在认定类型行为时能够准确把握判定标准。

（二）单独滥用市场支配地位和平行滥用市场支配地位

单独滥用市场支配地位，是一个具有市场支配地位的经营者依靠其自身力量即可实施的滥用行为。一般情况下，滥用市场支配地位行为大都是单独滥用，因为多个主体滥用受害面太大、行为违法性表露得太露骨，易受到反垄断执法机构的处罚。

平行滥用市场支配地位行为是多个主体独立实施且行为具有一致性的滥用支配地位的行动。例如，两个竞争者合计占有市场份额达到2/3以上，且每一个的市场份额都超过1/10，它们在相同的时间内就竞争商品都实施了涨价。

人们习惯上将平行滥用市场支配地位叫做联合滥用市场支配地位，其实，"联合滥用"的叫法并不准确，因为"联合"表达的是思想联络基础上的行为一致，而意思联络为基础的一致行为属于协同行为。所以用"联合滥用市场支配地位"这个概念将无法在语义和行为性质上与"协同行为"相区分。况且，联合滥用市场支配地位的存在就是为了补充协同行为在认定上的不足。

这种分类的意义在于，突出联合滥用市场支配地位行为的特殊性，并合理处理其与协同行为制度的补充性关系。

（三）价格上滥用市场支配地位和非价格上滥用市场支配地位

前者是以价格为工具实施的滥用市场支配地位行为，表现为不公平价格、掠夺性定价、价格歧视；后者是以非价格工具实施的滥用市场支配地位行为，表现为拒绝交易、独家交易、搭售等。

由于价格在市场中的特殊性，认定中要合理区分价格上的垄断行为和企业价格自主权。因此，认定价格垄断行为需要更充分的理由。

二、基本行为类型

理论上，剥削型滥用和妨碍型滥用的分类具有更广泛的理论认同，故这里以此分类为依据分别展开阐述各行为的类型及其特点。

（一）剥削型滥用

1. 不公平价格

不公平价格，指没有合理的理由，以不公平高价出售或低价购买行为。我国

《反垄断法》中规定的不公平价格近似于《欧共体条约》第82条（1）规定的不公平定价（unfair pricing）。

（1）反不公平定价行为的理论基础。不公平高价和低价行为对经济的影响不同，因而规制的理论基础也不一样。

首先，不公平高价行为易加剧宏观经济秩序的不稳定。不公平高价通常发生在经济发展的上升时期，而经济上升时期多伴有通货膨胀的危险。不公平高价加剧宏观经济秩序的不稳定是通过激发通货膨胀表现出来的。

凯恩斯认为，当一国处于有效需求不足，工厂和劳动力闲置时，采取扩张性的财政货币政策，能促使经济增长。第二次世界大战后许多发展中国家都采取这一政策，但几乎都发生了不同程度的通货膨胀。凯恩斯理论建立在发达国家的市场背景下，准确地说，是发达国家经济萧条时的挽救措施。但发展中国家经济背景的普遍性特点和发达国家经济萧条时的背景并不相同。一方面，发展中国家的总需求经常大于总供给，多发货币往往激发已经通胀了的总需求；另一方面，发展中国家并不存在同发达国家经济萧条时的大量可资利用的现成工厂设备和闲置资源，此时，像发达国家一样多发货币也不能使劳动力与其他生产资料结合成现实生产力。所以，发展中国家产生通货膨胀的经济基础更特殊。加之其民经济系统相对脆弱，发展中国家对通货膨胀更应该高度警惕，亚洲"四小龙"、巴西、阿根廷等国家和地区经济发展过程证明了通货膨胀是经济起飞时的最危险的敌人。

我国自20世纪90年代以来，积极的财政政策使固定资产投资一直以较快的速度增长，另外由于外资经济的拉动，外汇储备大量增加，消费基金增长过快，这些因素促成了经济发展过快（甚至过热），进而形成通货膨胀蓄势待发的势头。一旦一些特定产品存在缺口，引发通货膨胀的危险很大，例如1994年农副产品、2007年猪肉都成了本领域发生通货膨胀的导火索。

不公平高价是引燃通货膨胀"导火索"的火源。某些占有市场支配地位的经营者利用其优势地位，将产品囤聚居奇，并高价放出，加剧经济波动，影响国民经济良性运行。1995年初国家计划委员会制定了《制止牟取暴利的暂行规定》，其目的清晰可见，就是为了制止自1994年开始并延续着的通货膨胀。一定意义上讲，反垄断法调整不公平高价是实施宏观经济政策的一种辅助方式。

其次，不公平高价侵害消费者利益。在竞争市场上，一方面，价格向消费者传递稀缺性的信息，而消费者会通过调整他们的消费作出反应，并将该反应传递给生产者以调节供给；另一方面，价格是消费者福利的一部分，支付的价格越高，消费者福利就越小。垄断导致价格提高、产出减少，使得消费者福利减少以及生产剩余向垄断者不公正地转移。控制价格的企业有能力控制市场，这对竞争体系是一种威胁。自19世纪末，美国《谢尔曼法》就确定：任何以提高（raising）、降低（depressing）、固定（fixing）、限制（pegging）或者稳定（stabilizing）价格为目的或者有此效果的联合都是本身违法的。即使在20世纪后半叶美国法院对于本身违法原则的刚性提出了质疑，但是对于消费者的价格利益的关注却没有改变过。

在欧洲，对于消费者价格福利的关注也同样重要。比如，对于占市场支配地位企业的行为是否属于滥用市场支配地位的行为的判定，其中一个标准就是看企业的定价行为是否属于超高定价，另一个标准是这个超高价格是否损害了消费者的利益。对消费者和用户索取不合理的垄断高价是滥用行为的一种典型表现。在1975年审理的"联合商标公司案"中，欧共体法院指出，只要企业利用市场支配地位索取垄断高价损害消费者利益，就是滥用市场支配地位。

与不公平高价不同，不公平低价侵害的是上游经营者的利益。购买者利用其市场支配力在购买商品时不合理地压低商品价格，产生对生产者剩余的剥夺。

（2）不公平价格的认定。不公平价格是非价值规律下的定价。一般来说，高价和低价的合理基础是市场供求关系的变化，不公平价格不是以供求关系为基础的价格，而是人为控制价格或强迫价格条件下厂商间的行为。不公平价格的认定标准有两个：

第一，市场支配地位。实行不公平高价或低价的经营者具有市场支配地位。不公平价格的内在表现是经营者之间的不平等经济关系，弱势一方的经济利益受到强势主体一方的挤压，不得不接受强势一方提出的价格条件。通常强势一方都具有市场支配力，弱势一方名义上是独立的主体，实际上其经营中已形成对强势一方的依附。市场支配地位是不公平价格的前提，没有这个前提，在交易人之间的协调中很难形成"不公平"的价格。

第二，实施不公平高价或低价。我国《反垄断法》规定，具有市场支配地位的经营者不得以不公平的高价销售商品，以不公平的低价购买商品。虽然法律中规定了两种不公平价格行为，但理解和执行中的最大问题是"不公平"的认定。欧共体法院在1976年General Motors案中，将不公平价格认定为"超过所提供的有关服务的经济价格的定价",[1] 这里的经济价格应该主要指合理价格。这个案例中的"超高定价"和上述我国《制止牟取暴利的暂行规定》中的暴利价格在内涵上应无本质差异。所以，公平与不公平高价可以按照"暴利"的标准

---

[1] 孔祥俊：《反垄断法原理》，中国法制出版社2001年版，第563页。

来认定。

按照西方国家（地区）反垄断经验，认定价格是否"公平"，通常进行如下比较得出：

首先，成本加合理利润比较。商品价格由成本加合理的利润构成。在竞争性的市场中，一个商品的合理价格应该高于成本外加一定幅度的利润。但问题是，什么是合理的利润率？如何计算？这需要进行同类商品的横向比较才能得出。在1975年"联合商标公司案"中，欧共体委员会和欧共体法院就使用同类商品价格比较的方式，即将联合商标公司销售的香蕉与同一市场上的其他香蕉进行比较，认定联合商标公司在德国、丹麦等国销售的香蕉中存在价格滥用行为。同类商品利润比较的方法是将争议商品或服务与其他具有可比性的商品或服务进行价格比较，如果它们的价格差异很大，说明该价格不合理。当然，采用商品比较的方法时，还存在和谁比较的问题，对此，俄罗斯《竞争保护法》第6条规定，经营者确定的价格超过竞争市场条件下的商品价格，竞争市场依据在确定的时间内销售商品的数量、购买者或者销售者的构成（由购买或销售商品的目的确定）和进入条件（以下简称"可比商品市场"）[1]对比分析。在"可比商品市场"上的经营者不包括购买者或销售者作为一个主体集团和不占支配地位的主体。另外，可比主体也不包括自然垄断主体。在我国，2011年"康师傅涨价案"比较全面地适用了成本比较的方法。[2]

其次，空间比较。这种方式是将一个占市场支配地位经营者的商品或者服务的价格与非相关地域市场（主要是指外国）上的同类商品或服务的价格进行比较。采用这种方法时，应注意不同地域市场条件的相似性，只有在地域市场条件相同或相似的情况下，市场价格才具有可比性。

某一商品或者服务的价格水平、差价率、利润率应不超过同一地区、同一期间、同一档次、同种商品或者服务的市场平均价格的合理幅度。但是，生产经营

---

[1] 俄罗斯《竞争保护法》上规定了"可比商品市场"（сопоставимый товарный рынок）概念，用来判定垄断高价和垄断低价。可比市场不同于相关市场，其更强调产品的同质性，而不是替代性。

[2] 国家发展改革委员会3月30日开始对康师傅公司展开调查。调查发现，康师傅公司在方便面市场具有较强的市场优势地位，2010年容器面销售额全国占比达到69%，"开心桶"销售额全国占比达到73.6%；2010年下半年以来，受原材料价格上涨等因素影响，方便面生产成本有所上涨，盈利有所下降，但2010年平均净利率为13.2%，2011年1月份净利率仍有10.1%，在业内属于较高水平。2011年3月中旬，康师傅公司计划调整部分容器面价格，同时增加部分原料（肉粒加倍或面饼克重稍许增加），"开心桶"出厂价调价幅度为12.6%。据此测算，"开心桶"单桶生产成本环比将上涨8.4%，净利率将达到14.3%，比调价前净利率高出4.2个百分点，比2010年平均净利率高出1.1个百分点。调查结果表明，康师傅公司作为具有市场优势地位、在行业内影响较大的企业，其调价幅度相对过高，是不妥当的。为此，对康师傅公司予以了提醒告诫。

者通过改善经营管理，运用新技术，降低成本，提高效益而实现的利润率除外。欧共体法院曾在一个判决中指出："一个拥有市场支配地位的企业，如果其服务的价格明显高于这种服务在其他成员国的价格，并且这种价格水平的比较结果不是偶然的，这种价格差异应被视为是滥用市场支配地位的表现。"[1] 这里，确认了两个标准：一是可比对象的确定要准确；二是比较的价格不是偶然的价格。

最后，时间上比较。对于那些商品上或者空间上不存在可比性的商品或者服务，可以考虑把这个占市场支配地位的经营者的商品或服务价格与其过去某一个时期的价格做一个比较，从而评价其涨价或杀价行为是否存在滥用。例如，几年前制造"蒜你狠"、"豆你玩儿"事件的某些（个）企业，在其成本没有提高的情况下，大幅度涨价行为就难免有滥用市场支配地位之嫌。

在上述方法使用中，还可以建立一种假言推理，以辅助判断，即如果存在充分的有效竞争，经营者将得不到高价收益。

另外，一些行业组织所统计的商品或者服务的市场平均价格、平均差价率、平均利润率以及社会平均成本等信息也是分析是否属于不公平价格的参考因素。同时，分析中还需要结合该价格与国民经济和社会发展的关系或者与居民生活的密切程度、市场供求状况和不同行业、不同环节、不同商品或者服务的特点综合把握。

相比较而言，不公平低价是一种更加隐讳的反竞争方式。常态的竞争应该是从生产到消费各环节按照一定的比价提高价格，但不公平低价在某经营环节打破了这个市场平均价格、平均差价率、平均利润率，其结果可能会影响该环节之下的经营环节的正常活动。长此以往，不公平低价环节中的弱者有可能被挤出市场。例如，甲企业产品的65%都销售给乙企业，产品的单位生产成本是100元，正常的销售价格是110元，乙企业的销售价格是120元。由于乙企业的销售量大，且乙企业还有其他购货渠道。为了提高利润，乙企业要求甲企业以单价100元来销售产品，这样，其可以获得20%的利润。如果发生通货膨胀，甲企业可能会破产。

不能将不公平低价等同于掠夺性定价。实施不公平低价可以直接获得高额利润，实现掠夺性定价的目的需先将对手排挤出市场。可能会出现因不公平低价而致经营者破产的情况，但这是一种想象竞合。另外，手段上，不公平低价一般不低于成本定价，掠夺性定价的主要标准是低于成本价格。相对来说，不公平低价不是扼杀性的，而是剥削性的。

---

[1] Lucazeau v. SACEM (110/88), 13 July 1989, (1989) E. C. R. 2521.

2. 差别待遇

差别待遇，又称歧视，是指占市场支配地位的经营者没有正当理由对条件相同的交易相对人实行不同的价格或者不同交易条件，使某些交易相对人处于不利的竞争地位。

反垄断法有条件地禁止差别待遇行为。德国《反限制竞争法》第 19 条禁止"提出的报酬或其他交易条件差于该支配企业本身在类似市场上向同类购买者所要求的报酬或者其他交易条件，除非该差异存在客观正当理由"。该法第 20 条还禁止支配企业、企业联合组织"在向同类企业开放的商业交易中，以不公平的方式直接或者间接阻碍其他企业，或在没有客观正当理由的情况下直接或者间接地给予另一个企业不同于类似企业的待遇"。美国《罗宾逊—帕特曼法》第 2 条规定："从事商业的人在其商业过程中，直接或间接地对同一等级和质量商品的买者实行价格歧视，如果价格歧视的结果实质上减少竞争或旨在形成对商业的垄断，或妨害、破坏、阻止同那些准许或故意接受该歧视利益的人之间的竞争，或者是同他们的顾客间的竞争，是非法的。"日本《不公正的交易方法》（公正交易委员会 1982 年颁布）第 5 条规定了事业团体的差别待遇。[1]《欧共体条约》第 82 条也禁止"在相同的交易情形下，对交易当事人实行不同的交易条件，因而置其于不利的竞争地位"。

反垄断法中的差别待遇一般包括价格差别待遇（又叫差别定价、价格歧视）、非价格差别待遇。价格歧视属于差别待遇的一种主要形式。在经济学上，价格歧视是个内涵丰富的概念，但法律上的价格歧视有"自己"的内涵。

（1）经济学上价格歧视的含义。价格歧视，是指卖方对购买相同等级、相同质量、数量货物的买方要求支付不同的价格，或者买方对于提供相同等级、相同质量、数量货物要求支付不同价格，从而使相同产品的卖方因不同销售价格或买方因不同进货价格而获得不同的交易机会的行为。

经济学上价格歧视分为三种类型：一级价格歧视、二级价格歧视、三级价格歧视。现以卖方向买方施加价格歧视为例说明。

一级价格歧视，又称为完全价格歧视，是指垄断性的卖方按照其认为买方可以接受的价格水平给每种商品规定不同的价格来销售同种商品。在这一条件下，销售者可以从每一单位销售中获得最大化的利润。换言之，销售商从每个购买者手中攫取了全部消费者剩余。一级价格歧视情况下，产品的定价高于边际成本，

---

[1] 即事业者团体或共同行为不当地排斥某事业者或在事业者团体内部、共同行为中对某事业者进行不当的差别性对待，使该事业者的事业活动发生困难。

故销售者可以获得理想条件下的最大垄断利润。

二级价格歧视,指销售者将同一市场的购买者分成几个与一定价格水平相对应的购买团体,然后以不同的价格向各团体销售。与一级价格歧视相比较,销售者所获得的生产者剩余相对较少。

三级价格歧视,是指对具有不同需求价格弹性的两个以上的市场(用户群),以不同的价格进行销售。

一级价格歧视是一种理想状态。因销售者必须充分了解每一个购买者所愿意支付的最高价格,不管购买者购买的是单一产品还是批量产品,而市场的信息不可能朦胧到销售者一无所知的程度,甘愿去接受各种不同的价格。

经济学上的价格歧视和反垄断法制度上的价格歧视不是一个概念。经济学上的价格歧视相当于价格差别,即凡是以不同价格向相同顾客出售同一种物品的做法都属于价格歧视。经济学家斯蒂格勒认为,价格歧视就是按与边际成本不同比例的价格出售两个或多个类似的商品。[1] 按照经济学的分析标准,价格歧视强调的是同一产品分别以不同的价格售给两个或两个以上的人。按照这一标准,价格歧视表现形式有多种,产品质量的差别导致的价格差别,外观设计改变形成的价格差别,团体购买中的数量折扣、现金折扣,等等。显然,经济学上的价格歧视仅是对客观事实的一种描述,这种价格上的差别不能等同于反垄断法上的非法的价格歧视。反垄断法上的价格歧视带有明显的倾向性,强调造成实质上减少竞争或旨在形成对商业的垄断,或妨害、破坏、阻止同那些接受歧视但得利人之间的竞争。

(2)反垄断法上价格歧视的认定标准。美国《克莱顿法》最早对特定情况下的价格歧视问题作了否定性的评价。[2] 该法第2条规定,商业者为使用、消费或转卖的目的,在美国直接或间接地就商品购买者进行价格歧视,使其在商业上显著减少竞争或产生独占之虞,其行为视为违法。可以看出,《克莱顿法》对价格歧视的规定未覆盖上述经济学对价格歧视划分的所有类型,更不是泛泛地将广义上的价格歧视全部作为规制的范围。

---

[1] 斯蒂格勒对价格歧视的定义取决于下列不等式:$P1/MC1 \neq P2/MC2$;有些经济学家认为价格歧视是不等于边际成本的差异,即 $P1 - MC1 \neq P2 - MC2$. 参见〔美〕斯蒂格勒:《价格理论》,李青厚等译,商务印书馆1992年版,第201页。

[2] 当然这一立法前提也受到了质疑,反对者认为,这里混淆了"保护竞争者"和"保护竞争"这两个概念,"如果因为保护竞争者而反对充分发展的竞争,竞争本身就不能再存在下去了"。另外,司法实践表明,这个法使诉讼变得更加复杂,因为这个法中的抽象词语过多。参见〔美〕C. 霍华德:《美国反托拉斯法与贸易法规——典型问题与案例分析》,孙南申译,中国社会科学出版社1991年版,第42页。

在美国之所以规制价格歧视，是由于《克莱顿法》颁布之前，在美国大企业挤压中小企业的现象非常普遍。大企业经常采用价格歧视的手段，即实施上述的二级价格歧视的方法，使中小企业处于不利的竞争地位。所以，《克莱顿法》的立法目的之一是保护中小企业，防止经济力量的过度集中。但对最终消费者实施价格歧视并不违反该法。这形成了调整范围上的明显的漏洞。

美国20世纪30年代，连锁店经营模式的推广及其规模的迅速膨胀，其在交易中的优势地位越来越明显，进货折扣高于一般中小经营主体，这造成了连锁店等类大企业与同类中小企业竞争条件的不公平。为补充和修正上述不足，美国国会颁布了《罗宾逊—帕特曼法》，该法第1条规定，商业者为使用、消费或转卖，在美国从事商业的人在其商业过程中，直接或间接地对同一等级和质量商品的买者实行价格歧视，如果价格歧视的结果实质上减少竞争或旨在形成对商业的垄断，或妨害、破坏、阻止同那些准许或故意接受该歧视利益的人之间的竞争，或者是同他们的顾客间的竞争，是非法的。

和《克莱顿法》相比较，《罗宾逊—帕特曼法》规定的价格歧视的判定标准增多了，扩充到"实质上减少竞争"或"旨在形成对商业的垄断"或"妨害、破坏、阻止竞争"；价格歧视的类型也扩大了，扩大至上述三级价格歧视。

包括美国在内，有关国家或地区法律对价格歧视规定得都较为简略，[1] 价格歧视认定标准也较为含糊。

结合经济学上的价格歧视，法律上的违法价格歧视的认定标准应该是：

第一，两个或更多层次的消费群体存在。即表明销售的状况是，同一销售商和两类或两类以上的不同消费层次的购买者。这里，同一销售商是一个法律概念而不是事实概念，即法律上的同一主体。在分销商或子公司作为销售商的情况下，需要判明它们是否有自主经营权。分公司或不具有自主经营权的分销商或分公司没有经营自主权，这些主体和总公司或总供货商，应视为同一销售商。

第二，可比条件下的价格差别。相同的销售价格意味着销售者的经销规则具有开放性和普遍性，它能为下游企业创造公平的竞争环境。事实上，价格差别总是和购买数量、货币支付时间、担保等紧密相联，完全一致的价格不但不可能，也不符合竞争规则。问题是，价格差别到何种程度才构成严重的反竞争影响，达到损害公共利益的程度。法律对此的认定是所有相互竞争的客户都能按照比例得到相等的销售条件。例如，购买10箱产品给予5%的折扣；购买20箱产品给予

---

[1] 如我国台湾地区"公平交易法"第19条第2款规定：无正当理由，对他事业给予差别待遇之行为，且有限制竞争或妨碍公平竞争之虞者。日本《禁止垄断法》第2条第9款规定：以不当的价格进行交易。德国《反限制竞争法》第20条将价格歧视放置于条件歧视之中。

10%的折扣，只要达到相应的条件，就应该得到相应的优惠，而不是将这些折扣仅给予某个特殊的竞争主体。

美国《罗宾逊—帕特曼法》规定的价格歧视的范围宽于习惯上认为的和一些国家法律上确定的"价格"上的歧视。有关国家将折扣、佣金、补贴（贿赂）作为不正当竞争行为加以规制，而美国《罗宾逊—帕特曼法》将包括购买者索取中间人的手续费、佣金第1条（c）项、销售商给予歧视性补贴第1条（d项）作为一种独立的垄断行为进行调整。

价格歧视可以理解为在可比条件下对个别主体的价格特惠。在相近似的条件下没有得到同等待遇，"歧视"才存在。近似条件包括产品的基本条件近似，如原材料价格水平、包装条件等；也包括外部经济条件，如通货膨胀水平、运费水平等；甚至还包括时间变动。《罗宾逊—帕特曼法》第1条（a）款允许"随着影响市场的条件的变化而产生的价格变化"，包括季节性货物、易腐烂产品销售、转产停业销售、抵债销售等。

当然，现代营销理念下，品质相同或近似的概念内涵已被大大地改变了。新的商标、新的装潢、新的包装等往往都被视为不相同或不近似。因此，传统产品品质相同或近似是从产品出发、从产品的功能出发进行判断的；现代产品品质相同或近似是从市场出发、从消费者的认同出发。这种变化增加了价格歧视认定的难度。

第三，经营者拥有一定的市场支配力。此不赘述。

第四，经营者有能力阻止或限制高价购买者向低价购买者转移，或阻止低价购买者将产品转卖给高价购买者。这是反垄断法上的价格歧视和经济学上的价格歧视最本质的区别。由于经营者的"阻止或限制"侵害了购买者的自主权和选择权，无法通过人员的流动实现市场价格均衡。换言之，如果上述条件都具备，即高价群体的人员可以自由地向低价群体流动，则不构成反垄断法上的价格歧视。

（3）价格歧视的抗辩。价格歧视的认定中，也包含着某种例外，即给予涉嫌违法者以一定的抗辩。占市场支配地位的经营者实行价格差别待遇，如果有正当理由则是合法的，由此形成了正当性抗辩制度。

正当性抗辩指有正当的理由实施差异定价，进而证明行为具有合法性的抗辩。一般而言，合理理由产生于以下方面：

第一，情势变迁。即市场情况发生了变化，以至于实行之前的价格已不现实。

第二，成本抗辩。即不同销售合同之间的成本存在差异，如批量供应、从容的交货时间或者其他合理理由，对客户的最终价格存在差异。在美国，有关成本抗辩是在 Borden 案（1962 年）中确立的。[1] 但是，成本抗辩很难得到广泛认同，因为必须有严格的成本会计的计算基础，而且成本具有可控性，哪些是合理的可控成本，哪些属于不合理的可控成本需要作基础性识别。

第三，无法定伤害抗辩。无法定伤害抗辩，也称善意抗辩，是指经营者在商业过程中，直接或间接地对同一等级和质量商品的买者实行价格歧视没有达到法律规定的伤害标准，而不应被认定为违法的抗辩。

对竞争对手的伤害可能发生在分销体系的同一层面和下一层面，分别称为第一级伤害和第二级伤害，前者指实施歧视性销售的经营者给竞争对手的伤害；后者指享受到优惠的销售商给予没有享受到优惠的销售商的伤害。A 公司产品行销全国，在甲地有当地的两家生产同类产品的公司（B、C），A 公司在甲地实施低价销售，并用其他地区的销售补贴甲地的亏损，甲地的两家企业因此市场份额不断减少。A 公司给甲地两公司带来的不利影响就是第一级伤害。A 公司的批发商获得优于 B、C 公司的批发商的待遇，其优势地位也会形成对 B、C 公司批发商的排挤，进而可能形成第二级伤害。无论第一级伤害还是第二级伤害，其本质都是危害竞争。如果价格差别不产生妨害、破坏、阻止竞争的危害，就不构成违法。在美国，很多案件通过无法定伤害抗辩免于制裁。[2]

第四，地域抗辩。地域抗辩是在国外销售、使用或转售发生的价格歧视不作违法性认定和处理的抗辩。一国法律专注于在本国的实施效果，如果法律实施中的不利后果转嫁到国外的，本国法律一般不予限制。

3. 搭售

理解搭售行为时，切忌望文生义，搭售并不是指零售企业在向消费者销售产品时将两种不同的产品一同销售，或销售商品时配送其他品牌的产品，更不是附加劣质、滞销的商品。后两种行为，虽然侵害了消费者的合法权益，但从竞争关

---

[1] 1958 年联邦贸易委员会对 Borden 公司提出价格歧视控告，Borden 公司把自己的客户分成了两个部分：①A&P 和 Jewel 两个连锁店；②一些独立的商店。根据销售量的大小，这些独立的商店又被分为四个小组。在品质相同的情况下向两个部分及四个小组施以不同的价格，被告的辩护是，比较销售给连锁店的每 100 美元的平均成本和销售给独立商店的四个小组的平均成本。案件被最终认定，成本差异可以允许价格歧视，但 Borden 公司的成本没有合理的理由。转引自〔美〕小贾尔斯·伯吉斯：《管制和反垄断经济学》，冯金华译，上海财经大学出版社 2003 年版，第 252 页。

[2] 例如，Utah Pie v. Continental Baking Co. 案（1967）中，盐湖城冷冻点心市场有三家供应商，Utah Pie 公司采取低价策略很快赢得市场，其他两家供应商认为 Utah Pie 公司在盐湖城实行差别定价，Utah Pie 在法庭上的抗辩是其差别定价未导致限制竞争，并且以市场占有率不断下降为证。法院认定 Utah Pie 公司不违反《罗宾逊—帕特曼法》。转引自范建得、庄春发：《不公平竞争》，台北健新顾问有限公司 1992 年版，第 128～129 页。

系的角度，却不是反垄断法所调整的内容，而属于反不正当竞争法或消费者权益保护法调整的内容。

反垄断法所规制的搭售，是指经营者提供商品或服务时，强迫交易相对人购买其不需要、不愿购买的商品或服务，或者接受其他不合理的条件[1]。搭售从属性上归于捆绑销售，但属于特殊的捆绑销售。一般捆绑销售不限制经营者或消费者的选择权，是合法的，而当卖方强行要求买方购买捆绑的产品时，且买方无其他选择时，才构成违法。

（1）搭售的目的。搭售的基本目的是相关主体节省成本和开支，包括销售者和消费者。对于消费者而言，搭售节省了捆绑产品的单个组件的搜寻成本；另外，一般搭售产品的总价格少于单独销售单个组件的价格之和，只要消费者可以从竞争市场上单独购买各组件产品，因节约开支消费者会愿意接受搭售方式销售产品。对于销售者而言，两种或两种以上产品捆绑销售也会节约单独销售的管理成本，减轻库存压力，并实现多品牌整体价值和收益。

除了上述基本动机外，搭售可以帮助销售者实现特殊目的：

第一，通过搭售控制另一市场。20世纪80年代以前，美国对搭售采取相对严厉的处罚措施。政策当局所依据的是杠杆作用理论。该种理论认为，企业在主商品市场上拥有的垄断力量可以借助于搭售产生的杠杆作用，延伸到搭售产品市场上，并且因此增加其垄断利润。杠杆作用理论还强调搭售具有排斥竞争者的作用：在主商品市场上拥有垄断力量的厂商通过搭售可以使得其他厂商难以进入搭售商品的市场。[2]

第二，规避政府管制。政府对特定的资源或关系民众生活的产品或服务多实行价格管制，商家通过涉入非管制产品和服务并以搭售方式经营可以规避政府价格管制。假设食盐是政府价格管制产品，国家规定食盐的最高价格不得超过1.6元/斤，食醋是市场定价产品，假如大型超市将食盐和食醋搭售，标价在2.7元/斤以上时，就模糊了食盐的管制价格。对特殊产品国家可以实行流通管制，商家利用搭售也可以规避管制。

搭售也时常与其他限制竞争行为"捆绑"在一起充当限制竞争行为的工具或瓦解限制竞争协议的力量。在歧视待遇中，搭售充当价格歧视的手段。甲乙两地消费者对B产品的接受能力能力不同，甲地可接受价格高于乙地。厂商在甲地采取销售B产品搭售A产品销售的策略；在乙地采取销售C产品（乙地愿意接

---

[1] 有的将搭售和附条件销售分开处理，这里的搭售包括附条件销售。
[2] 当然，芝加哥学派并不认同该理论的现实性，其反对的理由是搭售并不能增加企业的总利润。参见辛海笑：《美国反托拉斯理论与政策》，中国经济出版社2005年版，第129页。

受高价格的产品）搭售 B 产品的销售策略。另外，在价格卡特尔中，搭售充当背叛价格卡特尔的工具。维持价格卡特尔比建立价格卡特尔更难意义也更重大。维持价格卡特尔的一个形式化的标志是价格内部公开并且价格没有无故变动。单个企业降价并扩大销售是背叛价格卡特尔的行径，往往会招致价格卡特尔其他成员的集体惩罚。隐蔽的背叛做法通常是在保持价格不变的情况下，通过搭售实现扩大销量的目的。此时的搭售，等同于附赠。

（2）搭售的类型。搭售可以从不同的角度进行分类。根据主产品和搭售产品之间的关联关系和依附关系不同可以将搭售分为：随意性搭售和依附性搭售。随意性搭售是指两种或两种以上的无关联关系的产品捆绑销售。依附性搭售，又称为必需品搭售，顾客购买厂商的某种产品后，与该产品有使用上的关联关系的另一种相关产品只能向该厂商购买。例如，IBM 公司曾要求，购买计算机的顾客若要使用制表卡只能从 IBM 公司购买。

根据搭售商品的内容不同，可以分为产品—产品、产品—服务、服务—产品、服务—服务四种形式的搭售。产品搭售服务的，如购买汽车给予的优惠必须只有在销售商附设的修理厂维修时才能逐步得到；服务搭售产品的，如安装电话必须购买电信公司的电话机；服务搭售服务的，如美国 1984 年"杰斐逊教区医院"（Jefferson Parish Hospital Dist）案，医院将诊疗服务和麻醉服务进行捆绑销售。[1]

根据对商品的权利不同，可以分为所有权—所有权、使用权—所有权两种形式的搭售。前者比较常见。后者如 IBM 公司曾要求他的承租人在租用其拥有专利权的卡片制表机时，以向该公司购买制表卡为条件，该行为被判定违反《克莱顿法》第 3 条的规定。

根据是否涉及知识产权，可以分为知识产权产品的搭售和非知识产权产品的搭售。

（3）搭售的违法性认定。美国认定搭售的法律根据主要是《谢尔曼法》第 1 条、《克莱顿法》第 3 条和《联邦贸易委员会法》第 5 条。由于这些条款内容都非常模糊，事实上认定搭售的标准主要是从判例中得出的。美国在 20 世纪初期到 70 年代末期，对搭售的态度由严到宽。到了 80 年代，芝加哥学派思想占有政策主导地位，为搭售行为提供了前所未有的政策宽松环境。90 年代，新技术的发展，尤其是微软案件，重新激发了人们对技术垄断前提下的产品搭售现象的警觉，也一定程度上改变了以往判定搭售行为的认定标准。日本将搭售视为不公正

---

[1] 该案最终被法院认为这种搭售是有效率的，并没有影响麻醉师市场的竞争。

交易方法之一。《禁止私人垄断及确保公正交易法》第 19 条和第 20 条都是总括性的条文，没有直接规定搭售的判定条件。

我国《反不正当竞争法》第 12 条规定："经营者销售商品，不得违背购买者的意愿搭售商品或者附加其他不合理的条件。"《反垄断法》将其视为滥用优势地位的行为，第 17 条规定："具有市场支配地位的经营者没有正当理由，不得搭售商品或者附加其他不合理的交易条件"。

上述国家立法对搭售的规定，大都使用概括性表述。在美国 1994 年海德诉讼案（Lynk）中，[1] 联邦最高法院声明，非法搭售的必要条件是以下三个：存在两种产品、在某一产品上拥有市场力量、强迫。结合相关立法、相关判例，搭售的违法性认定标准应当包括以下几个方面：

第一，两种不同产品捆绑销售。搭售的两种或两种以上的商品在功能、性质上属于不同商品。由于产业集群及复杂产品集合性，使得独立产品一体化的趋势加强。历史上汽车上的收音机和汽车还属于两类独立的产品，现在汽车内安装收音机已经是汽车完整功能的一个重要方面。

如何判断两个产品是否为独立的产品，可以分为如下情况进行分析：一种情况是只有搭配使用才能实现商品的完整设计性能，两种或两种以上产品之间构成一个整体结构，如汽车和 VCD 机；另一种情况是产品一对一搭配使用能比"一对多"产生更好的效果，如柯达（洗印设备和专用相纸搭售）案件；还有一种情况是不存在性能和效果上的稳定联系，人为地将产品搭配在一起销售。这里只有第三种情况涉嫌反垄断法所禁止的搭售。

第二，两种商品（包括服务）搭售是否能提高效率。上述第一个标准是从性能和效果上评判产品间的联系的，本标准是从购买者的购买成本上考查产品搭配销售的合理性。这种含义的效率包括两方面内容：节约开支，即整体或一次购买比多次购买减少支出；减少搜寻成本，即市场上零散购买所花费的时间，人力或财产支出是否减少。

第三，违背购买者意愿。通常，购买者在对产品作出统筹安排后才得出其需求结构，可能主产品和搭售产品都在购买者的统筹安排之中，但大多数情况下，购买者只是需要主产品或搭售产品的某一个。违背购买者的意愿表现为：购买者被剥夺了搭售产品的选择权和搭售市场之外该产品的获取权。例如，购买者向生产厂家购货时，厂家要求销售的商品必须购买其他库存商品。在专利技术转让

---

[1] 一家医院与一家私人公司签订合同以获得麻醉方面的服务，该医院统一对其病人只使用这家公司所提供的麻醉方面的服务。一名麻醉学专家提起诉讼，指控该医院把麻醉方面的服务搭配到其他医院服务上。

中，搭售商品或附加其他不合理的限制条件的现象也比较常见，表现为转让方将技术转让给受让方时硬性搭配受让方不需要的技术、原材料等；或者进行不合理的专利产品销售区域的限制、技术补充或供应限制等。经营者利用其在经济和技术等方面的优势地位，在销售某种商品时强迫交易相对人购买其不需要、不愿购买的商品，或者接受其他不合理的条件，这种行为违反了公平销售的原则，妨碍了市场的竞争自由，也影响了交易相对人自由选择商品，还会导致使竞争对手的交易机会相对减少的后果，因而具有明显的反竞争性质。[1]

第四，拥有市场支配力。将搭售作为滥用市场支配地位的基本理由是"违背其意愿"。只有实施主体拥有一定的市场力量才能强迫他人，才能使他人产生迫不得已的心理状态和"只能如此"的行为结果。形式上，搭售所蕴含的违背购买者意愿以合同形式表现出来；实质上，没有一定的市场力量是不能迫使对方接受违背其意愿的合同的。在福特纳公司案中，美国最高法院声明，要判定搭售非法，进行搭售的厂商必须在被搭配销售的产品的市场上拥有一些其他竞争者所无法享有的优势。[2] 我国反垄断法因将其放置于滥用市场支配地位之中，从构成要件上，也要求具有主体具有市场支配地位。

搭售中市场支配地位的形成主要有两种基础：一是以产品的市场占有份额为基础形成的市场支配力。在美国，如 General Electric Co. 案，被告产品拥有超过 80% 的市场占有率。二是以法律所赋予的特权（知识产权或特许权）为基础形成的市场支配力。也有一些案件，市场份额这一条件对定性不具有决定性影响，在 Mansanto 案中，被告产品——玉米及黄豆除草剂的市场占有率分别为 15% 和 3%；在 GTE Sylvania 案中，被告产品的全国市场占有率仅为 5%。[3] 商标权、专利权或版权就属于此类。以知识产权为基础形成的市场支配力以两种方式表现出来：权利本身具有垄断性，权利人在权利许可时可能滥用这种垄断地位，搭售被许可方不需要的技术和不需要的技术产品。另外，知识产权一旦应用到实践中，其所拥有的权利垄断性就转化为生产附权产品或提供附权服务的企业的市场支配力。所以，在美国，只要结卖品（即搭售商品）具有专利权或版权，最高法院就足以推定存在足够的经济实力。[4]

---

[1] 全国人大常委会法制工作委员会民法室：《中华人民共和国反不正当竞争法释义》，中国法制出版社 1994 年版，第 18 页。

[2] 〔美〕丹尼斯·卡尔顿、杰夫里·佩罗夫：《现代产业组织》，黄亚钧等译，上海三联书店 1998 年版，第 1254 页。

[3] 范建得、庄春发：《不公平竞争》，台北健新顾问股份有限公司 1992 年版，第 166～167 页。

[4] 《美国最高法院判例汇编》，第 371 卷，第 38 页。转引自〔美〕霍华德：《美国反托拉斯法与贸易法规——典型问题与案例分析》，孙南申译，中国社会科学出版社 1991 年版，第 213 页。

从市场角度看，搭售的本质是利用某个市场支配力量延伸控制另一个市场，进而产生限制竞争的效果。正如美国最高法院在北太平洋铁路公司案判决中所称的：利用搭售使竞争者不能进入被搭配产品的市场，并不是因为强行搭售的一方提供了更好的产品或更低的价格，而只因为它在另一产品市场上拥有市场力量。

（4）抗辩。在市场交易中，出现搭售的原因是多种多样的，搭售和附条件销售并不一律违法，如果有正当理由，则属于合法的销售。通常，正当理由有以下两种：

第一，符合交易习惯。《欧共体条约》第82条第1项之（e）及第86条（d）项，把对方当事人接受与合同主题在本质上或商业惯例上无关联的附加义务作为签订合同的前提条件。意味着，如果属于交易习惯则不认为是搭售。例如出于商品的完整性，将鞋子和鞋带之类的关联商品一起出售。这可以节约消费者的购买时间，对消费者是有利的。

第二，有利于商品的性能或者使用价值的发挥。如出售高科技的产品时，生产商或者销售商要求购买者一并购买它们的零部件或者辅助材料，因为这样有利于产品的安全使用，或者提高产品的使用寿命。在柯达公司案中，柯达的抗辩就是，新型胶卷只有使用柯达的专用相片冲洗设备及冲洗剂才能达到出色的冲洗效果。

（二）妨碍型滥用

1. 掠夺性定价

掠夺性定价，[1]是指具有市场支配地位的经营者为了排挤竞争对手，在一定范围的市场上和一定时期内，以低于成本的价格销售某种商品来获取竞争优势的行为。

在市场竞争激烈的情况下，某些经济实力雄厚的经营者为了垄断市场，会有意暂时将某种或某些商品的价格压低到平均成本以下销售，吸引消费者，排挤市场上其他竞争者。一旦竞争对手离开市场，掠夺性定价的实施者就会提高价格以补偿掠夺期的损失。

（1）掠夺性定价的目标与手段。本质上，掠夺性定价是通过牺牲短期小利益换取长期大利益的一种"经营战略"，实现这个战略目标的条件是将竞争对手排挤出市场并在一定的期间内阻止潜在的竞争者进入。

要弄清掠夺性定价行为，必须明确低于成本销售、将竞争对手排挤出市场之

---

[1] 在我国理论界和实务界，也有人称之为低价倾销，其实这种称谓不够合适，因为倾销是国际贸易中的概念，用低价倾销容易产生学科的错位对应。

间的关系。

首先,低于成本销售不是将竞争对手排挤出市场的充分条件。低于成本销售有多种市场结果:①对手破产。②对手被兼并,即厂商的低价行为迫使竞争对方合并。③死而复生。厂商低于成本销售可能暂时成功地赶走了竞争对手(一般性转产),可是一旦实施提价,竞争对手又死而复生。④对手坚持。通常,实力相当的竞争者之间采取掠夺性定价往往两败俱伤,掠夺性定价的目标难以实现。掠夺性定价其实是资本实力的较量,以大欺小、以强凌弱。当然,大小实力的较量,也不是"小"竞争者注定被挤出市场,因小竞争者可以通过融资增强抵御风险的能力。将竞争对手排挤出市场只是低于成本销售的后果之一。

其次,低于成本销售也不是将竞争对手排挤出市场的必要条件。将对手排挤出市场的手段多种多样。新产业组织理论通过对退市的研究发现了另一种将对手排挤出市场的情况,即通过选择一个自身的产量水平使潜在进入者及新进入者面临无利可图的剩余需求曲线,这个产出水平相对的价格是限制进入价格,它是既有厂商阻止潜在者进入的最高价格,这个价格可能高于平均成本,同时这个价格也能获得利润。

最后,阻止潜在竞争者进入。一般,低价会产生阻止市场准入的效果,其理由是,刚刚进入市场的厂商沉淀成本大,和既有厂商相比,新厂商成本函数较高,在竞争中处于劣势。另外,信息的不对称也可能使潜在的进入者畏缩不前,既有厂商对市场信息的了解优于潜在进入者。潜在进入者的信息来源于既有厂商信息的综合,决策建立在这个综合的信息基础上。既有厂商为了阻止潜在进入者,会有意制造错误的信息或隐瞒真实信息,或者凭借自己的信息优势引诱进入者对该信息的作出错误的判断,使潜在进入者作出有利于既有厂商的决策,从而最终达到阻止进入者进入的目的。[1]

法律禁止低于成本价格这种手段,主要是因为经营者的行为违反经营规律。经营者的商业行为以追求利润为直接目的,经营者以高于成本的价格销售商品,才能获得利润,否则就会亏损。低于成本定价不是被动的市场适应,而是一种理性策略,是一种以资本为武器的"侵略"。

(2)掠夺性定价的法律标准。掠夺性定价对竞争对手以及对消费者有何种影响,存在很大的争议,这也成了法院裁决时寻找法理依据的困境。起初,法院的裁决建立在这样的假定基础上:价格在销售商的平均可变成本和边际成本之下,就是掠夺性定价。美国 1993 年 Brooke Group Ltd. v. Brown & Williamson To-

---

[1] 李太勇:《市场进入壁垒》,上海财经大学出版社 2002 年版,第 65 页。

bacco Co. 案确认了一个重要的标准——合理的盈利能力,即提高价格补偿掠夺性定价造成损失的能力。由于法官对补偿损失的测试比较繁琐,也过于强调结果,这个标准没有规则化并延续下来。现在对掠夺性定价的判断,主要是综合考查成本和进入壁垒的关系。

首先,低于成本定价中的成本的含义。低于成本定价中的"成本"的含义是什么,这个问题直接影响案件的认定。它是指单个企业的个别成本、企业平均成本、边际成本,还是其他成本形式?

阿里达与特纳在1975年提出了一条标准:一个厂商定价低于其短期边际成本,就是掠夺性的。该标准的依据是,除非特殊策略考虑,否则,厂商在短期内以低于边际成本销售,如果不是意欲赶走对手最终实现利润最大化,是难以理解的。短期边际成本是能形成合理的资源配置的定价的最好标准,企业如果按照短期边际成本销售商品能比按平均成本更充分地利用其生产能力。当短期边际成本低于平均总成本的时候,市场肯定有超额的生产能力,在这种情况下,价格应当等于短期边际成本,以便在生产能力耗尽时抑制它的更新,从而消除超额部分。

在技术上,短期边际成本是作为一种比平均总成本更优的标准。因为平均总成本难以准确反应出市场供需状况;而边际成本在经营决策分析中只是用来判断产量的增减在经济上是否合算,[1]它比平均总成本更适合考查定价水平,因它是以考查市场总体为目标。当然,短期边际成本不具备可操作性,因为它无法核算出来。为此,阿里达和特纳提出了一种可计算的成本类型——平均可变成本——来替代。平均可变成本能够反应厂商经营的基本状态,并且它不受处于经常变动中的不变成本的影响,采取平均可变成本比采取平均总成本更能反应厂商的经营策略。这样,低于平均可变成本的价格即为掠夺性定价。此即所谓的 Areeda - Turner Test(简称"AT检验")。

掠夺性定价需要查明个体成本,尤其是规模个体成本的变化对市场总体的影响。市场本身具有自我调整的功能,平均成本和边际成本会将短期内价格变动曲线平滑化,进而削弱当期的行为特性。因此,用短期成本来反应定价水平比长期成本考查更接近市场的真实。

无论在何种条件下,企业的产品价格必须要补偿该产品的可变成本。如果一个竞争性企业的产品价格不能收回其在经营中的可变成本,它就面临倒闭;如果它销售的商品价格低于平均总成本却高于平均可变成本,那么它还能通过持续经

---

[1] 当市场的生产能力有剩余时,只要增加产量的销售单价高于单位边际成本,就会使得企业的利润增加或亏损减少。

营将损害减少到最低限度,不致于倒闭;但如果它在不能收回可变成本的情况下持续经营,它所蒙受的损失就比将要倒闭和不再经营下去的损失更大。因此,低于平均可变成本的定价本身就说明了这样做的意图是为了挤垮竞争对手而进行的掠夺性的定价。[1] 在美国,1975 年的"国际航空工业公司和维布科公司诉美国精业公司案"、1977 年的"詹里奇兄弟公司诉美国酿酒公司案"都是用平均可变成本方法审结的。[2]

其次,进入壁垒的考查。掠夺性定价目标的实现过程,可以分为两个阶段:第一个阶段是掠夺期;第二个阶段是垄断期。第一阶段的目的是将竞争对手排挤出市场;第二阶段的目的是防止潜在的竞争对手进入并提高价格。进入壁垒是垄断期的主要手段。由于新厂商的进入会冲击垄断价格,从而降低既有厂商的盈利水平。既有厂商为了维护垄断利润会采取策略性措施,[3] 限制新厂商进入,此种进入壁垒又可以称为进入阻挠。

单就进入阻挠而言,其手段分为提高对手成本、填补未来的需求结构两种。

策略行为实施者将既有中小企业排挤出市场的同时,需要填补由此产生的市场空间,否则,其提高价格必然会引起出局企业的回潮或潜在竞争者的涌入。通常,在排挤出市场和提高价格之间存在一个达到掠夺性定价目的的必经环节,即扩大市场。扩大市场的方法就是进行过剩产能投资。在高于平均既有厂商成本而低于进入者平均成本之间定价的情况下,既有厂商增加投资即可扩大利润。另外,提高竞争对手的成本也是阻止对手进入的策略性方法。常见的方法包括:①垂直一体化,即通过向后一体化控制原材料生产或通过向前一体化控制销售渠道从而提高竞争对手的进入或生产成本;②利用产品的互补性或配件生产控制竞争,即采取拒绝与竞争对手产品相兼容的方法,提高对手的成本;③利用政府管制,即利用政府管制手段增加进入厂商的生产成本或进入成本。

最后,作为识别案件标准的上述两者的关系。早期判定掠夺性定价需低于成本销售和进入壁垒两个条件同时齐备,在反垄断法整体上由事后救济向事前救济转变的大背景下,进入壁垒渐渐地变成存在进入壁垒的目的和手段,而不是结果。这加大了执法的难度。另外,由于市场状况的差异,赋予作为标准的"成本"的内含也不完全相同,进而产生地域上的立法和执法的差别。总体上,欧盟

---

[1] Phllip Areeda and Donald F. Turner, "Predatory Pricing and Related Practices under Section 2 of the Sherman Act", *Harvard Law Review*, 88 (1975), pp. 697~733.

[2] 曹士兵:《反垄断法研究:从制度到一般理论》,法律出版社 1996 年版,第 237 页。

[3] 进入壁垒可以分为结构性进入壁垒和策略性进入壁垒,前者强调外在的客观条件造成的进入壁垒的效果;后者通过人为制造条件意图达到限制对手进入的目的。

的掠夺性定价标准严于美国。

在美国掠夺性定价涉及《谢尔曼法》第 2 条 [支配企业的垄断化] 和《罗宾逊—帕特曼法》第 2 条（地理上的价格歧视）的规定。美国反托拉斯的结构主义时代，对掠夺性定价的判断标准相对简单，原告只要证明被告是大企业，且在相关市场上实施了低于成本价格的销售行为即可赢得诉讼。实际上这个标准因采取低价事实的绝对化而便于司法裁判，但它有可能以牺牲消费者的利益为代价。1975 年阿里达和特纳文章的发表对上述标准的变革产生了革命性的影响。[1] 在坚持低于平均可变成本价格这个基本衡量标准之下，强调抬高价格和维持抬高价格这两个条件，形成了"掠夺性低价 + 抬高价格 + 维持高价"原则。1986 年的"松下电器案"中，美国最高法院提出："任何掠夺计划的成功都取决于市场力量的维持达到足够长的时间，以使掠夺者能够弥补损失以及获得额外收益。"美国最高法院在 1993 年 Brooke Group Ltd. v. Brown & Williamson Tobacco Co. 案的判决中确立的掠夺性定价标准中同样包含了上述内容，即掠夺者必须是拥有足够的市场力量把价格抬高到垄断价格并能保持该价格水平足够长的时间的优势企业。[2]

日本《禁止垄断法》对掠夺性定价没有明确的规定，一般适用反垄断法第 2 条第 6 款，司法实践强调三方面标准："低价 + 连续维持低价 + 带来困难"。"低价"即低于成本价格。"连续维持低价"需排除偶然降价的情况，像季节性产品、保鲜产品或库存商品等降价销售。"连续"被理解为在一定期间不间断地或有反复地进行低价销售。"带来困难"，是指给其他经营者带来经营上的困境，这需要综合地考虑低价商品的数量、期间，广告宣传状况，商品的特性等因素。[3]

在欧盟竞争法中，掠夺性定价早期是作为滥用行为的一种被纳入《欧共体条

---

[1] 1975 年阿里达和特纳在《哈佛法律评论》上发表了探讨掠夺性定价的文章，提出将企业的平均可变成本（代替短期边际成本）作为衡量掠夺性定价的标准，理论上，将其称为"AT 检验"。低于成本销售将分为以下三种情况：①低于平均可变成本的价格被假定为非法，需要被告证明这种价格是正当的，否则属于掠夺性定价；②大于平均可变成本而小于平均成本的价格被假定为合法，但有可能会受到反托拉斯机构的质询，如能证明市场结构和厂商的意图具有掠夺性，也是掠夺性定价；③大于平均成本的价格是合法的。见 Areeda and Turner, "Predatory Pricing and Related Practices Under Section 2 of the Sherman Act", *Harvard Law Review*, Vol. 88, 1975, pp. 697~733.

[2] 辜海笑：《美国反托拉斯理论与政策》，中国经济出版社 2005 年版，第 167~168 页。

[3] 维持一定的时间很难形成固定的标准，1981 年 9 月中旬至 11 月上旬两家牛奶经营店以低于进货价 50~60 日元的价格销售，其销售行为给其他牛奶专卖店带来不利的影响，被判为不当贱卖。参见 [日] 铃木满：《日本反垄断法解说》，武晋伟、王玉辉译，河南大学出版社 2004 年版，第 73~74 页。

约》第 82 条之中的。之后也颁布过关于掠夺性定价的法律文件以细化其内容。[1] 但直到 1985 年的 AKZO 案才第一次实际认定这种滥用优势地位的行为。[2]

在认定上，欧共体更加突出地强调了占市场优势地位的企业排挤竞争对手的意图，只要是出于限制竞争的目的而降价，就是一种滥用优势地位的行为，其降价是否已低于成本价仅是一个次于该标准的标准。在 AKZO 案的调查中，欧共体委员会从原告 ESC 公司获取了被告 AKZO 公司带有威胁性内容的信函证据，找到了证明该公司排挤竞争对手的主观意图的证据。AKZO 公司辩称，它们的产品价格超过了平均可变成本，根据阿里达—特纳规则，其行为是合法的。但欧共体委员会认为 AT 检验完全没有考虑占市场支配地位的企业在价格竞争中的长期策略，而欧共体的竞争政策恰恰是要在共同体大市场建立有效竞争的市场结构，故 AT 检验不适用于该案。欧共体委员会据此认定被告 AKZO 公司的行为构成掠夺性定价。

欧共体法院在该案的判决中认可了欧共体委员会的决定，并明确了掠夺性定价的两个标准，即平均可变成本的标准和平均总成本的标准。欧共体法院认为，一个占有优势地位的企业在主观上具有排除竞争者的目的，在客观上在平均可变成本以下销售其产品，就应该理所当然的被认定是掠夺性定价行为。支配地位企业以高于平均可变成本但是低于平均总成本的价格销售，如果是出于排挤竞争对手的目的，同样也可以构成掠夺性定价行为。[3]

(3) 我国法律对掠夺性定价标准的设定。早期我国对掠夺性定价的规制，主要集中于反不正当竞争法和有关价格法律、法规。这些法律、法规对掠夺性定价的认定标准不尽一致。从《反不正当竞争法》第 11 条的规定上看，对掠夺性定价采取的是主观加客观标准，即排挤竞争对手的目的和低于成本的价格销售商品的事实两个标准。至于应当以何种成本作为"低于成本销售"的标准，语焉不详。这不仅缺乏操作性，也很容易在实务操作中造成混乱。尽管《价格法》增加了"扰乱正常的生产经营秩序，损害国家利益或者其他经营者的合法权益"要件，但上述问题同样存在。1999 年 8 月 3 日原国家发展计划委员会发布的

---

[1] 1966 年欧共体委员会发布了《关于聚合行为的备忘录》将掠夺性定价确定为滥用优势地位的形式之一。

[2] 阮方民：《欧盟竞争法》，中国政法大学出版社 1998 年版，第 381 页。

[3] 关于 ESC 公司诉 AKZO 公司案件事实和欧洲法上掠夺性定价的界定标准的相关论述可参见王晓晔：《欧共体竞争法》，中国法制出版社 2001 年版，第 249~252 页；阮方民：《欧盟竞争法》，中国政法大学出版社 1998 年版，第 381~383 页。

《关于制止低价倾销行为的规定》第5条规定，低于成本"是指经营者低于其所经营商品的合理的个别成本"。另该规范第10条规定："在个别成本无法确认时，行业组织应当协助政府价格主管部门测定行业平均成本及合理的下浮幅度，制止低价倾销行为。"可见，该规范将"低于成本"界定为低于经营者的个别生产经营成本。对于行业平均成本，只能作为参考而不能作为界定的依据，以免在实际执行中将原本属于市场调节价格的商品变相地转变为实行政府指导价，违背《价格法》的有关规定。[1]

结合上述有关国家立法和我国的价格法律规范，认定掠夺性定价的要件包括：①行为人实施了以低于成本的价格销售商品的行为；②掠夺性定价行为以挤垮其他经营者为目的；③行为人掠夺性定价在客观上一般会导致经济实力薄弱的其他经营者的利益受损，并且破坏了社会正常的竞争秩序。

认定掠夺性定价行为的违法性时，应当注意区分正当的价格竞争与以排挤竞争对手为目的的低价销售。如果目的不在于排挤竞争对手，则应准许。我国《反价格垄断规定》第12条明确了"正当理由"，包括：降价处理鲜活商品、季节性商品、有效期限即将到期的商品和积压商品的；因清偿债务、转产、歇业降价销售商品的；为推广新产品进行促销的；能够证明行为具有正当性的其他理由。

另外，自然垄断地位的经营者执行国家定价，为了公共利益的需要，其经营产品的价格低于成本的，且不具有排挤目的，不视为掠夺性定价。

2. 限定交易

限定交易又称"排他性交易"，是指没有正当理由，限定交易相对人只能与其进行交易或者只能与其指定的经营者进行交易。

这里的排他性不同于知识产权许可中的排他性，后者是指对被许可人享有的知识产权，除了专有权利人可以自己使用外，不允许专有权利人许可第三人使用。排他性交易中的排他性，指的是经营产品来源的唯一性，而不是经营主体的单一性。因此，知识产权许可中的排他性约束的是专有权利人；排他性交易中的排他性约束的是占有市场支配地位的经营者的交易人。

（1）独家交易的外部性负效应。通过排他性交易，生产商能够阻止销售商销售其他竞争品牌产品。形式上看，排他性交易是当事人意思自治的产物，但该

---

[1] 赵小平主编：《〈价格违法行为行政处罚规定〉释义》，中国物价出版社1999年版，第17页。另外，2003年6月18日国家发展和改革委员会根据《中华人民共和国价格法》制定的《制止价格垄断行为暂行规定》第7条规定，经营者不得凭借市场支配地位，以排挤、损害竞争对手为目的，以低于成本的价格倾销；或者采取回扣、补贴、赠送等手段变相降价，使商品实际售价低于商品自身成本。这里的"自身成本"和上述个别成本应是一个概念。

种协议在实质上具有外部性,可能产生权利、义务关系的不平衡。

首先,协议的外部性。由于经营者的市场力量不同,独家交易协议限制竞争包括限制生产者向其他销售者供货,也包括限制销售者从其他渠道购货。埃克森石油公司曾采取要求销售埃克森汽油的加油站只能销售该公司的品牌产品,这一做法受到美国反托拉斯机关处罚。具有上述内容的协议所产生的外部性表现为,限制了交易对方和第三人的交易机会。市场完善与否的一个很重要的指标是市场的开放程度,即每一个市场主体面对的市场空间大小和自由选择的机会是否被不合理限制。人为限制市场主体的活动空间会剥夺竞争主体的交易机会,抑制市场机能的发挥。

其次,协议双方的权利、义务关系不平衡。独家交易协议的主要内容是限制销售者的采购渠道,但协议还可能进一步对经营者的营业施加限制,例如,要求搭配供应协议内容之外的产品或服务。历史上,美国标准石油公司曾通过协议迫使汽油零售商不仅要购买公司所有的石油产品,而且必须购买该公司的轮胎、软管和蓄电池等。

最后,市场壁垒。独家销售协议限制了某类产品在销售商之间的竞争,相当于特定地域的某商品市场被人为划分。排他性交易还可能形成市场壁垒和价格歧视。如具有支配地位的生产商和销售商在某一个市场签订了独家交易协议之后,又出现了一个同类市场,按照规模经济原则,该销售商完全有能力以更低的平均成本进入第二个市场,但独家销售协议的存在,使该销售商就不能进入第二个市场。对于新加入市场的竞争者而言,由于被剥夺了替代性的流通途径会产生市场壁垒。另外,由于市场被分割,生产商完全可能在不同的地区实行不同的价格,只要市场的需求弹性不一样,价格歧视就可以成为现实。[1]

据英国《财经时报》报道,2009年5月,欧委会裁定英特尔公司滥用市场支配地位成立,被处以14.5亿欧元的罚款。此项罚款创造了欧委会反垄断处罚的记录,大大超过了欧委会2004年对微软公司4.97亿欧元的罚款。欧委会认为,英特尔公司在世界范围的中央处理器市场上占据了70%的市场份额,占有市场支配地位。2002~2007年间,英特尔公司向主要的电脑生产商和欧洲最大的消费类电子产品零售商支付了可观的回扣,前提是这些电脑生产商不使用包括AMD公司在内的竞争对手的中央处理器,使得这些竞争对手的生产空间被人为缩小。欧委会还发现,英特尔公司付钱给这些电脑生产商,让他们推迟或取消使

---

[1] 〔德〕曼弗里德·诺伊曼:《竞争政策:历史、理论及实践》,谷爱俊译,北京大学出版社2003年版,第172~173页。

用 AMD 公司芯片。

（2）法律规制。排他性交易的市场危害不像价格卡特尔那样被定型化，对它的法律规制也没有价格卡特尔那样严格，通常适用合理原则。

在美国，对排他性交易没有直接的法律规范，而是以两个原则性规范作为规制该行为的法律渊源，即《克莱顿法》第3条和《联邦贸易委员会法》第5条。日本《禁止垄断法》第9条第4款将排他性交易视为"以不当地约束对方的事业活动为条件进行交易"；我国台湾地区"公平交易法"第19条也作了与日本法大致相同规定：以不正当限制交易相对人之事业活动为条件，而与其交易之行为。

法条对排他性交易的规定高度抽象，近乎于一种原则性宣誓，使得认定依据无法简单地从法条的规定中得出，需要法官或立法者在实践的基础上作出更具可操作性的标准。

在美国，判断排他性交易是否违法，区分为两种情况来各自得出相应的判定标准：

一种是没有限制经营者选择地域或其他产品的排他性交易，其判定的主要标准是，看协议是否实质性地提高竞争对手的成本或使其利润减少。同时，参考排他性交易是否对消费者利益构成损害。在美国反托拉斯的结构主义时代，认定排他性交易同认定其他垂直限制行为一样，依据市场份额作为主要甚至是唯一的标准，这使得一些涉及复杂问题的案件的处理方法简单化了，只要查出行为人的市场份额就基本找到了问题的全部答案。显然，它缺少对竞争者利益、消费者利益受到何种影响的关注。上升为反托拉斯执法政策的芝加哥学派和新产业组织理论对排他性交易的处理方法作了重大的改进，尤其是提高竞争对手成本理论（Theory of Raising Rival's Cost，简称"RRC 理论"）的运用。RRC 理论的基本原理是，在寡头模型中，某家厂商的利润取决于它相对于竞争对手的成本优势，如果该厂商能够绝对或相对地提高竞争对手的成本，那么它就可以通过牺牲对手的利益来提高自己的利润。为了提高对手的成本，通常厂商必须拥有某种市场力量或政治力量。这样，反托拉斯法中运用 RRC 理论应该有三个条件：支配性企业从中获利的程度；竞争者是否受害；消费者利益是否受到损害。[1]

另一种是限制经营者选择地域或其他产品的排他性交易。此种违法行为的认定标准较为简明，只要再证明行为人拥有一定的市场支配地位，即可认定违法。其中隐含的意思是，具有支配地位的经营者限制市场或限制交易相对人选择产品

---

[1] 辜海笑：《美国反托拉斯理论与政策》，中国经济出版社2005年版，第144~145页。

的权利侵害了竞争者利益。如果交易企业不具有支配地位，排他性交易通常不构成违法。在坦帕公司案中，公用事业公司要求煤矿供应商在20年的时间里排他性供煤。协议签订后，煤炭供应商认为这样的要求会导致竞争力下降。最高法院裁决，这种协议没有违反反托拉斯法，其理由是协议所排斥的竞争必须在有关市场占有大规模的份额，而本案所涉及产品只占1%的市场份额。[1]

根据欧共体1962年第17号指令，对于《欧共体条约》第81条和第82条规定的内容欧共体享有管辖权。其中第81条所规定的合同（包括横向协议和纵向协议），特别是独家交易协议需要上报欧共体委员会审查，符合《欧共体条约》第十八章第三节的规定的，委员会作出无限制竞争之认定。第17号指令的这一授权建立了对涉嫌限制竞争协议的处理机制，即以合理原则为中心的判断规则。另一方面，由于它意图网罗所有的涉嫌限制竞争协议，实践中造成大量申报扑面而来，致使委员会应接不暇，进而形成大量申报案件的审查流于形式的被动局面。

欧共体法院1991年2月曾处理了一个在德国发生的对细化排他性交易制度意义重大的案件。案情大致是，德国的一个啤酒厂和一个酒吧签订了一份协议，规定酒吧定期从啤酒厂购买一定数量的啤酒。后酒吧认为协议违反竞争法无效，主张取消协议并引发争议。当时，欧共体法院存在类似问题的原则性解决办法，即考虑两个因素对市场的影响：协议内容在市场上所占的份额；协议相对方受约束的期限。以这一案件为基础，1999年12月22日欧盟委员会发布了2790/1999（CE）号条例《关于欧共体条约第81条第3款在纵向协议类别和共谋类别中的适用》，该规范原则上禁止在协议中强迫或怂恿购买者只从市场上的同一个供应商处进行全部采购。但供应商所占的市场份额低于30%，并且禁止购买者与其他供应商交易的约束期限不超过5年的，可以得到豁免。

排他性交易在日本《禁止垄断法》中体现在第2条第9款第4项——不正当制约中的附排他条件的交易，该种行为同其他不公正交易行为一样总体上按照"有妨碍公正竞争危险"这个判断标准来认定。1982年日本禁止垄断法研究会发表了"关于不公正的交易方法的基本认识"的报告，细化了上述法律标准，指出下列情况可以认为有妨碍公平竞争的可能性：①阻碍事业人间自由竞争的可能性。自由竞争是以价格、品质、服务为中心的效率竞争，有损于此种效率竞争即为阻碍竞争。②损害交易主体的交易承诺或交易条件等意思自治基础。日本的排

---

[1]〔美〕丹尼斯·卡尔顿、杰夫里·佩罗夫：《现代产业组织》，黄亚钧等译，上海三联书店1998年版，第1249页。

他性交易案件的司法实践缺少案件和抽象法律标准之间的引证性的逻辑链条。"正当理由"是限制竞争行为的例外,但正当理由的判断采取一事一议的原则。自1953年以来这一立法风格及司法特色基本未变。[1]

德国排他性交易的规定一度曾比日本法更明确地列举了行为的表现形式,[2]但现在同样改为以抽象的标准来判断是否合理(即报酬和对竞争的重大影响)。[3] 德国联邦卡特尔局曾要求大众汽车公司取缔该公司与其特许供货商签订的独家经销协议,因为该协议将市场上几乎一半的配件供货商排除在外。大众公司上诉后,联邦法院否决了它的决定。联邦法院认为,大众公司有权通过独家经销的方式来保证其得到高质量的服务、可信赖的元器件,从而维护大众公司的形象,而这一方面的影响比产生的竞争限制更重要。[4] 可见,对排他性交易自由裁量的空间非常之大。

我国台湾地区"公平交易法实施细则"第25条规定了限制交易公平性(包括排他性交易)的原则标准:即综合当事人之意图、目的、市场地位、所属市场结构、市场特性及履行情况对市场竞争的影响等加以判断。

总之,对于排他性交易的处理方式和程序虽有不同,但处理原则基本没有脱离合理原则。合理原则的运用主要考查:市场支配地位、对竞争者利益的影响和对消费者影响的影响。

(3)例外。既然排他性交易在合理原则控制之下,就会存在排他性交易的合理与不合理之分。

虽然在反垄断法中有关国家都没有明确规定排他性交易的豁免,但有一种类似的排他性协议存在于反垄断法规范范围之外,并被普遍视为反垄断法的例外,

---

[1] 1953年的反垄断法修改中,规定了由公正交易委员会确定不公平的交易方法。这主要是因为不公平的交易方法是在交易复杂、流动性强的社会中产生的一种经济现象。为规制这种特殊的经济现象,必须了解作为规制前提条件的经济动态,把握、顺应其法治的方向,并且从制定或修改其规制的标准等方面上考虑,同时还应该使该规制充分具有弹力性、可调节性。因此,作为行政机关的该委员会是最为合适的。见〔日〕铃木满:《日本反垄断法解说》,武晋伟、王玉辉译,河南大学出版社2004年版,第70页。

[2] 德国《反限制竞争法》第16条(现已废止),企业间关于商品和劳务的合同,如果对合同当事人:①限制交货用商品,或其他商品或劳务的使用自由;②限定从第三者购买其他商品或劳务,或限定向第三者提供商品或劳务;③限定向第三者提供交货用商品;④强制接受实质上或商业习惯上与所供商品或劳务无关的东西。如此类限制行为的规模、商品或服务或其他商品或服务市场上竞争受到实质性限制,则卡特尔当局可宣布此类协议无效。

[3] 具体参见德国《反限制竞争法》(2005年修改版)第19条第4款。

[4] 〔德〕曼弗里德·诺伊曼:《竞争政策:历史、理论及实践》,谷爱俊译,北京大学出版社2003年版,第173页。

它就是特许经营协议。由此，排他性交易可以被分为一般排他性交易和特殊排他性交易。特殊排他性交易即知识产权为基础，融产品出售和营业模式为一体的排他性交易，通常也称为特许经营协议。

特许经营是指特许人将自己所拥有的商标（包括服务商标）、商号、产品、专利和专有技术、经营模式等以合同的形式授予被许可人使用，被许可人按合同规定，在特许人统一的业务模式下从事经营活动，并向特许人支付相应的费用的经营方式。

特许协议是被许可方使用统一的商标、装潢、服务风格等销售商品或提供服务，并向许可方支付有关费用的协议。特许协议是工业化国家在流通领域的主要经销方式，它通过统一的产品范围、质量标准和场所风格等树立产品品牌，提升企业无形资产的价值。特许协议主要内容由知识产权法调整，而排他性交易不以知识产权存在为条件，受反垄断法调整。

特许经营协议是排他性交易的深化。其排他性表现为禁止从第三人处购买同类产品。[1] 它之所以属于排他性协议的例外，是由知识产权的影响和它本身的实践作用决定的。特许经营是搭借知识产权等无形财产权利建立起来的垄断经营，知识产权在反垄断法中的地位在特许经营中同样适用。实践证明，特许经营在扩大消费、促进中小企业发展、吸纳民间资本、扩大就业等方面起到了积极作用。

第一，对生产商而言，可以节约交易成本；对经销商而言，可以保障稳定的货源。生产商签订销售协议，可以保障稳定的销售渠道，减少了中间环节；生产商以销定产，省去了存货的成本，也降低了开发销售市场的风险。通常而言，实行排他性交易的产品多是知名品牌。依靠知名品牌的信誉，生产商会赢得销售商的青睐，主动分销或代销该知名商品。销售商愿意接受排他性销售协议的理由，除了知名品牌的市场信誉保障外，排他性供货维持了其市场竞争力，进而这种安排比没有采取这种安排获得的利润机会更大。

第二，减少搭便车。在这种法律关系中，销售商要按照生产商的要求，统一店面装饰、统一牌价；生产商通过此种"外观战略"（其实，也是一种特殊的广告）树立了品牌整体形象；另外，通过广告扩展品牌的影响力。两种宣传形式各自的功能不同，前者从地域性上构建和树立品牌形象，后者从整体上扩大产品知

---

[1] 例如，国家经济贸易委员会2002年制定的《关于规范加油站特许经营的若干意见》第8条规定：被特许人必须履行以下基本义务：遵守特许人的经营方针和政策，自觉维护特许经营体系的名誉及加油站的统一形象，不得有以下行为：销售第三方油品；自行开展促销活动；从事合同约定之外的其他经营活动。

名度,并进一步促进产品声誉辐射到更广大的地域。统一广告宣传的效益惠及全体销售者,排除了搭便车的现象。

第三,有利于实行统一的经营管理和监督。包括统一产品配送、产品质量和规格的标准化、定价建议、位置选择、统一的技能培训等。

当然,如同知识产权的滥用受到反垄断法的规制一样,特许经营权这种支配地位的滥用也要受反垄断法的规制。但与一般排他性协议不同之处在于,它采用的是基于本身合理原则而进行的违法推定,或者说,它是反垄断法规制例外的例外。[1]

由于特许经营中,特许者和被特许者往往是"大—小"分明的主体,在特许经营中限制竞争的情况很难避免。

为实现总体经营战略目标,特许协议中一般都规定,特许者拥有一定的基本权利:有权向对方收取必要的费用(特许加盟费、广告促销费、特许权使用费、店址评估费、教育培训费、设备及固定装置使用的租用费等);为确保特许体系的统一性和产品、服务质量的一致性,有权对被特许者的经营活动进行监督;有权要求被特许者使用特许者认定的标准会计系统并允许特许者在任何时候查阅、评估会计记录;有权要求被特许者使用统一的全国性广告,并接受特许者对地方性广告的控制;有权要求被特许者从统一的供应商那里取得货源供应;有权要求被特许者接受特许者的员工培训方案;特许者有权要求被特许者按要求对经营场所进行选择;有权规定统一的营业时间;有权对被特许者进行不定期的业务检查并提出监督措施;有权对特定区域提出限额条件;有权制定统一的价格政策、确定价格或限定最高价格等。这些法定或约定的"权利(力)域"会造成许可人与被许可人上下级管理关系的错觉,进而"管理者"可能提出一些不合理的要求,产生限制竞争行为。

特许经营中的限制竞争行为主要表现为如下几种:

第一,搭售产品。如果特许人向被特许人提供专有产品以外的产品,即有关被许可使用知识产权范围之外的产品,则限制了经营者的销售自主权,具有搭售的性质。2004年12月我国商务部制定的《商业特许经营管理办法》第10条对合同固定购物渠道的限制作了明确规定:特许人应当履行下列义务:按照合同约定为被特许人提供货物供应。除专卖商品及为保证特许经营品质必须由特许人或者特许人指定的供应商提供的货物外,特许人不得强行要求被特许人接受其货物

---

[1] 具体内容将在后面第十章中详述。

供应，但可以规定货物应当达到的质量标准，或提出若干供应商供被特许人选择。[1]

第二，地域选择的限制。经营场所限制亦即销售地域的限制。被特许人的身份有两种情况：一种是特许人自己组建的经销主体；另一种是加盟经销商。前者属于特许人系统内的主体或在财产权上受控于特许人的主体，如何安排这种经销商的地理位置属于特许人决策的事情；后者具有相对独立性，特许人只能给被特许人选址建议，即只享有建议权，不享有决定权。

第三，统一价格安排。特许协议通常以特许权费加上一定销售比例为计价方式。自己经营的连锁店和特许他人经营的加盟连锁店在价格政策上应有所区别。对特许他人经营的加盟连锁店在执行统一的价格政策基础上根据当地市场条件确定调整价格幅度，使价格更符合市场的供给与需求，即制定建议零售价格，并对所建议的零售价格不附加罚则。

3. 拒绝交易

拒绝交易是没有合理的理由拒绝向购买者提供产品或服务的行为。一般来说，交易需尊重意思自治、契约自由，每个市场主体有选择权，包括有权不选择（拒绝）与某一市场主体进行交易，且不需要特别理由。但对于占市场支配地位的经营者而言，拒绝交易的客体可能对竞争者的生存有重要影响，那么，这种情况下的拒绝交易就会损害市场竞争。

（1）拒绝交易的理解。理解拒绝交易时，还应当把握以下方面：

第一，拒绝交易常作为维持垄断地位或垄断经营的手段，甚至是一种惩罚性的手段。其可能单独存在，也可能穿插在其他垄断行为中使用。作为辅助工具使用的拒绝交易多具有惩罚性。例如，排他性交易中，如果经营者不"从一而终"，将受到拒绝交易的惩罚。又如，维持转售价格行为中，如果销售者擅自降价或变相降价，可以被"断货"。

第二，拒绝交易包括已经交易情况下的拒绝和未进行交易的拒绝。前者是针对特定交易对象的有条件拒绝，后者往往是不特定对象的无条件拒绝。有条件拒绝多带有惩罚性，其目的是纠正交易人的不"合规"行为，其对象是已经订立交易关系的当事人。不管在交易协议中是否对"拒绝权"有所明示，只要理由不充分，实施拒绝就是违法的。这种拒绝不同于合同抗辩，合同抗辩产生的基础是对方存在不履行合同的风险，而拒绝交易的理由多是交易对方的行为超出了被

---

[1] 该办法已废止。办法中规定的诸多保护被特许人的事项因被特许人的弱势地位而难以实现。在2007年颁布的《商业特许经营管理条例》中，对类似搭售等侵害被特许人的行为，设置了"单方解除权"（第12条）以对抗特许人。

限定的范围，所以一个是法定的，一个是意定的。

已经交易情况下的拒绝的效果是竞争者被排挤出市场，而未进行的交易的拒绝，往往会阻止潜在竞争者的市场准入。

第三，拒绝交易是单独的拒绝，而不是共同的拒绝。单独的拒绝交易，是指不当地拒绝与某经营者进行交易，或者限制有关交易商品或服务的数量或内容，或者指使其他事业者实施属于这类的行为。共同的拒绝交易，指同与自己处于竞争关系的其他经营者共同实施拒绝同某一经营者进行交易或者限制有关交易的商品或服务的数量或内容的联合行为。共同拒绝的典型形式是联合抵制。所以，拒绝交易不同于联合抵制。

第四，适用于产品和服务，一些情况下也适用于知识产权。知识产权的垄断性本身促成了权利人的市场支配地位，这种支配地位可能被滥用。授予发明创造以专利权，是为了保护发明人的智力成果，也是为了推广该发明创造。获得了专利权不予以实施，有违专利法保护专利权的主旨。因此，法律规定了专利强制许可制度。专利强制许可的理由主要有：国家出现紧急状态或者非常情况、公共利益、从属专利等。其中从属专利的强制许可和拒绝交易有相似之处，两者的共同点是关系人之间存在"依赖关系"，从属专利两项专利之间存在实施上的依赖关系，前一项专利的实施需要使用后一项专利，或者相反；而拒绝交易是产品来源或服务项目和技能上的依赖关系。法律并不是要打破这种依赖关系，恰恰是在坚持依赖关系的基础上避免滥用这种关系。如果单纯为了维护专利权，任何人未经许可都不得使用专利权人的专利，那么后一项专利就可能因前一项专利权人不同意许可使用而不能实施，这将抑制开发从属技术的积极性。如果允许强势主体对具有依赖性的弱势主体施以产品或服务上的拒绝，就会阻碍弱势主体的生存和发展。

(2) 拒绝交易的法律规制。拒绝交易和交易被拒绝之间是不同的，理论上，后者往往是被拒绝但尚有替代资源，而前者则没有替代资源或替代性极小。实践中，划清这个界限时，需参考市场力量、拒绝的理由、给对方造成的损害等因素。所以，拒绝交易的法律调整原则是合理原则。

美国反托拉斯法对拒绝交易的认定，重心在于市场支配力量的评定上，因为被拒绝的交易非常普遍，只有具有市场支配力的企业实施的拒绝交易才可能成为反垄断法上的拒绝交易。在"可能"转为"必然"这个环节中"瓶颈"理论发挥主导作用，"一家企业对独特的产品或者设施具有独家控制，它就有义务不去拒绝不合理交易"。[1]

---

[1] Terminal Railroad Case, 1912.

在美国，独占或垄断化常结合在一起，并运用到拒绝交易的判定中。在1927年 Easrman Kodak Co. v. Southern Photo Materials Co. 案中，柯达公司试图统一其照相用品的销售，拒绝向一家零售商批发该用品，最高法院认定其构成非法垄断化。[1] 在"联合制鞋机器案"中，法院认定，联合公司拒绝把自己的机器卖给客户，构成生产鞋业机器的实际垄断。[2]

在日本，拒绝交易和联合抵制的认定条件相同，《独占禁止法研究会报告书》归纳了两个条件：有可能给竞争者的事业活动造成困难以及为达成禁止垄断法上的不当目的之手段而使用。[3]

综合上述有关内容，拒绝交易的认定应把握以下方面：

首先，实施主体是具有市场支配地位的经营者。从市场关系而言，拒绝交易是拒绝配置资源。一般情况下，经营者有选择交易相对人的权利。选择交易相对人时被对方抛弃不是拒绝交易，因选择人和被选人都有选择机会，因自身的劣势而被抛弃恰是市场发挥作用的结果。如果经营者占有大量的资源或垄断性资源而拒绝配置，可能涉嫌拒绝交易。进一步，如果被拒绝后市场上无其他选择权或基本不可能选择，则构成拒绝交易。与联合抵制相比较，拒绝交易的相对人所面对的市场结构更严峻。因为被拒绝的相对人除此之外别无选择。

其次，拒绝交易行为并阻碍经营者正常生产或销售。实施的拒绝交易通常表现为：拒绝供货、拒绝按时供货或拒绝供给合格货物等。Commercial Solvents 是一种制药原材料的全球唯一生产商，Zoja 是欧盟市场上使用该原材料的厂家之一。Commercial Solvents 要求 Zoja 解除合同，Zoja 向欧盟委员会投诉，声称若不能从 Commercial Solvents 及其分支机构获得这种原材料，无法再从其他地方获得。欧盟委员会命令 Commercial Solvents 供应最低限度的原材料。欧盟法院维持了欧盟委员会的决定。[4]

最后，拒绝交易的客体是特定的，即交易对象属"关键设施"。一旦关键设施被拒绝，交易对象的已经营业务将被迫中止，欲经营业务将无法展开。典型的示例是不同电信网络之间的拒绝互联互通行为。

在我国反垄断法中，形如美国认定拒绝交易的核心设施的概念并没有形成。

---

[1] 转引自孔祥俊：《反垄断法原理》，中国法制出版社2001年版，第576页。
[2] 〔美〕理查德·A. 波斯纳：《反托拉斯法》（第2版），孙秋宁译，中国政法大学出版社2003年版，第271页。
[3] 〔日〕根岸哲、舟田正之：《日本禁止垄断法概论》，王为农、陈杰译，中国法制出版社2007年版，第213页。
[4] 孔祥俊：《反垄断法原理》，中国法制出版社2001年版，第579页。

《反垄断法》第18条第5款规定了限制进入市场的问题。但是，这种限制和限制进入市场所必须的核心设施并不完全一致。当然，限制核心设施在我国广泛存在，并且与自然垄断主体的活动相关联。由于核心设施这个概念的使用，要求重点考虑为达到阻碍发展的目的限制单个竞争者权利的客观效果。在现实经济状况和法律实施状况下，无论法院还是反垄断执法机构都很难做到使用这个标准所必须遵循的平衡单个企业利益和竞争者利益或消费者利益的关系。例如，在审查案件时需要分析是否可能给竞争者带来进入市场的壁垒。并且使用核心设施标准要求深入分析提供服务的技术特性，它不仅仅来自反垄断机构一方，而且还需要来自独立专家的分析，这耗时费力。此外，还存在一个事实：在美国、法国等国反垄断法律实践中，核心设施标准要求精通经济、法律和技术知识学者，以及全面和综合的市场分析。相关判例丰富和完善了核心设施的概念和运用标准。目前在我国，也包括俄罗斯等转型国家实施反垄断法无这些基础，还不足以准确地把握这个概念。

三、特殊行为类型——知识产权滥用行为

知识产权是一种为保护知识产权人而设立的法定的垄断权，这种权利的行使具有专有性和排他性，一旦被滥用会侵犯他人参与自由竞争的权利，通过反垄断法来规制知识产权滥用的行为，可以更好地保护竞争者和消费者的利益。

（一）规制理由与基础

确立知识产权的合法垄断权地位，是风险与收益平衡的结果；而禁止知识产权滥用是维护风险和收益的平衡。

从农业经济到工业经济再到知识经济的演变过程中，智力成果在科技进步、经济繁荣和社会发展中所起的作用越来越大。而这种巨大社会作用的背后，是知识产权开发的巨大智力和物力投入，并伴随着巨大的投入风险。这个风险不仅仅体现在技术开发失败可能性上，更大的风险在于开发成果社会化的任意性。在"大贡献"—"高风险"的矛盾中，知识产权开发就具有二重性，即私人性和社会性。开发的基本动力是满足私人利益的需要，而其技术利用的结果既满足了私人利益，又促进了社会进步。为了减少开发和利用风险，各国都给予知识产权垄断地位。反垄断法也尊重这种垄断地位。然而，因知识产权的私权性使这种平衡可能被权利人更高的利益追求所打破，进而产生利益与风险的新的矛盾。追求利益最大化始终是经济人的理想目标，服务于这个目标的私权便有了扩张利用的动机。知识产权的扩张利用就是冲出法律规定合法使用的范围，走向滥用，或者说，权利人有意识地谋求合法垄断利益之外的垄断利益。由此产生了新的社会风险，体现在社会整体效率降低，包括竞争者利益或消费者利益减损、资源配置降

低、产业结构失衡等。

利益和风险的新矛盾实质上反映了个体利益与社会整体利益之间的冲突。尽管市场经济要求给予民事权利以充分和统一保护，但在社会个体行使民事权利与社会整体利益发生现实的冲突时，则要求对个体权利进行一定的限制。因此，当权利人在行使知识产权超出法定范围，并与反垄断法通过保护竞争所要实现的社会整体目标（实质公平和社会整体效率）相冲突时，反垄断法应当优先适用，以对知识产权的行使行为加以必要的限制。[1]

反垄断法规制知识产权的滥用也涉及相关市场的界定。

根据美国《知识产权许可的反托拉斯指南》的规定，知识产权许可中的反托拉斯执法涉及相关技术市场的分析。我国反垄断委员会《关于相关市场界定的指南》中也规定了：在技术贸易、许可协议等涉及知识产权的反垄断执法工作中，可能还需要界定相关技术市场，考虑知识产权、创新等因素的影响。

对于相关技术市场的界定，需求替代和供给替代的作用几乎难分伯仲。相关技术市场包含被许可的知识产权和它的近似替代品。近似替代品是指与被许可使用的知识产权相比，在限制市场力量方面足够相似的技术或商品。从供给的角度而言，替代品包括针对特定新产品和新方法或者其改进的研究和开发，或者与该研发相似替代性工作。

关于技术市场上支配地位的认定，根据美国《知识产权许可的反托拉斯指南》的规定，"主管机关假定专利、版权或商业秘密并不必然使其所有者拥有市场支配力。尽管知识产权赋予某一特定产品、方法或相关作品的排他权"。其理由是，通常会有足够的上述产品、方法或作品实际或潜在的相近替代品阻碍市场支配力的行使。在缺少替代品的情况下，"专利或其他形式的知识产权的确授予了一种市场支配力，那么这种市场支配力本身并不违反反垄断法"。从这一点看，技术市场和商品市场的认定大致是相同的，即市场份额的描述是否具有支配地位的主要依据。换言之，知识产权法中所赋予的专利等垄断权，并不必然推定为具有市场支配地位，是否具有市场支配地位还要考查产品的市场份额。

（二）行为类型

违法的知识产权垄断包括横向、纵向协议和滥用市场支配地位行为，相比较而言，滥用市场支配地位的行为表现更为突出。

1. 知识产权合作中的横向垄断协议、纵向垄断协议

按照美国《知识产权许可的反托拉斯指南》的规定，许可人与被许可人之

---

[1] 王先林："从微软垄断案看知识产权滥用的反垄断控制"，载《法学家》2001年第3期。

间或被许可人之间如果不存在事实上的许可的情况下,在相关市场上成为实际的或潜在的竞争对手,则主管机关通常将许可人与被许可人之间或被许可人之间的关系视为横向关系,由此产生技术卡特尔。技术卡特尔是联盟成员选择非正式技术交易,且每个成员都能明确可从他人那里获得好处的协议形式。技术卡特尔的典型形式是专利权的交叉许可。与价格卡特尔情形相比,成员背叛一旦被发现,除了将被强制退出技术联盟外,面临的惩罚要严厉得多。技术卡特尔的稳定性更强:一方面,成员联合开发替代技术的行为被视为合法行为,替代技术的使用会压缩陈旧技术的市场空间;另一方面,"如果市场是完全竞争或可竞争的,长期利润趋于零,那么,被排除出技术联盟的成员将面临不断增加的亏损乃至最终破产。进行大量风险投资,并着眼于长期回报的厂商会发现培植诚实守信的美誉非常重要,因此,技术联盟存在着很强的抑制欺骗的激励"。[1]

当一项许可处于互补关系中时,它具有纵向的特点。例如,许可人的主要业务范围是研究和开发,而作为被许可人的制造商可能只是购买许可人开发的技术的使用权。又如,许可人是拥有知识产权的某一产品部件的制造商,而被许可人则将该部件与其他投入组合在一起来制造产品。当然,"纵向"也可能是许可人制造产品而被许可人主要从事销售和市场推广。

许可人与被许可人之间横向关系本身并不表明这种安排是反竞争的。对这种关系的确定仅仅是为了帮助认定许可协议是否可能产生反竞争的效果。既然横向关系并不必然产生反竞争的效果,那么纯粹的纵向关系也不必然存在任何反竞争的效果。由于需要进行创新性评价,所以技术卡特尔不适用本身违法原则。在美国,对与知识产权许可安排中的限制,如果不具有明显的反竞争性,和在受该限制实质性影响的相关市场上许可人和被许可人的合计市场份额不超过20%,则属于反垄断"安全区"。

2. 知识产权滥用行为

在各类的知识产权滥用行为中,专利权的滥用尤为突出。因科技在促进国家经济增长的过程中,专利的作用越来越明显,在各种智力成果中专利和生产力以及经济利益、经济价值关系最为紧密。随着经济全球化加深,跨国公司利用专利控制国际市场的现象愈发常见,所以对专利权滥用的规制是反垄断法对知识产权滥用行为规制的重点。

专利权所有人或持有人可以利用相同或相似的手段单独或联合滥用权利。

---

[1] 〔美〕威廉·鲍莫尔:《资本主义的增长奇迹:自由市场创新机器》,彭敬等译,中信出版社2004年版,第115~117页。

(1) 单独滥用知识产权。归纳起来，单独知识产权滥用行为有以下几种方式：

第一，搭售行为。在许可协议中，搭售意味着要求被许可人接收一项本不需要的知识产权的许可证或者购买、使用本不需要的产品或服务，以作为得到所需知识产权的许可证的条件。[1] 搭售必须是两类不同的产品捆绑销售，如果捆绑销售的产品属于在技术上为完善许可合同标的所不可或缺的，该捆绑销售不是搭售。还有一种搭售的变种——总括许可，也称强制一揽子许可，指被许可人要想得到所需许可证必须同时接受一项本不需要的许可证。

从经济角度看，搭售会以两种方式损害竞争：使被搭售的产品即使市场竞争力较弱也能有销路，破坏市场优胜劣汰机制；在市场中排除被搭售产品的其他供应商，从而扭曲市场。微软公司视窗和浏览器捆绑销售的案件是典型的具有排他意图的知识产权搭售案件。

第二，拒绝许可。即知识产权人无正当理由拒绝他人申请许可使用，以达到扼杀竞争对手参与竞争的目的。知识产权受法律保护很重要的一个方面，是为了使知识产权人的智力成果为更多人所使用，从而创造更多的社会价值，推动社会进步。这样的知识产权滥用行为，使其他竞争者丧失了竞争的可能。

另外，拒绝许可还可能附条件实施，故有以下三种变种形式：

封闭式的交叉许可条款。交叉许可是指权利人将各自拥有的知识产权相互授予对方实施，这类行为容易促进技术之间优势互补，减少交易成本。但如果许可方禁止被许可方向任何第三方发放许可证，则构成封闭式的交叉许可，就具有了排斥其他竞争者或潜在竞争者的性质。[2]

排他性回授条款。回授是指要求被许可方在对合同标的技术有所改进或取得新的知识产权时，向许可方报告、让与或授权使用。这种回授如果是排他性的，就剥夺了被许可方向第三方转让新技术的自由。若保护许可方这种对新技术的垄断优势，会影响被许可方从事技术改进的积极性，削弱创新市场中的竞争。

不竞争条款。即规定被许可方不得从其他来源获得与合同标的类似技术或与之相竞争的同类技术。该条款能促进许可技术的实施，但亦会封闭相竞争技术的使用和改进，阻碍这些技术之间的正当竞争。

---

[1] 〔美〕德雷特勒：《知识产权许可》，王春燕译，清华大学出版社2003年版，第638～639页。另美国1995年《知识产权许可的反托拉斯指南》将"搭售协议"定义为，一方出售一项产品只是在买方同时购买另一项不同（或搭售）产品，或至少答应他不会从其他供应商处购买该产品为条件所达成的协议。

[2] 袁真富："从权利到工具透视跨国公司的知识产权策略"，载《电子知识产权》2003年第6期。

第三，区域限制，即将被许可人限定在特定的地区从事获得许可的知识产权产品交易。它和区域独占的区别在于，后者指要求许可方不得进入许可地区，且不得授权第三方这样做。

第四，限定价格，即许可方控制被许可方出售货物或服务的价格，从而限制竞争。不管是垂直限制还是水平限制，限制价格多被认为违法。

第五，拒绝交易，即一方当事人对对方当事人生产经营所必须的技术信息实施不交易。一般来说，拒绝交易要求拒绝的对象是核心设施，这里的核心设施可以是有形物，也可以是技术信息。

需要说明两点，并非知识产权滥用行为仅有上述五种，上述五种仅是其中的典型形式；并非上述名称下的行为一律被认定为违法。认定某行为属于某种知识产权滥用需要结合技术本身的特点、行为目的、国际环境等因素，因此，本身违法原则没有固化在某种知识产权滥用行为中，合理原则的使用更为普遍。[1]

（2）联合滥用知识产权。联合滥用知识产权，是指具有竞争关系的知识产权主体联合起来实施限制竞争的行为。联合滥用主要表现为专利池的滥用。

由于被许可人可以使用"专利池"中的全部专利从事研究和商业活动，节省对其中的单个专利分别许可的成本，专利权人愿意接受"专利池"许可证，但往往也出现联合权利人利用这一优势，对被许可人施加不合理限制的行为。

利用专利池实施的限制竞争行为主要表现为强制被许可人接受非必要专利的一揽子许可。认定专利池滥用时，必要和非必要专利的界定是反垄断审查时的关键问题。

在组建专利池过程中，企业经常会将问题专利、假性专利、过期专利混入专利池中，这些专利被称为非必要专利。这种做法既破坏了专利池内部各权利人的公平利益，同时也对专利池外的被许可方形成不合理的限制。由于必要专利往往具有经济垄断性，专利权人还可以凭借对必要专利的市场支配力，将自己对市场的控制力延伸到本来处于竞争关系的非必要专利技术的竞争市场中，从而实现更大垄断。

必要专利一般从以下方面来认定：

第一，在技术上应该是互补专利，即如果没有该项专利，则无法达到该专利池所要求的技术标准，"池"中每一项专利的存在都是整个专利池存在的必要条件。飞利浦从20世纪90年代起将其持有的生产刻录CD光盘（CD-R）和可擦

---

[1] 有关此方面更为详细的论述和案件评论，参见〔美〕德雷特勒：《知识产权许可》，王春燕译，清华大学出版社2003年版，第7章。

写 CD 光盘（CD-RW）专利通过一揽子打包的方式向外许可。包括 Princo 美国公司在内的五家公司与飞利浦签订了一揽子许可协议。但没过多久，被许可人就不再向飞利浦支付许可费，理由是飞利浦将制造 CD 的不必要专利作为许可的条件和内容。美国国际贸易委员会调查发现，存在制造 CD 的某些可替代性技术，最终认定，飞利浦的专利池中包含 4 项非必要专利。[1]

第二，在商业上生产该种专利产品，势必侵犯某一专利，而且这个专利还是无法取代的或者取代成本不划算的，那么该专利为必要专利。

国家知识产权局知识产权发展研究中心编著的《规制知识产权的权利行使》一书中，提出判断专利池中专利的必要性时的两种思路：一是由中立专家决定和选择技术上必须的核心专利。但是这里所谓的"中立"本身就是值得探讨的问题。从这些专家的入选、决策到报酬等各个环节都属于可能影响中立的因素。二是专家组对于必要专利的判断还应当是持续性的，因为专利的必要性会随着时间的推进而不断变化。如 DVD"6C"专利池中就有这样的规定，专家组必须每四年对池内专利进行一次审查，将非必要专利剔除出专利池。[2] 如果专利池的专利是实施强制一揽子许可的，通过独立第三人——专家评判入池专利是否符合必要性的标准是一种可行的解决争议的方法。另一种是更具原则性的思路，即要想相对公平地解决许可双方的争执，关键是应该给予被许可人选择的自由。

3. 我国知识产权反垄断制度的完善

世界贸易组织《与贸易有关的知识产权协议》（TRIPs 协议）第一章（一般性规定和基本原则）第 8 条第 2 款规定了如下的原则："为了防止权利所有人滥用知识产权，或者采用不合理地限制贸易或对技术的国际转让有不利影响的做法，可以采取适当的措施，但以这些措施符合本协定的规定为限。"第 40 条第 2 款规定，各成员方可以在与该协议的其他规定相一致的前提下，根据该成员的有关法律和规章，采取适当的措施制止或者控制那些可能构成对知识产权的滥用、在市场上对竞争产生不利影响的订立许可合同的做法或者条件，例如，独占性回授条件、禁止对知识产权有效性提出质疑的条件、强迫一揽子许可。

近些年来，有关国家和地区为规制知识产权滥用制定了更细致的技术性文件或规范，如 1999 年 7 月 30 日日本公正交易委员会重新颁布了《专利和技术秘密许可证合同中的反垄断法指导方针》，我国台湾地区"公平交易委员会"也于

---

[1] 张乃根、陈乃蔚主编：《技术转移的法律理论与实务》，上海交通大学出版社 2006 年版，第 225~226 页。

[2] 国家知识产权局知识产权发展研究中心编著：《规制知识产权的权利行使》，知识产权出版社 2004 年版，第 64 页。

2001年1月18日发布了"审理技术授权协议案件处理原则"等。这提示我们,在知识经济的背景下,有关技术的法律规制制度应该与时俱进。

我国现行法律对知识产权反垄断的规制还缺乏系统性,主要体现在法律对此只作了原则性的规定和初步的类型化。例如,我国《著作权法》第4条规定:"著作权人行使著作权,不得违反宪法和法律,不得损害社会公共利益。"《合同法》第329条规定:"非法垄断技术、妨碍技术进步或者侵害他人技术成果的技术合同无效。"第343条规定:"技术转让合同可以约定让与人和受让人实施专利或者使用技术秘密的范围,但不得限制技术竞争和技术发展。"《中外合资经营企业法实施条例》第43条规定,外商投资中的技术转让协议中,"除双方另有协议外,技术输出方不得限制技术输入方出口其产品的地区、数量和价格;……技术转让协议期满后,技术输入方有权继续使用该项技术;……技术输入方有权按自己认为合适的来源购买需要的机器设备、零部件和原材料;不得含有为中国的法律、法规所禁止的不合理的限制性条款"。《对外贸易法》第30条规定:"知识产权权利人有阻止被许可人对许可合同中的知识产权的有效性提出质疑、进行强制性一揽子许可、在许可合同中规定排他性返授条件等行为之一,并危害对外贸易公平竞争秩序的,国务院对外贸易主管部门可以采取必要的措施消除危害。"《技术进出口管理条例》第29条则规定:"技术进口合同中,不得含有下列限制性条款:①要求受让人接受并非技术进口必不可少的附带条件,包括购买非必需的技术、原材料、产品、设备或者服务;②要求受让人为专利权有效期限届满或者专利权被宣布无效的技术支付使用费或者承担相关义务;③限制受让人改进让与人提供的技术或者限制受让人使用所改进的技术;④限制受让人从其他来源获得与让与人提供的技术类似的技术或者与其竞争的技术;⑤不合理地限制受让人购买原材料、零部件、产品或者设备的渠道或者来源;⑥不合理地限制受让人产品的生产数量、品种或者销售价格;⑦不合理地限制受让人利用进口的技术生产产品的出口渠道。"

类型化规定的缺陷是,对超出法律规定的适用范围的行为,相关法律无法适用。例如,上述合资企业的法律规定,如果行为发生在内资企业之间,显然难以适用该法。因此,需要从反垄断一般法的角度制订有关知识产权的反垄断指南。

第八章　经营者集中

第一节　经营者集中概述

经营者集中可能导致一种危险结果，即形成单边市场力量。单边市场力量是滥用支配地位的前提。在差异化产品市场中，占有市场较大份额的经营者之间的集中，将使原本界限分明的消费者群体合二为一，构筑起更大的消费群体，产生单边市场力量。集中企业的产品与其他非集中企业产品的替代性越大，集中后构筑的单边市场力量越强。在同质产品情况下，集中产生的单边市场力量来源于产能，而不是产品差异。集中后的企业控制了足够的产能，在节约成本的基础上可以获得超过平均利润的利润，在非节约成本的情况下，产能提高是提高市场份额的基础。所以，集中对竞争者和消费者都有一定的影响，不同集中对市场的危害程度也不一样。

一、含义及类型

我国反垄断法将美国、欧盟等反垄断法中的企业合并称为"经营者集中"，以区别于企业法（公司法）意义上的企业公司合并。

"经营者集中"是反垄断法上特有的一个概念，是指经营者通过合并，取得其他经营者的股份、资产以及通过合同等方式取得对其他经营者的控制权，或者能够对其他经营者施加决定性影响的情形。经营者过度集中可能导致垄断，产生排除或限制竞争的后果，因此成为各国反垄断法规制的对象。

（一）经营者集中与相关概念的关系

法律概念是法律制度的基石，严谨的法律概念有助于构建完善的法律体系。现代法的交叉性使得很多概念跨越了单一部门法，分处不同法律部门中。在多个部门法中使用的同一个概念有的含义完全相同，有的则在不同的部门法中赋予特殊的意义。

与经营者集中关系最为密切的概念有企业合并、兼并、收购、并购等。

1. 经营者集中与企业合并

一些国家（地区）的反垄断法在名称上将"经营者集中"规定为"企业合并"。不管用"经营者集中"还是用"企业合并"，这个概念区别于企业法或公司法意义上的"企业（公司）合并"。

首先，监管的目的不同。企业合并是企业改变组织形态的一种方式，一般而言，企业合并属企业自治的范畴，但企业组织结构的改变对企业利益相关者有重大影响，所以企业法对企业合并行为进行调整，其目的是促使企业在合并时遵循一定的行为准则和程序，以维护企业债权人和股东的合法权益，确保交易的安全稳定。而反垄断法对经营者集中进行规制，其目的是规范经营者集中对市场竞争关系的影响，防止出现垄断现象，对经营者集中审核时，主要的参考因素是集中对既有竞争者的影响和对潜在竞争者的影响。

其次，形式不同。企业合并分为吸收合并和新设合并两种形式，每一种形式都涉及至少一个企业的组织人格的改变。经营者集中，包括企业合并，另外还包括一个企业通过以下方式取得对另一个企业的控制权：①取得财产。即一个企业通过购买、承担债务或者以其他方式取得另一个企业全部或相当部分的财产。但根据企业解散、破产、停止支付、和解或其他类似程序而取得的财产不属此类。②购买股份。即一个企业取得另一个企业股份达到一定比例或掌握另一企业一定份额的表决权，通过控股的方式对被合股企业施加支配性影响。③订立合同。即企业与企业之间通过订立有关承包、租赁及委托经营等协议的方式取得对其他经营者的控制权或者能够对其他经营者施加决定性影响。

最后，程序和方法不同。企业合并需要履行内部程序和外部程序。内部程序（如果是公司企业）主要是召开股东大会作出合并事项的表决；外部事项包括公告、登记备案，并以登记备案作为企业合并成功的标志。经营者集中的内部事项也是各企业通过内部表决，形成同意集中的意见；外部事项主要是向反垄断执法机构进行申报，并由反垄断执法机构审批。经营者集中能否成功由反垄断执法机构决定。

2. 经营者集中与兼并、收购

兼并通常用在经济学中，且多将英文 Merger 译成"兼并"。经济合作与发展组织（OECD）在发布的文件中对 Merger 的解释为[1]："两个或者多个企业并入一个现存的企业，或者结合形成一个新企业。"《大不列颠百科全书》对 Merger 的解释是："两家或更多的独立的企业、公司合并组成一家企业，或通常由一家占优势的公司吸收一家或更多的公司。"[2] 我国国家体改委、原国家计委、财政

---

[1] OECD,"Glossary of Industrial Organization Economics and Competition Law", p.58. in http://www.oecd.org/dataoecd/8/61/.

[2] 参见《大不列颠百科全书》（国际中文版·第11卷），中国大百科全书出版社1999年版，第111页。

部、国家国有资产管理局联合发布的《关于企业兼并的暂行办法》(1989年) 所规定的兼并,指一个企业购买其他企业的产权,使其他企业失去法人资格或改变法人实体的一种行为。可见,兼并与经营者集中是有区别的,兼并只相当于吸收合并,经营者集中的其他内容和兼并没有交叉。

另一个与经营者集中相近的概念是收购。收购指一家企业通过某种途径,获得另一家企业的全部资产或部分资产,从而获得另一家企业的控制权的交易行为。在证券市场上,收购常指某一公司通过购买目标公司的股票而获取目标公司的经营控制权。[1] 可见,收购分为两种:资产收购和股权收购。经营者集中和收购的具体区别表现在:①行为主体不同。经营者集中是企业(公司)间的行为,而股权收购则是收购公司与目标公司股东之间的交易行为,主体是收购公司与目标公司股东。②程序要求不同。经营者集中属于企业的重大经营行为,(如涉及公司)必须经股东大会以特别决议的方式表决通过;而收购行为无须经股东大会决议,通常受证券法有关买卖股票的法律规定的限制。③控制程度不同。在收购中,收购方既可以收购目标公司的全部股份,进而完全控制目标公司,也可以只取得公司50%以上的股份,取得对目标公司的控制权。如果参与集中的一个经营者拥有其他每个经营者50%以上有表决权的股份或者资产的,可以不向国务院反垄断执法机构申报。

在我国资产经营和重组中,经常使用"并购"这个词。它来自英文 Merger and Acquisition 即 M & A。Merger 即兼并。Acquisition 直译就是"获得、取得"[2],汉译"收购"。因此,"并购"是"兼并"和"收购"这两个词的合称。其实,收购有三种结果:取得一般股份、购买股份取得控制权、对取得控制权的企业进行改组使之解散。只有上述收购的第三种结果,才导致兼并的发生。

不管是合并,还是兼并、收购,仅解决公司组织的变更及其法律责任问题,关注的是企业内部及企业与债权人之间的利益关系,这不同于反垄断法意义上的经营者集中。

(二)经营者集中的类型

按照当事人是否处于相同的生产经营阶段,可以将经营者集中分为横向经营者集中、纵向经营者集中和混合经营者集中。

1. 横向经营者集中

横向经营者集中,又简称横向集中或水平合并,是指在同一相关市场上、同

---

[1] 孙黎:《公司收购战略:产权交易最高形式的操作》,中国经济出版社1994年版,第7页。
[2] 《英汉法律词典》,法律出版社1985年版,第14页。

一生产经营环节的经营者之间的集中。横向集中发生在同一相关地域市场上的生产具有替代性产品的企业之间。如在同一地理区域内两个葡萄酒批发商之间的集中。

横向集中一般是为了取得规模经济效益和占有更大的市场份额。但是，由于参与横向集中的经营者相互之间是竞争者，其对竞争的消极作用是显而易见的。横向经营者集中的直接后果是减少市场竞争者的数目，集中后的经营者可能具有市场支配地位。即使最终没有出现一家经营者独占市场的情形，可也能出现几家经营者控制整个行业的局面。因此，它是各国反垄断执法机关严格监管的对象。美国、日本、欧盟等国（地区）规制经营者集中的重点就是横向经营者集中。如在美国的1962年的"布朗鞋公司案"中，布朗公司和金奈公司合并后将共同占有几个城市妇女和儿童皮鞋市场的20%的销售额，在118个城市的皮鞋市场上，它们共同的市场份额已超过5%。法院认为，皮鞋行业有着日趋集中的倾向，为了防止集中，就应当禁止这个合并。[1]

2. 纵向经营者集中

纵向经营者集中，也简称纵向集中或垂直合并，是指从事同一产业处于不同市场环节的经营者之间的集中，即同一产业中处于不同阶段而实际上相互间有买卖关系的各个经营者之间的集中。例如，某种产品的生产商与该产品的销售商或者使用商之间的集中。依集中的主动性和被动性不同，某一经济环节的企业对下游企业的集中，称为"向前一体化"；某一经济环节的企业对上游企业的集中，称为"向后一体化"。

决定成本、利润的关键经济变量是生产、经营能力。为了保证足够的生产经营能力以获取稳定的利润，企业可以对主业的上下游环节进行控制。如果某一生产经营环节的原资料供应脱节，企业就不得不考虑进行"向前一体化"，控制导致脱节的上游原材料企业。如果企业的销售渠道不畅或受制于人，企业往往可以考虑"向后一体化"。所以，纵向集中是企业形成完整产业链或进一步扩大营销体系的一种常见形式。

对于纵向集中是否防碍竞争，理论上还存在分歧。一种流行的观点认为，纵向集中虽然不像横向集中那样直接扩充市场份额，但依然会产生反竞争的后果，即所谓封锁（foreclose）与剥削（squeeze）行为。[2] 假设市场中A、C为生产商，B为批发商，若A合并B，则A实际上控制了产品的销售渠道，这时它可能

---

[1] 王晓晔：《竞争法研究》，中国法制出版社1999年版，第387页。
[2] 方嘉麟：《公司兼并与企业集团》，法律出版社1994年版，第73页。

利用这一地位不合理地限制竞争对手 C 的产品进入销售网，从而使 C 处于不利的竞争地位，甚至将 C 挤出市场，此即所谓封锁。所谓剥削则是指另一种情形：假设 A 为生产商，B、D 为批发商。当 A 与 B 合并（控制权式合并）以后 B 作为批发商控制了主要货源，它可以将同样的产品以较高价批发给 D，这种价格歧视行为将使批发商 D 无法与 B 竞争。

这两个例子说明产销企业间的纵向集中，可能利用其优势地位破坏竞争，对其他竞争对手造成损害。但是，必须在特定的条件下才能出现这一结果：在第一个例子中，只有批发商 B 处于垄断地位时，A 才能利用"封锁"手段排斥 C，否则 C 完全可以寻求其他批发商发展业务；第二个例子与此类似，要求生产商 A 处于垄断地位，方可出现"剥削"现象，否则难以构筑进入市场的障碍。

一些经济学家认为，即使采取纵向集中，也无法获取超额利润，因为这种集中并不具备经济上的诱因。[1] 但是，反垄断主管部门并没有因此减少对此类企业集中行为的戒心。参与集中的企业可能没有获得超额利润，但没有获得超额利润不等于没有排挤竞争对手。美国 Aloca 公司生产和销售的是一种杜拉铝合金材料，其通过合并控制了原材料市场，而其竞争对手要生产这种材料，就必须向 Aloca 购买原铝。Aloca 公司铝锭的价格只是略低于杜拉铝，因此对杜拉铝市场的竞争者产生了价格上的挤压。[2]

3. 混合经营者集中

混合经营者集中，也简称"混合集中"或"混合合并"，是指同一市场上的非竞争者或非交易人之间的集中。换言之，是同一市场上的既不存在竞争关系，也不存在商品买卖关系的经营者之间的集中。

混合集中的目的和效果有三种：①市场扩张型经营者集中，即同一经济环节的从事同样经营活动的经营者在不同市场区域的集中；②产品扩张型经营者集中，即产品功能互补的生产者之间或经营者之间的集中；③纯粹的经营者集中，即那些生产和经营彼此毫不相干的产品或者服务的经营者之间的集中。

混合集中的理由往往不是基于节约成本及稳定经营，而是为了分散企业追求高利润的商业风险，充分利用企业内部的过剩资本。理论上，有经济学家对大型企业依集中的方式分散风险的目的和做法持保留态度，指出，大企业合并自己不太熟悉的行业以后，后遗症十分突出，经营不善很快陷入困境，最终又被迫舍弃

---

[1]〔美〕保罗·A. 萨缪尔森、威廉·D. 诺德豪斯：《经济学》，高鸿业译，中国发展出版社 1991 年版，第 911 页。

[2]〔德〕曼弗里德·诺伊曼：《竞争政策：历史、理论及实践》，谷爱俊译，北京大学出版社 2003 年版，第 166 页。

该部分。[1] 更有观点认为混合合并的优缺点尚无法定论,"没有任何一项研究成果得出混合合并的主要益处或代价"。[2] 但实践中,混合集中案件在德国、美国、英国都是超过纵向集中的第二大类合并案件。[3]

混合经营者集中因为不会导致市场上竞争对手的减少,也不会使一部分市场对另外一些竞争者关闭,所以其对市场竞争所产生的消极影响是有限的。混合合并可能带来的反竞争后果是,混合公司利用其跨行业的雄厚资金,集中对某一行业的产品在短期内进行掠夺性定价将竞争对手挤出市场。甚至有所谓恐吓理论认为,当两个企业进行混合合并时,企业所拥有的雄厚经济实力本身便对其他竞争对手产生心理压力,使那些潜在的竞争对手望而却步,不利于促进市场自由而有效的竞争。[4] 实际上,"恐吓理论"的实用性非常有限,因为一个企业开展价格战一般需要巨大的财力,所以这种理论仅可以适用于地区性的或者地理范围十分有限的市场上,而且,参与集中的企业必须在一个或多个市场上已经取得了市场支配地位。另外,混合经营者集中会使经营者规模变得过于庞大,从而增加其他经营者进入市场的障碍;混合经营者集中通过经营者之间的交叉补贴,使得集中后的经营者便于针对小的竞争者实施掠夺性定价;混合经营者集中会使弱小的竞争对手在与集中后所形成的大经营者之间的竞争中充满忧虑,当达到一定程度时,会削弱这些弱小的竞争对手与大经营者之间的竞争,这就是所谓的"阻却竞争理论"(dissuading competition)。

由上述分析可知,横向集中危险性最大,基于此,有关经营者集中的控制标准主要围绕横向集中展开。相比之下,纵向经营者集中和混合经营者集中因为一般不会导致市场上竞争对手的减少,各国的反垄断法对二者采取了较为宽容的态度。但是,正如上文所述,纵向经营者集中和混合经营者集中依然有可能对市场的竞争秩序造成损害,所以,从保护市场公平有效竞争的角度,二者也会成为反垄断执法机关的关注对象。

二、监管的原则

对经营者集中控制的基本指导思想,可能是由于行业涉及国民经济的健康、稳定或敏感行业,出于国家安全的考虑禁止自由并购,也可能是出于市场集中度

---

[1] 〔美〕保罗·A. 萨缪尔森、威廉·D. 诺德豪斯:《经济学》,高鸿业译,中国发展出版社1991年版,第917页。
[2] 龚维敬:《论企业兼并》,复旦大学出版社1996年版,第203页。
[3] 〔德〕曼弗里德·诺伊曼:《竞争政策:历史、理论及实践》,谷爱俊译,北京大学出版社2003年版,第137~138页。
[4] 王晓晔:《企业合并中的反垄断问题》,法律出版社1996年版,第17页。

不合理，会从产业发展的角度禁止或限制集中。由此引申出国家安全原则和经济民主原则。

相比较，如果一项集中涉及国家安全，依据国家安全原则即可否定该集中，无须再考虑经济民主原则的适用。换言之，经营者集中审查中，国家安全原则将高于经济民主原则优先适用。

（一）国家安全原则

传统的国家安全包括政治安全、军事安全（国防安全）、经济安全。政治安全是国家的政治制度和政治形势不受国内外敌对势力的破坏和颠覆。军事安全是国家的领土、领海和领空安全，不受外来军事威胁或侵犯。经济安全是经济发展的稳定和持续状态。由于全球化的影响，国家安全已不仅仅是一国范围内的事情，而是涉及国家与国家相互间的关系问题。随着冷战的结束，国际环境发生了巨大变化。恐怖主义、霸权主义和强权政治的新表现，局部各种形式冲突以及经济全球化的迅猛发展，科技竞赛的加剧，多元价值观、多元文化的出现及其对抗，突发性自然灾害等非传统安全因素，都直接影响到国家的稳定发展，对国家安全形成了新的威胁。在这种新形势下，出现了全新的国家安全观，即国家安全除了传统的政治安全和国防安全外，还应包括科技安全、文化安全、生态安全、社会公共安全等内容。

跨国公司并购对一国经济的发展有重要的影响。若行业中的重点企业，甚至是整个行业的龙头企业被并购，将加大行业或产业正常发展的风险。所以现代实行市场机制的国家都密切监视跨国资金对本国产业发展的不利影响，并制定法律规范跨国公司的并购行为。

1. 国家安全审查与反垄断法的关系

国家安全审查属于外国投资法的内容，但在外资并购过程中，外资也可能取得对某些行业的垄断地位，不利于本国经济的发展，由此外资并购成为反垄断法中的一个制度。具体而言，在某些关键性领域，并购占据了支配地位的主体时可能构成对国家安全的损害，此时外资并购同时接受国家安全审查和反垄断审查。

对外资并购的国家安全审查和反垄断审查是出于不同目的、从不同角度出发并依据不同的方法进行的审查，两者的区别非常明显。

本质上国家安全审查属于一个国家对外行使主权的行为，其目的在于维护国家经济主权和经济独立。反垄断审查的目的在于维护公平、自由的竞争秩序。从针对的对象来看，出于在关键性领域、重点行业需要保持国家经济独立的要求，对外资并购进行国家安全审查，在一般性的行业中，外资进入不需要国家安全审查。另外，对于内资来说也不适用国家安全审查。从适用的法律来看，国家安审查的法律渊源是外国投资法（在我国表现为《外商投资产业指导目录》），反垄断审查的法律渊源是反垄断法。反垄断审查要求对任何主体投资一视同仁，不因内外资不同而出现差别待遇，但外国投资法要求对外国投资进行特别处理，所以国家安全审查是反垄断审查的特别规则。

2. 国家安全审查的主管机关

国家安全审查的主体包括审查主体和被审查主体。根据权力行使的方式不同，审查主体可以分为三种类型：第一类是委托原有行政机构审查。在法国，按照2004年《外国投资法》的规定，财政部对外资并购涉及"战略性产业"时，实施国家安全审查。第二类是联合机构审查。在俄罗斯，反垄断局负责对外国投资的初审，外国投资监管委员会负责复核和终审。第三类是设立专门的机构，如美国的外国投资委员会。

美国是最早对外资进行国家安全审查的国家，且很大程度上其他国家的国家安全审查制度出于对美国制度的回应而产生。

1975年阿拉伯世界宣布对美国实施石油禁运后，美国国会通过行政令，成立美国外国投资委员会（The Committee on Foreign Investments in the United States，以下简称"CFIUS"），专门负责监控外资（包括直接投资和证券投资）对美国的影响、协调适用于外资的相关政策。但当时的CFIUS只有针对外资对美国的影响提出建议的权力，并不具有实质性决定权。随着20世纪80年代外国对美投资的增加，尤其是日本公司对美国公司并购力度的加大，国会颁布了对《1950年国防产品法》第721条的修正案，即《埃克森—佛罗里奥修正案》（Exon–Florio Amendment）。该修正案成为保护美国国家安全规制外资并购的基本法。同年，美国总统根据第12661号行政令赋予CFIUS执行第721条款修正案的权力，从此CFIUS有权基于国家安全考虑限制或暂停外资并购交易。

在我国，国家安全审查主体制度的建立分为两个阶段：第一个阶段是商务部为中心进行审查阶段。根据我国《关于外国投资者并购境内企业的规定》（2009年修改）第12条的规定："外国投资者并购境内企业并取得实际控制权，涉及重点行业、存在影响或可能影响国家经济安全因素或者导致拥有驰名商标或中华老字号的境内企业实际控制权转移的，当事人应就此向商务部进行申报。当事人未予申报，但其并购行为对国家经济安全造成或可能造成重大影响的，商务部可以会同相关部门要求当事人终止交易或采取转让相关股权、资产或其他有效措施，以消除并购行为对国家经济安全的影响。"可见，受理外资并购申报的主体是商务部，审查工作以商务部为中心展开。第二个阶段是联合审查主体的建立。按照2011年2月3日国务院办公厅发布的《关于建立外国投资者并购境内企业安全审查制度的通知》，我国建立并实施外资并购安全审查工作机制。具体包括以下方面：①建立外国投资者并购境内企业安全审查部际联席会议（以下简称"联席会议"）制度，具体承担并购安全审查工作。②联席会议在国务院领导下，由发展改革委、商务部牵头，根据外资并购所涉及的行业和领域，会同相关部门开展并购安全审查。③联席会议的主要职责是：分析外国投资者并购境内企业对国家安全的影响；研究、协调外国投资者并购境内企业安全审查工作中的重大问题；对需要进行安全审查的外国投资者并购境内企业交易进行安全审查并作出决定。

可见，相比较美国，我国现在还没有组建独立的国家安全审查机构负责国家安全审查事项。

根据并购的方式不同，被审查主体主要是外国投资者和国内企业。

外国投资者并购境内企业的类型，根据我国《关于外国投资者并购境内企业的规定》（2009年修改）的规定，有股权并购和资产并购两种。股权并购，指外国投资者购买境内非外商投资企业（以下称"境内公司"）股东的股权或认购境内公司增资，使该境内公司变更设立为外商投资企业；资产并购，是指外国投资者设立外商投资企业，并通过该企业协议购买境内企业资产且运营该资产，或外国投资者协议购买境内企业资产，并以该资产投资设立外商投资企业运营该资产。

不管是股权并购还是资产并购，国家安全审查主要针对外资并购涉及到上述行业同时需要外国投资者取得实际控制权。实际控制权，是指外国投资者通过并购成为境内企业的控股股东或实际控制人。包括下列情形：外国投资者及其控股母公司、控股子公司在并购后持有的股份总额在50%以上；数个外国投资者在并购后持有的股份总额合计在50%以上；外国投资者在并购后所持有的股份总额不足50%，但依其持有的股份所享有的表决权已足以对股东会或股东大会、董事会的决议产生重大影响；其他导致境内企业的经营决策、财务、人事、技术等实际控制权转移给外国投资者的情形。

3. 国家安全审查的范围及内容

美国的国家安全审查的范围是关键领域和重要行业。但哪些属于关键领域和重要行业则需要特别说明。概括而言，包括以下方面：①涉及国防安全的国内产业；②国内产业满足国防需求的能力，包括人员、产品、技术、原料以及其他方面的供应或服务；③外国商人对有能力满足国防需求的美国国内产业及其商业行为的控制力度；④可能对恐怖活动存在潜在支持的，或可能引起导弹技术和生化武器扩散的军事产品、设备、技术的交易；⑤可能对美国国家安全领域技术领先地位造成潜在影响的交易。伯德修正案增加了两款：①并购公司受外国政府控制或代表外国政府行为；②并购将导致在美国从事州际贸易的人受到控制并将影响美国国家安全。[1]

加拿大《投资法》第20条确定的审查范围和标准是：①投资对加拿大经济活动的水平和性质的影响，包括对就业、资源开发、加工和出口的影响；②投资对加拿大企业或新加拿大企业参与的程度和重要性，以及对加拿大企业或新加拿大企业所属或将所属的产业的股权参与的程度和重要性；③投资对加拿大生产率、产业效率、技术开发、产品创新、产品品种的影响；④投资对加拿大产业内部竞争的影响；⑤投资与加拿大联邦及各省立法关于民族工业、经济及文化政策的一致性；⑥投资对加拿大在世界市场竞争能力的贡献。

根据我国国有资产监督管理委员会（国资委）2006年发布的《关于推进国有资本调整和国有企业重组指导意见》的要求，推进国有资本向重要行业和关键领域集中。"重要行业和关键领域"被界定为："涉及国家安全的行业，重大基础设施和重要矿产资源，提供重要公共产品和服务的行业，以及支柱产业和高新技术产业中的重要骨干企业"。并在此基础上具体提出，涉及军工、电网电力、石油石化、电信、煤炭、民航、航运等七大行业国有经济应当保持"绝对控制力"。

《关于建立外国投资者并购境内企业安全审查制度的通知》中，国家安全被分为两个方面：国防安全和经济安全。

国防安全审查的范围为：境内军工及军工配套企业，重点、敏感军事设施周边企业，以及关系国防安全的其他单位。并购交易涉及国防安全时，审查的内容包括，对国防需要的国内产品生产能力、国内服务提供能力和有关设备设施的影响。

经济安全审查的范围为：境内关系国家安全的重要农产品、重要能源和资源、重要基础设施、重要运输服务、关键技术、重大装备制造等企业，且实际控制权可能被外国投资者取得。审查的内容是：并购交易对国家经济稳定运行的影响；并购交易对社会基本生活秩序的影响；并购交易对涉及国家安全关键技术研发能力的影响。

4. 我国国家安全审查的程序

（1）外国投资者并购境内企业，由投资者向商务部提出申请。对属于安全审查范围内的并购交易，商务部应在5个工作日内提请联席会议进行审查。

---

[1] 转引自吴振国：《〈中华人民共和国反垄断法〉解读》，人民法院出版社2007年版，第506页。

(2) 外国投资者并购境内企业，国务院有关部门、全国性行业协会、同业企业及上下游企业认为需要进行并购安全审查的，可以通过商务部提出进行并购安全审查的建议。联席会议认为确有必要进行并购安全审查的，可以决定进行审查。

(3) 联席会议对商务部提请安全审查的并购交易，首先进行一般性审查，对未能通过一般性审查的，进行特别审查。并购交易当事人应配合联席会议的安全审查工作，提供安全审查需要的材料、信息，接受有关询问。

一般性审查采取书面征求意见的方式进行。联席会议收到商务部提请安全审查的并购交易申请后，在5个工作日内，书面征求有关部门的意见。有关部门在收到书面征求意见函后，应在20个工作日内提出书面意见。如有关部门均认为并购交易不影响国家安全，则不再进行特别审查，由联席会议在收到全部书面意见后5个工作日内提出审查意见，并书面通知商务部。

如有部门认为并购交易可能对国家安全造成影响，联席会议应在收到书面意见后5个工作日内启动特别审查程序。启动特别审查程序后，联席会议组织对并购交易的安全评估，并结合评估意见对并购交易进行审查，意见基本一致的，由联席会议提出审查意见；存在重大分歧的，由联席会议报请国务院决定。联席会议自启动特别审查程序之日起60个工作日内完成特别审查，或报请国务院决定。审查意见由联席会议书面通知商务部。

(4) 在并购安全审查过程中，申请人可向商务部申请修改交易方案或撤销并购交易。

(5) 外国投资者并购境内企业行为对国家安全已经造成或可能造成重大影响的，联席会议应要求商务部会同有关部门终止当事人的交易，或采取转让相关股权、资产或其他有效措施，消除该并购行为对国家安全的影响。并购安全审查意见由商务部书面通知申请人。

(二) 经济民主原则

经济民主有多种解释。美国学者乔·萨托利认为，"经济民主的第一个定义是：重新分配财富并使经济机会与条件平等化"，"它的政策目标是重新分配财富并使经济机会与条件平等化"，"是政治民主的一个补充，也可以是政治民主的简单扩大"，"是由经济生产过程控制权的平等构成的"[1]。日本学者金泽良雄认为，经济民主"是谋求在构成市场的事业者之间实现经济机会均等和经济平

---

[1] 〔美〕乔·萨托利：《民主新论》，冯克利、阎克文译，东方出版社1993年版，第10~11页。

等"[1]。

尽管对经济民主的解释不同,但可以确认的是,经济民主不能离开政治民主被孤立地解释,经济民主既决定政治民主的程度,也受政治民主的影响,经济民主是民主由政治领域向经济领域跨越的结果。

既然民主是一种有效的社会组织方式,是一种能够发掘人的潜力的手段,经济民主就可以从宏观和微观两个层次来理解。经济制度创立和调整建立在大多数人民的利益基础上,这就是宏观层次上的"经济民主"。在微观上,"经济民主"旨在促进企业内部贯彻后福特主义的民主管理,依靠劳动者的创造性来达到经济效率的提高。宏观层次上的经济民主含有促进经济增长的因素,是市场经济本质的内在要求。微观层次上的经济民主能够把劳动者与企业紧密联系起来,极大刺激劳动者的生产积极性,即充分的经济民主能带来经济效率。

反垄断法所追求的经济民主是宏观层次的民主,即主体拥有的参与经济发展和市场选择的机会。从经济民主的基本理念看,自由、平等是民主的两大基本理念。自由是民主的内容,体现着民主化的程度。民主是维护与获取自由的一种文明而有效率的途径。民主化程度越高,自由的享有也就愈充分。市场竞争中市场参与者在追求自己的利益,扩大自己的实力时,可能使企业经济力量过度地集中形成垄断。垄断排斥经济民主。平等是民主的前提条件,因为享受自由的前提是交往关系的平等。经济平等要求在尊重自由竞争的同时也要对其进行一定的限制,以此来限制企业经济力量的过度集中和维持有序的市场秩序。经济民主的对立物是"经济专制",经济专制的表现形式主要就是经济垄断。

从反垄断法产生的基础和保障的手段看,经济民主是反垄断法产生的理论基础。经济民主的保障方式一般有两种:国家通过保障个人权利与自由和国家保障团体权利。前者的基础性社会条件是个体规模大小、实力相当,不存在个体之间的不均衡力量;后者则打破了个人间力量的均衡,国家必须尽可能的保障弱势群体的自由和权利。反垄断法产生于个体力量不均衡的社会经济条件下。垄断势力以及垄断力量滥用剥夺了相关市场中的经济机会平等。因而,在现代国家是经济民主的保障力量,担负着保障经济民主的国家应以法律为手段,对垄断力量予以有效的控制。

对企业而言,经营者集中是实现企业经济垄断的最便捷的方式,因为比起资本积聚和资本集中,经营者集中引发的经济规模增长更快。19世纪末期20世纪初期是企业规模急剧膨胀的年代,反垄断法关于经营者集中的规制是在企业并购

---

[1] 〔日〕金泽良雄:《经济法概论》,满达人译,甘肃人民出版社1985年版,第182页。

浪潮的背景下产生的。德国、英国、美国、日本等国相继形成了垄断经济状态和市场结构。卡特尔、辛迪加、托拉斯、康采恩等各种形式的垄断组织大量存在，限制竞争现象大量存在破坏了市场秩序，侵害了消费者的权益，也危及到中、小企业的生存和发展，降低了整个社会的经济效益。随着经济的发展和社会的进步，关于经济民主化的需求日渐紧迫。因而为确保政治和经济两方面的民主，必须排除经济力量的过度集中。

市场要求国家将经济民主作为经济管理所追求的一种目标，以激发、尊重和维持市场主体的主动性、积极性和创造性，并保障国家经济秩序的稳定。20世纪30年代的罗斯福总统明确指出："某些垄断形式——公用事业和其他企业的大联合，追求着自身的目标——这些垄断形式是不民主的，因为它们冲击着较小的竞争者，冲击着它们所服务的人们，正是由于这一点，它们把机会夺走了……在我们国家的公共生活和私人生活中，自由政体的本质要求商人、工厂主、农场主有一条自己的防线，他们拥有企业的所有权和责任心，从而保持生活稳定。任何经济方面或政治方面的基本政策，如果倾向于消灭这些民主制度的可靠保卫者，把控制权集中在少数强大的集团手中，那么，这样的政策就是同政治上的稳定和民主政体本身背道而驰的。"[1] 竞争发挥功能不仅需要最基本的要素：资金、市场、企业组织等，而且取决于适当的法律制度，以保障要素的合理配置和良性运行。

美国正是针对19世纪末期20世纪初期以来不断膨胀的企业规模，在制定了《克莱顿法》后，为了完善对企业合并的治理，补充制定了《塞勒—凯弗维尔法》、《企业合并指南》等。

日本的《禁止垄断法》也是在经济民主化过程中产生的。日本的反垄断立法始于第二次大战之后。美国占领军认为经济垄断化是日本发动战争的重要物质基础，为了消解日本经济中容易引发军国主义的各种元素，盟军开始推行以经济非军事化、经济和平化和经济民主化为基本原则的经济改革。1947年美国以《谢尔曼法》为蓝本，督促日本颁布了《禁止垄断法》。在《禁止垄断法》颁布后不久，又于1947年和1948年颁布了《经济力量过度集中排除法》和《财阀同族支配力量排除法》，以达到解散财阀，消除垄断势力的目的。

第二节 经营者集中的申报与审查

对经营者集中进行审查的中心环节就是申报和审查。申报涉及申报的条件和

---

[1]〔美〕富兰克林·德·罗斯福：《罗斯福选集》，关在汉编译，商务印书馆1982年版，第121页。

申报的程序；审查涉及审查的标准、审查的程序和审查结论的作出。

一、申报

这里的申报指事前申报，事后申报一般被称为备案审查。事前申报属于法律预防性调整的一种表现形式。

（一）申报制度的意义

日本1947年《禁止私人垄断及确保公平交易法》最先确立了事前申报制度。美国1976年的《哈特—斯科特—罗迪诺反托拉斯改进法》（Hart – Scott – Rodino Antitrust Improvement Act）确立了事前申报制度。德国《反限制竞争法》原来同时实行经营者集中事前申报和事后备案报两种申报制度，在1998年第六次修订中改为单一的事前申报制度。欧共体有关经营者集中事前申报制度的立法包括1990年《关于依据经营者集中规制规则的申报、期限和听证的委员会规则（EEC No. 2367/90）》[1]、1994年修订后的《关于依据经营者集中规制规则的申报、期限和听证的委员会规则（EEC No. 3384/94）》。

申报制度是国家对市场主体行为进行监管的方式之一。在申报制度下，监管机构一般不事先介入审查，而是由被监管者主动向监管机构申报后，监管机构对其申报事项进行审查并作出决定；只有当被监管者不履行申报义务，监管机构才会主动启动审查和制裁程序。从一些国家的立法及司法实践来看，大多数国家都采用申报制度。相比较，备案审查（事后申报）制度有一定的局限性。例如，经营者集中后，如果遭到了反垄断执法机构的禁止，那么就意味着，已经集中的经营者要重新拆散，而这将会使当事经营者面临巨大的经济损失，并且这种拆散也很难使当事经营者恢复到集中前的状态。对反垄断执法机构来说，禁止已经实施了的经营者集中远远要比禁止正在准备实施的经营者集中要困难得多。当然，事前申报制度也有一些不足，即经营者有可能错过集中的最佳市场时机，特别是对于中小企业和濒临破产的企业重组来说，尤其明显。

我国《反垄断法》也实行经营者集中事先申报制度。该法第21、22条规定，经营者集中达到国务院规定的申报标准的，经营者应当事先向国务院反垄断执法机构申报，未申报的不得实施集中。除了《反垄断法》外，我国还颁布了一些有关经营者集中相关事项的法规和规章，主要有：国务院《关于经营者集中申报标准的规定》；商务部《经营者集中申报办法》、《经营者集中审查办法》、《经营者集中反垄断审查办事指南》、《关于评估经营者集中竞争影响的暂行规定》、

---

[1] Commission Regulation (EEC) No. 2367/90 of 25 July 1990 on the Notifications, Time Limit and Hearings Provided for in Council Regulation (EEC).

《未依法申报经营者集中调查处理暂行办法》等。关于外资并购的主要法律法规有：《关于外国投资者并购境内企业的规定》、《关于外商投资企业境内投资的暂行规定》、《实施外国投资者并购境内企业安全审查制度的规定》、《实施外国投资者并购境内企业安全审查制度有关事项的暂行规定》等。

（二）申报标准

反垄断法关注的是经营者集中对市场竞争的影响，因此并非所有的经营者集中都需要进行申报，只有那些有可能影响市场竞争的经营者集中才需要申报。因此，各国都对需要申报的经营者集中确定一个标准。申报标准是经营者集中是否需要进行事先申报的门槛，是对经营者集中进行管制的界限。申报标准应当与一国的经济发展水平相适应，不能太高或太低。申报标准太高，不利于防止过度集中导致的垄断；申报标准太低，不利于经营者形成规模效益，也会加大反垄断执法机构的负担和监管成本。

目前，大多数国家的申报标准都以当事人本身的资产规模和交易规模来确定。当事人本身的规模主要是以当事人的资产总额和年度销售总额作为基准，择一或合并适用。交易规模则主要以当事人拟实施集中的最终核定的资产额数作为基准。根据各国法律制度内容的不同，可以大致将申报标准划分为以下类型：

（1）资产规模和交易规模双重标准。在美国，根据《克莱顿法》第7A条，[1]经营者集中达到下列规模，当事企业就要在集中前向美国司法部和联邦贸易委员会进行申报：①交易总额超过2亿美元的；②交易规模超过5000万美元但低于2亿美元的，一方当事人总资产或者年净销售额在1亿美元以上，而另一方当事人的总资产或者年净销售额在1000万美元以上。上述主体规模和交易规模标准，自2005年起根据GNP的变化作相应调整。

（2）当事人年销售额标准。根据欧共体控制企业合并的第139/2004号条例的规定，企业集中规制的适用对象仅限于达到"欧共体规模"的经营者集中行为。"欧共体标准"的确定主要是基于当事企业的年销售额，具体申报标准为：①全体当事企业全球年销售总额在50亿欧元以上；并且②至少有两个当事企业年共同体销售总额在2.5亿欧元以上，除非每一个当事企业的年销售总额中，均有2/3以上来自同一个成员国。没有达到上述规模的集中，如果符合下列条件，亦具有"欧共体规模"：①全体当事企业全球年销售总额在25亿欧元以上；②在至少3个成员国的每一国内，全体当事企业的年销售额总额超过1亿欧元；③在符合条件②的3个成员国内，至少有2个当事企业的年共同体销售总额在2500

---

[1] 即1976年《哈特—斯科特—罗迪诺反托拉斯改进法》。

万欧元以上；而且④至少有 2 个当事企业，其年共同体销售总额均超过 1 亿欧元，除非每一个当事企业的年共同体销售总额中，均有 2/3 以上来自同一个成员国。德国也采取此种标准。[1] 销售额指标建立在对市场总体把握的基础上，它比市场份额容易计算，但没有充分考虑市场总体扩大、通货膨胀等因素。

（3）资产总额标准。根据日本《禁止垄断法》第 15 条第 2 款的规定，当参与经营者集中的一方当事人及其母公司、子公司的全部资产总额超过 100 亿日元，而另一方当事人及其母公司、子公司的全部资产总额超过 10 亿日元，则参与该经营者集中的当事人就负有向公正交易委员会申报的义务。

（4）市场占有率标准。上述国家和地区的法律采用一定的当事人本身的规模和交易规模作为申报标准，这种标准简单、直观，便于操作。然而不同行业的经营者的资产规模和市场销售额有很大差异，如飞机行业和水泥行业的生产企业的资产规模和销售额差异就很大，因此，法律上规定统一的资产规模和销售额作为申报标准就不尽合理。因此，我国台湾地区的"公平交易法"使用对市场影响更直观的市场占有率作为申报标准。该法第 11、12 条规定，事业结合的申报标准为下列情形之一：①事业因结合而使其市场占有率达 1/3 的；②参与结合之一事业，其市场占有率达 1/4 的；③参与结合之事业，其上一会计年度之销售额，超过主管机关所公告之金额的。

确定经营者集中的申报标准，既要符合一国鼓励企业做强做大的产业政策，有利于经济结构调整；又要防止因经济力量的过于集中而影响市场竞争。因此，要结合本国的市场结构状况确立科学、合理的申报标准。

根据 2008 年 8 月 3 日国务院公布的《关于经营者集中申报标准的规定》，我国经营者集中申报标准以经营者的营业额为依据，类似欧盟的销售额标准。具体数额标准为：①参与集中的所有经营者上一会计年度在全球范围内的营业额合计超过 100 亿元人民币，并且其中至少两个经营者上一会计年度在中国境内的营业额均超过 4 亿元人民币；②参与集中的所有经营者上一会计年度在中国境内的营业额合计超过 20 亿元人民币，并且其中至少两个经营者上一会计年度在中国境内的营业额均超过 4 亿元人民币。经营者集中达到其中一项标准的，即应当事先向国务院反垄断执法机构申报。

对于银行业金融机构的营业额适用《金融业经营者集中申报营业额计算办法》。本办法适用于银行业金融机构，包括商业银行、城市信用合作社、农村信用合作社等吸收公众存款的金融机构以及政策性银行。也适用于非银行金融机

---

[1] 参见德国《反限制竞争法》（2005 年修订版）第 35 条。

构,包括金融资产管理公司、信托公司、财务公司、金融租赁公司、汽车金融公司、货币经纪公司以及经银行业监督管理机构批准设立的其他金融机构。

银行业金融机构的营业额要素包括以下项目:利息净收入;手续费及佣金净收入;投资收益;公允价值变动收益;汇兑收益;其他业务收入。

证券公司的营业额要素包括以下项目:手续费及佣金净收入(包括经纪业务、资产管理业务、承销与保荐业务和财务顾问业务等);利息净收入;投资收益;汇兑收益;其他业务收入。

期货公司的营业额要素包括以下项目:手续费及佣金净收入;银行存款利息净收入。

基金管理公司的营业额要素包括以下项目:管理费收入;手续费收入。

上述经营者集中申报营业额的计算公式为:营业额=(营业额要素累加-营业税金及附加)×10%。

保险公司集中申报营业额的计算公式为:营业额=(保费收入-营业税金及附加)×10%;保费收入=原保险合同保费收入+分入保费-分出保费。

上述标准只是一个基本标准,这一标准需要根据经济形势的变化作及时调整。另外,在有些情况下,经营者集中虽然没有达到规定的申报标准,但仍有可能产生排除、限制竞争的效果。比如,有的行业经营者的营业额普遍较低,达不到申报标准,但参与集中的经营者的市场份额却相对较大,其集中行为就很有可能排除、限制竞争。对这类经营者集中,也需要有相应的控制措施。为此,《关于经营者集中申报标准的规定》第4条规定,经营者集中没有达到规定的申报标准,但按照规定程序收集的事实和证据表明该经营者集中具有或者可能具有排除、限制竞争效果的,国务院商务主管部门应当依法进行调查。

上述"营业额"包括相关经营者上一会计年度内销售产品和提供服务所获得的收入,扣除相关税金及其附加。具体而言,参与集中的单个经营者的营业额应当为下述经营者的营业额总和:①该单个经营者;②第1项所指经营者直接或间接控制的其他经营者;③直接或间接控制第1项所指经营者的其他经营者;④第3项所指经营者直接或间接控制的其他经营者;⑤第1~4项所指经营者中两个或两个以上经营者共同控制的其他经营者。参与集中的单个经营者的营业额不包括上述第1~5项所列经营者之间发生的营业额。

另外,属于联合控制的情形时,计算经营额的方式如下:①如果参与集中的单个经营者之间或者参与集中的单个经营者和未参与集中的经营者之间有共同控制的其他经营者,参与集中的单个经营者的营业额应当包括被共同控制的经营者与第三方经营者之间的营业额,且此营业额只计算一次。②如果参与集中的单个经营者之间有共同控制的其他经营者,则参与集中的所有经营者的合计营业额不应包括被共同控制的经营者与任何一个共同控制他的参与集中的经营者,或与后者有控制关系的经营者之间发生的营业额。③在一项经营者集中包括收购一个或多个经营者的一部分时:对于卖方而言,只计算集中涉及部分的营业额;相同经营者之间在两年内多次实施的未达到《关于经营者集中申报标准的规定》第3条规定的申报标准的经营者集中,应当视为一次集中交易,集中发生时间从最后一次交易算起,该经营者集中的营业额应当将多次交易合并计算。经营者通过与其有控制关系的其他经营者实施的上述行为,依照本项规定处理。

此外,上述"在中国境内"经营者提供产品或服务的买方所在地在中国境内。

(三) 申报义务人及申报文件

1. 申报义务人

由于一个集中行为涉及多个经营者,为了更好地落实申报义务,法律有必要明确具体的申报义务人。如德国《反限制竞争法》第39条第2款规定,负有申报义务的人为参与合并的诸企业,以及符合法定条件的财产和股份的出让人。我国台湾地区"公平交易法实施细则"第7条对申报主体作了明确的规定,即:①与他事业合并、受让或承租他事业之营业或财产、经常共同经营或受他事业委托经营的,申报义务人为参与结合之事业;②持有或取得他事业之股份或出资额的,申报义务人为持有或取得之事业;③直接或间接控制其他事业之业务经营或人事任免的,申报义务人为控股事业;④应申报事业尚未设立的,由参与结合之既存事业提出申报。实际上,对申报义务人的确定没有一致的方法,通常根据不同的集中形式分别确定。

在我国,按照《经营者集中申报办法》(2009年11月21日)的相关规定,对于外资并购,两个或者两个以上外国投资者共同并购的,可以共同或确定一个外国投资者向商务部提出并购安全审查申请。

对于内资企业的经营者集中,按照经营者集中方式的不同,义务人分别如下:①通过合并方式实施的经营者集中,由参与合并的各方经营者申报;②其他方式的经营者集中,由取得控制权或能够施加决定性影响的经营者申报,其他经营者予以配合;③申报义务人未进行集中申报的,其他参与集中的经营者可以提出申报,申报义务人可以自行申报,也可以依法委托他人代理申报。

2. 申报文件

参与经营者集中的当事人应当根据申报制度的规定,就与集中计划有关的内容向反垄断执法机关进行申报,反垄断执法机关依据集中当事人申报的内容来决定是否禁止经营者集中。各国对经营者集中申报材料的规定不尽相同。

在美国，企业合并应当提交的申报，具体包含 10 项内容：①一般情况；②合并情况；③合并涉及的股票或者资产金额及比率；④申报人准备的文件，具体包括对合并的可行性分析、美国证券交易委员会的有关批文和财务会计报告；⑤按产品分类列出的特定年份申报人的营业收入；⑥申报人的自身情况，包括申报人所属企业的情况，股东情况和股东的持股比例等；⑦有关地理市场的资料；⑧固定的供销关系；⑨申报人先前的收购；⑩申报人的联系方式。此外，申报人还需要对其所有的最终母体和在其控制之下的分支机构在美国境内的营业收入额进行申报。

欧共体委员会在受理申报时，就要求负有事前申报义务的当事人提供大量的与集中有关的资料，包括：①经营者集中当事人的概况；②受到经营者集中影响的市场的情况；③相关经营者的所有及支配关系；④经营者集中当事人在最近的会计年度内的销售额；⑤有关该经营者集中在经济上、财务上的说明；⑥在该市场内的协作协定以及经营者团体的现状；⑦关于受影响的市场的供给结构及需求结构的明细及研究开发情况的说明等。

根据德国《反限制竞争法》第 39 条的规定，申报当事人除了说明集中的形式，还应当包括下列内容：①企业的名称及营业场所。②企业的经营范围。③在本国、欧共体以及全世界范围内的市场销售额。企业是信贷机构、金融机构和建筑储蓄所的，以总收益代替销售额；企业是保险企业的，以其保险费收入代替销售额。④参与合并的企业如果在德国或者德国某一重要地区的市场份额达到 20%，必须说明这个份额并且说明计算或者估算的依据。⑤取得另一个企业的股份的，说明所取得的股份数额以及持有股份总额等。联邦卡特尔局可以要求任何一个参与集中的企业提供有关该企业的市场份额的情况，包括对市场份额进行计算或者估算的依据；可以要求其提供有关某种商品或者服务在集中前上一年度的销售额的情况。

在我国，反垄断法实施中，对外资并购和境内企业集中所要求提交的材料不同。

在向商务部提出并购安全审查正式申请时，申请人应提交下列文件：①经申请人的法定代表人或其授权代表签署的并购安全审查申请书和交易情况说明；②经公证和依法认证的外国投资者身份证明或注册登记证明及资信证明文件，法定代表人身份证明或外国投资者的授权代表委托书、授权代表身份证明；③外国投资者及关联企业（包括其实际控制人、一致行动人）的情况说明，与相关国家政府的关系说明；④被并购境内企业的情况说明、章程、营业执照（复印件）、上一年度经审计的财务报表、并购前后组织架构图、所投资企业的情况说明和营业执照（复印件）；⑤并购后拟设立的外商投资企业的合同、章程或合伙协议以及拟由股东各方委任的董事会成员、聘用的总经理或合伙人等高级管理人员名单；⑥为股权并购交易的，应提交股权转让协议或者外国投资者认购境内企业增资的协议、被并购境内企业股东决议、股东大会决议，以及相应资产评估报告；⑦为资产并购交易的，应提交境内企业的权力机构或产权持有人同意出售资产的决议、资产购买协议（包括拟购买资产的清单、状况）、协议各方情况，以及相应资产评估报告；⑧关于外国投资者在并购后所享有的表决权对股东会或股东大会、董事会决议、合伙事务执行的影响说明，其他导致境内企业的经营决策、财务、人事、技术等实际控制权转移给外国投资者或其境内外关联企业的情况说明，以及与上述情况相关的协议或文件；⑨商务部要求的其他文件。

对于境内企业间的经营者集中，需提交如下材料：①申报书。申报书应当载明参与集中的经营者的名称、住所、经营范围、预定实施集中的日期；申报人的身份证明或注册登记证明，境外申报人还须提交当地公证机关的公证文件和相关的认证文件；委托代理人申报的，应当提交经申报人签字的授权委托书。②集中对相关市场竞争状况影响的说明。具体包括：集中交易概况；相关市场界定；参与集中的经营者在相关市场的市场份额及其对市场的控制力；主要竞争者及其市场份额；市场集中度；市场进入；行业发展现状；集中对市场竞争结构、行业发展、技术进步、国民经济发展、消费者以及其他经营者的影响；集中对相关市场竞争影响的效果评估及依据。③集中协议及相关文件。具体包括：各种形式的集中协议文件，如协议书、合同以及相应的补充文件等。④参与集中的经营者经会计师事务所审计的上一会计年度财务会计报告。⑤商务部要求提交的其他文件、资料。

除上述文件、资料外，申报人还可以自愿提供有助于商务部对该集中进行审查和做出决定的其他文件、资料，如地方人民政府和主管部门等有关方面的意见，支持集中协议的各类报告等。

（四）未申报的处理

我国商务部2011年12月发布了《未依法申报经营者集中调查处理暂行办法》，用以规范经营者集中达到《关于经营者集中申报标准的规定》设定的申报标准，未依照反垄断法的规定事先向商务部申报而实施的集中的情况。对有初步事实和证据表明存在未依法申报嫌疑的经营者集中，商务部应当立案，并书面通知被调查的经营者，即《经营者集中申报办法》第9条规定的申报义务人。

被调查的经营者应当在立案通知送达之日起30内，向商务部提交与被调查交易是否属于经营者集中，是否达到申报标准，是否已实施且未申报等有关的文件、资料。商务部应当自收到被调查的经营者依据法律要求提交的文件、资料之日起60日内，对被调查的交易是否属于未依法申报经营者集中完成初步调查。

不属于未依法申报经营者集中的，商务部应当作出不实施进一步调查的决定，并书面通知被调查的经营者。属于未依法申报经营者集中的，商务部应进行进一步调查，并书面通知被调查的经营者。经营者应暂停实施集中。

商务部决定实施进一步调查的，被调查的经营者应当自收到商务部书面通知之日起30日内，按照《经营者集中申报办法》的规定向商务部提交相关文件、资料。商务部应当自收到被调查的经营者提交的符合前款规定的文件、资料之日起180日内，完成进一步调查。在调查过程中，被调查的经营者、利害关系人有权陈述意见。商务部应当对被调查的经营者、利害关系人提出的事实、理由和证据进行核实。被调查的经营者、利害关系人或者其他有关单位或者个人应当配合商务部依法履行职责，不得拒绝、阻碍商务部的调查。经调查认定被调查的经营者未依法申报而实施集中的，商务部可以对被调查的经营者处50万元以下的罚款，并可责令被调查的经营者采取以下措施恢复到集中前的状态：停止实施集中；限期处分股份或者资产；限期转让营业；其他必要措施。

二、审查

对经营者集中的审查包括审查程序、审查依据和作出审查结论。

（一）审查程序

反垄断执法机构收到经营者的申报材料后，就进入审查程序。对经营者集中的审查一般分为两个阶段：初步审查和深度审查。

1. 初步审查

初步审查主要是对经营者集中是否影响市场竞争进行初步判断，以排除那些对市场竞争没有影响的经营者集中，对于那些可能影响市场竞争的经营者集中，则还要进一步审查。在申报被受理之日至反垄断执法机构作出审查决定之日止，原则上不得实施集中，该期限被称为"等待期间"。如果反垄断执法机构逾期未作出决定，则视为同意该经营者集中，经营者可以直接实施集中计划。

我国《反垄断法》第25条规定，国务院反垄断执法机构应当自收到经营者提交的符合规定的文件、资料之日起30日内，对申报的经营者集中进行初步审查，作出是否实施进一步审查的决定，并书面通知经营者。国务院反垄断执法机构作出决定前，经营者不得实施集中。国务院反垄断执法机构作出不实施进一步审查的决定或者逾期未作出决定的，经营者可以实施集中。

2. 深度审查

反垄断执法机构经初步审查，认为经营者集中可能对市场竞争造成影响时，应该对经营者集中进一步审查。进一步审查主要是在综合考虑各种因素的基础上，就经营者集中是否影响市场竞争进行具体分析，从而得出是否准许集中的最终决定。

我国《反垄断法》第26条规定，国务院反垄断执法机构决定实施进一步审查的，应当自决定之日起90日内审查完毕。有下列情形之一的，国务院反垄断执法机构经书面通知经营者，可以延长审查期限，但最长不得超过60日：①经营者同意延长审查期限的；②经营者提交的文件、资料不准确，需要进一步核实的；③经营者申报后有关情况发生重大变化的。进一步审查完毕后，反垄断执法机构应作出是否禁止经营者集中的决定，并书面通知经营者。作出禁止经营者集中的决定，应当说明理由。国务院反垄断执法机构逾期未作出决定的，经营者可以实施集中。在进一步审查期间，经营者不得实施集中。经营者违反规定实施集中的，由国务院反垄断执法机构责令停止实施集中、限期处分股份或者资产、限期转让营业以及采取其他必要措施恢复到集中前的状态，可以处50万元以下的罚款。

3. 审查中的商谈程序

如果经营者集中涉及的问题较为复杂和产生的影响较大，在审查结论作出前往往会进行商谈。商谈制度源于游说制度。在美国，利益集团的"事前寻租"——院外游说非常普遍，并影响着各种政策的出台和政策的执行。利益集团往往采取谈判、协调、施加压力等诸多方式进行游说活动。2005年6月23日中国最大的海洋石油商中海油出价185亿美元收购优尼科公司案的最终失败和游说活动紧密相关。

美国的游说大致分三个类别：一是利益集团游说，如各种协会、联合会等代表会员与会员所在行业的利益进行游说；二是代理游说，如律师事务所、政治性公关公司与政策性策略公司等，他们接受特定机构的委托，收取费用，用一套专业的方式与社会关系网络来完成代理任务，而且他们往往有专门的注册游说人员；三是思想倾向性游说，其最典型的表现形式是美国的所谓独立思想库。思想库一般有一定的政策立场的倾向，例如布鲁金斯比较倾向自由主义立场，而企业研究所就比较倾向保守主义立场，捐助者也往往以此立场分类，思想库往往提供政策设计，具有游说能力，且其领导人物与主事者往往有相当社会地位与话语权,同时也被贴上了比较明显的立场标签。各种利益集团的游说方式也多种多样。[1] 美国的游说不同于商业贿赂,虽然游说中可能产生商业贿赂。游说是允许并公开进行的,商业贿赂是秘密的、违法的。

限于国情,我国没有游说的社会基础,相关社会影响重大的决策,大都采取听证的方式吸收社会意见。

在经营者集中事项审查过程中,商务部应当听取当事人的陈述和申辩。具体方法包括:①参与集中的经营者可以通过信函、传真等方式向商务部就有关申报事项进行书面陈述、申辩;②商务部可以根据需要征求有关政府部门、行业协会、经营者、消费者等单位或个人的意见;③商务部可以主动或应有关方面的请求决定召开听证会,调查取证,听取有关各方的意见。

可见,我国反垄断执法机构在经营者集中的审查中,商谈既可以主动征求意见的自上而下的方式进行,也可以接受请求的自下而上的方式进行。这不同于美国的利益团体主动游说——自下而上的方式。

在日本三菱丽阳公司收购璐彩特的案件审查中,商务部对申报材料进行了认真核实,在对此项申报涉及的重要问题进行了深入分析的基础上,通过书面征求意见、论证会和座谈会以及约谈当事人等方式,先后征求了相关行业协会、MMA生产商、PMMA粒子生产商、PMMA板材生产商和集中交易双方等方面意见,作出了附条件允许集中的决定。

(二) 审查标准

从各国的立法和司法实践来看,审查经营者集中的标准主要有两种:一是以是否实质性减少市场竞争为判断标准,比如美国《克莱顿法》。该标准以经营者集中是否发生或可合理预见发生实质性限制竞争的后果作为判断标准。另一种是以经营者是否形成市场支配地位为标准,比如德国《反限制竞争法》。该标准以经营者的市场份额为基础建立审查标准,同时兼顾经营者的财力,并考虑特定市场上可以相互替代的商品、潜在的竞争者等因素。

1. "实质性减少竞争"标准

美国1914年《克莱顿法》第7条规定,"……任何人不能占有其他从事商业或影响商业活动的人的全部或一部分资产,如果该占有实质性减少竞争或旨在形成垄断(the effect of such acquisition may be substantially to lessen competition,简称'SLC标准')"。这是以成文法首次确立的经营者集中控制的SLC标准。该条的目的是为了预防性地阻止实质性减少竞争的行为,由此引申出了早期合并规制的

---

[1] 美国人的典型游说方式包括:调查研究报告、演讲(以午餐讲座最多)、旅行考察、听证等。

规则。尽管经济环境随时代而发生了重大变化，但这一规则标准没有改变。美国司法部和联邦贸易委员会1992年联合发布的《横向合并指南》序言中，开门见山地指出："指南的主要目的是明确主管机关在审查一项合并是否有可能实质性地减少竞争时所采用的分析框架。"

2. "严重妨碍有效竞争"标准

欧盟合并控制立法确立的是"严重妨碍有效竞争"。这个合并控制标准的形成经历了三个发展阶段。

第一阶段是《欧共体条约》第82条确立的"滥用市场支配性地位"标准。由于经济力量的集中被认为是实现欧洲共同体经济协调发展、不断扩张的最有效的方式，建立初期的法国等成员国强烈主张欧共体市场内的合并需要鼓励而不应该加以控制，因此1957年《欧共体条约》没有专门控制企业合并的规定。在第4064/89号《合并条例》实施前的33年间，除煤钢产业外，欧共体并没有成文法规定合并控制的实质性标准。该时期的合并的控制标准是通过1973年著名的"大陆制罐（Continental Can）公司案"确立的滥用市场支配性地位标准表达出来的，即企业已在共同体市场居于支配性地位，且通过合并使市场竞争受到限制、加强自己的支配性地位的，构成支配性地位的滥用，应受条约第82条的管辖与规制。

不可否认，根据《欧共体条约》第82条确立的滥用支配性地位标准来审查合并案件，存在严重的疏漏：①该标准只适用于本身已居于支配性地位的企业通过合并进一步增强其支配性地位的行为，对自身不具有支配性地位的企业通过合并获得支配性地位的，无法适用；②条约第82条没有申报程序和对必要的从属性限制予以豁免的规定，不便于操作，大大限制了该实质性标准的适用范围。因此，委员会在第4064/89号《合并条例》实施前处理合并案件非常谨慎，所审查的合并案件数量也相当有限。[1]

第二阶段是第4064/89号《合并条例》确立的"市场支配性地位"（Market Dominance Test）标准（MD标准）。基于上述标准的缺陷，为了确保共同体市场的竞争不被扭曲，MD标准对滥用市场支配性地位标准作了重大改进：一是MD标准不要求参与合并的企业中至少有一个处于支配性地位为先决条件，其既适用于产生支配性地位的行为，也适用于形成支配性地位的增强的情况；二是对滥用支配地位的行为根据合理原则依具体案情进行审核来确定是否无效，而不是一律认定无效。因此，第4064/89号条例确立的"市场支配性地位"标准，可以表述

---

[1] 刘和平："欧美并购控制法实质性标准比较研究"，载《法律科学》2005年第1期。

为：一项具有相当规模的合并如果使合并企业产生或增强支配性地位，并妨碍共同体市场或其相当部分地域的有效竞争的，应视为与共同体市场不相容。

第三阶段是第 139/04 号《合并条例》确立的"严重妨碍有效竞争"（Significant Impediment to Effective Competition）标准（SIEC 标准）。尽管 1989 年 4064/89 号《合并控制条例》的成就被广泛认同，但支配性地位标准在适用范围上具有明显的遗漏，其对寡头垄断市场情形缺乏明确规定，导致监管上的空白。同时，自第 4064/89 号《合并条例》所适用的合理原则缺乏明确的分析路径，体现为分析一项合并时应考虑哪些因素、各因素之间的关系及地位如何等未置可否，这一定程度上会损害法律的稳定性和可预期性。

为此，第 139/04 号《合并条例》对实质性标准条款进行了较大的修改。第 2 条第 2 款规定："若某项合并，尤其是造成或加强市场支配地位的合并，并未严重妨碍共同体市场或其主体部分的有效竞争，应视为符合共同体市场。"第 3 款规定："若某项合并，尤其是造成或加强市场支配地位的合并，严重妨碍共同体市场或其主体部分的有效竞争，应视为不符合共同体市场。"这样，通过修改引进了新的实体性标准——"严重妨碍有效竞争"标准，即如果一项合并尤其是因其产生或增强企业的支配性地位而严重妨碍共同体市场或其相当部分地域的有效竞争的，则应宣布该合并与共同体市场不相容，并予以阻止，相反则不应阻止，有效地对支配性地位标准不适用于寡头垄断市场非共谋式合并的漏洞进行拾遗补缺。[1] 同时，为明确 SIEC 标准，减少适用上的歧义，欧盟委员会根据 139/04 号《合并条例》第 2 条授予的权限制定专门的《横向合并评估指南》，对委员会评估市场份额及集中度的方法和要素——合并可能引起的反竞争效果，具有抵销反竞争效果的购买力，进入的可能性、及时性和充分性，效率及破产抗辩等——进行了详尽的阐述。从而完善并形成了作为一个法律标准的基本要件。

3. 支配地位标准

采取支配地位标准的国家相对较少，截至目前，从立法例上看，德国和芬兰是该种类型的代表。

德国《反限制竞争法》第 36 条（集中评估的原则）第 1 款规定：如可预见，集中将产生或加强市场支配地位，联邦卡特尔局应禁止集中，除非企业证明集中也能改善竞争条件，且改善竞争环境所带来的好处超过形成市场支配地位所具有的弊端。

芬兰《竞争法》第 11 条 d（2001 年第 1529 号法律）规定，如果企业集中将

---

[1] 刘和平："欧美并购控制法实质性标准比较研究"，载《法律科学》2005 年第 1 期。

导致支配地位的出现或加强,严重阻碍国内市场或其实质部分的竞争,竞争法院可以依竞争局的提议禁止或解散该项集中或者对实施这种集中附加条件。

这种标准的优点是,便于操作;缺点是可能伤害市场绩效。正如上述欧盟竞争法转变过程中遇到的问题一样,2001年"GE/Honeywell案"[1]引发了关于设在欧盟《合并条例》中的实质审查到底应基于结构(structural test, Dominance)还是应基于市场竞争效果(competition effects, SLC)争论。[2]事实上,只强调结构性问题就是只强调对竞争者的伤害,而纯粹结构性审查标准的一个重要缺陷是其没有对一个核心问题作应有的考虑:是否合并会伤害消费者福利?[3]所以,"结构"需要"绩效"平衡,才能证明是否存在问题。

4. 我国反垄断法中的"排除、限制竞争效果"标准

《反垄断法》第28条规定,经营者集中具有或者可能具有排除、限制竞争效果的,国务院反垄断执法机构应当作出禁止经营者集中的决定。但是,经营者能够证明该集中对竞争产生的有利影响明显大于不利影响,或者符合社会公共利益的,国务院反垄断执法机构可以作出对经营者集中不予禁止的决定。可见,我国《反垄断法》实行的是"排除、限制竞争效果"标准。

在具体审查时,"排除、限制竞争效果"标准又分为:①考察集中是否产生或加强了某一经营者单独排除、限制竞争的能力、动机及其可能性;②当集中所

---

[1] 通用电气以450亿美元收购霍尼韦尔这起世界工业史上最大的合并案由于欧盟的否决而胎死腹中。该并购案被否决具有里程碑的意义——这么说不在于欧盟的官员驳回了两家美国公司之间的合作,而在于同样一套的反垄断规则却得出了完全相反的结果。详见"全球第一CEO为何败走麦城?",载《北京青年报》,2001年7月16日。

[2] 一般而言,以市场支配地位为基础的审查标准倾向于采用结构性方法,即强调市场的结构,这意味着单一市场主体所获得的市场竞争力大致可与市场占有率等同。相反,SLC不采用结构性审查而强调市场效果和市场竞争力。因而,SLC标准比Dominance标准更频繁、更为中心地考虑消费者福利这一因素。然而,一些评论家认为"我们几乎没有发现以往的例子……除1992年的婴儿食品案外……显示采用Dominance和SLC会导致不同结果。" See e. g. Caroline Montalcino, "Substantive Tests – are the Differences between the Dominance and SLC Tests Real or Semantic?", in *EC MERGER CONTROL: A MAJOR REFORM in PROGRESS*, edited by Gotz Drauz & Michael Reynolds, Richmond Press (2004), p. 179. 此外,他们相信尽管在理论上SLC与Dominance有所不同,但以实践中欧盟竞争委员会对Dominance的解释趋向而言,这两种标准并无重大分歧。他们的结论是基于:①美国对SLC标准的执行也经常是结构性的,因为从美国的并购分析中可以看出,美国将并购后的市场占有率视为唯一的最重要的准据;②从欧盟竞争委员会最近的电信管制中可明显看出,委员会正进一步将市场支配地位(Dominance)视为"实质性市场竞争力"(substantial market power)。转引自朱石磊:"欧美横向并购法比较:于中国之借鉴",载http://www.competitionlaw.cn,最后访问时间:2011年10月5日。

[3] Sylvie Maudhuit & Trevor Soames, "Changes in EU Merger Control: Part 2", *European Competition Law Review* 2005, 26 (2), pp. 75~82.

涉及的相关市场中有少数几家经营者时，还应考察集中是否产生或加强了相关经营者共同排除、限制竞争的能力、动机及其可能性；③当参与集中的经营者不属于同一相关市场的实际或潜在竞争者时，重点考察集中在上下游市场或关联市场是否具有或可能具有排除、限制竞争效果。另外还需要结合第27条规定的要素进行综合分析。

由上述可知，控制经营者集中是一种事前的"预防"措施，虽然要求禁止性裁决必须有一定的标准，但"实质性减少竞争"、"排除、限制竞争效果"等标准与其说是标准，不如说是原则，因其只提供了一个最基础的模糊性判定指标。作为用于指导实践的法律规定，如果给定的标准不具有可操作性，势必会给执法带来很多麻烦，因此，用以说明是否具有"排除、限制竞争效果"，需要综合审查。

（三）标准运用中的综合考查要素

纵观各国的立法和司法实践，有关控制经营者集中的实质性标准，除了作一个总括性的规定之外，都会规定相应的制度和量化标准加以配套，这构成了经营者集中的综合审查标准。这样，从实际的运用过程看，"排除、限制竞争效果"标准和"实质性减少竞争"及"严重妨碍有效竞争"标准大致是一致的，即都需要综合审查。

美国反垄断机构在分析一项合并是否实质性减少竞争时，主要从以下五个方面进行综合考查：①审查合并是否能显著提高市场的集中度；②依据市场集中度和其他相关的市场因素，评价合并是否产生潜在的反竞争后果；③潜在的市场进入能否及时地、可能地和充分地阻止或者抵销合并的反竞争效果；④合并后企业的经济效益，包括规模经济、生产设备的联合、工厂的专业化、运输费用的降低以及与合并企业的生产、服务和销售有关的其他效益；⑤参与合并的企业是否有一方面临破产的威胁。破产将导致企业的资产从相关市场上流失，合并便不可能产生或者加强市场势力，也不可能推动产生市场势力。

按照我国《反垄断法》第27条的规定，审查经营者集中，应当综合考虑下列因素：

1. 参与集中的经营者在相关市场的市场份额及其对市场的控制力

市场份额是分析相关市场结构、经营者及其竞争者在相关市场中地位的重要因素。市场份额直接反映了相关市场结构、经营者及其竞争者在相关市场中的地位。经营者的市场份额在很大程度上表现了该经营者的经济实力和竞争力，是市场控制力的集中体现，因此各国或地区的反垄断法一般都将市场份额作为判断经营者市场地位的一个重要指标。例如，欧共体《关于企业集中控制的理事会第

129/2004号条例》的规定，如果参与集中的企业的市场份额不大，集中不会影响市场的有效竞争，经营者集中就可以被视为与欧共体市场相容。如果参与集中的企业在欧共体市场或者其重大部分的市场份额不超过25%，该集中一般被认为与欧共体市场相容；如果集中后的企业的市场份额是25%~40%，除非特殊情况，一般也被认为不可能产生市场支配地位。从欧共体委员会的实践来看，如果集中后企业的市场份额在40%~75%之间，一般认为产生了市场支配地位；如果集中后企业的市场份额超过70%~75%，基本上就可以判断这些企业是处于市场支配地位的企业。

在我国，虽然没有规定具体的市场份额标准，但在相关案件中，执法者表达的思想大致是，合并后的企业的市场份额达到50%时，将被禁止或限制，例如美国辉瑞公司和惠氏公司合并案中的猪支原体肺炎疫苗业务，剥离辉瑞公司的产能主要就是这部分重合业务合并后的市场份额接近50%。

按照《关于评估经营者集中竞争影响的暂行规定》第5条的规定，判断参与集中的经营者是否取得或增加市场控制力时，综合考虑下列因素：①参与集中的经营者在相关市场的市场份额，以及相关市场的竞争状况；②参与集中的经营者产品或服务的替代程度；③集中所涉相关市场内未参与集中的经营者的生产能力，以及其产品或服务与参与集中经营者产品或服务的替代程度；④参与集中的经营者控制销售市场或者原材料采购市场的能力；⑤参与集中的经营者商品购买方转换供应商的能力；⑥参与集中的经营者的财力和技术条件；⑦参与集中的经营者的下游客户的购买能力；⑧应当考虑的其他因素。

2. 相关市场的市场集中度

市场集中度是对相关市场的结构所作的一种描述，体现相关市场内经营者的集中程度。市场集中度是评估经营者集中竞争影响时应考虑的重要因素之一。通常情况下，相关市场的市场集中度越高，集中后市场集中度的增量越大，集中产生排除、限制竞争效果的可能性越大。一般用赫芬达尔—赫希曼指数（Herfindahl-Horschman Index，HHI指数，以下简称"赫氏指数"）和行业前N家企业联合市场份额（CRn指数，以下简称"行业集中度指数"）来衡量。

赫氏指数等于集中所涉相关市场中每个经营者市场份额的平方和乘以10000。在独家垄断的市场条件下，由于该企业的市场份额是100%，赫氏指数就等于10 000；而在完全竞争的市场条件下，因为市场上的企业数目众多，每个企业所占的市场份额就极其有限，赫氏指数则仅仅是大于零的一个数目。例如，如果市场上有4个企业，市场份额分别为40%、30%、20%、10%，这个市场上的HHI =

$40 \times 40 + 30 \times 30 + 20 \times 20 + 10 \times 10 = 3000$。[1] 可见，赫氏指数是一个大于零小于等于 10 000 的一个数。赫氏指数越大，表明市场集中度越高，反之则小。

在美国，如果集中后的赫氏指数在 1000～1800 之间，属于中度集中市场。企业合并导致赫氏指数提高 100 点以上的，一般会被禁止。集中后市场赫氏指数超过 1800，属于高度集中市场。如果企业合并赫氏增长指数为 50 个点以上的，该合并一般会被禁止。如果集中的赫氏增长指数为 100 个点以上，便可以推断集中可能产生或者加强市场势力，或者推动行使市场势力，从而可能会遭到禁止。

在欧盟，集中后的赫氏指数在 1000～2000 之间，并且赫氏增长指数小于 250；或赫氏指数虽然大于 2000，但赫氏增长指数小于 150，委员会也不认为存在阻碍竞争问题。

行业集中度指数等于集中所涉相关市场中前 N 家经营者市场份额之和。这种方法比较简单，数据易得，易于操作。

美国 1968 年《横向合并指南》使用的是 CR_4 标准，CR_4 的计算方法是市场上最大 4 家市场份额之和。如果在某个市场中，4 家最大的企业集中率达到 75% 以上，且合并企业和被合并企业都拥有 4% 以上的市场份额，则该合并不能被批准；当合并企业拥有 15% 的市场份额，被合并企业拥有 1% 的市场份额，也应禁止。如果集中度不到 75%，且合并企业和被合并企业拥有 5% 以上的市场份额，或者当合并企业拥有 25% 的市场份额，被合并企业拥有 1% 的市场份额，政府将警惕该合并。该合并指南是哈佛学派观点的集中反映。

与 CR_4 标准相比较，赫芬达尔指数能精确地反映市场的结构，它不仅考虑相关市场上几个最大企业的市场份额，而且还要考虑其他竞争者的市场份额。由于赫氏指数使用的是平方计算方法，大企业在市场中所占份额越大，赫氏指数越大，显示的市场集中度越高。根据赫尔芬达尔指数的计算方法，大企业的市场份额对市场集中度会产生较大的影响。例如，如果某产品市场上有 6 家企业，它们的市场份额分别为 30%、20%、15%、15%、10%、10%。CR_4 数额是 80%，赫芬达尔指数是 $30^2 + 20^2 + 15^2 + 15^2 + 10^2 = 1850$；如果四家企业的市场份额变为：30%、20%、20%、10%、10%、10%，则 CR_4 数额仍为 80%，但赫芬达尔指数为 $30^2 + 20^2 + 20^2 + 10^2 + 10^2 + 10^2 = 2000$。可见，HHI 指数对大企业的市场份额的变化反应比较敏感。所以，1982 年美国《横向合并指南》改用了赫芬达尔指数。

---

[1] 算式应该为：$[(40\%)^2 + (30\%)^2 + (20\%)^2 + (10\%)^2] \times 10000 = 3000$，这里为了计算方便，去掉了一些不影响得数的符号和数字，下同。

3. 经营者集中对市场进入、技术进步的影响

美国1992年的《横向合并指南》指出，如果新企业进入市场很容易，以致集中后的企业不可能为赢利的目的以单独或者联合的方式将价格上涨到高于集中前的水平，那么，这样的集中就不可能产生或者加强市场势力，也不可能推动市场势力。如果进入市场的企业从其重要性、特点和范围可以及时、可靠和充分地抵御或者抵销集中的反竞争效果，则这个市场就是容易进入的市场。在容易进入的市场上，集中不会产生反垄断法的问题。

进入分析是从潜在竞争者面临的市场状况来分析市场结构和竞争空间的。如果进入一个市场如此容易，以至于企业集中后的市场参与者们无论是集体还是单方都无法维持一个高于合并前的盈利性价格上涨水平，那么这项企业集中就不可能产生市场力量或加强市场力量。在如此容易的市场上，企业集中不会被干预。

所谓如此容易，是指潜在竞争者在进入的数量、性质和范围上能够可能、及时和充分地阻止或抵销集中所抑制的竞争效果。如果潜在竞争者能够及时、充分地进入市场，那么这种集中通常不具有反竞争的效果；而如果集中阻碍了新经营者进入市场，那么这种集中就具有反竞争的效果。对此通常采取三个步骤进行判断。

第一步是评价进入的可能性。可能性的衡量以集中前的价格水平为标准。如果一项进入以集中前的价格水平衡量是盈利的，并且该进入者仍能享受这种价格水平，那么此项进入选择就具有可能性。受约束的进入是否会盈利是进入可能性的首要判断。市场进入者起初需承受较重的成本负担，只有按照折旧要求卸载这些负担的企业才能盈利。如果进入者无法转嫁成本，即意味着进入不可能实现。

衡量盈利性的标准以集中前的价格，或企业获利的最小平均销售额为准。如果进入者的销售额超出该最小平均销售额，则不存在进入障碍。另外，销售机会的大小也决定盈利的可能性。集中后经营者提价并限制产量为进入者留下了市场空间，如果市场是竞争性的，进入者可以通过经营将客户从既有企业那里吸引过来。

第二步是评价进入的及时性。这是评价在一个适当的时间内潜在竞争者的进入能否取得明显的市场影响。这里的"市场影响"主要是考查其产品价格对集中后经营者提高产品价格的拉回能力和冲击能力。如果需要一个较长的时间潜在竞争者才能进入市场，那么进入将不会阻止或抵消集中所产生的反竞争效果。美国反托拉斯当局考虑的"适当的时间"一般是两年，从准备进入市场到形成一定的市场影响力。

第三步评价的是进入的充分性。潜在竞争者可能而及时的进入能够使市场价

格回落到集中前的水平，即是充分的进入。这就要求新经营者的进入必须要达到相当的规模，否则其无力弥补集中后所产生的竞争损失。如果市场上已存在的竞争者施加控制阻止进入者获得所需要的资源，那么这种进入不可能是充分的。另外，进入要能对集中后企业的定价行为起到有效的约束作用，进入者的产品必须与合并企业的产品存在替代。

在当代市场经济，技术创新是企业核心竞争力的关键因素，是社会经济增长的基础。如果经营者集中导致集中后的经营者只凭提高商品价格即可获取垄断利润，而不须通过技术进步和创新来提高生产力和市场竞争力，则该经营者集中就是反竞争的。

4. 经营者集中对消费者和其他有关经营者的影响

保护消费者的利益是反垄断法的立法目的之一。经营者集中可能会增加消费者的福利，如因规模效益提高了生产效率而向社会提供更为物美价廉的商品。但是，经营者集中也可能减损消费者的福利，因为经营者集中减少了市场竞争者的数量，提高了集中后的经营者的市场支配力，集中后的经营者可能滥用其市场支配力而向消费者索取更高的价格或提出不合理的交易条件。同样，经营者集中也可能损害其他有关经营者的利益，例如，经营者集中后形成市场支配地位，利用该地位控制原材料市场排挤相关市场上其他经营者，阻碍新的竞争者进入。

这个标准充分体现了反垄断法法益冲突中的"量广"要求，即经营者利益小于消费者利益加其他营业者利益之和。美国1997年修改《横向合并指南》，曾出现了采用生产者福利和消费者福利标准的争议，但最终还是倾向了"消费者福利"标准，要求合并带来的效率体现出"降低价格、改进质量、提高服务或者开发新产品"。[1]

5. 经营者集中对国民经济发展的影响

经营者集中涉及国家产业政策，某产业因集中而产生垄断对这个产业的发展是不利的，这直接影响国民经济运行的稳定。当然，如果一个行业主体份额太零散，证明这个行业的整体竞争力不够强大，增强产业竞争力，尤其是国际竞争力需要以产业政策为中心，通过政府扶持或促导的方法强化经营者集中。1997年美国联邦贸易委员会出于国家整体经济利益的考虑，在波音和麦道合并后占据世界飞机制造市场64%的份额的情况下，仍然不顾欧共体的强烈反对，批准该合并。所以一个损害竞争的经营者集中有可能有利于国民经济的发展，有利于社会公共利益，这样的经营者集中可以得到豁免。

---

[1] 辜海笑：《美国反托拉斯理论与政策》，中国经济出版社2005年版，第185页。

6. 应当考虑的影响市场竞争的其他因素

除了上述因素外,经济发展周期、国内外经济形势、国家宏观调控政策和市场竞争政策等都对市场竞争产生直接或间接的影响,在审查经营者集中的竞争效果时,应当酌量考虑。

(四)审查结论

对申报的经营者集中经过初步审查和进一步审查后,反垄断机构应当作出最后决定,决定结论有以下几种:

经营者集中具有或者可能具有排除、限制竞争效果的,国务院反垄断执法机构应当作出禁止经营者集中的决定。

经营者能够证明该集中对竞争产生的有利影响明显大于不利影响,或者符合社会公共利益的,国务院反垄断执法机构应当作出允许经营者集中的决定。

对于具有或者可能具有排除、限制竞争效果的经营者集中,如果参与集中的经营者作出相关承诺消除具有排除、限制竞争效果的要素的,反垄断执法机构可以附条件的允许经营者集中。

第三节 经营者集中的救济与抗辩

从立法目标上对经营者集中的监管是为了促进竞争效率和国民经济发展,但是,在适用中伴随潜在的(甚至是致命的)问题是,反垄断机关对可能产生的限制竞争的忧虑不是现实的,而是来自于未来状况的描述。换言之,反垄断机关并不会给被其怀疑有限制竞争可能性的经营者集中一个"试错"的过程,这种所谓的竞争忧虑,即反垄断机关对集中后行为的担忧。[1] 基于这种担忧所采取的措施是否恰当,须建立在相对合理的方法上:一方面反垄断机构可以通过控制某些最危险的方面允许集中;另一方面可以让当事人以抗辩的方式表达其合理性。由此产生了救济和抗辩制度。

一、救济

对不予禁止的经营者集中,反垄断执法机构可以决定附加减少集中对竞争产生不利影响的限制性条件。所附加的限制性条件主要体现在结构上或行为上,由此,便衍生出了结构性救济、行为性救济。

---

[1] 波斯纳将其称之为合并审查机关试图"将竞争顾虑消灭在发轫阶段",参见〔美〕理查德·A. 波斯纳:《反托拉斯法》(第2版),孙秋宁译,中国政法大学出版社2003年版,第142~143页。

(一) 结构性救济

结构性救济，也称结构性方法，是一种旨在恢复有效竞争结构的处理措施，其形式为资产剥离或营业剥离。

资产剥离是最主要的反垄断结构性救济措施，它要求拟交易双方将特定业务或资产出售给独立的第三方，使其参与市场竞争，或者直接出售给相关市场内的竞争者，增强其与集中后企业的竞争能力，保持充分有效的市场竞争结构。

营业剥离是将独立存在且在相关市场上能够良好运营的业务整体剥离。这里的业务整体包括：必要的管理人员、雇员、生产和销售设施、知识产权、相关许可证及其他独立运营的组成内容。营业剥离的要求是保障业务的"鲜活性"。

在实施资产（包括营业，下同）剥离的过程中，交易人须将特定资产分离并出售给适当的购买方，剥离资产的范围及购买人、合并救济的实施等有严格的要求，为保证被剥离的资产能够成功运营，实现恢复有效竞争的目的。

1. 剥离关系主体

（1）剥离义务人。剥离分为自行剥离和委托剥离。一般，剥离义务人应当在审查决定确定的期限内，找到适当的买方并签订出售协议及其他相关协议，即自行剥离。按照我国商务部2010年7月5日发布的《关于实施经营者集中资产或业务剥离的暂行规定》（以下简称《剥离业务暂行规定》）第3条的规定，剥离义务人应当在出售协议及其他相关协议签订之日起3个月内将剥离业务转移给买方，并完成所有权转移等相关法律程序。根据案件具体情况，经剥离义务人申请并说明理由，商务部可酌情延长业务转移的期限。

根据我国《剥离业务暂行规定》第12条规定，在剥离完成之前，参与集中的经营者应当履行下列义务，以确保剥离业务的价值：①保持剥离业务与其他业务之间相互独立，并以最符合剥离业务利益的方式进行管理；②不得实施任何可能对剥离业务有不利影响的行为，包括聘用被剥离业务的员工，获得剥离业务的商业秘密和其他保密信息等；③指定专门的管理人，负责管理剥离业务并履行第1、2项规定的义务，管理人在监督受托人的监督下履行职责，其任命和更换应得到监督受托人的同意；④确保潜在买方能够以公平合理的方式获得有关剥离业务的充分信息，使得潜在买方能够评估剥离业务的价值、范围和商业潜力；⑤根据买方的要求向其提供必要的支持和帮助，确保剥离业务的顺利交接和稳定经营；⑥向买方及时移交剥离业务并履行相关法律程序。在资产剥离期间，被剥离的资产必须与其他资产进行分开经营，交易人必须将被剥离的资产交给第三人分持（hold separate），以保证被剥离的资产不"变质"，例如更换核心管理人才、转移设施、改签合同等。同时，资产分持制度还能够在过渡期间减少合并给市场竞争带来的损害，有效地维护市场竞争。在资产分持阶段，被剥离资产一般由竞争主管机关指定特定的托管人进行保管，往往称之为"监督受托人"。

(2) 监督受托人和剥离受托人。在委托剥离的情况下，产生了除剥离义务人之外的另两个法律关系主体：监督受托人和剥离受托人。监督受托人是指受剥离义务人委托，负责对业务剥离进行全程监督的自然人、法人或其他组织。监督受托人的义务在于对被剥离资产进行保管，保证被剥离资产的经济性和可存活性，监督被剥离的资产的运营与管理，采取适当的措施防止交易方获取被剥离资产的商业秘密，专利技术及其他保密信息等。[1] 按照法律规定，剥离义务人应当与监督受托人和剥离受托人签订书面委托协议，明确双方的职责和义务。监督受托人和剥离受托人的报酬由剥离义务人支付，报酬数量及其支付方式不得损害监督受托人和剥离受托人履行受托职责的独立性及工作效率。

监督受托人应当在自委托协议生效之日起，至业务剥离完成之日止的期间内履行职责；剥离受托人应当在自委托协议生效之日起，至受托剥离阶段结束之日止的期间内履行职责。非经执法部门同意，剥离义务人不得解除、变更与监督受托人和剥离受托人的委托协议。

按照我国《剥离业务暂行规定》第4条的规定，剥离义务人应当在商务部作出审查决定之日起15日内向商务部提交监督受托人人选。确定监督受托人后，其应当在商务部监督下，本着勤勉、尽职的原则，独立于剥离义务人履行下列职责：①监督剥离义务人履行法律规定的义务，并定期向商务部提交监督报告；②对剥离义务人推荐的买方人选、拟签订的出售协议及其他相关协议等进行评估，并向商务部提交评估报告；③监督出售协议及其他相关协议的执行，并定期向商务部提交监督报告；④负责协调剥离义务人与潜在买方就剥离事项产生的争议，并向商务部报告；⑤应商务部要求提交其他与业务剥离有关的报告。

如果剥离义务人未能如期完成自行剥离，则可以请求执法部门进行受托剥离。由剥离受托人按照审查决定规定的期限和方式找到适当的买方，并达成出售协议及其他相关协议，即受托剥离。

进入受托剥离阶段，竞争主管机关往往会指定特定的人负责对被剥离资产出售，此特殊主体被称为"剥离受托人"。剥离受托人是指在受托剥离阶段，受剥离义务人委托，负责找到适当的买方并达成出售协议及其他相关协议的自然人、法人或其他组织。

---

[1] Jonas S Brueckner, "Thomas Hoehn: Monitoring Compliance with Merger Remedies—The Role of the Monitoring Trustee," *Competition Law International*, September, 2010, p. 75.

监督受托人和剥离受托人必须是具有从事受托业务的必要资源和能力的自然人、法人或其他组织，并且应独立于参与集中的经营者和剥离业务的买方，与其不存在实质性利害关系。监督受托人和剥离受托人可以是相同的自然人、法人或其他组织，也可以是不同的主体。不管怎样，他们都只对执法机构负责，非经执法机构的同意，不得同剥离义务人私下协商确定相关剥离事项。

（3）购买人。确定购买人是结构救济中的重要一环，也是剥离能否成功实施的核心环节。按照我国《剥离业务暂行规定》第9条，剥离业务的买方应当符合下列要求：独立于参与集中的经营者，与其不存在实质性利害关系；拥有必要的资源、能力并有意愿维护和发展被剥离业务；购买剥离业务不会产生排除、限制竞争的问题；如果购买剥离业务需要其他有关部门的批准，买方应当具备取得其他监管机构批准的必要条件。

一般来说，设定的购买人必须符合以下几个条件：

第一，购买人应独立于集中双方。独立于集中双（各）方并且是非关联方，不会产生另外的反竞争效果，同时也应当保证购买人能够从相关机构获得所有必要许可。

第二，必须符合预先设定的资格标准。一般资格要求，是具有一定的经济能力、专业能力和动力维持剥离资产的存在和发展，以使其作为可存续的、有活力的市场力量与合并方及其他的竞争者进行竞争，确保市场的有效竞争。

第三，购买人的确定需经执法部门的批准。鉴于购买人在资产剥离中至关重要的作用，为减少购买人的不确定性，竞争主管机关需要对购买人的关联关系和条件进行审查。

2. 剥离方法

根据购买人确定的时间，即在反垄断机构作出决定之前或之后，可以将购买人确定分为两种情况：

（1）定资先行。如果拟交易的双方能够事先找到合适的购买人，并与购买人签订协议，可以报请反垄断主管机关，获得反垄断主管机关的同意，从而在申报阶段就解决了竞争问题，即所谓的"定资先行"。一般，"定资先行"节省执法成本，保持了剥离资产的鲜活性，并免除了被剥离资产无人购买之忧。但是，拟合并交易方也可能会与购买方串通以逃避反垄断主管机关的反垄断审查，所以，如果购买人是诚信度较高的市场经济体比较容易得到反垄断机构的批准。

（2）限期出售。如果集中方没有"定资先行"，反垄断机构会在作出决定时限期出售。为了保证业务的延续和有效地参与市场竞争，不影响交易的正常进行，减少剥离过程中的不确定性，资产剥离期限不会过长，一般要求在3~6个月之间，最长不超过 1 年。[1]具体期限的确定往往要考虑考虑剥离资产的规模、复杂程度、剥离资产在过渡期间贬值的可能性大小等因素。[2] 在限期内，被剥离资产由竞争主管机关指定特定的托管人进行保管。

（3）托管出售。授权剥离托管人处理剥离资产的方法有两种：一种是以无底价的形式将剥离资产出售；另一种是反垄断机构在资产剥离的方案中设定"皇冠剥离"条款。所谓"皇冠剥离"条款，也称"皇冠明珠法则"（Crown Jewel），是指在剥离期限内未能找到合格的购买人，那么反垄断执法机关有权要求交易人剥离更多和更容易出售的优质核心资产。

之所以授权采取这两种"非市场化"的方法，主要是由于反垄断执法机关对剥离的资产缺乏必要的信息和鉴别能力，不能排除拟合并交易的双方在合并救济过程中保留核心技术、资产或人员，剥离垃圾资产的可能性。当然，第三购买人也有可能基于"无底价"或"明珠"的诱惑，采取不合作的态度，等待反垄断执法机关以更优惠的方式剥离"皇冠"资产，从而引发道德风险。事实上，这种极端的处理方法的目的，不在于有意给集中方带来资产损失以示惩罚，而在于督促拟合并交易方应尽可能在规定期限内完成剥离，以免进入托管阶段带来的经济损失。

对于审查决定中涉及剥离事项的，每一方企业都不愿意将自己的优良资产或业务被切割出去（如果涉及沉冗业务企业主动想剥离的话，之前往往会以管理层收购、转产等方法处分了），那么，对于执法机构而言，剥离的业务到底是剥离份额大的，还是小的，则需要仔细考量。一般，集中后的企业在主业上具有较大的优势地位，被剥离的可能是较大份额的业务。在我国的反垄断执法实践中，辉瑞公司和惠氏公司的集中审查中，选择的是剥离较大一方的业务；在松下公司和三洋公司的集中审查中，剥离的是较小的业务。

（二）行为性救济

行为性救济，又称行为性方法，是反垄断机关在允许经营者集中时为保障经营者集中后相关主体的竞争利益附加的某些行为限制的方法。行为性救济方法主要有：

---

[1] OECD, "A Frame Work for the Design and Implementation of Competition Law and Policy", 1999, p. 55, available at http：//www.oecd.org/document/24/0, 3343, en_ 2649_ 34535_ 1916760_ 1_ 1_ 1_ 1, 00. html., Accessed on Feb. 24, 2011.

[2] OECD, "A Frame Work for the Design and Implementation of Competition Law and Policy", 1999, p. 55, available at http：//www.oecd.org/document/24/0, 3343, en_ 2649_ 34535_ 1916760_ 1_ 1_ 1_ 1, 00. html., Accessed on Feb. 24, 2011.

1. 开放性救济

经营者集中的交易人所拥有的基础设施或知识产权可能成为竞争者进入市场的障碍时,反垄断执法机关往往要求实行"开放救济"。在开放救济中应用较多的是"开放基础设施"与"开放知识产权"。

"开放基础设施"是指交易人允许竞争者使用其拥有的基础设施,例如电信网络、服务系统、轨道、机场跑道等,并收取一定的合理费用。"开放知识产权"主要是授予竞争者知识产权许可,其中包括独家许可与非独家许可,由于对如专利、商标等知识产权需要专业知识,当反垄断执法机关决定实施对于知识产权的开放时往往会需要专业人才进行评估,需要着重对被许可人和许可费用进行审查,以防止被许可人与合并企业实行共谋,或是许可费用过高导致被许可人失去竞争的能力与动力,必须注意能够在消除反竞争的效果和保证知识产权的创新性之间保持平衡。[1]

2. 维持现状承诺

维持现状承诺,是指不通过新的并购或扩大产能而寻求增加其市场力量,严格要求合并后的企业不得继续扩张,作为资产剥离的辅助性措施,防止合并后的企业在竞争对手中寻求股份扩大市场份额,也是一种保持市场结构的有效措施。

3. 公平交易条款

公平交易条款,也称非歧视条款,是指集中后的企业在与不同商业主体进行交易时应当采用同等的交易条件,不得有歧视行为,特别是在上游企业与下游企业合并的情形下。[2] 设置这种条款的目的是,防止上游产品销售部门会通过抬价、降低产品品质对交易方进行歧视性交易,降低竞争对手的市场竞争力,提升本部门下游产品的销售。

4. 短期供应协议

通常来说,剥离的资产一定要切除出卖人的联系,但是在资产交易完成后的过渡期内,由于生产设备的重新组合等原因,不能马上向市场提供产品,此时控制原材料等生产要素的出卖人有义务向购买人提供短期的供应,以使竞争者尽快恢复到剥离前的生产能力和生产条件。

---

[1] ICN Merger Working Group, Analytical Framework Subgroup, "Merger Remedies Review Project: Report for the Fourth ICN Annual Conference at Bonn 1" (June 2005), p. 13. Available at http://international competition network. org/uploads/library/doc323. pdf.

[2] Antitrust Division, "Policy Guide to Merger Remedies" (DOJ Guide, October 21, 2004), p. 27, supra note 29, p. 45. Available at http://www.usdoj.gov/atr/public/guidelines/205108.pdf, Accessed on Feb. 21, 2011.

5. 防火墙（Fire-Wall）条款

这种方法主要应用于纵向合并以及混合合并中，目的是防止协同效应出现，[1] 因为企业纵向合并后产生了处于生产、销售同一产品上下游阶段的两部门，部门间通过共享信息便可轻松利用其优势通过抬高价格等手段打击上下游的竞争者。因此，建立防火墙条款是禁止合并后的企业在一定时间内不得互通相关信息。

6. "透明度条款"

透明度条款是指在某些情况下，要求合并后的企业向竞争主管机关或者行业管制机关披露相关信息以保证交易的透明。相关信息包括产品（服务）价格、产量、销售量、质量等。

此外，实践中适用的行为性救济方法还有禁止报复条款、禁止签订排他性协议、知识产权的强制许可条款等。行为救济是开放性的，在立法上往往很难（一般也不）一一列举。

（三）比较分析

相比较结构性救济，行为性救济需要的时间比较长，且需要持续性监管，因此实施起来比较难。例如，就防火墙条款而言，该条款能否得到遵守往往需要反垄断执法机关以及产业主管机关对交易人实行严格的监督，而这种监管的难度非常大，毕竟那是企业内部的情况。又如，透明度条款在实施中的问题往往是，自我披露的透明度条款往往并不奏效，因为要求交易人汇报其自身的执行情况显然与其利益相悖，交易人往往会采取各种办法逃避监管。监管机构也会遇到披露的信息透明到什么程度的问题，这里要防止透明度加大反而增加相关市场竞争者之间的协调行为。

正是由于行为性救济措施的复杂性及其监管难度，长期以来，美国、欧盟等处理附条件的合并事项时，结构性救济成为竞争主管机关的优先考虑的方法。美国最高法院法官曾评论说："资产剥离是最重要的反托拉斯救济方式，它形式简单、便于管理、结果确定。一旦发生违反《克莱顿法》第7条的诉讼，法官就应该首先想到它。"[2] 美国司法部2004年《反托拉斯局关于合并救济的政策指南》

---

[1] Antitrust Division, "Policy Guide to Merger Remedies" (DOJ Guide, October 21, 2004), p. 23, supra note 29, p. 45. Available at http://www.usdoj.gov/atr/public/guidelines/205108.pdf. Accessed on sed Feb. 21, 2011. See also Katri Paas, "Non-structural Remedies in EU Merger Control", *European Competition Law Review*. 2006, 27 (5), pp. 209~216.

[2] United States v. E. I. du Point de Nemours & Co., 366 U.S. 316, 330~331 (1961), 转引自卫新江：《欧盟、美国企业合并反垄断规制比较研究》，北京大学出版社2003年版，第99页。

中明确指出:"倾向采纳结构性救济,而行为性救济仅在特定情形下适用。"[1]欧共体2001年《关于可接受的救济的通告》第13条也认为:"除禁止合并外,恢复竞争最有效的措施,是通过剥离为新的竞争实体出现或现有竞争者地位的增强创造条件。"

当然,资产剥离被优先选择适用,更多地是从减轻竞争执法机关工作负担的角度考量的结果,从其适用范围而言,对于业务重叠的横向合并,剥离重叠业务的结构性救济当然是最佳选择,而对于纵向合并和混合合并,结构性救济往往无能为力,必须通过行为性救济进行矫正。另外,在某些横向合并中进行的资产剥离,如果为了剥离成功采取短期的无底价销售或皇冠剥离手法,可能会损害被剥离交易方的资产利益,由此反倒违背维护竞争的目的,造成人为恶化市场竞争状况的后果。因此,合并救济需要结构性救济和行为性救济结合起来灵活适用,即便对于业务重叠的横向合并仅依靠结构性救济一般也难以奏效,需要辅之以必要的行为性救济方法。

现以我国商务部处理的日本三菱丽阳公司(以下简称"三菱丽阳公司")收购璐彩特国际公司(以下简称"璐彩特公司")的经营者集中反垄断申报及处理为例,说明结构性救济和行为性救济的综合运用的互补性。

三菱丽阳公司和璐彩特公司的业务重叠主要是在甲基丙烯酸甲酯(Methylmethacrylate,简称MMA)的生产和销售上。除MMA外,两家公司在某些特种甲基丙烯酸酯单体(SpMAs)、PMMA粒子和PMMA板材产品上也有少量重叠。因此,相关产品市场为MMA、SpMAs、PMMA粒子和PMMA板材。本项集中对除MMA外的其他三类产品市场影响很小。本项集中的相关地域市场为中国市场。

从横向看,此次交易很可能会对中国MMA市场的有效竞争格局产生负面影响。双方合并后的市场份额达到64%,远远高于位于第二的吉林石化和位于第三的黑龙江龙新公司。凭借在MMA市场取得的支配地位,合并后三菱丽阳公司有能力在中国MMA市场排除和限制竞争对手。从纵向看,由于三菱丽阳公司在MMA及其下游两个市场均有业务,交易完成后,凭借在上游MMA市场取得的支配地位,合并后三菱丽阳公司有能力对其下游竞争者产生封锁效应。

为了减少审查中发现的不利影响,商务部与集中双方就附加限制性条件进行了商谈。商谈中,商务部就审查中发现的问题,要求集中双方提出可行解决方案。集中双方对商务部提出的问题表述了自己的看法,并先后提出了初步解决方

---

[1] Antitrust Division, "Policy Guide to Merger Remedies" (DOJ Guide, October 21, 2004), p. 7, available at http://www.usdoj.gov/atr/public/guidelines/205108.pdf. Accessed on Feb. 21, 2011.

案及其修改方案。经过评估，商务部认为集中双方针对影响竞争问题提出的救济方案，可以减少此项集中产生的不利影响。商务部决定接受集中双方所作承诺，附加限制性条件批准此项经营者集中，具体条件如下：

(1) 产能剥离。璐彩特国际（中国）化工有限公司（以下简称"璐彩特中国公司"）将其年产能中的50%剥离出来，一次性出售给一家或多家非关联的第三方购买人，剥离的期间为5年。第三方购买人将有权在5年内以生产成本和管理成本（即成本价格，不附加任何利润）购买璐彩特中国公司生产的MMA产品，该成本价由独立审计师作年度核实。如果在剥离期限内产能剥离未能完成，集中双方同意商务部有权指派独立的受托人将璐彩特中国公司的100%股权出售给独立第三方（即皇冠剥离）。

剥离应在拟议交易完成后的6个月内完成。如果璐彩特公司有合理理由提出延期申请，商务部有权将以上期限延长6个月（自行剥离及期限）。

(2) 独立运营璐彩特中国公司直至完成产能剥离。在自拟议交易完成至完成产能剥离或完成全部剥离期间内，璐彩特中国公司与三菱丽阳公司在中国的MMA单体业务将独立运营，分别拥有各自的管理层和董事会成员（即资产分持制度）。

在独立运营期内，集中双方将继续在相互竞争的基础上分别在中国销售MMA，两家公司不得相互交换有关中国市场的定价、客户及其他竞争性信息（即防火墙条款）。

(3) 未来5年不再收购也不再建新厂（即维持现状承诺）。未经商务部事先批准，合并后三菱丽阳公司在拟议交易交割后5年内不得从事下列行为：在中国收购MMA单体、PMMA聚合物或铸塑板生产商；在中国新建生产MMA单体、PMMA聚合物或铸塑板的工厂。

这里，采取了结构性方法——产能剥离及其皇冠剥离手段，以及行为性方法——防火墙条款、维持现状承诺。

二、抗辩

经营者集中是市场经济的一把"双刃剑"：一方面，经营者经济力量过度集中将导致垄断，从而破坏市场的有效竞争，损害消费者的合法权益；另一方面，经营者集中可能有利于优化资源配制，提高企业经济效益，增强企业国际竞争力。因此，经营者集中的抗辩制度作为反垄断法的一项重要制度被各国、各地区立法和司法实践所普遍接受。

结合相关国家的法律制度和反垄断理论，抗辩理由主要有效率抗辩、破产抗辩、国际竞争力抗辩和公益抗辩。

(一) 效率抗辩

近代以来，规模经济与垄断之间的矛盾一直存在。早在19世纪，英国著名经济学家马歇尔在他的著作《经济学原理》中就对这种冲突现象进行了描述，后被概括为"马歇尔冲突"。

规模经济，是指随着生产规模的扩大，平均成本逐步下降而获得较多利润的现象。经济学上，这种现象又被称为规模收益递增。

规模经济可以分为工厂规模经济和企业规模经济，内部规模经济和外部规模经济。涉及企业合并的规模经济是企业规模经济和外部规模经济。前者是指经营范围扩大而带来的成本节省的效果。后者指由外部经济集中所带来的效益。工厂规模经济的根本原因是由于要素的不可分性，而要素的不可分性主要是由生产的技术条件决定的。企业规模经济的原因是规模扩大和技术、资本利用效率相互促进。[1] 可以将规模经济归纳为资源配置优化效应、成本正效应两个方面。

资源配置优化效应，即资源的合理流动和互补情况下产生的配置效应。经济学上，企业合并是存量资源流动的形式。企业合并必然导致资源的重新配置。合并产生的资源配置有优化配置和误置之分。优化配置能提高资源综合利用效率，例如优势企业在扩张中兼并了扩张所需要的亏损企业的厂房、机械。优质配置的总体特征是使闲置的、低效的资源在重新配置中得到利用。从企业管理角度讲，资源误置是企业在资源配置中引入无充分利用的资源形成资源浪费。从市场秩序上看，企业合并过程中资源误置是资源无法自由地、合理地流动。前者是狭义的资源误置，后者是广义的资源误置。反垄断法所追求的资源配置优化效应是在反对广义的资源误置的基础上实现的。通常，广义的资源误置需要一段"试错"的过程才能反应出来，但由于反垄断法的预防性调整，"试错"的过程被取消了。或者说，合并的资源配置效果的客观证实过程被立法和执法者主观化了，"试错"过程被"推定"过程取代。其合理性基础是，资源误置为市场的"不可承受之重"。

成本正效应，是通过节约交易成本产生的效率。交易成本是一种重要的经济学分析方法，[2] 企业合并可以节约交易成本。与合并前相对分散、小批量、连

---

[1] 例如技术方面，规模扩大利于提高研发能力，提高产品的差别化；批量采购节约成本；管理和技术人员的集中使用；资信提高，易于融资等。
[2] 由科斯于1937年创立，其核心是探讨企业扩张的合理性，即外部成本内部化。科斯研究的成本包括搜寻价格信息的成本和交易中讨价还价的成本。后来交易成本扩展为估量、界定和保护产权的成本，发现交易对象的成本，订立交易成本，执行交易成本等。威廉姆森将交易成本比喻为"物理学中的摩擦"。

续性差的交易相比，合并后的企业会节约流通费用，减少单位产品的交易费用。在簿记、核算、签约、通讯、验收等方面所花费的时间和开支也相对减少。另外，企业合并可以通过外部行为内部化来提高组织协调效率，节约管理费用。追求成本最小化是厂商的行为目标，但它不是厂商的永恒目标。它是在外部竞争环境压力下产生的，一旦没有外部压力，就失去了这种行为目标。20世纪60年代以后，经济学家莱本斯坦提出了"X非效率"理论，即合并后的企业集团因垄断性而各自追求团体内部的利益，致使企业整体效率下降。另外，企业没有追求成本最小化的动力，也会滋生浪费、超高分配等现象降低生产效率。这里的"X"包括企业经理层发生的损失和非效率、员工的非效率、增加管理层的非效率等。[1]

这表明了合并带来的效率有积极效率，也可能产生消极效率。就经济行为本身而言，追求效率是任何企业生存和发展的首要条件，也是整个国民经济的基本推动力，没有效率当然就没有发展可言，企业追求利润最大化最经常、最有效的手段是降低成本。通过垄断排斥竞争对手，可以最大限度地提高价格，攫取超额利润。为此，"从纯粹经济学意义上说，垄断似乎无可指责，是市场竞争和现代化的必然趋势和结果"[2]。但垄断企业追求的只是单一或局部的效率，缺乏对国民经济的整体协调。包括垄断造成的竞争不公平条件危害同行业的大多数中小企业的生存和发展，也殃及广大消费者，使消费者失去了多样性选择的机会。

所以，效率抗辩是规模经济抗辩。尽管规模经济和非规模经济之间很难划出一条清晰的界线，但由于垄断化危险的存在，通过企业行为对消费者利益和竞争者利益的影响，可以大致描绘出两者之间相对明确的界线。

有一点需作进一步说明，就是规模经济并非经济规模。企业在一定条件下，根据自身情况与外部环境，科学地决定企业的生产规模才能实现规模经济。发展规模经济并不是一味地扩大企业规模，建立在非效率基础上的企业规模扩大反而会出现各种问题。必须把握发展企业规模的度，即保证规模经济充分发展又不至于因企业规模过大导致效益下降。

早期的反垄断法并不承认效率抗辩。当时的法律对水平合并的态度或许受卡特尔行为的影响严厉有加，基本没有松动的余地。在美国，1968年合并指南中

---

[1] 企业经理层的非效率在于管理层的追求和股东的追求目标不一致导致的非效率；员工的非效率体现为企业整体效率和员工个人工作效率关系模糊导致的非效率；管理层增加是指垄断性企业官僚化，增加了信息传导的成本和管理成本。
[2] 刘杰："美国经济中的垄断与反垄断"，载《世界经济研究》1998年第5期。

加入了含义并不明了的效率抗辩，即"除非是例外的情况下"。由于效率难以量化，[1] 很长一段时间里，这一问题没有本质上突破。1982 年的《横向合并指南》大大放宽了提高效率的条件，1984 年的《横向合并指南》干脆明文规定：为了效率，可以实行垄断。在 1992 年的《横向合并指南》中进一步明确指出："合并对经济的主要益处是它们具有提高效率的潜力，效率可提高企业的竞争力，并对消费者降低产品价格……在大多数情况下，指南允许企业不受当局干预进行合并以提高效率，该效率是通过其他途径不可获得的……"经过 5 年实践，为适应日益汹涌澎湃的合并浪潮，司法部和联邦贸易委员会于 1997 年 4 月公布了对《横向合并指南》中有关效率一节的修正案。它进一步提升了企业合并中的效率价值，同时也进一步放松了联邦反托拉斯部门在这一问题上的政策，将"合并特有效率"确定为反托拉斯当局审理合并案件时"可予考虑的效率"。在这样的"合并特有效率"政策指导下，几乎所有的合并都可以顺利通过反托拉斯法的审查。这样，横向合并的标准就变为："如果一个合并会导致垄断或者近乎垄断，这个合并中的效率就不具有合理性。"[2]

德国《反限制竞争法》第 36 条关于"评价合并的原则"规定："如可预见，合并将产生或加强市场支配地位，联邦卡特尔局应禁止合并，但参与合并的企业证明合并也能改善竞争条件，且这种改善超过支配市场的弊端的，不在此限。"这个原则确立了效率抗辩。

我国《关于评估经营者集中竞争影响的暂行规定》第 11 条规定，经营者集中有助于扩大经营规模，增强市场竞争力，从而提高经济效率，促进国民经济发展。第 12 条规定，"评估经营者集中时，除考虑上述因素，还需综合考虑集中对公共利益的影响、集中对经济效率的影响……"这里，确立了效率抗辩原则。此外，第 12 条还规定了"是否存在抵消性买方力量等因素"，考虑合并后的垄断力量对买方的影响，即是否恶化了买方的购买环境和成本，可以将这个规定理解为整体效率抗辩。

（二）破产抗辩

比效率更易于被接受的抗辩理由是破产。破产抗辩是国际上通行的禁止企业合并的豁免理由，其理论基础在于与其让公司破产，不如让新的所有人通过合并来取得并管理公司的资产，以便保持竞争状态。美国司法部及联邦贸易委员会 1997 年《横向合并指南》在"破产和现有资产"一节，对这一豁免理由作了详

---

[1] 波斯纳曾坦言，"效率是诉讼中难以处理的问题"，参见〔美〕理查德·A. 波斯纳：《反托拉斯法》（第 2 版），孙秋宁译，中国政法大学出版社 2003 年版，第 156 页。
[2] 尚明：《主要国家（地区）反垄断法律汇编》，法律出版社 2004 年版，第 248 页。

尽的规定:"①所说的破产企业在不久的将来资不抵债;②它没有能力根据破产法的规定成功地进行重组;③它已做出虽不成功但却是真诚的努力寻找对其破产公司财产比较合理的可选择的报价,以便既能使其有形和无形资产继续留在相关市场上,又可使竞争受到比现在打算中的兼并更小的不利影响;④如果没有这个兼并,破产企业的资产将退出相关市场。"经济合作组织在《竞争法的基本框架》文件第七节"企业兼并和收购"中第9条(b)项规定也将破产列入可不受竞争主管的禁止情形:"该项集中的当事人之一面临着实际的或迫近的财务失败,而该项集中为该当事人的资产提供了一种在已知选择中对竞争危害最小的用途。"我国《关于评估经营者集中竞争影响的暂行规定》第12条规定:"……参与集中的经营者是否为濒临破产的企业……"

从根本上讲,竞争的结果是优胜劣汰,企业破产原本是市场经济正常的和必然的现象。但过度的企业破产又会引发严重失业及社会的不稳定等众多的社会问题。允许优势企业对那些濒临破产的企业进行"拯救"而不使之进入破产清算程序,这种行为既有利于被合并企业,也符合社会整体利益。

(三) 国际竞争力抗辩

各种商品、资本、技术乃至劳动力等要素在全球范围内流动加快的情势,一方面给各国企业带来更多的机遇,另一方面又使各国企业面临范围更大、程度更强的竞争。任何企业要想在迅速扩展的全球经济及日趋激烈的国际竞争中夺得并保住领先地位,除了自身的变革外,当务之急是尽快使自己迅速壮大起来,其"捷径"便是走合并之路。

近年来,在美国以及欧洲国家形成了大公司企业合并浪潮,涉及飞机、汽车、建筑、化工、能源以及银行保险等重要的经济部门,而且跨国合并的范围越来越大,势头越来越强劲,这说明了经济集中化程度正在加深。

面对世界范围内企业合并的浪潮以及企业规模的日益壮大,各国的反垄断立法和实践都面对着一个全新的课题,即经济全球化下本国利益和他国利益的协调问题。各国政府出于本国经济利益的考虑,对提高公司企业国际竞争力的合并行为,只要不是严重危害国内竞争或竞争性市场效果,一般不加干预。美国的转变尤为明显。美国一直反对在控制公司企业合并时考虑国际竞争力的问题,但是20世纪80年代以来,观念发生了逆转。1987年提出的一项《合并现代化法》将美国国内的合并放到国际竞争环境中来考察。如今,为应付日益激烈的国际竞争而实施企业合并似乎已经成为美国联邦政府和企业的共识,联邦政府不仅放弃了反托拉斯的执法力度而且在某些领域中某种程度上保护和鼓励公司企业合并。[1]其他国家和地区大多也以提高国际竞争力为由鼓励公司企业合并,这也是为什么全球性企业合并频频发生的原因所在。

在经济全球化下,发达国家和发展中国家都感受到了强大的竞争压力,努力提高本国企业在国际市场上的竞争能力成为各国政府的重要任务。因此,各国在控制企业合并时,不再孤立地审查合并对国内竞争秩序的影响,而是要对合并所带来的对国际竞争的积极影响和对国内竞争的消极影响进行利益权衡。[2] 国际竞争力成为企业合并反垄断法控制中的豁免理由,如法国《关于价格和竞争自由的法律》第 41 条关于"竞争危害与利益评估"中规定:"……该会对涉案企业面对国际竞争的竞争力,应予考虑。"例如,1987 年德国联邦卡特尔局批准 Fichtel & Sachs 和 Mannesmann 合并的一个理由是,Fichtel & Sachs 在国际市场上的占有率从 1976 年的 80% 下降为 1987 年的 50%。[3]

(四) 公益抗辩

我国《反垄断法》第 28 条对经营者集中的抗辩理由笼统地规定了两个方面:一是"经营者能够证明该集中对竞争产生的有利影响明显大于不利影响";二是"符合社会公共利益"。前者可以称之为效率抗辩,后者可以认为是一个兜底条款。包括效率抗辩之外的抗辩内容,在此称之为"公益抗辩"。

---

[1] 胡国成:"论当前美国企业兼并浪潮",载《美国研究》1998 年第 1 期。
[2] 程吉生:"国外企业合并规制反垄断法发展趋势的分析",载《现代法学》2000 年第 1 期。
[3] 王晓晔:《竞争法研究》,中国法制出版社 1999 年版,第 201 页。

第九章 行政垄断

在传统市场经济国家里,垄断问题主要集中于经济垄断。晚近以来,由于政府广泛深入经济内部,传统市场经济经济国家出现权力滥用的现象。另外,转型国家在市场化改革中行政权力不可能一下子退回到市场经济所要求的合适尺度,普遍性地产生了行政权力限制竞争的问题。相比之下,转型国家行政垄断现象更为突出,故而其在立法上大都有规制行政垄断的明确规定。

第一节 行政垄断概述

行政垄断,是相对于经济垄断而言的,指行政机关和法律、法规授权的具有管理公共事务职能的组织滥用行政权力,限制或者排除竞争的行为。

一、含义及分类

尽管自我国《反垄断法》制订以来理论界行政垄断概念使用的规范性多有争议,但基于约定俗成,迄今这个概念已经得到广泛的认同。

(一)含义

行政垄断是行政权力违反市场经济规律限制资源和资源流动的现象,所以行政垄断是基于违法性而使用的概念。

理解行政垄断,首先要区分经济学意义和法学意义上的行政垄断。垄断本身是一个经济学的概念,依照西方经济学家的观点,行政垄断即在行政权力适用中形成的垄断。"行政"一般包括国家行政机关和地方行政机关,行政垄断的范围就分为国家行政垄断和地方行政垄断。经济学对问题的分析一般"价值无涉"[1],即不以"合法"或"非法"对行为加以区分。经济学上的概念要比法学中的概念更为宽泛。法学或法律上的行政垄断需要价值衡量。

其次,行政垄断不同于国家垄断。国家对经济的管理建立在经济规律的基础上,其目的是为了维护国民经济的稳定和健康发展。行政垄断的实施主体主要是地方行政机关滥用行政权力,维护地方利益和某个体利益。这里的国家垄断特指

---

[1] 其中尤以马克斯·韦伯从方法论角度提出的价值无涉的影响最大,具体可参见〔德〕马克斯·韦伯:《社会科学方法论》,韩水法、莫茜译,中央编译出版社1999年版,第163~183页。

最高国家行政机构实施的行政行为，所以国家垄断是合法的垄断，行政垄断是违法的垄断。

再次，行政垄断是一种资源垄断，它不是凭借经济力量形成的，而是通过行政权力和行政行为实现的。经济垄断是经济力量滥用的结果，经济垄断的形成需要经济支配力为基础。经济支配力是在市场中渐进形成的，其形成方式有资本的增大、企业合并等。行政垄断是行政权力和资本结合的产物，行政权力通过资本的运作表现出来。这里的资本可大可小，不要求资本具有市场支配力。

最后，行政垄断是行为，也是一种状态。在反垄断立法和执法中，反垄断应该针对作为垄断企业的垄断行为本身，还是也针对经营者的垄断状态？这产生了西方国家立法上的"结构主义"与"行为主义"之争。由于西方国家法律没有对行政垄断的规制，"结构主义"与"行为主义"之争围绕经济垄断展开。行政垄断也应该存在"结构"与"行为"之分。"结构型"行政垄断表现为，滥用权力使经营者享有稳定的市场垄断地位、垄断状态；"行为型"行政垄断表现为，行政权力保护下的特殊经营行为。一般，前者来源于抽象行政行为；后者来源于具体行政行为。相比较，"结构型"行政垄断更加隐讳，形成的垄断更加稳定，对市场的危害更深。

（二）分类

行政垄断的表现形式有多种，根据不同的标准分成不同的种类。

1. 地区垄断和行业垄断

依行为加害的范围不同，行政垄断可以分为地区垄断和行业垄断。

地区垄断，是指地方政府机关滥用行政权力，实行地区封锁、地方保护主义，限制和阻止外地经营者进入本地市场。其手段包括：对外地的经营者拒办经营执照，对外地产品随意没收，对经营外地产品的行为罚款、限制或禁止本地或外地的原材料和商品输入本辖区，或对外地经营者采取其他各种歧视措施。

行业垄断，又称部门垄断，是指政府部门利用行政权力限制部门之外的经营者参与本部门市场竞争的行为。行业垄断的目的在于保护本部门及本部门所属企业的利益。行业垄断成立的前提条件：首先，行业主管机关拥有涉及行业发展的投资规划权、资源管理权、财政权、企业管理权等；其次，行业主管机关超越授权的范围行使权力；最后，超越授权行使权力造成了行业垄断的后果。行业垄断的典型形式是行政性公司，如设立具备经营性质并兼具某方面行政管理职能的公司，垄断经营某行业。

2. 抽象行政行为垄断和具体行政行为垄断

根据限制竞争行为的方式不同，可以分为抽象行政行为垄断和具体行政行为垄断。

抽象行政行为，是指行政机关制定和发布普遍性行为规范的行为。它一般不针对特定对象，而是规定在何种情况和条件下，行政机关和被管理一方的行为规则和权利、义务关系，它在一定范围内具有普遍的约束力。具体行政行为，是国家行政机关和行政机关工作人员、法律法规授权的组织、行政机关委托的组织或者个人在行政管理活动中行使行政职权，针对特定的公民、法人或其他组织，就特定的具体事项，作出的设定公民、法人或其他组织权利、义务的单方行为。

通常情况下，来自于抽象行政行为的行政垄断以政府规章、命令、决定等形式发布。一般而言，合法的抽象行政行为指向不特定的市场主体和行为，而具有行政垄断性质的抽象行为往往指向特定的市场主体及其行为。

3. 作为型行政垄断和不作为型行政垄断

根据滥用行政权力的方式不同，可以将行政垄断分为作为型行政垄断和不作为型行政垄断。

作为型行政垄断是指行政机关以作为的方式积极主动地排斥、限制竞争。例如，地方政府通过发布政府命令对外地生产的汽车在税费缴纳、牌照管理上采取歧视性政策。

不作为型行政垄断是指行政机关以不作为的方式排斥、限制竞争。为了保护本地本部门经营者的利益，采取不作为的方式排斥、限制外地外部门的经营者。例如我国《反垄断法》第34条规定，行政机关和法律、法规授权的具有管理公共事务职能的组织……不依法发布信息等方式，排斥或者限制外地经营者参加本地的招标投标活动。又如，对本地本部门经营者的排斥、限制竞争行为予以放纵，应查而不查；对于外地经营者申请许可的行为不依法办理。

二、行政垄断产生的根源

行政垄断在反垄断立法较早的国家并不典型，甚至法律上都没有明文规定该种垄断形式。而转型国家却不约而同地规定了行政垄断。这种反差是由各自的特定历史、经济、政治制度决定的。

从资本主义发展的历史来看，市场经济国家的行政垄断主要体现在资本主义前期，即资本和皇权耦合产生的封建垄断时期。消除了封建垄断的竞争法被高度浓缩为"自由竞争"原则，这个原则统领着整个自由资本主义时期的经济关系，并沉淀成为资本主制度的实现形式。

近现代以来，西方国家自由的观念深深扎根于经济政策的土壤，且司法对行政的约束很强，这是行政垄断不典型的主要原因。

事实上，目前在欧美国家，纯粹的行政机关从事行政垄断的现象不典型，主要原因是在行政权力行使过程中，存在大量相互对立的压力集团的作用。"包括立法和行政指令，不可避免地都是各种利益集团压力的产物。"[1] 一些政府（或政府官员）如果有权力滥用的行为，被触及的利益主体会通过利益集团及时表达。源于行政垄断的双重违法性，其中包含的违法成分，要么通过违宪审查或违宪诉讼，要么通过有关公务员的法律，或者反腐败的法律等得到纠正，而直接用反垄断法进行规制的，相对较少。

　　在西方国家，近似于行政垄断的违法行为更经常的表现形态：一种是保护地方经济的州立法；另一种是发生在被授权管理某些公共事务、提供公共服务的企业身上，尤其是一些国有企业，滥用优势地位行使权力。[2] 在方法上，矫正州立法的方法是通过违宪审查，"宪法规定联邦政府对各州承担某些义务。例如，必须保证各州建立一个共和体制的政府，……宪法还就州与州的关系作出了规定，例如，一州对其他各州的法律和法院判决必须给予'完全的信赖和尊重'"[3]。禁止公用企业滥用权力限制竞争的行为，直接适用关于滥用支配地位的规制方法。如卫生防疫站有义务向合格的申请人发放许可证，而它要求申请人购买其所指定的产品作为发放的条件，将其在许可证服务市场上的支配地位延伸到另一市场，这属于典型的搭售行为。与私人垄断企业同样的行为并无实质区别，唯一的差别就是支配地位的来源，而现代反垄断法注重行为的规制，并不过分关注支配地位的来源。[4]

　　在转型国家，由于没有经历尖锐的经济自由对抗封建垄断的历史过程，及缺乏代表个体利益的团体力量抗衡权力的表达机制，因而在转型国家中行政垄断具有相当的普遍性。

　　在高度集中的计划经济体制下，国家行政权力和经济力量紧密结合，成为严格制约企业的力量，这种全局性的国家垄断是和高度集中的计划体制紧密关联的，它借助行政组织、行政区域和行政隶属关系，以拥有的人力、物力、财力为后盾，以行政指令为经济运行的手段。从权力对经济的介入关系而言，国家经济转型实则是从全局性的国家垄断经由局部的行政垄断到自由竞争的过程。我国从1979年开始、俄罗斯从1990年开始的经济体制改革是解除全局性国家垄断的过程，经济体制很难从一种理想状态过渡到另一种理想状态。

　　经济体制改革的渐进性不可能使依靠行政权力实施的垄断一下子消除，受利

---

[1]〔美〕希尔斯曼：《美国是如何治理的》，曹大鹏译，商务印书馆1995年版，第516页。
[2] 王晓晔："欧共体竞争法中的国有企业"，载《外国法译评》1999年第3期。
[3]〔美〕希尔斯曼：《美国是如何治理的》，曹大鹏译，商务印书馆1995年版，第62页。
[4] 许光耀："行政垄断的反垄断法规制"，载《中国法学》2004年第6期。

益的牵扯行政权力在退出市场时带有很强粘性。由于经济体制改革是一种经济体制的转变，旧经济体制的残余还存在，只是在新的经济条件下改变了作用的方式，即从对经济生活的全面直接控制变成了局部的对市场准入和经营活动的限制。转型经济条件下，本应泾渭分明的行政权力和经济之间相互渗透的可能性更大，行政权力可能主动侵蚀经济关系，也可能受经济利益的诱捕被动介入经济关系。因此，在体制过渡过程中，普遍性地出现行政垄断，是由其特殊客观环境和主观条件共同决定的。

在我国，一些地方政府出于地方利益的考虑没有随着改革的深入而相应地将一些权力归还市场，甚至滥用这些权力获取非法利益。另有一些改制后的企业，还没有完全实现市场化，仍然依赖行政权力生存和发展，阻碍市场依据价值规律发挥作用。

在另一个转型国家的代表——俄罗斯，私有化改革在反垄断法上体现为"非垄断化"政策，它如同粉碎机一样打造出大致相同的市场主体颗粒，其意图通过市场的完全开放，还市场以自由，藉自由以建立市场经济。但是，在自由的招牌下，"自由的市场"假借并未退出市场的传统权力，形成了俄罗斯独特的市场经济形式——权贵市场经济。市场秩序成为行政主导下的秩序，这使得公平竞争秩序难以建立，相反却造就了新一轮的垄断——行政垄断。

三、危害及构成要件

权力和资本的不幸结合使行政垄断对竞争的消极影响更广泛、更持久、更严重。当权力主动介入资本关系，并以此收取资本利益的时候，权力对资本的庇护必然冲击市场经济存在的基础；当资本向权力渗透，即资本对权力的侵蚀的时候，必然产生腐败。腐败现象的本质是公共权力的非公共化行使并由此换得非公共性利益。行政垄断滋生官商勾结，权钱交易，侵害市场竞争秩序，危害国家正常的经济管理秩序和效率。

（一）行政垄断的危害

市场作为资源配置的基础手段，发挥这种功能的市场必须是一个统一、开放、竞争、有序的市场。这种功能的发挥需要价格信号调整。行政性垄断通过人为手段强行分割市场空间而形成行政性区域市场，违背价值规律打乱市场信号。将这些归结为一点就是破坏市场竞争秩序。

对受行政权力庇护的企业来说，行政性垄断加剧和强化了政企不分。长期以来，转型国家的企业是政府的附属物。经济改革的任务之一是建立符合市场要求的微观经济主体，但是，经济主体不把精力放在如何通过技术创新和管理创新来提高竞争能力上，难以成为健全的市场主体。

从危害的利益上看，行政垄断侵害了竞争者利益和消费者的利益。行政性垄断的存在使竞争者无法开展公开、平等的竞争，消费者不得不接受低劣的产品与服务。行业垄断使行业内潜在竞争者无法准入；而地区垄断会使全社会范围内的消费者成为任人宰割的羔羊。在20世纪30年代的美国，纽约州政府曾颁布过一项禁止纽约州以外的牛奶在该州销售的法律。1979年，新泽西州的牧场牛奶公司向法庭提起诉讼。经过长达8年的法庭论辩后，法院决定授予该公司在纽约销售牛奶的权利。在这一判决以前，5家纽约当地的牛奶生产者控制了纽约市牛奶市场的90%以上。而这一判决后，纽约市的牛奶价格每加仑下降七十多美分。纽约的消费者每年因此节省了约一亿美元。[1] 行政垄断条件下，经营者获得的特殊收益，来源于竞争者利益的剥夺，并最终转嫁到消费者身上。

（二）构成要件

判断一种行为是否属于行政垄断，必须根据行政垄断的构成要件对这种行为进行分析、界定。目前我国法律对行政垄断的构成并没有法定的标准。这就要求我们运用法律理论，结合实际情况进行分析。

一般违法行为由违法主体、违法的主观方面、危害结果和因果关系四要件构成；犯罪由主体、主观方面、客体、客观方面四个要件构成。行政垄断作为一种特殊的违法行为不同于一般违法行为，也不同于犯罪的构成要件。

1. 行政垄断的主体

欧共体竞争法用"undertaking"即"企业"来指称规制对象，在 Poiypropylene 案件中，欧共体委员会认为，企业不限于有法律人格的实体，而是包括参与商业活动的一切实体，[2] 在 Mannesman v. High Authority 案件中，欧共体法院认为"企业"包括从事商业活动的国家机关；[3] 我国台湾地区的"公平交易法"第2条规定，其主体包括"公司，独资或合伙之工商行号，同业公会，其他提供商品或服务交易之人或团体"，而依"公平交易委员会"的解释，"本案拟接受'政府补助'初期开发经费之行为主体虽可能为'政府机关'、自来水事业单位、民间企业或其他财团法人，惟其设置目的在于制造、销售饮水，不论其将来组织形态为何，皆属于'公平法'第二条所称之事业"。[4]

---

[1] 〔美〕G. J. 斯蒂格勒：《经济学》，姚开建等译，中国人民大学出版社1997年版，第369页。

[2] 包括股份公司、合伙、个人、联合经济组织、国有公司、合作企业等，但国有公司行使公法权力时除外。

[3] 许光耀："欧共体共同体竞争法研究"，载漆多俊主编：《经济法论丛》（第2卷），中国方正出版社1999年版，第342页。

[4] 转引自赖源河：《公平交易法新论》，中国政法大学出版社、元照出版公司2002年版，第88页。

明确规定行政垄断的俄罗斯《竞争保护法》(2011年修改)第3条规定,本法适用于保护竞争的关系,包括预防和制止由俄罗斯的法人和外国的法人,联邦行政机关、联邦各主体国家权力机构、地方自治机关、其他行使上述机关的职能的机关或组织,以及国家预算外资金、俄罗斯联邦中央银行、作为个体经营者的自然人从事的垄断活动和不公平竞争的关系。

上述国家或地区立法规定都将行政机关纳入反垄断法的主体范围。当然,行政垄断行为中,行政机关是主要主体,但不是唯一主体。另有两类主体也可以成为行政垄断为的主体:一类是法律、法规授权的组织,包括社会组织、团体,企事业组织,基层群众自治组织,各种技术检验、鉴定机构。在西方有关国家,律师协会等社会团体不仅行使确认资格、颁发证照的权力,而且可对其成员实施处罚,其也可能从事行政垄断行为。在我国,比较常见的是各种技术检验、鉴定机构享有行政权力。如《计量法》第20条规定,县级以上人民政府计量行政部门可根据需要设置计量检定机构,或授权其他单位的计量检定机构,执行强制检定和其他检定、测试任务。此外,《药品管理法》、《进出口商品检验法》等也包含类似的授权。另一类组织是行政机关委托的组织。这类组织行使职权是基于行政机关的委托,而非基于法律、法规的授权。因此,其行使职权是以委托行政机关的名义,而不是以自己的名义进行;其行为的法律后果也不是由其承担,而是由委托行政机关承担。在行政法上,将以上三类主体统称为行政主体,所以,行政垄断的违法主体是行政主体。

2. 行政主体实施了滥用行政权力的行为

什么是"滥用行政权力",学界有两种主要观点:一种观点认为违反法定权限和法定程序;[1]另一种观点认为,违反法律目的和原则。[2]我国法律没有关于滥用行政权力或行政滥用职权之类的解释性规定。"滥用职权"在《行政诉讼法》第54条被作为法院可以判决撤销或部分撤销的情形列出。在该条第2项中,滥用职权与违反法定程序、超越法定职权被作为并列关系列举。同样在《行政复议法》第28条第1款第3项也将滥用职权与违反法定程序、超越职权处理为并列关系。可见,上述法律规定中的滥用行政权力并不是指"违反法定权限和法定程序"的行为。行政垄断中的滥用行政权力包括超出法律规定的权限行使权力、超过立法权限制定规章。另外,行政权力滥用包括作为和不作为方式违反法律。

---

[1] "政府和政府部门干预经济生活的行为违反法定权限和法定程序,则构成了滥用权力",参见王保树:"论反垄断法对行政垄断的规制",载《中国社会科学院研究生院学报》1999年第5期。

[2] "行政机关及其工作人员在行使行政职权时,违背法律、法规目的或原则,损害相对方和国家的利益"。参见罗豪才主编:《行政法学》(修订本),中国政法大学出版社1999年版,第300页。

因此，这里的滥用行政权力和上述"违反法定权限"的内容并不完全一致。

3. 侵害公平竞争秩序

这一侵害客体是行政垄断区别于行政机关滥用职权的其他行为的主要方面。行政垄断侵害的是其他竞争主体的经营权，非侵害经营权的行为，如滥用权力限制人身自由的行政行为，不属于行政垄断。另外，行政主体的滥用权力行为需产生竞争限制的效果或限制的可能，对经营权限制但不具有限制竞争效果的行为，也不属于行政垄断，例如，滥用权力查封、扣押、冻结经营者的财产等。所以，侵害竞争者的经营权并产生限制竞争效果的行为，才能被抽象地称为侵害市场的公平竞争秩序。

在认定行政垄断行为时，值得探讨的问题有两个：其一，行为主体是否包括立法机关；其二，是否需要考查主观要件。

一般而言，国家立法机关的行为不适用反垄断法，但地方立法机关，如美国的州、我国地方人大，这些机关可能通过颁布地方性法规限制竞争，对这些抽象行政行为除了适用宪法、立法法等之外，可否适用反垄断法？俄罗斯《竞争保护法》已经将此纳入其中，后文将述。

在实践中，要确认行政主体的行为出于故意或过失往往比较困难，因为其和被侵害主体之间的话语权不对等。但根据依法行政的要求，在法律对立法目的、行政主体的权力范围、权力行使方式与程序作了具体规定的情况下，行政主体及其所属人员应当知晓这些规定并需按规定行事。因此，作为行政垄断构成要件的主观状态是推定的，行为主体不管是因过失还是故意实施了行政垄断行为，都推定其主观上有过错，不存在过失行政垄断的问题。由于这样的推定具有普遍适用性，也就不需要将其作为一个要件明确指出了。

第二节 我国《反垄断法》中的行政垄断

我国《反垄断法》第五章规定的行政垄断，在名称上使用的是"滥用行政权力排除、限制竞争"。其理由就是行政垄断这个称谓中的"行政"容易被误解为仅指行政机关，而实施行政垄断的主体不限于行政机关。从语意上看，法条中的表达比约定俗成的概念更准确（碍于语言习惯，下文仍使用"行政垄断"这个概念）。

一、行政垄断的类型

我国《反垄断法》规定了六种行政垄断行为。

（一）强制买卖

强制买卖，即行政机关和法律、法规授权的具有管理公共事务职能的组织滥用行政权力，限定或者变相限定单位或者个人经营、购买、使用其指定的经营者提供的商品。

限定经营、购买或使用，是指直接圈定某经营者提供的商品（包括服务，下同），"变相限定"是间接的限定，实施变相限定时往往都事先确定一个符合某经营者特点的标准（一般不是法律上的标准）或单方提出一个冠冕堂皇的理由，看似针对所有的竞争者，实则只有特定经营者才符合确定的条件，进而排除其他单位和个人的经营、购买或使用商品的选择权。

我国国家工商总局颁布的《工商行政管理机关制止滥用行政权力排除、限制竞争行为的规定》进一步将该种行为细化为：以明确要求、暗示或者拒绝、拖延行政许可以及重复检查等方式限定或者变相限定单位或者个人经营、购买、使用其指定的经营者提供的商品或者限定他人正常的经营活动。

这里的"单位或个人"不限于经营者或个体工商户，也包括行政机关或法律、法规授权的具有管理公共事务职能的组织或人员，如上级行政机关要求下级机关或行政机关要求其工作人员每月必须购买本地啤酒厂的啤酒。

（二）地区壁垒

地区壁垒，又称地区封锁、地方保护主义，指行政机关和法律、法规授权的具有管理公共事务职能的组织滥用行政权力，妨碍商品在地区之间的自由流通。

一般而言，地方壁垒的目的本是保护本地区的经济利益，但是，由于其人为地分割了市场，割断了本地市场与外地市场的联系，阻止资源的自由流动，既扰乱了产品的市场信号，也造成社会资源的浪费和交易成本的增加，因此，从长期和总体来看，并不利于本地区的经济技术水平的提高。

我国《反垄断法》细化、扩展了《反不正当竞争法》规定的"限制外地商品进入本地市场，或者本地商品流向外地市场"，[1] 依据实施手段的不同，将地区壁垒分为以下情况：

（1）费用或价格歧视，即对外地商品设定歧视性收费项目、实行歧视性收费标准，或者规定歧视性价格。

（2）标准歧视，对外地商品规定与本地同类商品不同的技术要求、检验标准，或者对外地商品采取重复检验、重复认证等歧视性技术措施，限制外地商品

---

[1]《反不正当竞争法》第7条：政府及其所属部门不得滥用行政权力，限定他人购买其指定的经营者的商品，限制其他经营者正当的经营活动。政府及其所属部门不得滥用行政权力，限制外地商品进入本地市场，或者本地商品流向外地市场。

进入本地市场。

（3）许可壁垒，采取专门针对外地商品的行政许可，或者对外地商品实施行政许可时采取不同的许可条件、程序、期限等，阻碍、限制外地商品进入本地市场。

（4）关卡壁垒，设置关卡或者采取其他手段，阻碍、限制外地商品进入本地市场或者本地商品运往外地市场。

（5）妨碍商品在地区之间自由流通的其他行为。

（三）排斥或者限制招投标

排斥或者限制招投标，指行政机关和法律、法规授权的具有管理公共事务职能的组织滥用行政权力，以设定歧视性资质要求、评审标准或者不依法发布信息等方式，排斥或者限制外地经营者参加本地的招标投标活动。

排斥或者限制招投标的手段主要有：

1. 提出歧视性资质要求

我国《招标投标法》规定，招标人不得以不合理的条件限制或者排斥潜在投标人，不得对潜在投标人实行歧视待遇（第18条第2款）。招标文件不得要求或者标明特定的生产供应者以及含有倾向或者排斥潜在投标人的其他内容（第20条）。歧视性资质要求，指不涉及一般性标准的产品或服务质量内容的资质要求。一般而言，产品稳定的要求如3年内无公开曝光纪录、获得企业质量体系认证、产品质量认证或成立时间等方面要求，或主体设立时间如成立1年以上等都不应视为歧视性要求。但一些与中标后完成标书无实质性关联关系的"资质"内容则属于歧视性资质要求，如要求参与投标的外地经营者具有高于本地经营者的注册资本、经营期限条件等。

2. 歧视性评审标准

评审标准应该以完成中标任务来设计，一般以产品的质量、技术水平、售后服务、价格等为主要内容，如果将这些主要内容弃之不用，而夸大其他参考内容或无关紧要的特点就构成歧视性评审标准，例如，本地企业优于外地企业、大型企业优于中小企业、外国公司优于本国公司等。

3. 不依法发布信息

招投标过程始终要坚持的基本原则是公开、公平、公正。不依法发布信息包括招标信息不公开、中标结果不公开，不管哪个过程、环节的不公开，只要是法律规定应当公开而未公开的，都违反"三公"原则。信息公开是招投标结果公平、公正的前提，利用行政权力在招投标中"暗箱操作"，不仅违反反垄断法，也违反招投标法，甚至可能构成犯罪。

上述行为的结果有三个：①个别排斥群体。通过给予个别投标人优惠、透露重要信息、确定特别标准的目的，使该主体中标。该个别主体在行政权力呵护下中标，便不公平地排斥其他主体。②本地排斥外地。一些地方政府以保护本地企业利益为借口，形式上进行公开招标，但设置有利于本地企业的特别标准排斥外地竞标者。③外国企业没有合理的理由排斥本国企业，或者相反。例如某地方政府进行空调采购项目的招标，招标条件中"技术规格"要求空调必须是日本三菱电机，这使国内大多数企业都失去了投标资格，而三菱电机和非三菱国产电机在质量并无明显的差别。

（四）限制市场准入

排斥或限制外地经营者在本地投资的行为，是指行政机关和法律、法规授权的具有管理公共事务职能的组织滥用行政权力，采取与本地经营者不平等待遇的方式，排斥或者限制外地经营者在本地投资或者设立分支机构的行政性垄断行为。我国《公司法》在2005年修改以后，公司设立总体上由核准原则转变为准则原则。但一些特殊情况下，设立公司仍需核准，例如，《公司法》第193条规定，外国公司在中国境内设立分支机构，必须向中国主管机关提出申请，并提交其公司章程、所属国的公司登记证书等有关文件，经批准后，向公司登记机关依法办理登记，领取营业执照。上述法律原则的转化，意味着大部分公司的设立只要满足《公司法》规定的条件，即可以完成设立。但是，在设立的最后阶段——申领营业执照阶段，可能因行政机关出于特殊考虑，不予颁发营业执照，出现排斥或限制经营者市场准入的情况。

经营者在某地进行投资或设立分支机构，一般是为了获取原材料、相对廉价的劳动力或者占领某地区的商品和服务市场，实现对当地市场的分享或控制。对外来投资，本地政府一般是欢迎的，但出于狭隘的地方保护主义和小团体利益，有些地方行政机关也会直接或间接地阻挠外地经营者进入本地市场。常见的排斥或限制外地经营者的手段主要有两类：一是直接限制外地经营者落户本地；二是为本地经营者提供特殊扶持从而间接限制外地经营者在本地经营。前一类手段如要求外地投资者具有与投资无关的资质条件、设定最低资本要求、提供不必要的高额担保、强制征收额外税费、限定投资项目和资金使用方向、设置繁琐的审批程序和条件等。后一类手段如要求银行只给予本地经营者贷款支持、给予本地经营者税收优惠、在行政程序上给予本地经营者特殊关照等。

（五）强迫垄断

强迫垄断，即行政机关和法律、法规授权的具有管理公共事务职能的组织滥用行政权力，强制经营者从事反垄断法规定的垄断行为。具体而言，包括强制经营者之间达成、实施排除、限制竞争的垄断协议，强制具有市场支配地位的经营者从事滥用市场支配地位行为，强制合并等。从性质上说，行政强迫垄断的表现形式是经济性垄断，但其本质是行政权力滥用的结果。

（六）抽象行政垄断行为

抽象行政垄断行为，即行政机关滥用行政权力，制定含有排除、限制竞争内容的规定。

与前面几种行政垄断行为相比，抽象行政垄断行为的主体比较特殊，仅限于行政机关，不包括法律、法规授权的具有管理公共事务职能的组织。按照《反垄断法》第 37 条的规定："行政机关不得滥用行政权力，制定含有排除、限制竞争内容的规定。"这里的"规定"如何理解，是否包括部门规章？按照我国《行政复议法》第 7 条的规定："公民、法人或者其他组织认为行政机关的具体行政行为所依据的下列规定不合法，在对具体行政行为申请行政复议时，可以一并向行政复议机关提出对该规定的审查申请：①国务院部门的规定；②县级以上地方各级人民政府及其工作部门的规定；③乡、镇人民政府的规定。""前款所列规定不含国务院部、委员会规章和地方人民政府规章。规章的审查依照法律、行政法规办理。"可见，这里的"规定"不包含规章。另外，是否包括地方性法规？因地方性法规的制订主体是地方人大，其不属于行政主体，所以，如果从制度的统一性来讲，这里的"规定"不包括"规章"，也不包括"地方性法规"。对于规章和地方性法规中涉及的垄断性违法的情况，只能按照《立法法》、《地方各级人民代表大会和地方各级人民政府组织法》的规定来处理。

二、行政垄断的规制

目前的《反不正当竞争法》对于强制限定交易行为和地区封锁行为也只是规定了责令改正、行政处分的责任。国务院《关于禁止在市场经济活动中实行地区封锁的规定》中对于地区封锁行为的处罚，除了触犯《刑法》应承担刑事责任外，也主要是撤销决定、通报批评、行政处分。

另外，按照最高人民法院《关于反垄断民事诉讼司法解释（征求意见稿）》第 6 条第 2 款规定："垄断行为的受害人依据反垄断法第 32 条和第 36 条的规定向被指定或者被强制的经营者主张民事权利的，应当在相关行政行为被依法认定构成滥用行政权力排除、限制竞争的行为后，向人民法院提起民事诉讼。"意味着，反行政垄断诉讼需要行政程序前置。

再有，如何规制抽象行政垄断行为，我国《反垄断法》第 51 条规定："行政机关和法律、法规授权的具有管理公共事务职能的组织滥用行政权力，实施排除、限制竞争行为的，由上级机关责令改正；对直接负责的主管人员和其他直接责任人员依法给予处分。反垄断执法机构可以向有关上级机关提出依法处理的建议。"可以看出,行政垄断问题的解决,反垄断执法机构只能向实行者的上级机关提出建议,由上级行政机关改变或撤销该行为。反垄断执法机构既无权直接责令其改变或撤销,也不能向法院提起诉讼。上级机关能否改正,反垄断执法机关提出的建议有多大的约束力都很含糊。迄今为止,这一规制方式只成功运用了一次。[1]

对于抽象行政行为,包括"规章"和"地方性法规"的除外适用,是否适当?值得探讨,俄罗斯反垄断法中的有关规定值得借鉴。

第三节 俄罗斯法中的行政垄断

转型经济国家的竞争立法总体上晚于市场经济国家,其在竞争法上区别于市场经济国家的主要方面是规制行政垄断。行政垄断是转型国家市场中的共性问题。规制的行政垄断是转型国家反垄断法区别于德国、美国等先竞争立法的一大特色。但凡涉及行政垄断问题的国家都十分关注这一立法特色及其所规定的内容。

规制在先并及时完善制度,使得俄罗斯反垄断法比同样规制行政垄断的其他国家(如哈萨克斯坦、匈牙利等)竞争法更加引人注目。分析俄罗斯反垄断法规制行政垄断的制度对于完善制定中的我国《反垄断法》具有一定的借鉴意义。

---

[1] 2010年1月8日,广东省某市政府召开政府工作会议,会议的主要内容是落实省政府加强道路交通安全管理,推广应用卫星定位汽车行驶记录仪。会议相关决议以"市政府工作会议纪要(2010年第6期)"的形式印发相关部门执行。然而,在会议纪要中,市政府明确指定新时空导航科技有限公司(以下简称"新时空公司")自行筹建的卫星定位汽车行驶监控平台为市级监控平台,要求该市其余几家GPS运营商必须将所属车辆的监控数据信息上传至新时空公司平台。此后,该市物价局依据该会议纪要,又批复同意新时空公司对其他GPS运营商收取每台车每月不高于30元的数据接入服务费。2010年5月12日,该市政府办公室印发了《强制推广应用卫星定位汽车行驶记录仪工作实施方案》,明确要求全市重点车辆必须将实时监控数据接入市政府指定的市级监控平台。同年11月11日,该市政府又召开政府工作会议,形成"市政府工作会议纪要(2010年第79期)",重申了上述要求,并要求交警部门对未将监控数据上传至新时空公司平台的车辆,一律"不予通过车辆年审"。2011年1月26日,该市易流科技有限公司等3家汽车GPS运营商联名向广东省工商局投诉,反映该市政府在强制推广汽车GPS工作中的行政行为涉嫌滥用行政权力排除、限制竞争。3月25日,3家企业又向广东省人民政府法制办公室就该市政府上述行政行为提起行政复议。广东省工商局向广东省政府提出认定和处理建议,该建议得到认同。具体参见"会议纪要指定经营者,工商机关首次行使建议权《反垄断法》剑指地方政府排除限制竞争——广东省工商局调查滥用行政权力排除、限制竞争案纪实",载《中国工商报》2011年7月27日。

俄罗斯反垄断法对行政垄断规制的方式和内容可以为完善我国反垄断法及有效实施该法提供借鉴经验。

一、俄罗斯法对行政垄断的规制

俄罗斯反垄断法的完善主要经历了三个阶段，每个阶段行政垄断都是规制的焦点和重点。1991年《商品市场竞争及限制垄断行为法》（截止到2006年该法律习惯上被简称为《商品市场反垄断法》）第7～9条将"行政机关和地方自治管理机关限制商品市场竞争"作为一种独立限制竞争行为。2002年该法修订后，更加突出对行政垄断的规制，将其单独列为法律中的一个部分——"Ⅱ-1俄联邦行政机关、各俄联邦主体权力机关、地方自治管理机关、受托行使职权或法律授权机关及组织（以下称"行政主体"）颁布或实施的限制竞争的法令、行为、协议或协同行为"。2006年整合了《商品市场竞争及限制垄断行为法》和《金融服务市场竞争保护法》，颁布了俄罗斯《联邦竞争保护法》（以下简称俄罗斯《竞争保护法》）。修订后的反垄断法在一些方面发生了质的变化。[1]

（一）制度特点

首先，行政垄断违法主体的范围进一步扩大。1991～2002年的商品市场反垄断法规定的行政垄断违法主体有三类：各联邦行政机关、各俄联邦主体行政机关、地方市政当局。2002年法律修改后，在原有主体的基础上又增加了两类主体：法律授权或受委托的权力机关或组织[2]、除联邦国家立法机关之外的立法机关。[3] 这样，2002年反垄断法中被排除在外的主体只是依俄罗斯《联邦宪法》第10条规定的享有国家立法权的联邦立法机关和享有司法权的各司法机关。2006年的《竞争保护法》在违法主体上进一步扩大到非国家预算的组织（因联合实施的行政垄断行为的存在）。由于行政垄断违法主体范围的扩大，相应地违法行为的类型也扩大了。原来的涉嫌行政垄断的行为主要是行政机关的具体行政行为，现在扩大到行政机关的具体行政行为、授权或委托主体的具体行政行为和地方性法规、部门规章形式的抽象行政行为。

其次，调控机制上实行双轨制。涉嫌构成行政垄断的违法主体的行为，一般

---

[1] 2005年修改法律只是增加了反垄断机关的权力，对行政垄断的规定没有改变。
[2] 俄罗斯《竞争保护法》中没有直接使用"行政垄断"，因各主体立法机关、受托或授权组织行使职权的存在，法律对实施行政垄断的主体统称为权力机关。不同于我国行政法理论上将行政机关、法律授权机构、行政机关委托的机构共同称为行政主体，进而在我国行政主体的限制竞争行为被统称为行政垄断。严格说来，用行政垄断这个概念描述俄罗斯反垄断法是不周延的，它无法涵盖地方立法机关的抽象行政行为形成的垄断。
[3] 另《金融服务市场竞争保护法》规定的行政垄断违法主体分为四类，即联邦行政机关、联邦中央银行、俄联邦各主体权力机关、地方市政当局。

表现为权力机关对经济主体（特定或不特定）利益的侵害。俄罗斯《竞争保护法》针对具体行政行为和抽象行政行为法律提供了两种不同解决机制：对有证据证明有违反竞争保护法的具体行政垄断行为，反垄断机关可以自主启动法律程序，根据违法后果作出违法决定并发布执行令，如果行为主体对其行为违法性认定的结论不服，可以向仲裁法院提起诉讼；[1]为防止违法行为出现，反垄断机关可以发出禁止从事某种行为的行政指令。两者共同构成了规制具体行政垄断特殊的机制——事后调整和预防性调整。这种机制也适用于抽象行政行为，即反垄断机关有权依据竞争法认定行政主体发布的未生效的规范性法律文件进行修改，或对已经生效的规范性法律文件提请仲裁法院重新认定其效力。

最后，行政垄断类型的开放性。在判断行政行为是否违法的标准上，采取了"概括加列举"的立法技术，规定了行政垄断的总体特点和行政垄断的表现形式。抽象而言，认定行政垄断的实质性标准不仅仅包括限制竞争和损害经营者利益，也包括存在"可能"消除竞争的危险。俄罗斯《竞争保护法》第15条规定，禁止联邦国家行政机关、联邦各主体权力机关、地方自治管理机关、受托行使职权或法律授权机关或组织从事产生或可能产生限制竞争效果的行为。行政垄断违法行为的类型在原来的基础上增加了招标中的违法行为，细化了"职能混同"、"歧视待遇"等行为。后面将详述。

（二）行政垄断的类型

监督权力机关限制竞争的活动是反行政垄断的基本目标之一，也是俄罗斯反垄断法的主要内容之一。行政垄断的表现形式有多种，根据主体实施行为的方式不同，可分为单独实施的行政垄断和联合实施的行政垄断。

1. 单独实施的行政垄断

结合《商品市场反垄断法》和《金融服务市场竞争保护法》的规定，单独实施的行政垄断可以理解为，联邦行政机关、各联邦主体权力机关、地方市政当局、其他委托或法律授权的权力机关或组织颁布法令或采取行动，限制经济主体的自主权、歧视经济主体，导致或可能导致限制或消除竞争和损害经济主体利益的情形。

依据行为的目标不同，单独实施的行政垄断进一步划分为限制经济主体自主权、不公平待遇、职能混同、违反竞标原则四种。

（1）限制经济主体自主权。限制经济主体自主权包括组织上的限制、经营

---

[1] 仲裁法院主要审理分为三级，联邦最高仲裁法院、联邦专区仲裁法院、联邦各主体仲裁法院。仲裁法院的受案范围是经济类案件。而相对于我国仲裁机关的在俄罗斯叫做"公断庭"。

活动上的限制和地域上的限制。

组织上的限制，是指权力主体通过发布法令或以具体行政行为限制在任何行业或产业创建新的经济实体（包括一般经济组织和金融组织）。俄罗斯《民法典》规定了一系列不允许非法限制创建法人或非法人组织的规定，联邦国家登记机关无合理理由不得拒绝登记，否则，权利人可以向法院起诉。这里的"合理理由"指不按照法人设立的程序设立、提交的文件不合法。

生产经营活动上的限制，是指权力机关以发布法令或实施行政行为的形式无正当理由阻碍经济实体的经济活动。和组织上的限制相比较，此种限制竞争行为针对的是经济主体的生产、经营活动，包括生产产品、加工、销售或提供服务，限制的后果已威胁或可能威胁主体的生存。对经济主体的活动只有在法律明确规定的情况下才能施加相应的限制，例如，俄罗斯《联邦环境保护法》第 70 条第 2 款规定，环境检查人员依据法律规定的权力和程序，可以限制从事环境违法行为的法人、自然人停止生产某种产品，全部停产，或强制经济主体实施特殊的环境保护措施。

地域上的限制，是指权力机关以颁布法律或以某种行为限制经济主体从俄联邦的一个区域（共和国、边疆区、州、联邦直辖市、自治州或自治专区）到另一个区域进行交易（取得财产、购买产品、交换财物）或提供服务，或者以其他方式限制经济实体进行交易或提供服务。截止到目前，俄罗斯经济发展存在"活跃"经济区域和落后的经济区域差别，即地区经济发展不平衡的现象，这进一步反映并表现为地方产品的竞争力、地方产业的盈利状态上差别，由此，诱发了落后地区以保护本区产业或产品为名的地方保护主义。地方保护主义主要发生在地域市场或地区性市场上，其实质是利用行政权力限制竞争，即行政垄断。这种行政垄断可以直接限制产品（劳务）流动的方式进行，如直接禁止商品进入或输出、限制经营活动自由、限制经济活动领域等；也可能采取其他限制手段（即间接手段），如对一般产品实行许可证管理，对运输企业设置总量上的或技术上限制条件、为个别生产者提供优越条件或通过第三人使某种产业无利可图或潜在竞争者难以进入这个市场等。

从实际境况看，直接限制竞争并没有消失，间接的、隐性的区域限制竞争的情况更典型。[1] 夫拉基米尔地区反垄断机关 2004 年处理的一个案件就属于间接手段的行政垄断：夫拉基米尔区市行政当局发文件，允许从其他地区运进酒精和

---

[1]〔俄〕季加林娜："反垄断促进经营"，载《法律与经济》2006 年第 1 期。

伏特加酒，总量控制在市场比例的35%以下，[1] 但经营者需购买此经营权。此行为被反垄断机关认定为对从事供给和销售外地产酒精和伏特加酒的经营主体的歧视行为，也是设置障碍阻止商品在俄联邦区域内自由流动的行为，该市政当局违反了商品市场反垄断法第7条的规定。[2]

（2）不公平待遇。即无正当理由给予特别主体以经济上的优惠。不公平待遇表现为以下几种：

第一，违反俄联邦法律或正式法令的规定，指令经济实体为特定的客户优先供应商品（完成工作、提供服务），或者按照优惠条件签订契约，即无根据在先履行和提供优先权。无正当理由给予特定经济主体或某些经济主体以优惠，使在市场上从事同类商业的主体处于不利地位。在法律有特殊规定的情况下，可以存在优先义务。例如，根据俄罗斯《国家需要的农产品、原料及粮食采购供应法》（以下简称《国家需要产品供应法》）第5条第2款的规定，在特定产品市场上具有优先地位的供应者为了国家的需要，可以强令供应者签订优先供应或提供优惠条件的合同，只要此种特殊履行不致供应者亏损。

第二，给予特定主体的税收优惠待遇。以财政资金给予个别经营者优待，是不公平地使用国家资源，扶持不具备竞争能力的主体维持经营并人为地改变市场结构，其结果必然破坏竞争环境。有法律依据的给予非特定主体优惠待遇的，则属于行政垄断的例外，如根据俄罗斯《小企业国家扶持法》第6条和第9条的规定给予金融上和税收上的优惠。

在法理学上，给予优惠待遇意味着调整市场关系的一般法律原则的例外适用。典型的优惠待遇体现在税收管理关系上。各国税法几乎都给予某些特殊的经济主体或特殊情况下给予某类经济主体以税收优惠，以实现特殊的调整目的，俄罗斯税法制度也不例外。俄罗斯《税法》第56条第1款就涉及给予特定范围的纳税人优惠待遇的规定。因此，反垄断法上的优惠待遇只有在促进经济发展、立法明确规定的情况下才允许。行政机关给予特殊经济主体或某些经济主体以优惠待遇应经过俄联邦反垄断机关的同意。如果行政机关的优惠决定没有经过俄联邦反垄断机关的同意，按照俄罗斯《竞争保护法》第23条的规定，俄联邦反垄断机关有权取消或修改违反反垄断法的规章；禁止可能形成竞争障碍，和（或）可能导致限制或消除竞争，违反反垄断立法的行为。若行政机关不执行反垄断机关作出的撤销或变更违法行为的决定，俄联邦反垄断机关（包括区域派出机关）

---

[1] 俄罗斯《反垄断法》第4条规定，企业的市场份额不超过35%的，不具有支配市场地位。
[2] 〔俄〕К. Ю. 图季耶夫：《竞争法》（俄文版），РДЛ 出版公司2003年版，第291页。

有权向相应的仲裁法院起诉，要求确认行政机关作出的决定或决定依据的规章无效或部分无效。如列宁格勒区兽医防疫站决定在地域内通过其分支机关销售某种特定的生物学制剂，但在区反垄断机关的干预下，这个决定被撤销[1]。

第三，行政机关给予非法的费用优惠待遇、债务特殊处理的优惠。这个行为通常表现为通过法令或命令实施补贴（如直接或间接给个别经营者发补助金）、优惠贷款、债务注销等。过渡时期，竞争环境的塑造在许多方面依赖于企业预算约束的严格程度。大体上，预算约束在于企业的货币支出要受企业活动资金和当期货币收入的限制。企业超预算开支的企业法（或公司法）限制属于企业预算软约束。相反，国家的财政补贴或优惠贷款则属于预算硬约束，给予企业的预算拨款和优惠贷款会直接影响竞争的公平性[2]。企业的财务状况对它在多大程度上能顺利地开展竞争活动的依赖程度较大。在俄罗斯预算软约束对促进竞争所发挥的作用较小。

第四，许可中的不公平待遇。列入确定经济领域的经营活动可以实施许可管理，但无根据设定行政许可会限制经营者的竞争。实践中，行政许可行为破坏竞争的现象突出表现在：许可经营主体以没有联邦法律依据的某种特权、没有法律依据拒绝颁发（或延长）许可证（期限）、限制许可的经营活动的时间、任意废除许可。

（3）职能混同（совмещение функция）。职能混同即权力机关的职能和经济实体的职能合为一体。作为单独实施的行政垄断的另一种特殊形式——职能混同包括以下两种情况：权力机关同时享有经营主体的职能；经济主体享有权力机关的职能和权力，包括国家监督机关的职能和权力。前者表现为，国家行政机关或各地方权力机关组建自己的商业主体，通过间接的经营活动部分地完成国家或地方权力机关的职能，或者在行政规章中推荐市场主体的产品或服务；后者表现为，经营主体分享权力机关职能。这种现象在俄罗斯国有企业中大量存在。在扩大意义上，在各产业中大约有1.5万家国有企业不同程度上执行权力机关的职能[3]。

如何理解"职能混同"及如何判断"职能混同"是规制该种行政垄断的关键。

在法学理论和仲裁法院的实践中，"职能"被理解为各种主体权利（力）能

---

[1] 自然出版公司编著：《反垄断案件选编》（俄文版），自然出版公司2003年版，第55页。

[2] [俄] A. 布兹加林、B. 拉达耶夫：《俄罗斯过渡时期经济学》，佟刚译，中国经济出版社1999年版，第360页。

[3] [俄] 季加林娜："反垄断促进经营"，载《法律与经济》2006年第1期。

力。"职能混同"被理解为同一主体实施超出权利（力）能力范围并涉足不同类职能的活动。实践中，仲裁法院职能混同的判定主要依据主体的法律性质、权利（力）属性、行使权利的内容。

仲裁法院判定职能混同的方法分为一般判定方法和补充判定方法。

一般判定方法是看主体章程或内部法律文件规定的职权是否与其属性相符。就经济实体而言，其职能是否包含有国家机关的职能，一般看企业章程的规定。某煤气供应股份公司章程第3条——"目的、任务和经营客体"中规定，该公司的职能是：监督非从属于行政机关且财产独立的企业、其他组织供应任务的完成，制定煤气系统的煤气供应、设施建设、改造和经营利用的统一规则。显然，这里包含只有权力机关才享有的监督权。它违反了《民法典》第66条（合伙与商业公司的性质的规定）、第96条，《股份公司法》第2~7条和《竞争保护法》第三章第15条的规定，也有违股份公司的本质属性。

权力机关的职能混同主要看其行为是否具有经营性。某自治地方教育机关，组建了建筑设计事务所并发布确定其市场地位的条例。按照条例，该事务所集中了所有教育建设项目的设计职能和一般经营主体享有的商业性的建设工程设计工作。地方反垄断机关向仲裁法院请求确认该条例无效，其法律依据是《地方自治法》第20条第1款和《商品市场反垄断法》第7条第3款（现《竞争保护法》第三章第15条）。该教育行政机关认为，建筑设计师事务所是不属于国家权力机关系统的独立法人，依据《民法典》第49条的规定，其具有完全的权利能力和行为能力。但仲裁法院拒绝了行政机关的请求，认为章程的内容属于职能混同。[1]

判定职能混同之补充方法，主要审查主体是否实际行使超出其职能范围的"权利（力）"。它包括《商品市场反垄断法》第7条第3款一般性禁止，也适用于经济主体章程中没有规定，但实际上行使超出职能范围的"权力"的情况，及行政机关法律文件或地方自治机关法律文件中没有规定，但事实上从事经营（商业）活动的情况。

为了消除职能混同，依据《竞争保护法》的规定，反垄断机关有权责令停止，或请求仲裁法院确认违法。但反垄断机关不能删除或改变经济主体的章程或文件中规定的越权内容。

在运用俄罗斯反垄断法禁止职能混同时，存在一定的例外。权力机关以规范性法律文件来确定其管辖范围及其法律地位，它们有权以俄联邦的名义、各俄联

---

[1] 《俄联邦最高仲裁法院公报》1998年3月30日，第32号。

邦主体的名义或主体各部门的名义参与民法调整的关系，这是反垄断法适用除外的基础。通常，权力机关可以以下列身份参与民事关系：一是所有者代表。按照《民法典》第 214 条的规定，国家所有的财产划拨给国有企业归其占有、使用和处分。[1] 二是与特定的商业组织改组过程有关的主体，比如按照 2003 年第 217 号联邦政府令，国有企业的私有化改组以合同形式确定，权力机关是改组合同一方当事人。三是国家需要商品的采购人（购买人）。如《民法典》第 525 条规定，国家所需商品的供应，以国家所需商品供应合同，以及依据该合同而签订的国家所需商品合同进行。四是全权代表主体。如《国家需要产品供应法》第 3 条第 1 款第 4 项和《民法典》第 534 条的规定，联邦国家行政机关、联邦各主体权力机关或经济主体（包括联邦国有企业）可以作为采购者为国家实现联邦特定任务和保障联邦国家需要供应产品。如果联邦国有企业或其他委托经济主体在执行政府采购时，属于例外的职能混同。

（4）违反竞标原则的行为。2002 年修订后的俄罗斯《商品市场反垄断法》增加了一项新内容——第 9 条：禁止公务人员违反竞标规则滥用行政权力，即在组织采购国家需要和地方自治机关需要的商品、劳务和提供服务时，违反竞标规则的行政行为。修订前的第 9 条仅仅规定国家机关工作人员禁止参与企业活动（包括禁止国有独资情况下的企业管理）。

政府采购者在运用政府资金时，有义务维护公共利益和保证消费者的利益。为此，在供应者之间应该按竞标规则签订合同。

政府在进行招标采购时不得从事下列限制竞争行为：①为特别主体创造优越条件参与竞标，例如给予特别主体以秘密信息、减少支付等；②竞标组织者、合作者和联盟企业参加竞标；③竞标组织者协调竞标人的行为并在竞标人之间产生或可能产生限制竞争或者危害竞标人利益的后果；④无根据限制参加竞标。这里所列举的禁止行为只是从危害竞争的角度来规范的，竞标程序应按照 1999 年俄罗斯《招标采购国家需要的商品、劳务、服务的法律》的规定进行。

2. 联合实施的行政垄断行为

按照俄罗斯《竞争保护法》第 16 条的规定，禁止联邦各行政机关、各联邦主体权力机关、地方市政当局、其他委托或法律授权的权力机关或组织相互之间、它们与经济实体之间签订导致或可能导致限制、消除竞争或损害经济实体的利益的任何形式的协议或者实行协同行动。

---

[1] 下文所引俄罗斯《民法典》的具体内容均来自《俄罗斯联邦民法典》，黄道秀等译，中国大百科全书出版社 1999 年版。

可见，评价联合实施的行政垄断行为需要三个条件：其一，存在协议或协同行为。这里的协议或协同行为可能发生在两个权力机关之间，也可能发生在权力机关和经济主体之间。其二，协同行为和协议内容对竞争有消极影响。其三，参加者具有共同目标、明确分工或协调一致的行动。

上述《竞争保护法》第16条所禁止的协议（协同行为）包括：①协议（协同）价格（提高、降低或者维持价格或折扣），即权力机关支持的价格卡特尔或强迫经营者执行的价格卡特尔；②划分市场，即权力机关支持的或强迫执行的划分地域市场，划分销售市场，按照商品级别划分市场或者按照销售者、购买者或采购人划分市场的限制竞争情况；③排挤行为，即联合运用行政权力阻碍新经营主体的产生或将经营主体从市场排挤出去。这些行为的共同点是违背了公共利益，扭曲了市场竞争机制。同美国的反托拉斯法一样，对于书面的卡特尔协议，俄罗斯反垄断法也按本身违法原则来处理；对于协同行为，反垄断机关需证明行政机关签订的协议有限制竞争的可能性，即对协同行为按照合理原则来处理。

二、俄罗斯法规制行政垄断的借鉴意义

经济转型中市场所具有的相同或近似的特点决定了转型国家之间的法律制度具有很强的可借鉴性。行政垄断是转型国家在经济转型过程中有特色的经济现象和政治现象。各转型国家对此都非常重视，但由于转型的时间和进度不同，行政垄断危害程度及显现的时间也不同，进而产生了规制时间有先有后、规制方式不尽相同的状况。

俄罗斯反垄断法对行政垄断的规制比中国反不正当竞争法的规定详细，且体系完整，修订后的反垄断法在执法效果上也有明显的提升。这或许对平息我国《反垄断法》制定过程中引发的关于行政垄断的激烈争论有所助益，因修订后的俄罗斯反垄断法对行政垄断的规制涉及了我国《反垄断法》制定过程中对行政垄断是否及如何规制争议的主要方面，并部分提供了争议的解决办法。

我国《反垄断法》制定过程中出现了一个戏剧性的情节，就是将一直被视为草案最大特色的"禁止滥用行政权力限制竞争"一章整体删除。后由于反响强烈，草案经"修订"又恢复了原来的内容。行政垄断之所以如此"归去来兮"，和人们对它认识不统一有关。

（一）行政垄断规制方法的争议

在我国，对行政垄断的治理方法一直存在两种对立的意见。

反对以反垄断法规制行政垄断的理由有二：一是背景决定论。即强调我国特殊的经济和政治背景，认为，我国行政垄断涉及包括财税和政府管理体制在内的一系列政治、经济体制改革的综合性问题，是由转轨时期的过渡性造成的，故应该通过进一步的体制改革来消除病灶，一部《反垄断法》难当铲除病灶的重任。二是经验决定论。即强调国际经验——成熟立法国家直接在反垄断法中限制行政垄断的情况极少；于我国而言，行政垄断只是一种临时现象，无必要采取长久的制度设计对之加以约束。因此，纠正行政垄断的方法，应该通过政治体制改革和加强权力约束的方法加以解决。

赞同规制行政垄断的意见认为，行政性垄断现象在中国现实经济中非常普遍，是目前最大的垄断力量，已经给市场经济的公平竞争带来了巨大的负面效益，因此，《反垄断法》作为保护市场经济活动的基础法律，应该设专章对"行政垄断"作出相关规定。

2006年《反垄断法》（送审稿）折中了上述正反两方面的观点，在《关于反垄断法（草案）的说明》中指出："我们对上述意见认真分析、研究后认为，两方面的意见都有一定的道理。考虑到目前行政性限制竞争在我国还确实存在，对市场竞争的影响也是客观现实，社会各界对此普遍关注。因此，虽然从理论上和国际通行的做法看，行政性限制竞争主要不是由反垄断法解决的问题，反垄断法也很难从根本上解决这个问题。但是，从我国实际出发，在反垄断法这一保护竞争的专门性、基础性法律中对禁止行政性限制竞争作出明确、具体规定，既表明国家对行政性限制竞争的重视和坚决反对的态度，又能够进一步防止和制止行政性限制竞争的行为。"于是，这一稿第6条用两款分别反映上述两种意见，规定："行政机关和法律、法规授权的具有管理公共事务职能的组织不得滥用行政权力，排除、限制竞争。国家依法加强和完善对行政权力运行的规范和监督，并通过深化改革，转变政府职能，防止和消除滥用行政权力排除、限制竞争的行为。"可以说，这种折中的观点若上升为法律，则行政垄断的法律规制就将彻底被软化了。因为，一种涉嫌行政垄断的行为除了法律纠错机制外，还有一种不具有期待性的模糊机制——体制改革来纠错，相当于诸多明确的法律被融化在体制改革之中了。当然，在公布的法律文本中，令人欣喜地看到，在行政垄断问题上最终坚持了走法治化道路。

其实，行政垄断行为屡禁不止，主要原因是其背后牵涉巨大的财政体制下的经济利益分配。

尽管《反垄断法》已经出台，但其执法效果还值得期待，相信大部分业界人事对此会持有观望或谨慎乐观的态度。

(二) 借鉴意义

上述争议可以分解为三个方面的主要矛盾：一是规制方式问题，即将行政垄断纳入法律的轨道，如何和现有的体制相协调；二是规制范围问题，包括哪些具体行政行为应当被规制，抽象行政行为的如何处理；三是依法规制行政垄断的执法体制如何建立。这三个主要问题也是俄罗斯制定反垄断法时曾遇到的，但在修订后的俄罗斯反垄断法中这些问题都有了相对明确的答案，这些答案是我们解决"自己"的同类问题时不应该忽视的。

1. 关于规制方式问题的解决

俄罗斯从一开始就坚定地将行政垄断纳入反垄断法调整的范畴，而且相比1991年的《商品市场反垄断法》，现在"行政"垄断的范围更大。表明，立法者没有将权力机关限制竞争行为隐藏在一般限制竞争行为之中，或者说，立法者将权力机关的垄断活动在立法上突出显示。这样特殊处理的基本理由是，行政垄断是特殊的，对其规制也应该是特殊的。无论是政治的立法，还是市民的立法，无外乎都是经济关系的反映。给予特殊规制的基础是现实危害的存在。行政垄断是俄罗斯多年来亟须解决的问题，是俄罗斯市场经济发展中最典型的，也是危害最大的限制竞争形式。每年处理的行政垄断案件数量都位居前列。[1] 自2002年以后，行政垄断案件一直是反垄断案件中数量最多的案件类型，这表明，2002年修改反垄断法后取得了较明显的效果。可以说，俄罗斯反垄断法立足现实，坚持"从实践中来，到实践中去"。

在我国，体制内解决还是立法解决之争议的本质是关注现实及现实危害，解决现实问题，还是忽略现实及危害而畅想未来，是坚持现实的政策解决方法还是将之纳入法治的轨道？

应当承认，在我国，行政垄断现象在多年的反对声中并没有减少，或者说行政垄断的危害正在扩大，显然，行政垄断需要规制。体制内解决不乏是一种思路，但不是一种有效的方法。事实上，近年来国务院法制办已经会同有关部门起草了多部破除行政垄断的行政规章。因系统内监督会使效率损耗，况且行政垄断往往是系统"支持"的结果，所以这种解决方式效果不显著。以至于近期（2007年1月）进一步将行政垄断提升为"党纪"的高度，以贯彻反腐倡廉的方针在党内严肃对待。中纪委第七次会议公报指出，将严办官商勾结权钱交易的案件，其中按类型划分将近一半案件属于行政垄断案件（下文详述）。目前行政垄

---

[1] 数量最多的两类案件是滥用支配地位和行政垄断案件，资料来源：俄联邦反垄断服务网：www.fas.gov.ru，最后访问时间：2006年11月16日。

断的主要矛盾是这种现象大量存在，而没有建立起控制这种现象的长效机制。系统内解决是延续传统的行政系统内监督的思路。离开了法律轨道寻求解决行政垄断问题的通路，与其说解决问题，不如说是在回避问题。党内纪律约束解决行政垄断具有相对效果，其往往只约束行政垄断行为中的"党内"——领导一方，而另一方不被同等地约束。

另外，党内纪律约束主要针对的是"大案要案"，不能顾及所有的行政垄断行为。现代法治社会，行政系统内监督可以作为一种补充性监督方式。党纪监督是一种特别方式，在特殊时期，对特别事件发挥作用。因此，解决这个矛盾应坚持惩罚与教育相结合、普遍约束与特别约束相结合的原则，建立反垄断法为规制行政垄断基本法，辅之以系统监督和党纪监督的规制体制。

2. 调整范围问题的解决

反垄断法制定过程中，2004年《反垄断法（草案）》规定了四种行政垄断行为：强制买卖[1]、限制市场准入[2]、强制经营者限制竞争[3]、抽象的行政垄断行为[4]。从立法技术上，采用的是列举的方法，意味着，在我国，行政垄断就是法律列举的这样几种类型。颁布的《反垄断法》肯定了上述范围并作了适当的扩大，增加为六种行政垄断行为。俄罗斯反垄断法列举的行政垄断类型比我国《反垄断法》所列举的类型丰富。从法律规制的这几种行为类型看，主要涉及的是俄罗斯反垄断法规制的"单独实施的行政垄断"中的部分内容，而部分"联合实施的行政垄断"及另一些单独实施的行政垄断没有涉及。目前这几类是否就代表了我国市场上的主要行政垄断形式呢？显然不是。中纪委（2007年1月）公布的严查的六种案件，即官商勾结、权钱交易的案件；违规发放、核销贷款的案件；在政府投资项目中搞虚假招标投标的案件；非法批地、低价出让土地或擅自变更规划获取利益的案件；违规审批探矿权和采矿权、参与矿产开发的案件；在企业重组改制中隐匿、私分、转移、贱卖国有资产的案件。这些大部分都属于行政垄断案件，有些则是《反垄断法》未规定的类型。

在此不是简单地和俄罗斯反垄断法相比较，得出我国法律草案内容简略的结

---

[1] 政府及其所属部门不得滥用行政权力，限定他人买卖其指定的商品或指定的经营者的商品，限制其他经营者正当的经营活动。

[2] 政府及其所属部门不得违反法律、行政法规，滥用行政权力，限制经营者的市场准入，排除、限制市场竞争。

[3] 政府及其所属部门不得滥用行政权力，强制经营者从事反垄断法所禁止的排除或者限制市场竞争的行为。

[4] 政府及其所属部门不得滥用行政权力，制定含有排除或者限制竞争内容的规定，妨碍建立和完善全国统一、规范有序的市场体系，损害公平竞争的环境。

论。在行政垄断的规制方式上，我国《反垄断法》不同于俄罗斯反垄断法，存在明显的不足。上文已述，俄罗斯反垄断法采取"概括加列举"方式调整行政垄断，而《反垄断法》没有概括性条款。概括性条款的出现主要由于法律列举能力之不足，而这种列举能力的不足源起于经济发展的变动不羁与法律相对稳定之间的矛盾。

在调整范围问题上，反垄断法制定过程中还存在一个重大的争议，即对行政机关做出的一些违反竞争原则的抽象行政行为（如部门规章，地方性法规、规章）如何处理，包括如何确立矫正机制、如何规定法律责任。如果赋予反垄断机关直接责令滥用权力的行政机关取消其抽象行政行为，会与目前我国的行政法律体系形成矛盾，因为根据目前的法律，抽象行政行为是不可诉的，只有上级行政机关和权力机关有权对该类行政行为进行审查。如果不能对现有行政法律体系作出调整，反垄断机关拥有的权力不过只是橡皮图章。

3. 抽象行政垄断行为的规制问题

涉及垄断的抽象行政行为大都是在维护地方利益或行业利益的背景下实施的，对下级政府的违反反垄断法的规章，上级政府完全有可能因非法律上的原因而不作违法性认定。在我国这个问题或许太尖锐，或许现实情况（包括反垄断执法机关和法院等）不成熟，《反垄断法》对此仅作了原则性的表达，即"行政机关不得滥用行政权力，制定含有排除、限制竞争内容的规定"（第37条）。有理由认为，在《反垄断法》第37条规定的抽象行政行为垄断至今由于没有法律责任辅佐、反垄断机构职能上也没有为此特殊规定的情况下，这个法律条文在相当长的时期内将被空置。

按照现有立法监督程序，对涉嫌违法的抽象行政行为由上级行政机关或立法机关进行审查和纠正。这样，涉及抽象行政行为的行政垄断案件就需要执行两个程序：确认无效程序和处罚程序。假设违反反垄断法的是部门规章或省级地方政府制定的规章，按《立法法》中的职权和程序，需由国务院或省级人大常委会来行使认定和撤销权，由于垄断的特殊性，在涉嫌行政垄断的无效确认机制启动后，此类案件可能还得回到反垄断机构（包括反垄断委员会）的身下由其提出认定意见。俄罗斯反垄断法对抽象行政行为的处理既树立了反垄断机构的权威，也保障了出台的规范性法律文件的在竞争关系上的"无害化"。中俄法律对地方立法违反反垄断法的规制虽然都可能达到纠错的效果，但相比之下，俄罗斯反垄断法确立的由反垄断机构实施的事前纠正和事后矫正机制能够产生"截弯取直"的制度效率。

《反垄断法》第51条规定："法律、行政法规对行政机关和法律、法规授权的具有管理公共事务职能的组织滥用行政权力实施排除、限制竞争行为的处理另有规定的,依照其规定。"对有关行业的行政垄断问题作"另外"处理的深层原因,或许是我国现有的行业管理体制固有格局之强大——先期设立了证监会、保监会、银监会、电监会等行业管理机关,若反垄断机构统一执法则难以与上述机关在管理职能上协调。潜台词就是,"二者只居其一"。

违反反垄断法的抽象行政行为往往会造成地域分割或部门分割。反垄断法反对地域分割,也反对竞争行业中的部门分割,它的目标是建立一个统一的竞争市场。"二者只居其一"的认识强调部门监督的特殊性和统一监管的例外。反垄断法所建立的统一监管模式和部门监管从权力内容上并非排他,而是并行不悖。坚持统一监管也不会漠视金融等行业的特殊性。在"基础"和"专业"监督权的划分上,反垄断监管是从市场统一性、公平性的角度来平衡市场主体竞争关系,而部门监管是从行业特性、内部行为规则等方面进行管理。部门监管因以部门利益为基础可能与市场统一规则不一致,放任这种"不一致"的后果往往会强化市场既有主体利益而压制或剥夺市场潜在主体竞争机会。应坚持反垄断机构统一监管基础上的部门监管,防止部门监管权的滥用。建立反垄断法的统一监管体系就是将部门系统内监管转变为内外监督、行政和司法监督相结合的制度运行模式,这是有效规制行政垄断的充分必要条件。

俄罗斯反垄断法在市场监管和部门监督的关系上为我们提供了可资借鉴的经验。在反垄断机关的统一监督下,俄罗斯证券市场的监管由证券市场联邦委员会负责;银行市场的监管由俄联邦中央银行履行;保险市场的监管由俄联邦财政部执行。俄罗斯法对抽象行政行为之行政垄断确立了两种机制:行政机关制定的涉嫌反竞争的法律规范需经过反垄断机关审查;反垄断机构对生效的抽象行政行为向仲裁法院申请,由法院最终认定其效力。

另外,如果认定抽象行政行为无效,行政机关是否承担责任的问题,俄罗斯反垄断法也没有明确规定。似乎可以由此理解为:颁布违反反垄断法的规范性法律文件不承担法律责任,或违法但不受惩罚。俄罗斯理论界认为这是立法中的公开缺点。[1] 事实上,这个"不承担法律责任"不等于不受任何约束。在俄罗斯,行政机关颁布反竞争的规范性文件,一经被反垄断机关或法院确认违法,通过公示案件客观上会降低该权力机关的形象和威信。在这里,一般法律实施中的"处罚"被通报、宣传教育代替。俄罗斯近年来为防止行政垄断行为做了许多工作,其中最有效的就是加大行政机关注重威信的积极宣传,加强行政首长和权力机关

---

[1] 〔俄〕К. Ю. 图季耶夫:《竞争法》(俄文版),РДЛ 出版公司 2003 年版,第 297 页。

人员的职业学习，严格考核制度。这些工作发生的效果是潜移默化的。现在，俄罗斯行政机关领导人已经在规范行政的观念上有了重大的改进。[1] 这种变化也利于减少包括抽象行政行为在内的行政垄断的产生。

在我国，一些特殊法律规范中对政府违法行为已经部分开始采取这种方法，如地方政府没有按照义务教育法规定的财政拨款比例拨付财政资金的，将给予通报批评。我国《反垄断法》可以吸收这些较为成熟的做法。

---

[1] 资料来源：俄联邦反垄断服务网：www.fas.gov.ru，最后访问时间：2006年11月16日。

第三编 反垄断法的实施

第十章　反垄断法的适用原则与实施体制

何为垄断（状态或行为），涉及市场评价、主体性质的区分、结果认定等一系列复杂情况，所以，反垄断法的调整手段也不像反不正当竞争法那样层次分明，错落有致。

各国反垄断法基本上都将调整对象概括为三个方面（转型国家概括为四个方面，增加了行政垄断行为）。法律文本上，垄断行为是采取谱系学的方法分解的，表面上关系清楚、界限明确，但内里各行为存在的深层本质、深刻意义则需要细致的解释。且每一个解释毫无疑问都不是必然的、唯一的、绝对正确的，都包含着任意的成分。这为反垄断法的实施带来了诸多麻烦，最重要也是首要的是，怎么解释才够权威？另由于反垄断涉及国家宏观经济政策，需要以变动的经济环境来解释行为的合理性，所以，反垄断法在控制垄断的手段上，虽然采用列举条款和原则条款相结合，但总体上，仍呈现出列举条款原则化的倾向。

第一节　反垄断法的适用原则

在反垄断法的诸多原则中，能够直接服务于法律实施的原则有两对：本身违法原则和合理原则、本身合法原则和违法推定原则。

一、本身违法原则与合理原则

本身违法原则与合理原则源起于美国《谢尔曼法》的解释，虽源于美国，但并不就是美国法的"专利"，它扩展于他国法律的适用过程中，成为带有普遍性的垄断控制手段。

（一）本身违法原则

很难给本身违法原则下一个准确的定义，因为"本身违法"是一个不需要价值判断的"事实问题"，强调对应性。它已经脱离了原则指代的"判断"标准的意义，与其说是一个原则，毋宁说是一个规则。因此，一般意义上，这个原则被解释为：只要固定价格，不论其有无合理性，固定价格的协议都属非法。

在美国，本身违法原则和《谢尔曼法》规范的模糊性紧密相关。任何一个法律如果模糊性占据了首要的位置，那么，它所能提供的预期就越差，相应地，它的政策性就强。模糊性法律实施中面临的首要任务是减少模糊性。起初，《谢尔曼法》的适用范围主要是限制贸易协议、联合或共谋。后适用范围又扩展到搭售、联合抵制等行为上。这些条款的原则化及原则规则化的逻辑假设是共谋定价都是无效率的。

本身违法原则实现了价格协议由自治向法治的转换。《谢尔曼法》制定前期，价格卡特尔是美国市场经济的主要现象。价格卡特尔属于企业和企业间自律性约束的关系，如果这个协议能够执行即意味着它本身具有合理性。由于受普通法契约神圣观念的影响，在卡特尔的规制路途中留下了浓重的合同（自治）的阴影——合理性的判断是以当事人自我利益为中心构建起来并得以维持。在美国，大约半个世纪因判断的视角站在社会利益的基础上，这个阴影才得以驱散。

《谢尔曼法》初步结束了价格联盟合同自治管理，代之以合同强制管理，其基本理由是价格等协议不能仅仅进行私人判断，需要社会性判断，即评判其对公共利益的影响。

最早进行社会性判断的案件是 1897 年"跨密苏里运输协会案"。被告抗辩说，《谢尔曼法》只禁止那些普通法上不合理的贸易限制。美国最高法院驳回了被告的抗辩，法院认为，《谢尔曼法》谴责"任何"（every）限制贸易的协议，而不仅仅是那些普通法上无效的不合理限制。在这里，谢尔曼法中规定的"任何"字眼起到了关键作用，它成为法院拒绝被告"合理性"抗辩的主要依据。

这个规则的早期适用中不断强化这样的观念——被指控行为将对市场价格有不利影响。尽管这种不利影响建立在"可能"这一经济学的假设基础上，但是，先前经济时期大企业价格协议百害而无一利的可确证的历史事实可以使"假设""历史再现实"地保障原则适用的科学性、合理性。

强化社会性判断的另一个案件，是发生在 1927 年的"川通陶瓷案"（Trenton Potteries）[1]，该案判决第一次以经济假设为分析方法正面回击了被告的抗辩。斯通（Stone）法官指出，任何固定价格协议的目的和后果，都是为了消除某种形式的竞争。无论是否合理地实施固定价格，都包括控制市场的能力和任意、不合理地独定价格的能力。考虑到经济和商业的变化，今天合理固定的价格，很可能明天就是不合理的。一旦建立固定价格，它很可能由于缺乏竞争而保持不变。创造出这样的协议极可能本身就是不合理或不合法的限制竞争。[2] 在进入上诉程序的特定时期，由于很难证明固定价格和反竞争直接因果关系，按照

---

[1] 该案涉及美国 82% 的陶瓷的生产和销售，一些公司被指控存在价格联盟和限制产量的共谋行为。被告辩称：他们所固定的价格是合理的价格，并且固定价格是为了防止"毁灭性"的竞争。如果能够获得正常的利润，就应该认定该价格是合理的。显然，抗辩是将行为和结果联系起来进行说明的。

[2] United States v. Trenton Potteries, 237 U. S. 392 (1972), p.397.

传统的案件审理方式，法院或许只能在两条道路中选择其一，要么借用经济学理论建立固定价格与反竞争的理论因果关系，要么等待固定价格的危害出现。但是，法院没有因循老路，放弃了依经济学推理和证实危害存在的任何努力，甚至在审判的过程和结果上完全"掏空"了经济学内容，这种做法在树立法院权威的同时，这一案件的结论也强化了本身违法原则的刚性。1940年的美孚石油公司案（U. S. v. Socony – Vacuum Oil Co.，又称"麦迪逊石油案"）再一次强调了《谢尔曼法》第1条的规则性，并进一步过滤掉了固定价格行为的动机、方式、结果等一般判断应该考虑的要素，强调对市场价格的任何"篡改"都是非法的。[1]

本身违法原则的确立过程也是淡化传统普通法关于合同合理性认识的过程，正如1956年最高法院首席法官沃伦所总结的：违反谢尔曼法的固定价格是与竞争政策背道而驰的，说它违法的根据并非是它的不合理性，因为在结论上它早已被推定为不合理的。至于参与者的动机是善意还是恶意，固定价格是通过公开的契约还是较为隐讳的方式达成、参与者是否具有市场控制力、州际商业所受影响的大小，或者协议的结果是提高还是降低了价格，都是无关紧要的。[2] 至此，固定价格的法律定性稳固下来，即它是"危险犯"，而不必是"实害犯"——不强调"既遂"。美国学者波斯纳在谈到造成如此被拉长了的"合同阴影"的原因时，还特别指出，经济学家反应迟钝以及律师们一贯偏爱考虑规则和类推，因此，通过禁止这样的图谋，可以防止实际固定价格。因为固定价格没有任何社会效用。[3]

20世纪50年代以来，由于消费者运动和消费者权益保护法的出现，关于固定价格本身违法的进一步佐证——损害消费者的福利也被挖掘出来。这进一步增强了本身违法原则的刚性。

当然，但还有一个方面原因也不能忽视，即价格联盟等行为在经济上破坏了定价机制，而不仅仅是抬高了价格。竞争机制赖于一种古典式的自由竞争——常态的竞争——以价格为核心的竞争。价格是"经济的中枢神经系统"，价格凝固意味着竞争消失，这是本身违法原则被绝对化的最根本的经济学理由；而损害消

---

[1]〔美〕理查德·A. 波斯纳：《反托拉斯法》（第2版），孙秋宁译，中国政法大学出版社2003年版，第41页。

[2] "美国诉麦克卡森与鲁宾斯优先公司等案"，载《美国最高法院判例汇编》第351卷，第305、309～310页。转引自霍华德：《美国反托拉斯法与贸易法规——典型问题与案例分析》，孙南申译，中国社会科学出版社1991年版，第79～80页。

[3]〔美〕理查德·A. 波斯纳：《反托拉斯法》（第2版），孙秋宁译，中国政法大学出版社2003年版，第62～63页。

费者福利或经营者或潜在经营者利益的说法则是在价格机制之上的引申原因。所有的固定价格都会戕害定价机制，划分地域和固定数量协议也会使价格僵化，所以同样适用本身违法原则。相反，中小企业价格卡特尔因不一定损害价格机制而可能是合法的。另外，本身违法原则产生的法律上的原因也不能忽视，对这个近乎于没有告诉人们可以做什么和不可以做什么的《谢尔曼法》的早期执法来说，一个稳定的规则出现丝毫不逊色于这部法律出台本身。

（二）合理原则

本身违法原则对于边缘性的垄断问题不可能长期一以贯之，尤其对于市场支配力作用下产生的价格联盟的变种——搭售、限制转售价格等。为此需要进行具体问题具体分析，甚至采取一定的调查手段判断行为对结果的影响。垄断利润诱使企业（间）不会轻易放弃垄断价格，当明示的共谋定价被明确禁止后，企业开始追求默示的联合定价和企业合并后的单一定价。1911 年的标准石油公司案因涉嫌包括掠夺性定价在内的多种违法行为，[1] 成了完善反垄断分析制度一个里程碑。法院认为，与明示协议的方式不同，通过联合的方式消除竞争企业之间的竞争要适用"合理原则"来认定，即需要调查行为的目的、市场力量和经济后果再行认定。标准石油公司的前身是 1882 年 1 月成立的标准石油托拉斯，该托拉斯控制着当时全世界 2/5 的煤油供应。[2] 后 1893 年被俄亥俄州高等法院判为违法并予以解散。1899 年新泽西标准石油公司成立并成为被解散公司的新的控股公司。标准石油公司通过控制它的附属公司进而控制全国的石油市场。1909 年地区法院判定标准石油公司从事非法限制贸易行为，并在州际和国际石油交易中取得了非法的垄断地位。在审理该案件时，法官重新审视了限制贸易的行为，将本身违法原则的适用状况复归原始，并做类型化处理，划分为两类：一类是具有非常明显的限制竞争行为；一类是不明显的限制竞争行为。后者虽有限制贸易的特点，但并不能直接判断其合理还是不合理，需要依多种因素综合分析得出结论。这就出现了"明显"、"不明显"及"合理"、"不合理"限制竞争的标准是什么的问题。

这些问题的解答需在问题之外寻找。这些标准的标准化需要借用另外一些竞争要素的分析，包括行为目的、市场力量、经济效果等。

首先，行为目的判定标准主要考察行为是否会限制竞争，而不是是否获得了

---

[1] 主要违法行为包括：进行地方性低价倾销以排挤竞争对手；谎称自己的附属企业为独立的公司，以制造竞争的假象；窃取商业秘密；给予他人回扣和接受回扣等。
[2] [美] D. 钱德勒：《看得见的手——美国企业的管理革命》，重武译，商务印书馆 1987 年版，第 491 页。

利润,尽管限制竞争往往以获取利润为动机。

其次,市场力量判断也是一个重要的指标,足够的市场力量才能对市场造成重大影响。市场力量足够大以后有可能对其他同类企业构成市场进入障碍或挤垮竞争者。标准石油公司在受到指控时,所控制的公司总数达到114家,控制了全国原油、炼油和炼油产品交易中的80%以上的份额。[1] 法院通过合理原则判定其试图并已经取得了垄断地位,形成了市场进入障碍。市场份额在合理原则判断要素中占核心地位,市场份额是市场力量的基础,拥有大市场份额的企业才有能力从事反竞争行为,不具有大市场份额的企业的涉嫌反竞争行为可能被排除垄断嫌疑。以市场份额为基础确定是否适用本身违法原则的做法,是本身违法原则部分融合了合理原则,也被称为"软核"(soft core)的本身违法原则。[2] 在美国1972年Topco案[3]中,超市协会成员在各自的区域里,最低的市场份额占1.5%;最高的份额只有16%。虽然有地域划分嫌疑,但若小的比例不足以形成竞争限制。该联合行为以合理原则判断则不违反垄断法。

最后,有关经济效果分析的作用,旨在通过经济学方法,评判促进竞争的效果是否能够抵销其限制竞争的效果。这是一个辅助性的方法,难以量化,但往往也成为一些法官分析个别案件表达个人意见的一个重要方面。在加利福尼亚牙医协会诉联邦贸易委员会案中,上诉法院支持联邦贸易委员会的意见中所给出的理由之一,是牙医协会的价格广告反映了这样的预期,即任何与消除全部成员折扣广告相关联的竞争成本将不超过因准确、精确和容易证明(至少管理者容易证明)的折扣广告所产生的消费者信息(和因此带来的竞争)方面的收益。[4]

除了上述因素外,其他要素或有关事实也间或在一些案件中发挥不可忽略的作用,例如主观状态是在追究刑事责任时需要具备的要素之一。又如产业特性在哥伦比亚广播网络公司(Columbia Broadcasting System, Inc.)案[5]"中成为合理原则适用的支柱。这些要素为合理原则的产生奠定了基础。正如布兰代斯

---

[1] 〔美〕C. 霍华德:《美国反托拉斯法与贸易法规——典型问题与案例分析》,孙南申译,中国社会科学出版社1991年版,第189~190页。

[2] 王传辉:《反垄断的经济学分析》,中国人民大学出版社2004年版,第144页。

[3] 分布在美国33个州的23家中小型地方性连锁超市组成协会,目的是和大型连锁超市竞争,该协会使用共同的Topco标志,且约定各个成员只能在指定区域内经营,法院认为该协议是在竞争者之间分割市场,是明显的限制贸易协议,适用本身违法原则。

[4] 黄勇、董灵:《反垄断法经典判例解析》,人民法院出版社2002年版,第297页。

[5] 该案中,CBS指控全美作曲家、作者和出版者协会及广播音乐协会协商定价的做法本身违法,最高法院认为:该一揽子许可不是明显的直接价格限制,而是通过出售、监督和实施物一体化减少被译学者的搜寻成本,并有助于制止侵犯版权,因此本案不适用本身违法原则。See Broadcast Music, Inc. v. CBS, 441 U.S. 1 (1979)。

(Brandeis)法官在"芝加哥贸易局案"中指出的:"要决定协议或控制是否合法,并不能根据它是否限制竞争的简单标准。每一项有关贸易的协议或控制都具有限制效应;它们的本性正是结合与限制。合法性的真实检验是:所施加的限制是否仅调控并因而促进竞争,或它是否可能抑制甚至摧毁竞争。为了决定这个问题,法院通常必须考虑有关企业的特殊事实、在施加限制前后的情况、限制的性质及其实际或可能的效果。另外,限制的时间、存在的危害、采纳特定补救的理由,以及寻求获得目的或目标,都属于相关事实。这并非因为良好意愿可能挽救一项原本违法的控制,而是因为知道意图将帮助法院去解释事实并预见结果。"[1]

(三)本身违法原则与合理原则的关系

合理原则是对本身违法原则的反叛,在适用关系上,本身违法原则与合理原则相对立而存在,相协调而发展。

1. 性质上的差异

由于本身违法原则的对应性,其本质上已经脱离原则在适用上的不确定性,而变成一个刚性十足的规则了。因规则和原则的本质不同,在适用上,本身违法原则优于合理原则,一个具有垄断嫌疑的行为在确定不适用本身违法原则后,才进入合理原则的检审视野。

合理原则和本身违法原则的最大不同是控制手段的性质不同,即规则和原则之间的区别。规则通过对应一个或几个事实发挥调整作用;原则通过进行更为开放的调查、横向或纵向比较发挥调整作用。规则实施起来比较简单,成本比较低,能够为服从该规则的人和运用该规则的法院提供更明确的指导,但它们常常要么涵盖不全,要么涵盖过宽,有时候则两者兼具。合理原则的根基已经脱离了传统的古典竞争的理想化的土壤,生根于现实的客观经济世界,对涉嫌垄断的行为进行产品创新、市场力量、经济效果等判断,审慎得出结论。因此,本身违法原则在适用中直接和事实对话,而合理原则则通过先例和事实对话。

2. 适用范围的变动与方法创新

对任何事物的完整认识都不是单向度的。只承认一面或绝对地强调一面而放弃另一面都违背辩证法。这种片面性若发生在政治上,可能导致民主丧失或自由的泛滥;发生在法律上,可能出现"霸王条款"或无所适从。

为了减少片面性增加合理性,本身违法原则与合理原则适用中发生了相向运动——各以一定的方式向对方渗透。这种运动使两种调整机制更趋完善,也使两

---

[1] 章谦凡:《市场经济的法律调控》,中国法制出版社1998年版,第134~135页。

种调整机制的关系更加密切。相向运动表现为，本身违法原则适用案件时出现了合理化分析过程；合理原则适用中产生了"简略"或"快速审查"式的合理分析与全面合理分析，合理分析有脱离合理原则的趋势。

在美国，本身违法原则的最初适用范围是价格固定、市场划分、联合抵制、转售价格维持、搭售等类案件。20世纪70年代后期，随着在垄断政策的指导思想上哈佛学派的衰落和芝加哥学派的兴起，法律规则的适用也开始回应这一变化。表现在本身违法原则的固有营垒不时地被一些特定的案件所突破，这些案件在审理程序上注重分析行为的目的、结果等要素，从而使规则在适用中背离了本身违法原则。

1979年美国最高法院在哥伦比亚广播网络公司案中适用了类似于"合理原则"的分析方法，对特殊的横向固定价格协议进行考查，并最终认定：该产业若依个体交易会成本很高，且不利于对使用者监督，该一揽子协议许可对音乐作品的市场是必要的，符合市场交易安全和效率目标。1983年美国国家大学体育协会（NCAA）案[1]中，下级法院认定NCAA涉嫌固定价格而构成"本身违法"。最高法院认为，竞争在相关市场——定义为"现场学院比赛节目"——已被限制在三个方面：一是NCAA对特别节目固定价格；二是独家网络合同等于抵制所有其他潜在的广播公司；三是该计划为电视学院比赛的制作设置了人为的限制。但最高法院充分考虑了行业特点——如若是钢铁企业间就不需要限制产量和价格，但体育比赛需要对价格和产量进行限制。最终达成了一项合意，应允许增加所有成员更多在电视上自由露面的机会，并实现增加其成员的收入。在这种情况下，横向限制不是有害的。[2] 1984年的Monsanto Company v. Apray – Rite案中，涉及限制转售价格，有证据证明Monsanto Company和部分分销商合谋固定转售价格，但最高法院强调，仅仅证明存在固定转售价格协议是不够的，要判决固定转售价格非法，还"必须有证据能够排除制造商和分销商独立行事的可能性。也就是说，必须有直接证据或间接证据能够合理地证明，制造商和其他人有意共谋企图达到非法目的"。[3] 同年，最高法院在Jefferson Parish Hospital District No. 2 诉

---

[1] NCAA是一个自治性管理组织，1981年其与ABC、CBS两家电视机构签订了限制转播比赛总数及每支队伍的转播次数的合同，也限制了每支队伍每场比赛的收入总数。有比赛队跨越了协会直接和NBC签订合同，协会给予处分。球队对NCAA提起了反托拉斯诉讼。

[2] NCAA v. University of Oklahoma et al., 468 U.S. 85 (1984).

[3] Monsanto Company v. Apray – Rite Serice Corporation, 465 U.S. 752 (1984). 转引自郑鹏程："论'本身违法'与'合理法则'——缘起、适用范围、发展趋势与性质探究"，载王艳林主编：《竞争法评论》（第1卷），中国政法大学出版社2005年版，第74页。

Hyde 案[1]中，考查搭售行为主体的市场支配力，强调只有当销售商具有市场控制能力，即强迫购买者购买某种他在竞争性市场中不愿购买的商品时，搭售才会受到谴责。

诸如此类"本身违法"案件的审理不但没有直接认定行为违法而且充分考虑产业特殊性、行为目的、主体市场力量等因素，由此，（小份额）价格固定、特殊的市场划分、联合抵制、转售价格维持、搭售等类案件不一定是"本身违法"的案件，原来适用范围"铁板一块"的边缘开始瓦解。被瓦解的地带，合理原则取代了本身违法原则。

合理原则在适用中也渐渐地凝结出带有本身违法性——规则性的"结晶"。合理原则在适用中被分为"简略的"或"快速审查"式的合理分析（以下简称"简略的合理分析"）与全面合理分析两种。

简略的合理分析适用于行为具有明显的反竞争影响，即以一个具有经济学常识的观察者的眼光就可能得出行为对消费者和市场具有反竞争影响。而不具备简略的合理分析条件的案件采用全面合理分析方法。当一个案件运用简略的合理分析时，证明反竞争的影响变得不那么重要。因此，一些适用合理原则审判的上诉案件，是否适用"简略的"或"快速审查"式的合理分析总是上诉人论辩的焦点之一。1999 年美国最高法院审理的"加利福尼亚牙医协会诉联邦贸易委员会"案中，联邦贸易委员会适用了"简略的"方法，认定加利福尼亚牙医协会限制折扣广告的行为为本身违法行为。第九巡回上诉法院支持了委员会采用的方法和结论。上诉法院认为："对非本身违法但表面上足以具有反竞争效果的限制措施正确地适用了'简略的'或'快速审查'式的合理分析方法，这里不需要适用合理性原则进行全面分析。"[2] 但最高法院认为，上诉法院的法律分析是不充分的，将案件发回重审，要求更彻底的进行合理性原则（即全面合理）的分析。

当然，"简略的"或"快速审查"式的合理分析与本身违法原则还存在很多不同，其中主要的不同，是前者适用于后者范围之外的部分行为。不论是作为一种方法，还是作为一个原则的子原则，"简略的"或"快速审查"式的合理分析不是为了缓和"本身违法原则"与"合理原则"的紧张关系，当然也不代表"本身违法原则"被"合理原则"吸收。它是一种适用合理原则的内在机制，是合理原则的原则属性向规范属性的部分转化，其产生和存在使合理原则更适于实用和合理。

---

[1] Hyde 是一名麻醉师，欲加入 Jefferson Parish 第二医院，医院告知，其与一家麻醉公司签订了合同，将该医院所有的麻醉药品和服务交由该公司提供。该医院占市场业务的30% 。
[2] 黄勇、董灵：《反垄断法经典判例解析》，人民法院出版社2002年版，第301页。

由于这种内部结构要素的性质发生了改变，引致反垄断法的控制机制也发生相应地改变。原来截然二分的适用规则变得更加复杂了。在"本身违法原则"的"合理化"和"合理原则"的"本身违法化"的双向作用下，规则的作用比原则的作用更加突出，因为规则具有权威性和确定性。在更加凸显其功能的规则适用中，"简略的"合理分析规则比本身违法原则（规则）更具有程序公正意义，因为前者得出的结论是经过辩论形成的，后者得出的结论是基于法律和事实的简单对应关系；前者的事实需经过简单的判断和识别，后者无须判断和识别。以这两个规则为中心，原来法律的单项调整变为双项衡平调整，即本身违法原则的基本调整和合理原则的衡平；"简略的"的合理分析为基础与全面合理分析的衡平。

对本身违法原则和合理原则的相互关系及在反垄断法中的地位，有不同的理解。有观点认为，合理原则是基本原则，本身违法原则是合理原则派生的例外规则。[1] 也有认为两原则的效率并非贯穿所属法律的一切活动之中，它们都只适用于部分案例，因此，它们不能成为反垄断法的基本原则。[2] 还有观点认为两项原则已经成为重要的或者基本性的竞争政策分析工具。[3] 其实，理解两原则的关系时，不应将两者割裂，即便两者产生的时间不同。两者紧密联系在一起作为一个体系发挥着功能。另外，对反垄断法所规制的主要行为——限制协议、企业合并、滥用优势地位等，两项原则贯穿始终，因此，它们是反垄断法最基本的调整原则和调整机制。

迄今，这种"专利性"司法技术已经打破了"垄断"，传播到其他国家反垄断立法中。有关国家在吸收和采纳这种技术时都结合本国的法律体制作了适于其法律体系的变革，产生了别于美国本土的另一种原则形式。就本身违法原则而言，揭开了朦胧的"原则面纱"，露出了这个原则的本真，就是本身违法原则的规范性和适用范围被具体化为明确禁止性的法律条文。就合理原则而言，则表现为一般中的例外，通常法律条文表述为"无正当理由"。简略的合理分析则体现为垄断协议的豁免，本质上是一种推定原则，即首先推定其行为违法，当事人如果能够证明所达成的协议不会严重限制相关市场的竞争，并且能够使消费者分享由此产生的利益，则可以豁免。

---

[1] 李钟斌：《反垄断法的合理原则研究》，厦门大学出版社2005年版，第22页。
[2] 郑鹏程："论'本身违法'与'合理法则'——缘起、适用范围、发展趋势与性质探究"，载王艳林主编：《竞争法评论》（第1卷），中国政法大学出版社2005年版，第77页。
[3] 孔祥俊：《反垄断法原理》，中国法制出版社2001年版，第382页。

二、本身合法原则和违法推定原则

本身违法原则与合理原则的关系，体现了反垄断法的调整方式——否定方式为主，肯定方式为辅的特点。同时，在肯定式调整结构中，还存在肯定中的否定的方式，与其相对应的调整原则为"本身合法原则"和"违法推定原则"。

本身合法原则就是公开承认并依法赋予经济主体以垄断地位，实行垄断经营的法律调整规则。违法推定原则即超过法律赋予的权限，滥用垄断地位限制竞争的，推定其行为违法的法律调整规则。本身合法原则适用对象是反垄断适用除外的行业和产业，而违法推定原则适用于滥用适用除外的行为。

不能混淆"本身合法原则"与"合理原则"之间的关系。"本身合法原则"与"合理原则"在范畴、调整方式上都不相同，前者属于适用除外，后者属于一般豁免。适用除外所针对的是特定的行业和产业，以特别列举的立法方式明确其范围。而与之对应，一般豁免针对的是某些行为，并以"但书"附带解决一般性中的特殊性问题。另外，在认定方式上，涉及前者的行为或事件通常直接认定（肯定的方式），往往无须举证；涉及后者的行为是以间接的方式认定的（否定中的肯定），需要当事人抗辩性举证，证明行为有"合理的理由"。

本身合法原则和合理原则属于两个不同的范畴，它们有各自的运行特点。认识两者的关系，应当将两者放置于各自的系统中进行分析。合理原则相对于本身违法原则而存在；本身合法原则是和违法推定原则相对应而存在的。在前一范畴中，合理原则是本身违法原则的隐规则，在后一系统中，本身合法原则是违法推定原则的显规则。这种"隐"与"显"在原则的适用中有其特殊的意义。在前一原则的适用中应先以本身违法原则进行衡量，若其不适用，才适用合理原则。虽然各国法律均未明确规定两者适用上的先后关系，但在法律适用习惯上，至少在认识过程上，这种先后关系符合认识过程的排除法。因为形式逻辑上，量项少的关系容易被认定，量项多的关系则不容易认定。[1] 本身违法原则关系量项少于合理原则关系量项，排除法应优先排除合理原则。在适用上，本身违法原则适用于价格固定、市场划分、联合抵制等几类有限量的案件，而合理原则适用于本身违法原则之外无限量的案件。换言之，本身违法原则的调整范围具有确定性，合理原则的调整范围具有不确定性。所以，本身违法原则总是被优先适用或优先排除适用，合理原则的适用是排除本身违法原则后的合理原则的适用。同理，本身合法原则在适用上也优于违法推定原则。各国法律明确规定适用适用除外的范

---

[1] 关系判断的量项，就是表示关系类型的数量概念。性质判断只有一个主项，而关系判断有两个或两个以上的主项。

围，而滥用适用除外则没有明确适用范围规定，一般只规定一个标准。在涉及适用除外事项或滥用适用除外事项的判断中，优先适用本身合法原则的原因也可以从另一个方面得到说明，即列举条款优于原则条款，或者说法律规范优于非规范条文适用。

混淆合理原则和本身合法原则会带来三个问题：一是片面夸大某种原则的作用，强调所谓"核心原则"，例如，有人认为，整个反垄断法的核心原则就是"合理原则"，豁免制度不过是合理原则的一种表现形式而已，是竞争行为之中的特别合理状态。并进一步认为，从概念上，合理原则与豁免制度是大概念与小概念的关系。从数学上来讲，合理原则与豁免制度是一种集合与真子集的关系。[1] 这种认识把握住了两者共性，但同时也夸大了这种共性，两者至多是存在交集的集合关系。二是认识上的错位。由于将豁免制度作为合理原则的对应形式，豁免就成了意定的，而不是法定的关系了。有资料表明，欧共体法上存在本身违法原则和合理原则，并将其相应地称做"本身恶"原则和"任意性"原则。这进一步表明合理原则和豁免制度是非对应关系。三是混淆了适用除外和豁免的关系及其适用的法律原则。按照"本身恶"的称谓对应，调整适用除外制度的原则——本身合法原则应当被称为"本身善"原则，而不应该是"任意性"原则。

本身合法原则的适用范围包括自然垄断行业、特许垄断行业、知识产权、农业等，其存在的理由可以概括为：维护社会公共利益、推动科技进步等。一般而言，合法的垄断可以带来规模经济。垄断企业具有巨大的资本优势或技术优势，能够承担一般规模较小的企业无法承担的任务。这些优势使其有能力按照较低的价格出卖产品或提供服务，这种垄断将导致福利的增加。另外，从节约交易成本上，垄断可以将外部行为内部化。分散的竞争者在竞争市场上将耗费大量的交易成本，因为它需要不断地去签订合同、发布广告等支付大量的促销费用。垄断组织可以将上述多次分散行为转化为一次或几次行为，从而节约了信息交换费用、节省了促销费用，提高资金周转和使用效率。

与本身合法原则相对应的是违法推定原则。违法推定原则是指推定因滥用合法垄断权而侵害社会公共利益的行为违法的法律规则。每一行业主体都可能滥用垄断权（地位），进而危害公共利益和阻碍技术进步。我国《反不正当竞争法》第6条规定的"公用企业或者其他依法具有独占地位的经营者，不得限定他人购买其指定的经营者的商品，以排挤其他经营者的公平竞争"，和《反垄断法》第

---

[1] 李钟斌：《反垄断法的合理原则研究》，厦门大学出版社2005年版，第44页。

55条规定的"经营者依照有关知识产权的法律、行政法规规定行使知识产权的行为,不适用本法;但是,经营者滥用知识产权,排除、限制竞争的行为,适用本法"都属于此类。德国《反限制竞争法》第17条规定的知识产权许可合同也属于此:有关让与或许可已经授予的或已经申请的专利或实用新型、半导体拓普图形或植物品种保护权的合同,如规定取得人或被许可人在商业交易中必须遵循超出该保护权利内容的限制,则无效。关于该项权利的使用形式、范围、技术适用领域、数量、地域或时间方面的限制不超过保护权利的内容。

总之,违法推定原则依附于本身合法原则,并与该原则构成反垄断法的另一项调整机制。这样,反垄断法中几个原则的适用范围及对应关系应该为:本身违法原则——核心卡特尔;本身合理原则——适用除外;简略的合理分析(违法推定)原则——豁免、滥用适用除外;全面合理分析原则——其他行为。

第二节 反垄断法的实施体制

法律实施体制是指有关机构在实施法律过程中的职能划分、活动原则、活动程序等制度总体。反垄断法的实施体制是指反垄断机构的职能划分、活动原则、活动程序的总体。

一、实施体制概述

反垄断法调整目标和手段的特殊性,使得该法的实施体制不同于其他经济法的部门法的实施体制,这表现在机构的设置、机构的性质等方面。

(一)行政执法的主导性

反垄断法实施中,体现了明显的行政执法主导性特点。其直接原因表现为两个方面:一是竞争内涵的把握不定;二是行政控制的专业性和效率性。

法律规范模糊性的同意语是灵活性和扩张性,对权力行使者而言意味着具有某种主动性。法理学上,抽象规则具体化的制度安排主要通过授权有关权力主体进行裁量,包括行政主体和司法主体。反垄断法没有像有关法律那样将自由裁量权仅特定化给司法机关,其主要是由竞争法的技术性和行政控制的专业性、效率性决定的。

行政控制的专业性和效率性主要因为行政体系内经济信息集中、经济监督适时、行政制裁及时。"广泛观察经济事件和经济运行情况是每一种经济行政的基础,共同体和国家机关为了完成其任务,以各种方式依赖于完整的、现实的、可靠的和有说服力的数据。为了了解总体经济状况(总体发展趋势)、部分范围的经济状况(区域的、部门的发展状况)以及一定市场中的经济状况,了解国家措施的变化和作用，这些数据是特别需要的。"[1] 行政体系内拥有经济信息与统计的垄断权，集中的经济信息可以用来客观、全面地分析市场结构、市场行为和市场结果的关系。行政体系内集中的经济信息是为经济决策、经济监督和行政制裁服务的。经济监督是一种典型的国家任务。它发生于工业化初期并在当时体现为对经营自由的矫正。现代经济监督建立也是以经营关系为基础，但范围上包括市场进入、市场竞争和退出市场三方面关系。监督的根源在于存在市场私人无法克服的风险。市场竞争关系中企业经营可能存在两种风险：市场支配力产生的经济力量滥用的风险、搭便车的风险。经济监督用行政力量防止风险的发生，所以其产生的"事前"效应是司法（事后）救济不可匹及的。在行政制裁上，因行政机关的专业性和信息集中特点，处理竞争纠纷往往较司法程序及时。所以，但凡技术性强的竞争关系各国都没有放弃行政处理程序。

行政控制作为一种反垄断法的规制模式，其制度化过程包括行政管理机构的确认或专门管理机关的设立和控制手段的规范化两个方面。

战争和经济危机为行政管理提供了用武之地并使行政手段在相对较长的时间内赢得了社会的认同。确认反竞争行政管制机关在美国轻而易举地做到了，大约经历了 1887 年对铁路的管制实践后，1914 年就开始了反垄断法的行政控制并一直延续下来。欧洲国家因频繁战乱对经济管理和行政管制长期负有高度的依赖感，接受了反垄断法之后大都相应地接受了竞争关系的行政管制。[2] 早期行政模式多授权行政机关行使职权或者专门设立一协助执行机关。德国最早的反限制竞争法——《卡特尔条例》建立的基本上是行政执法体制。授权经济部长如果认为卡特尔、辛迪加、联合企业或其他类似的安排危害整体经济利益或普遍福利，他即可以采取强制措施。[3] 当时成立的卡特尔法庭也是行政系统中的一个特殊的机构，卡特尔法庭主要执行程序任务，即宣布被经济部长认定的无效协议。因而它不是通常司法体系的一部分。只有对滥用经济力量行为的制裁不服的，卡特尔法庭才享有司法管辖权。

行政控制模式在传统的判例法国家也得以体现。"英国在 1848 年首次颁布竞争法时，它是谨小慎微的。这部法律简化了行政管制模式，实际上把完全自由裁

---

[1]〔德〕罗尔夫·斯特博：《德国经济行政法》，苏颖霞、陈少康译，中国政法大学出版社 1999 年版，第 207～208 页。
[2] 德国反不正当竞争法是个例外，该法之所以一直保持司法控制的本色，是由于其被看做特殊侵权行为的缘故。德国限制竞争法将行政管理纳入司法控制之中。
[3] 强制措施包括：请求新成立的法庭宣布协议无效；责令任何卡特尔成员立即退出协议；责令向他提交相关协议的副本。

量权交到行政官员和政治家手里，甚至拒绝认为限制行为妨害公共利益。到了20世纪80年代中期，英国的竞争法系统已经成为一个由规则和机构所组成的高度复杂的网络，其中一些成分在规范行为上起着重要的作用。"[1] 行政控制模式是这些"成分"的主要内容。

"在这个时期（20世纪初期），不但出现了新一波国内竞争法的浪潮，而且它们倾向于有着相似的基本特点。奥地利、比利时、丹麦、芬兰、荷兰、挪威、瑞典和英国的竞争法的核心特点，都在不同程度上反映着20世纪20年代后期的一组观念，即行政管制的竞争法模式。这些观念在决策者中间成了一种不言自明的正统，它们的力量是逐渐减退的，直到20世纪末仍对决策发挥着超出许多人想像的影响。"[2]

（二）实施体制的特点

反垄断法的实施体制服从并服务于反垄断法的立法目标。具体而言，反垄断法实施体制的特点体现为以下方面：

1. 反垄断法实施主体的独立性

限制竞争行为的行政主管机关往往是多个机构形成的控制系统。在多个机构中包括司法机关和行政机关，行政机关中可能包括主管行政机关和协调行政机关等构成的机关系统，也可能是授权机关和专门机关构成的机关系统。

各国反垄断机构（执法主体）的设置，虽有种种不同做法，但也有共性，即反垄断执法机构具有独立性和权威性。反垄断实施机构的独立性和权威性地位和反垄断法本身的性质密不可分，反垄断法具有经济宪法的特性，即其以复合调整的方式协调产业政策，规制合同行为、企业合并，甚至行政垄断行为等。独立性和权威性可以使执法机构充分运用反垄断政策对可能引发垄断的所有领域进行宏观协调，充分发挥法的强制功能。独立性和权威性既体现在机构设置的特殊性上，也体现职权上（职权的特殊性下文叙述）。在机构设置上，专门的反垄断机构的位阶较高，执法机构的负责人或委员往往由总统（首相）任命，且经议会批准。

2. 职权的综合性

反垄断执法机关拥有程序控制权和实体控制权。程序控制权的核心内容是调查权。调查权一般包括场所进入权、查阅权、询问权、资料或物品的扣押权、资

---

[1]〔美〕戴维·J. 格伯尔：《二十世纪欧洲的法律与竞争》，冯克利、魏志梅译，中国社会科学出版社2004年版，第278页。

[2]〔美〕戴维·J. 格伯尔：《二十世纪欧洲的法律与竞争》，冯克利、魏志梅译，中国社会科学出版社2004年版，第214页。

料获取权等。实体控制权主要指定性并给予处分的权力。在专门机构的性质及隶属关系上,大多反垄断执法机构具有准司法特性。例如,法国竞争审议委员会,其难以被认定为属于纯粹的行政机关或者司法机关,它包含有行政、司法机关的双重职能。竞争审议委员会对集体限制竞争行为,可以自己提出告诉,自行进行审判;另外,拥有属于行政机关职能的处罚权,如责令停止行为、罚款等。我国台湾地区的"公平交易委员会"如同德国卡特尔局一样,名义上隶属于一个行政机关,[1]但"公平交易委员会"并不是行政机关。正如有的学者所言,"行政院"下属各部、会、局、署是上下一条鞭指挥的行政机关,并且都是不同目的的事业主管机关,因此其职掌以目的事业为范围。与此相较,"公平交易委员会"主任委员虽然综理会务,但是和公平会员之间并没有隶属关系,在具体调查、处分、许可竞争政策或法规的审议上,也不能命令委员会会议作出决议,所以和"公平交易委员会"并不是上下级领导的行政机关。"公平交易委员会"无"政"可"行",而是有"法"可"司"。因此并不是行政机关,而是带有准司法特质。[2]

(三) 执法主体设置的类型及性质

1. 机构设置

根据反垄断执法的集权与分权,反垄断执法机构的设置可以分为单一结构(制)和联合结构(制)。

单一制是设立专门的反垄断执法机关实施反垄断案件的调查、诉讼或处罚的机构形式。单一结构的典型代表是日本和俄罗斯。

日本的反垄断机构是公正交易委员会。起初该机构在反垄断工作中发挥的效力有限,主要是因为它在执法过程中的独立性没有得到有力的保障。日本国会在2003年初通过决议将公正交易委员会恢复为首相办公室的直属外设机构,从而使其重新获得了独立的执法地位,摆脱了不必要的行政掣肘。[3]

俄罗斯也属于典型的单一制实施体制。俄罗斯反垄断机构,是指按照俄罗斯《宪法》第10条和1991年《商品市场反垄断法》第11、12条的规定设立,并依照有关规范文件创立的,[4]名称叫做"俄罗斯反垄断政策与促进竞争局"(以下

---

[1] 德国联邦卡特尔局隶属于经济部、我国台湾地区"公平交易委员会"隶属于"行政院"。
[2] 刘孔中、欧阳正:《公平交易法》,台湾空中大学印行,2003年,第310页。
[3] 尚明:《反垄断——主要国家与国际组织反垄断法律与实践》,中国商务出版社2005年版,第198页。
[4] 有关规范文件包括:2000年5月17日总统签发的第867号文件:《联邦执行机构的结构》、1998年11月22日总统第1142号令。

简称"俄罗斯反垄断局")。2000年5月17日总统签发第867号文件，发布《联邦执行机构的结构》，确立了反垄断执法机构的体系。同年，俄联邦政府颁布了《反垄断政策和促进竞争局的地位》，明确了该局是联邦国家政策执行机构，职能是预防、限制、消除垄断行为、不公平竞争行为，促进经营和商品市场竞争；保护消费者的权利、商品交易、广告行为，国家扶持经营和调节自然垄断。同年，俄罗斯反垄断局制定了《审查违反反垄断法和违反其他保护金融服务市场的正式法律文件案件审理规则》，从程序上保障了反垄断机构审查案件的规范性和公正性。

此外，我国台湾地区及哈萨克斯坦等转型国家（地区）也属于行政执法机构设置的单一制。

联合制是两个或两个以上独立的反垄断机关分别执行或共同协调执行反垄断法的实施机制。根据联合机构的性质，又可以分为行政性联合和行政司法联合两种。前者的典型代表是德国，后者的典型代表是美国。

德国负责实施反垄断监管的机关主要包括联邦卡特尔局、联邦经济部，此外还设有垄断委员会。

联邦卡特尔局是一个独立的联邦高级机关。[1] 它是一个行政机关，但其设置与结构不同于普通的行政机关。卡特尔局的职权主要包括：对卡特尔的登记权、审核批准以及拒绝批准权；对企业合并的审核权，包括批准或不批准企业合并的权力；对各种滥用市场支配地位的行为的调查、审理、裁决和处分权等。卡特尔局对违反《反限制竞争法》的案件的审理是独立的，不受任何部门或个人的干预。

除了卡特尔局以外，联邦经济部也承担着执行部分规制卡特尔的任务。联邦经济部有权批准特别卡特尔、出口卡特尔。

1973年德国在上述反垄断执法机构的基础上设立了垄断委员会。它由5名成员组成，成员经联邦政府提议由联邦总统任命。垄断委员会的主要职能是对德国的企业集中情况进行定期评估。委员会每两年制作一份评估报告，从经济政策尤其是竞争政策的角度出发，对企业集中化的现状以及可以预料的发展倾向作出评价。

美国的行政机关和司法机关联合体现为联邦贸易委员会和司法部反托拉斯局的协调。

---

[1] 联邦卡特尔局形式上隶属于经济部，但德国卡特尔局在对卡特尔案件作出裁决时，不管是经济部长还是卡特尔局长都不得对具体案件发布指令，具有很强的独立性。

美国联邦贸易委员会是根据 1914 年制定的《联邦贸易委员会法》设立的，由 5 名委员组成，委员由总统经参议院提议和同意后任命，委员会从它的委员中选出一名担任主席。委员会的主要机构设在华盛顿，但可以在其他任何地方行使权利。联邦贸易委员会是一个独立于政府的行政机关，它的工作直接受国会监督。委员会下设七个处室：①竞争处。以律师为成员，职能是通过收集情报和对被指控的反竞争行为采取行动。具体而言，其通过对违法事件的调查，可以向委员会提出下列建议：制定交易规则；提出调查报告；正式的和解；在委员会的行政法官前进行行政诉讼；在联邦地区法院提起强制令的确认和执行；调查对委员会禁令的遵守情况及提起民事惩罚的诉讼程序。②消费者保护处。消费者保护处负责消费者教育和查处侵害消费者权益的行为，保护消费者免遭不正当或欺骗性的价格行为或做法的损害。③经济处。经济处是一个咨询论证机构，由经济学家组成，配合另外两局进行工作，通过调查，为执行机构提供经济上的和统计上的分析报告，使其顺利地进行案件调查和审理。④政策发展室。主要职责是协调上述 3 个机构的行动，提出长期规划，以充分调动各机构的资源，为社会提供服务，并负责出版刊物、手册等。⑤法律总顾问室。负责处理和协调有关的法律问题，主要起咨询、顾问作用。⑥行政法官室。由行政法官组成，设主席 1 人，负责指定法官承办具体案件。⑦其他机构，包括国会关系室、公共事务室、地区办事处等。

美国的司法部是专门提起公诉的检察机关，其工作方式主要是调查、和解和诉讼。行使调查权是司法程序的一部分，通常以发布"民事调查令"的方式进行。1962 年反托拉斯民事诉讼法赋予司法部一种特殊的权力，使其在诉讼程序开始前有权"同根"调查，要求任何"法律实体"提供有关民事反托拉斯调查的一切书面材料。1976 年的《哈特—斯科特—罗迪诺反托拉斯改进法》进一步作了弥补缺陷的修订，扩大了调查的方式和范围。[1] 此外，和解和诉讼（包括提起刑事诉讼和民事诉讼）也是司法部行使司法权的重要方式。

2. 执法机构的性质

反垄断执法机构首先是行政机关。但由于反垄断执法涉及对竞争秩序损害或损害危险的控制，且在很多情况下，执法机构掌握的证据中，包含有大量的间接证据，所以，反垄断机构作出决定的过程具有高度的专业性。为了保障行政系统内作出决定的公正性，有关国家的反垄断法律制度大都要求反垄断执法机构像司

---

[1] 调查可以向自然人发出，包括了解情况的任何人；方式可以口头可以书面。范围包括企业合并、购买、合营企业或类似的交易准备活动。参见〔美〕马歇尔·C. 霍华德：《美国反托拉斯法与贸易法规——典型问题与案例分析》，孙南申译，中国社会科学出版社 1991 年版，第 45 页。

法机构一样完成涉嫌垄断案件的"审理",这使得反垄断执法机构具有准司法的特性。

具体而言,反垄断机构的准司法性质体现在以下方面:

(1) 要求案件的处理程序按照司法程序进行。审判程序上,日本公正交易委员会的工作方式按照法院审判方式进行。在审判开始决定书中,应该记载事件的要点,并由委员长及参加决定议决的委员在上面签名盖章。审判手续始于把审判开始决定书的复本送达到请求者手中,同时命令被审人于审判的日期到场。被审人在接到送达的审判开始决定书时,应该迅速向公正交易委员会提出对该决定书的答辩书。另外,规定了缺席审判、审判公开、被审人陈述、审决的合议、合议的非公开等内容。

德国联邦卡特尔局设立决议处负责相关业务。决议处主席和决议员须是终身公职人员,并具有法官或高级国家工作人员的能力。卡特尔当局执法处理案件时要求按照《民事诉讼法》的相关程序进行,例如证人宣誓,对勘验、证人和鉴定人获取的证据准用过程等。同时,反垄断执法时,要求联邦卡特尔局内部以司法方法和话语行使职权,倡导联邦卡特尔局尽量提出同等情况下法院所能提出的问题。

美国联邦贸易委员会的执法活动需按照司法程序进行。行政法官是由一群行政法官组成,专门负责审查由联邦贸易委员会职员提起的和委员会决定的申诉。提起申诉的委员会职员和委员会的代表作为一方当事人,向行政法官阐述反对事由,企业则作为另一方当事人向行政法官表达相应的抗辩,最后由行政法官独立作出包括事实和法律结论的初步决定或建议性决定,并提交给委员会会议。对行政法官作出的初步决定,当事人可以向委员会会议提起上诉。如果当事人没有在规定的时间内提起上诉,委员会会议也没有依职权提起复议,那么,行政法官作出的初步决定就变成了联邦贸易委员会的正式决定。

(2) 提起诉讼。日本公正交易委员会下附设事务局,事务局设置检察官的职务,负责调查、提起违反反垄断法的案件的诉讼。俄罗斯《竞争保护法》第49条规定,俄罗斯反垄断局有权向法院提起诉讼。

(3) 准立法权。一般而言,独立的反垄断执法机构直接隶属于国会(或总统)。它是一个行政机关,但具有很高的独立性,其执法不受政府的影响。它除了享有行政权以外,还拥有制订相关反垄断法规的权力,并依此指导反垄断执法当局的活动。

二、我国反垄断法的实施体制

按照我国《反垄断法》的规定,国务院设立反垄断委员会,负责组织、协调、指导反垄断工作；同时，设立国务院反垄断执法机构，负责反垄断执法工作。根据国务院办公厅《关于国务院反垄断委员会主要职责和组成人员的通知》，国务院反垄断委员会主任由一名国务院副总理担任，商务部部长、国家发改委主任、国家工商行政管理总局局长以及国务院副秘书长任副主任。成员单位除商务部、国家发改委、国家工商行政管理总局三家国务院反垄断执法机构外，还包括工业和信息化部、财政部、交通运输部、国资委、国家知识产权局等14家单位。在反垄断委员会的组织指导下，国家工商总局、商务部、发改委是反垄断专门监管机构，包括它们各自的地方反垄断机构。

我国反垄断执法机构应属于联合体制，似同于德国的双层制，但具体的机构形式又有所差异。概括而言，可以表述为："1+3"模式。

（一）反垄断委员会和专门反垄断执法机构

"1"是指"反垄断委员会"。

按照《反垄断法》第9条的规定，国务院设立反垄断委员会，负责组织、协调、指导反垄断工作，主要履行下列职责：研究拟订有关竞争政策；组织调查、评估市场总体竞争状况，发布评估报告；制定、发布反垄断指南；协调反垄断行政执法工作。可见，《反垄断法》对国务院反垄断委员会的性质定位是反垄断工作的组织者、协调者、指导者，而不是一般的反垄断执法机构。

"3"是指3个专业执法机构：国家工商总局、发改委和商务部。

首先，关于工商总局"反垄断与反不正当竞争执法局"。根据《国家工商行政管理总局主要职责内设机构和人员编制规定》（以下简称"三定"规定），国家工商总局成立了"反垄断与反不正当竞争执法局"，负责《反垄断法》实施的相关具体工作。按照"三定"规定，国家工商总局负责垄断协议、滥用市场支配地位、滥用行政权力排除限制竞争的反垄断执法（价格垄断协议除外）等方面的工作。

概括而言，反垄断与反不正当竞争执法局的职能主要有以下几个方面：

（1）拟定反垄断的相关措施、办法。国家工商总局可以以行政规章、决定等方式，对《反垄断法》的适用情形及相关概念进行具体的界定，为反垄断执法工作的开展提供依据。

（2）组织反垄断调查工作。调查包括对相关主体进行询问，对交易涉及的有关协议、账簿等文件进行取证，向银行或相关机构调查垄断实施者的财务信息等方面内容。

（3）采取行政强制措施。在实施反垄断调查的过程中，为了停止垄断行为的影响或取证的需要，工商总局可以责令企业停止违法行为，也可以决定暂停销售，不得转移、隐匿、销毁财物等。

（4）进行行政处罚。工商总局经过调查，对于认定实施了垄断行为的主体可以作出罚款、没收违法所得、吊销营业执照等形式的决定。

（5）建议权。对于滥用行政权力排除、限制竞争的行为，工商总局虽然没有直接处罚的权力，但是可以向垄断机关的上级机关提出建议。

其次，关于发改委"价格监督检查司"。为适应《反垄断法》的实施，国家发改委出台了《国家发展和改革委员会主要职责内设机构和人员编制规定》，成立国家发改委价格监督检查司，对涉及价格的垄断行为依法进行监督与查处。

除了对经营者涉及价格的垄断行为具有管辖权外，发改委还具有对中央及地方各级政府涉及价格的行为进行监督的职能。国家发改委和地方各级发改委的价格部门对地方各级人民政府或者各级人民政府有关部门违反《价格法》的规定，超越定价权限和范围擅自制定、调整价格或者不执行法定的价格干预措施、紧急措施的，责令改正，并可以通报批评；对直接负责的主管人员和其他直接责任人员，依法给予行政处分。[1] 可见，反价格垄断只是价格监督检查司的一项职能。

再次，关于商务部"反垄断局"。2004年9月16日，商务部成立了反垄断调查办公室，开展反垄断立法及其相关工作。2008年《反垄断法》颁布之后，商务部对外资并购的反垄断审查权扩大到了所有企业的并购活动。同时，在商务部内增设反垄断局，主要依法行使对经营者集中行为进行反垄断审查、指导我国企业在国外的反垄断应诉工作、开展多双边竞争政策国际交流与合作的职能。

最后，三个专门反垄断执法机构的地方执法机构。《反垄断法》第10条第2款规定："国务院反垄断执法机构根据工作需要，可以授权省、自治区、直辖市人民政府相应的机构，依照本法规定负责有关反垄断执法工作。"即除了上述机关依照法律法规的规定直接取得外，《反垄断法》还通过授权将反垄断执法权赋予了地方相应的反垄断执法机构。

根据该条，地方反垄断执法机构必须具备以下条件：①地方反垄断执法机构本身必须是省一级的机构。这种安排一方面显示出对反垄断工作的重视程度，另一方面由较高级别的机构执法势必有利于增强反垄断执法工作的执行力。②地方反垄断机构必须取得国务院反垄断机构的授权。在反垄断工作需要的情况下，国务院反垄断执法机构可以向省级相关机构授权开展反垄断执法活动，这一授权既不需要再经过其他机关的批准，也不需要向其他的机关备案，从而在一定程度上提高了反垄断的执法效率。③国务院反垄断机构的授权只能针对系统内的机构，

---

[1] 参见《价格法》第45条。

即国家工商行政管理总局只能对省级工商行政管理局授权、商务部只能对省级商务厅授权、国家发展和改革委员会只能对省级发展和改革委员会授权。

（二）行业反垄断监管机构

虽然《反垄断法》规定了反垄断工作由反垄断专门监管机构来执行，但在许多行业监管部门，由于其历史原因和专业性，也将在相应的范围内协助承担反垄断工作。

历史原因主要是相关法律规定了行业机构的反垄断执法权。如《港口法》第6条规定："国务院交通主管部门主管全国的港口工作。"第29条规定："国家鼓励和保护港口经营活动的公平竞争。港口经营人不得实施垄断行为和不正当竞争行为，不得以任何手段强迫他人接受其提供的港口服务。"《国际海运条例》第4条规定："国务院交通主管部门和有关的地方人民政府交通主管部门依照本条例规定，对国际海上运输经营活动实施监督管理。"第24条规定："国际船舶运输经营者之间的兼并、收购，其兼并、收购协议应当报国务院交通主管部门审核同意。"第27条规定："经营国际船舶运输业务和无船承运业务，不得有下列行为：①以低于正常、合理水平的运价提供服务，妨碍公平竞争……③滥用优势地位，以歧视性价格或者其他限制性条件给交易对方造成损害"。《电力监管条例》第16条的规定："电力监管机构对电力市场向从事电力交易的主体公平、无歧视开放的情况以及输电企业公平开放电网的情况依法实施监督。"《证券法》第7条规定："国务院证券监督管理机构依法对全国证券市场实行集中统一监督管理。"第77条规定："禁止任何人以下列手段操纵证券市场：①单独或者通过合谋，集中资金优势……操纵证券交易价格或者证券交易量；②与他人串通，以事先约定的时间、价格和方式相互进行证券交易，影响证券交易价格或者证券交易量"。

除了上述相关法律法规规定的监管机构外，银监会、保监会、邮电、烟草、公路等机构也被授予了对垄断行为进行监管的职能。

这些行业监管机构都存在于具有独占性质的行业，在这些行业，其独占程度高这一特点为垄断的滋生提供了温床，由于与社会公共事业或人民生活息息相关，一旦垄断发展到一定程度，势必将对消费者乃至整个国民经济造成严重的不利影响，因此行业监管机构都承担起了不同程度的反垄断职责。但必须指出，这些行业监管机构应该接受反垄断专门监管机构的指导。

总的来说，现阶段我国的反垄断监管机构不是一个专门的机构，这些机构也没有准司法特性，这种职权分散、多头监管的格局可能会弱化我国反垄断监管效率的实现。

(三) 我国反垄断实施体制中的问题

现代各国反垄断法实施的趋同之处是设置专门的反垄断机构，其核心是赋予该机构独立性和权威性。我国反垄断立法没有单独设立反垄断机构，在实践中其独立性和权威性还存在较大不足。

我国的特殊国情使得反垄断机构在机构体系中的位置分外惹人关注，并成为立法中热议的焦点。两个事实阻碍了我国反垄断机构的顺利诞生：条块分割的政治体制和现行垄断问题在管理上的分权制度。"条"所建立的障碍在于，改革过程中逐渐形成的并在进一步加强的行业管理体制很难突破，更妄谈打破；"块"的障碍是，建立在财税体制下的地方利益。这种体制对反垄断执法的影响一时还很难消减。具体而言，所谓"存在较大不足"主要表现在以下方面：

1. 机构独立性不够

这里又涉及三个方面：组织体系的问题、经费来源问题和职权配置问题。

很早的时候，就有学者主张组织体系"采取委员会制，财政和人事直接来源于全国人大及其常委会，并且对全国人大和常委会负责"[1]；还有学者主张该机构"在人事编制和财务上隶属于国务院，由国家人事部和财政部预算，而且只对国务院总理负责"[2]。显然，组织体系问题和经费问题在学者的眼里是机构独立性的重要指标。按照传统观念，只有设立的执法机构拥有较高的位阶，在人事和经费上不会"受制于人"，它们才能排除种种可能来自行政体系内部的干预，真正做到执法必严，违法必究。这些学者眼里，像审计部门一样，规定其直接对总理负责，享有独立的地位，人事和财政都独立就可使反垄断执法机构具有较高的独立性和可操作性。

随着"反垄断法"的出台，一些争论的组织体系问题尘埃落定，但不是所有的设置都令对权威性期盼已久的人们得到满意的答复。

人事和财政的问题被模糊处理了。2006 年送审稿《反垄断法（草案）》第 32 条规定，国务院反垄断委员会由国务院有关部门、机构的负责人和若干专家组成。这里的有关部门、机构主要是商务部、国家发改委和国家工商总局，来源于这一部分的人员的人事关系是不独立的。在颁布的正式法律文本中，该条被删除。财政问题实际是经费问题，在我国法院独立性和司法改革意见中，这已属一个陈旧的话题，但无疑它仍旧是个焦点话题。美国的反垄断私人诉讼在一定程度上解决了执法经费不足的问题。未来的反垄断执法机构是否会出现经费不足，及

---

[1] 李扬："论我国竞争执法机关的定位"，载《法商研究》1999 年第 5 期。
[2] 王晓晔：《反垄断法与市场经济》，法律出版社 1998 年版，第 125 页。

是否会走法院解决经费不足的老路子令人担忧，尤其是它所面对的几乎都是财力雄厚的企业，是否会在执法中因经费欠缺而被同化更令人放心不下。

机构是否独立的另一项考查指标是机构的职权范围和职权的独立性。一般一个独立的执法机构应享有的权力包括调查权、审查权、裁决权。

调查权一般包括询问权、复制权、检查权、查询权等。比较我国《反不正当竞争法》的规定，[1] 反垄断机构拥有了工商机构反不正当竞争执法所不具有的查询、冻结经营者的银行账户的权力。

权力配置齐备是法律实施的基本前提，但法律实施的目标是法治化，包括权力行使的公开、公正，在我国又叫做"法律面前人人平等"。上述权力运用在限制竞争协议、经营者集中、滥用市场支配地位上应该不会有什么执法"折扣"，只是对于行政垄断行为，上述权力能否贯彻到底，人们心存疑问。

可以说，执法机构是否权威和独立主要取决于对行政垄断这类行为权力的覆盖程度如何，如果能像对待其他垄断行为一样，可以充分地行使权力，其独立性和权威性方可显现出来。部门垄断和行业垄断彻底打破之日，即是反垄断机构独立性和权威性全面建立之时。

从《反垄断法》的草案到颁布的正式法律文本的规定看，距离这一目标还有一定的差距。草案（2005年9月稿）第45条规定（反垄断机构与有关部门的关系）："有关法律、行政法规对本法规定的垄断行为规定应当由国务院有关行业主管部门或者监管机构调查处理的，依照其规定。国务院有关行业主管部门或者监管机构应当将垄断行为的调查处理结果通报国务院反垄断机构。""国务院有关行业主管部门或者监管机构对本法规定的垄断行为未依照前款规定调查处理的，国务院反垄断机构可以调查处理。国务院反垄断机构调查处理时，应当征求国务院有关行业主管部门或者监管机构的意见。"反垄断法送审稿（2006年6月）规定，"对本法规定的垄断行为，有关法律、行政法规规定应当由有关部门或者监管机构调查处理的，依照其规定。有关部门或者监管机构应当将调查处理结果通报国务院反垄断委员会。有关部门或者监督机构对本法规定的垄断行为未调查处理的，反垄断执法机构可以调查处理。反垄断执法机构调查处理应当征求有关部门或者监管机构的意见。"相比较草案，送审稿突出了反垄断执法机构在

---

[1] 行政案件监督检查部门在监督检查不正当竞争行为时，有权行使下列职权：①按照规定程序询问被检查的经营者、利害关系人、证明人，并要求提供证明材料或者与不正当竞争行为有关的其他资料；②查询、复制与不正当竞争行为有关的协议、账册、单据、文件、记录、业务函电和其他资料；③检查与《反不正当竞争法》第5条规定的不正当竞争行为有关的财物，必要时可以责令被检查的经营者说明该商品的来源和数量，暂停销售，听候检查，不得转移、隐匿、销毁该财物。

反垄断执法中的主导性，但在与国务院有关行业主管部门或者监管机构的权力关系上仍旧藕断丝连。表现为，"依照其规定"和"征求意见"。"依照其规定"是一种直接的例外，"征求意见"是一种间接的例外，因为对确实需要进行反垄断规制的部门垄断或行业垄断而在征求意见时得来的是反对意见的情况下，国务院反垄断机构没有进一步的扭转局面的措施。可见，国务院反垄断机构在国务院有关行业主管部门或者监管机构职权范围内小心翼翼。与其说树立国务院反垄断机构的权威性，毋宁说是国务院有关行业主管部门或者监管机构更权威。

2. 司法介入不足

从机构设置及其职责上看，我国《反垄断法》的实施体制基本上属于行政模式。在《反垄断法》实施体制上，反垄断执法机构与法院的协调问题是涉及体制运行是否效率、公平的很重要方面。

行政与司法的结合模式包括外部简单结合和内在有机结合两种。前者又被称为"行政司法审查"，包括程序审查、组织审查和结果审查。现代，行政司法审查已成为具有普遍性的监督方式，行政司法审查无外乎是两个体制——行政控制、司法监督的外部简单接轨。

真正具有典型性的反垄断法的结合模式，是行政控制和司法控制的内在有机结合，而不是外在简单接轨。

可以说，内在结合模式是在行政司法化和司法社会化双向运动过程中形成的。行政司法化是司法人员——法官或检察官加入了行政机构组织内部，共同参与组织决策。而司法社会化是司法组织内部融入了社会成员进而以民主的方式作出决定的过程。行政司法化和司法社会化双向运动的结果，可以实现对行政权力行使过程适时进行司法监督的效果。

德国魏玛共和国时期的《卡特尔条例》开始了行政控制机制和司法控制机制初步融合的探索。但融合系统中的司法成分范围很小，只有经济主体滥用经济力量的行政裁决能够向卡特尔法庭起诉。现代，内在结合模式的典型代表是日本（《禁止垄断法》）、德国（《反限制竞争法》）、我国台湾地区、瑞典、法国等国家和地区的竞争法。当然，各国（地区）法在具体运行机制上略有不同。

我国《反垄断法》确认行政司法审查这种结合模式体现在《反垄断法》第53条的规定上："对反垄断执法机构依据本法第28条、第29条作出的决定不服的，可以先依法申请行政复议；对行政复议决定不服的，可以依法提起行政诉讼。对反垄断执法机构作出的前款规定以外的决定不服的，可以依法申请行政复议或者提起行政诉讼。"这里仅确认这种行政和司法的外部对接是不够的，行政和司法的内部契合可以从程序上更好地保障行政执法的规范、威严、公正。

3. 对行政垄断行为仍遵循传统的系统内处理方式

《反垄断法》第51条规定:"行政机关和法律、法规授权的具有管理公共事务职能的组织滥用行政权力,实施排除、限制竞争行为的,由上级机关责令改正;对直接负责的主管人员和其他直接责任人员依法给予处分。反垄断执法机构可以向有关上级机关提出依法处理的建议。法律、行政法规对行政机关和法律、法规授权的具有管理公共事务职能的组织滥用行政权力实施排除、限制竞争行为的处理另有规定的,依照其规定。"这里遇到的问题是,上级机关是否启动该程序,或者责令改正而不改正的,如何纠正。行政层级监督理想化地认为行政系统内部权力的设置和运行是一个完美的体系,预先假设了行政机关完全恪尽职守地履行职责。偶尔出现的偏差,依行政系统内部的机制可以及时纠正。然而,现代社会政府机关及其公务员不可能超脱于一切利害关系之外,包括同类行政机关及公务员上下级之间。没有司法监督的权力,是不安分的权力。

第十一章 反垄断法的实施方式

第一节 政府实施

传统上认为，反垄断法的实施包括私人实施和公共实施（政府实施），但在特殊情况下，因垄断行为涉及的行业或群体成员范围广泛，产生了别于传统实施方式的新形式：代表实施。这丰富了反垄断法实施的类型，增加了法律实施的效率。

一、政府实施的一般手段

政府实施一直是反垄断实施的主要方式。传统行政执法在方法上的局限，导致执法机构对很多反垄断案件束手无策，为应对复杂反垄断案件，通过制度创新产生了特别执法手段。

（一）传统反垄断执法方式

传统反垄断执法方式，主要是反垄断执法机关依据法定的程序行使调查权、处罚权等权力。

调查的启动有多种，可以是反垄断执法机关主动进行，也可能通过举报、其他机关移送、上级机关交办等途径展开调查。

相比之下，通过举报获取相关信息并进行调查的案件所占的份额较大。举报可以分为电话举报、书面材料举报和电子邮件举报。在我国目前的法律规定中，只规定了书面举报这一种方式。现以查处垄断协议和滥用市场支配地位行为为例来说明行政执法启动和运行程序。

1. 举报及其要求

在我国，任何单位和个人有权向工商行政管理机关举报涉嫌垄断行为。当事人举报，需要以书面形式完整填写相关内容。具体内容包括以下方面：①举报人的基本情况。举报人为个人的，应当提供姓名、住址、联系方式等；举报人为经营者的，应当提供名称、地址、联系方式、主要从事的行业、生产的产品或者提供的服务等。②被举报人的基本情况。包括经营者名称、地址、主要从事的行业、生产的产品或者提供的服务等。③涉嫌垄断的相关事实。包括被举报人违反法律、法规和规章实施垄断行为的事实以及有关行为的时间、地点等。④相关证据。包括书证、物证、证人证言、视听资料、计算机数据、鉴定结论等,有关证据应当有证据提供人的签名并注明获得证据的来源。⑤是否就同一事实已向其他行政机关举报或者向人民法院提起诉讼。

2. 材料的受理和处理

受理举报材料的机关是国家工商行政管理总局和省级工商行政管理局。当事人向省级以下工商行政管理机关举报材料的,接受材料的工商机关应当在5个工作日内将有关举报材料报送省级工商行政管理局。

受理机关收到举报材料后,应当进行登记并对举报内容进行核查。举报材料不齐全的,应当通知举报人及时补齐。对于匿名的书面举报,如果有具体的违法事实并提供相关证据的,受理机关应当进行登记并对举报内容进行核查。

省级工商行政管理局应当对主要发生在本行政区域内涉嫌垄断行为的举报进行核查,并将核查的情况以及是否立案的意见报国家工商行政管理总局。如果举报材料齐全,但涉及两个以上省级行政区域的涉嫌垄断行为的举报,省级工商机关应当及时将举报材料报送国家工商行政管理总局。

国家工商行政管理总局对自己立案查处的案件,可以自行开展调查,也可以委托有关省级、计划单列市、副省级市工商行政管理局开展案件调查工作。国家工商行政管理总局根据对举报内容核查的情况,决定立案查处工作。国家工商行政管理总局可以自己立案查处,也可以授权有关省级工商行政管理局立案查处。

3. 调查

工商行政管理机关执法人员调查案件,不得少于两人,并应当出示执法证件。调查权一般包括询问权、复制权、扣押权、查询权等。询问权是反垄断执法机关询问被调查的经营者、利害关系人或者其他有关单位或者个人,要求其说明有关情况;复制权是反垄断执法机关查阅、复制被调查的经营者、利害关系人或者其他有关单位或者个人的有关单证、协议、会计账簿、业务函电、电子数据等文件、资料;扣押权是反垄断执法机关查封、扣押被调查者的相关证据;查询权是反垄断执法机关查询经营者的银行账户,了解收支状况。

工商行政管理机关调查涉嫌垄断行为时,可以要求被调查的经营者、利害关系人或者其他有关单位或者个人(以下简称"被调查人")在规定时限内提供以下书面材料:①被调查人的基本情况,包括组织形式、名称、联系人及联系方式、营业执照或者社会团体法人登记证书、法人组织代码副本复印件。经营者为个人的,提供身份证复印件及联系方式。②被调查人为经营者的,还应提供近3年的生产经营状况、年销售额情况、缴税情况、与交易相对人业务往来及合作协议、境外投资情况等,上市公司还要提供股票收益情况。③被调查人为行业协会的,还应提供行业组织章程,相关产业政策依据,本行业生产经营规划以及执行情况,与涉嫌垄断行为有关的会议、活动情况及文件等。④就工商行政管理机关提出的相关问题所作的说明。⑤工商行政管理机关认为需要提供的其他书面材料。

4. 处理(处罚)

工商行政管理机关对涉嫌垄断行为调查核实后,认定构成垄断行为的,应当依法作出行政处罚决定。对工商行政管理机关依照规定作出的行政处罚等决定不服的,可以依法申请行政复议或者提起行政诉讼。

(二)传统执法方式的局限

反垄断法规制的对象是垄断行为和垄断状态,规制的方法包括预防性方法和救济性方法。对于预防性方法所涉及的垄断问题比救济性方法所涉及的垄断问题要难以认定,一般至少涉及四个方面的判断:一是对产业的整体影响;二是对既有竞争者的影响;三是对潜在竞争者市场准入的影响;四是对消费者的影响。这其中又涉及相关市场的认定、集中度的判定等技术问题。另外,市场本身是不断发展和变化的,经营者的行为也不是一成不变的。诸多因素结合在一起,使传统的强制性执法方法带有很大的风险。具体而言,以下方面决定了传统执法方法必然存在一定局限。

1. 判断垄断的复杂性

垄断作为一种经济现象,不仅仅是对单个个体的描述,很多情况下是对整个行业的描述,例如判定滥用市场支配地位时需考查市场支配地位。对行为性质的认定还需要大量的数据支持,这些数据很多都需要由被调查者提供,涉嫌违法的被调查者自然不会积极主动的提供给执法者,这使得准确、全面地获得相关数据是很困难的。对于获得的数据资料必须加以汇总、整理和分析,使之协调一致,才能作为定性之用。完成这个工作需要相当的专业知识和技能。

另外,反垄断法的政策性也使执法机构的执行活动不仅仅是一种法律规范的实施,而会涉及经济和政治方面的因素,有时政策性目标可能会是执法机构优先考虑的因素。在不同时期,国家的经济政策是不同的,这就很可能使性质相同的案件在不同经济政策背景下得到不同的处理结果。例如在美国20世纪60~70年代哈佛学派占据统治地位的反托拉斯执法和70~90年代芝加哥学派占据统治地位的反托拉斯执法的差异性就鲜明地体现了该法运用中的政策性特点。

2. 认定规则的不确定性

由于反垄断法的不确定性,具体规则并不一定能提供违法判断的具体标准。反垄断法的控制包括损害(实害)控制和危险控制。垄断行为的实害不同于民事行为的实害，前者危害的直接客体是经济秩序，表现为侵害竞争者的利益和消费者的利益；后者危害的客体表现为个体利益。竞争者和消费者以群体形式存在，对群体利益持续性侵害反映在经济领域就是产业结构失衡或经营机会或消费选择权的掠夺。因此，反垄断意义上的危害或危险具有群体性、结构性特征。另外，反垄断立法对危险的控制是基于这样的假定：以经济分析或统计数据为基础建立起来的若干理论，假定某种行为或状态和一定的危害或危险之间属于逻辑上的充分必要条件。实际上，某种行为或状态的危险发生可能性或许很小，或许一时反应不出来，尤其是在经济分析资料和统计数据建立的时间和当下距离较远的情况下。树立这些假定危险对国民经济发展是必要的，因为这些假定建立在成立的概率高于存伪的概率基础上。存伪的概率可以通过立法技术使法律的"恶"的一面减弱到最小。

这样，企业行为是否违法很多时候并没有十分清晰的界限。执法机构耗费巨大的执法成本对企业行为进行违法判断，最后的结果很可能徘徊在违法与不违法的模糊地带，很难给出一个违法与否的清晰理由。

3. 在不确定规则指导下的强制执法，有可能带来效率的损失

"考虑到被禁止行为在定义上的不确定性，以及对具体行为使用该定义的不确定性，严厉的惩罚也许会阻止处于禁止边缘的合法行为。它们也许导致潜在的被告过于回避他意图进入的区域。这是反托拉斯法领域中一个特别严重的问题，因为有效率行为和无效率行为之间的界限常常是模糊的。"[1] 由于经济的变动性，在很多情况下，如果通过正式程序来实现反垄断的执法会显得过于僵硬。

为了提升因上述问题导致反垄断执法处理结果的公信力，特殊执法措施便产生了：一方面，将合同的相关规则融入反垄断执法中，在双方协商一致的情况下实现控制危险的目的，这既可以避免执法机构与经营者的强烈对立，也有利于从法律和政策的双重角度解决问题；另一方面，将刑法的坦白制度移植进来，在无法取得直接证据的情况下，激励当事人主动坦白，交代行为的事实，可以据此准确把握案件的性质。这些特殊执法措施有利于减少行政执法错误，提升反垄断执法的公信力。

二、特别手段

"在一个全球化和竞争方式迅速变化的世界里，这是一片让人放心不下的领

---

[1] 〔美〕理查德·A. 波斯纳：《反托拉斯法》（第2版），孙秋宁译，中国政法大学出版社2003年版，第314~315页。

地。"[1] 人们对竞争法的"担心"主要是，它无法做到私法那样的精确，因为它不能依靠私法所享有的数十年乃至数百年的分析。[2] 竞争法中模糊性和反模糊性的斗争始终激烈如初，它来自法律描述精确性和外部变动性之间的矛盾。

"反垄断政策的健全不但依赖于法律规则，还依赖于执法机制。只有好的规则是不够的，还必须有执法机制保障法律以合理的成本获得合理程度的遵守。"[3] 特别执法措施是相对于传统执法手段而言的，这些措施正是"以合理的成本（使反垄断法）获得合理程度的遵守"的理念尝试解决"矛盾"的方法，包括宽免政策、承诺制度和行政劝导政策。

（一）宽免政策

宽免政策，单从语词使用上讲，它既不是反垄断法上的专有概念，也不是反垄断理论中的专有术语。在刑法理论、税收征管法理论上其也被广泛使用，但在反垄断法语境下，"宽免政策"具有自己特殊的含义。

或许是受国外用语多元性的影响，[4] 在国内，学者对这个制度概括用语也不一样，有的叫"宽恕政策"，也有的叫"赦免制度"、"从宽处理制度"等。尽管用语上有些许差异，但是不同用语所表述的制度基本含义和制度运作机理却是一致的。

反垄断法上的宽免政策，是指通过鼓励卡特尔成员揭露未被反垄断机构掌握的卡特尔行为和证据，按照自首的顺序和自首内容对案件处理的价值给予自首者部分或全部赦免的制度。

---

[1] 〔美〕戴维·J. 格伯尔：《二十世纪欧洲的法律与竞争》，冯克利、魏志梅译，中国社会科学出版社2004年版，第17页。

[2] Aean Watson, *The Making of the Civil Law*, Harvard University Press, 1981, pp. 99~143.

[3] 〔美〕理查德·A. 波斯纳：《反托拉斯法》（第2版），孙秋宁译，中国政法大学出版社2003年版，第313页。

[4] 不论是在国内还是在国外，反垄断法上所使用的术语也不统一。在美国，宽免制度称为 Leniency Policy. 美国的公司宽免制度称为 Corporate Leniency Policy；个人宽免制度则称为 Leniency Policy for Individuals. 在英国，则称之为 General Guidance on Leniency. 在欧盟、德国和加拿大等国家，则用 Immunity 来表示宽免，如欧盟的《关于欧盟卡特尔案件罚款免除和减少的公告》则表述为 Commission Notice on Immunity from Fines and Reduction of Fines in Cartel Cases, 德国的《联邦卡特尔局2006年第9号关于免除或减少卡特尔案件罚款的公告》则表述为 Notice No. 9/2006 of the Bundeskartellamt on the Immunity from and Reduction of Fines in Cartel Cases. 加拿大的《竞争法的宽免制度》表述为 Immunity Program under the Competition Act. 由于在英文中，Leniency、Amnesty 和 Immunity 都有宽免的意思，很多时候这三个词会被混淆来适用，特别是在美国，也经常有 Amnesty Policy 来表述宽免，由于该制度只允许完全豁免第一个向反托拉斯局申请宽免的企业的责任，即该宽免为完全的豁免，用 Amnesty Policy 来表述也是完全符合的。

1. 宽免政策的产生与发展

大凡一项法律制度的产生都有其特定的社会背景和直接指向的社会现象。首先宽免政策不是反垄断法产生时就有的一项制度，它是一种填补性、应急性的制度，其次它是针对传统执法手段应对某种垄断现象之不足而产生的，因此，宽免政策的产生与其适用对象的特点有密不可分的关系。

（1）宽免政策产生的原因。反垄断法所规制的传统对象中，卡特尔的规制难点主要在于证据的查找，滥用支配地位行为的规制难点主要在于"合理性"解释，经营者集中的规制难点主要在于市场集中度的数据统计。宽免政策的产生源于证据问题。因此，其适用对象主要是卡特尔。

具体而言，因卡特尔的如下特性引发了宽免政策的形成。

第一，卡特尔的变动性。卡特尔的本源有三种形式：协议、决定和协同行为。它既是一种概念的静态划分，也是在实践中逐渐深化的行为转换过程。纵向比较德国、欧盟、美国等国家反垄断立法史，协同行为是因为协议、决议型卡特尔调整的范围有限而产生。欧洲共同体在1957年签订《罗马条约》时，没有任何一个成员国的国内法中有与"协同行为"（concerted action）相对应的术语。德国在1973年对《反限制竞争法》进行修订，增加了禁止企业或企业联合的相互协调行为。

第二，卡特尔的危害性。消费者对商品进行选择是为了以合理的价格获得高质量的商品和服务。卡特尔影响市场的最常见的方式之一就是改变某一商品的市场销售价格，使商品的价格不再由市场的供求机制来决定。由于竞争机制遭到破坏，导致经营者并不关心产品的质量，使得消费者往往支付高额的费用却得不到优质的商品或服务。

第三，卡特尔行为隐蔽性强。在卡特尔组织产生初期，参与者缔结卡特尔协议多采用明示的方法。所谓明示是指企业之间直接采用口头或书面语言的方式来使他们的卡特尔协议公示于外部，通常表现为协议或决议。而随着各国竞争法律制度的建立和完善以及美、欧等国对于协议和决议型卡特尔行为的严厉打击，这两种公开的卡特尔行为逐步转为地下，变得更加隐秘，出现了默示形式。经济合作与发展组织（OECD）的竞争法律与政策委员会（Competition Law and Policy Committee）所提交的报告认为，由于卡特尔是在秘密状态下运作的，而且很难被发现和证实，因此，可以明确的是大部分最近和现在的核心卡特尔还没有被揭发。[1]

---

[1] OECD, "Hard Core Cartels", in http://www.oecd.org/dataoecd/39/63/2752129.pdf.

第四,卡特尔的脆弱性。卡特尔是最松散的垄断组织形式,每个成员都拥有较大的自主权,这一点别于辛迪加和托拉斯。当参与卡特尔能够为其带来高额利润时,卡特尔成员当然愿意巩固这样的联盟。当背叛卡特尔协议能够为他们带来更高的利润时,卡特尔组织很容易崩溃。经济学家施蒂格勒曾指出:"一个已被人们接受的观点是,如果参加协议的任一成员能够秘密地违背协议,他必能取得比遵守协议时更多的利润。"[1]所以,每个卡特尔成员都面对诱惑力极强的背叛的激励。卡特尔成员之间存在三种相互交错的行为:自利性行为、竞争性行为、协作性行为。立法者恰恰利用自利性为突破口来冲击协作性联合以期恢复市场竞争状态。

正是因为卡特尔的上述特点,使得各国反垄断当局查处、揭发卡特尔组织十分困难。为了解决这一问题,很多国家建立了宽免政策,鼓励卡特尔参与者进行自我揭发。如果卡特尔参与者提供了相关证据,并帮助反垄断当局取得线索,就可以获得宽免。

(2) 产生与发展。1978年10月4日,时任美国首席检察官助理的John H. Shenefield代表美国司法部发布了首个带有宽免性质的反垄断法执行政策。[2] 该政策的内容比较简单,只规定了从事卡特尔行为的企业如在执法部门开始调查前报告其违法行为,并与执法部门全面合作,执法部门可酌情不再对其起诉。这就是现代反垄断法中宽免政策的雏形。

最初实施的宽免政策效果并不理想,主要原因是违法成本低和坦白的激励不够大,难以促使卡特尔成员背叛。1987年《刑事罚金修订法》规定,公司和个人犯罪按照销售额的20%来计算罚金数额。1993年,美国司法部反托拉斯局修改公布了公司宽免政策(Corporate Leniency Policy)A项规定之第6条:"公司没有强迫其他方参与该违法行为并且很明显该公司不是违法活动的领导者或发起者。"[3] 1994年8月,美国司法部反托拉斯局颁布的《美国反托拉斯局个人从宽处理政策》又将申请宽免的资格放宽至个人,鼓励卡特尔成员的董事、高管、雇员等以个人名义申请宽免,如果其提供的证据可以认定卡特尔组织的违法行为,并自始至终地在调查中全面配合反垄断执法当局的工作,则其可以获得赦免。美

---

[1] 〔美〕G. J. 施蒂格勒:《产业组织和政府管制》,潘振民译,上海人民出版社1996年版,第122页。
[2] Donald C. Klawiter, "US Corporate Leniency After the Blockbuster Cartels: Are We Entering a New Era?" in http://www.eui.eu/RSCAS/Research/Competition/2006(pdf)/200610 - COMPed - Klawiter. pdf, accessed on 2009 - 9 - 2.
[3] U. S. Department of Justice Antitrust Division, Corporate Leniency Policy, in http://www.usdoj.gov/atr/public/guidelines/lencorp.htm.

国宽免政策的这一新规定,为宽免制度的适用拓宽了道路。至此,美国构建了相对系统的宽免政策,在此基础上,执法效率也大大提高。

提升了执法效率的美国宽免政策,为他国(地区)引进这一制度提供了样本。欧盟委员会于1996年颁布了《关于在卡特尔案件中豁免或减少罚款的通知》(该通知于2006年8月12日进行了修订),正式确立了宽免政策。日本公平贸易委员会也在2005年4月通过的禁止垄断法修正案中加入了宽免政策的内容,并于2006年1月开始实施。此外,英国、加拿大、韩国、新加坡等,也建立了自己的宽免政策或对原有程序进行了相应的修改。当然,有关国家或地区在制度移植过程中,不同程度地进行了适于本国法的制度改良,由此形成了几种风格不同的制度类型。

2. 制度类型

上述国家在引入宽免政策时,内容上已经较美国宽免制度拓宽了很多。以坦白的顺序、适用责任类型、适用范围等为基础,可以将宽免政策归纳为四种不同模式。

(1) 美国模式。美国的《公司宽免政策》提供了两个宽免时机及其相应的条件:调查开始前,或调查开始后,对提供了反垄断机构未掌握的主要信息的自首者,完全免除法律责任。在适用主体的范围上,美国只给予第一个自首的人以免除处罚的待遇,其后的主体则无任何特惠。在内容上,宽免不仅包括罚款,也包括监禁,及其双罚中的个人责任。另外,宽免政策不适用于发起者和组织者。

(2) 欧盟模式。根据《关于减免卡特尔案中的罚款的通知》的规定,适用宽免的一般条件是:企业提供的证据能帮助欧盟委员会作出决定,启动调查程序,或能在欧盟委员会尚无充分证据的情况下,确定企业违反《欧共体条约》第81条第1款。同时,该企业必须始终充分、持续、高效地配合欧盟委员会,并向委员会提供其所掌握的,或其可以获得的有关涉嫌违法行为的全部证据。特别是该企业必须按委员会的要求,对任何可能有助于确认所涉事实的询问迅速地做出回答;其在向委员会提供证据时,不再参与该行为;没有采取措施,强迫其他企业参加该违法行为。

在上述前提下,宽免政策的适用分为两种情况:一是免除罚款的情形。条件为,必须是最先向欧盟委员会提供证据的企业。二是减少罚款的情形。包括:第二个自首并达到要求的,可以减免30%~50%的罚款;第三个自首并达到要求的,可以减免20%~30%的罚款;再后自首并达到要求的,减免不高于20%的罚款。在上述幅度内具体比例的适用,主要考查证据的性质和证明能力。一般而言,实时证据的价值大于期后证据;直接证据的价值大于间接证据。欧盟法没有刑事责任的规定，也不存在个人刑事责任免除的问题。

（3）日本模式。日本法上的宽免政策对第一个自首者的态度同美国法和欧盟法一样，实行完全的免除；对之后的自首者在强调位序上同欧盟法一样，但在享受的减免比例上有所不同。对调查开始前符合条件的第二个自首者，可减免50%；对第三个自首者，可减免30%。若是在包括调查开始日在内的20日以内自首的，只要不超过3个主体，不论顺序如何，减免的幅度不少于30%。[1]

（4）中国模式。我国法律也设置了宽免政策。《反垄断法》第46条第2款规定，"经营者主动向反垄断执法机构报告达成垄断协议的有关情况并提供重要证据的，反垄断执法机构可以酌情减轻或者免除对该经营者的处罚"。另2010年12月31日我国国家工商行政管理总局发布的《工商行政管理机关禁止垄断协议行为的规定》，进一步细化了《反垄断法》第46条的规定。

《工商行政管理机关禁止垄断协议行为的规定》第11条规定，经营者主动向工商行政管理机关报告所达成垄断协议的有关情况并提供重要证据的，工商行政管理机关可以酌情减轻或者免除对该经营者的处罚。工商行政管理机关决定减轻或者免除处罚，应当根据经营者主动报告的时间顺序，提供证据的重要程度，达成、实施垄断协议的有关情况以及配合调查的情况确定。重要证据是指能够对工商行政管理机关启动调查或者对认定垄断协议行为起到关键性作用的证据，包括参与垄断协议的经营者、涉及的产品范围、达成协议的内容和方式、协议的具体实施情况等。第12条规定，对第一个主动报告所达成垄断协议的有关情况、提供重要证据并全面主动配合调查的经营者，免除处罚。对主动向工商行政管理机关报告所达成垄断协议的有关情况并提供重要证据的其他经营者，酌情减轻处罚。

这里的减轻或者免除处罚，主要是指对对罚款的减轻或者免除，不包括没收财产。

可以看出，我国法律折中了美国法和日本法的模式，对第一个自首人给予法定的减免，对其后的符合条件的，酌情给予减免。由于缺少更为细致的供自由裁量的制度要素和缺乏规制的经验，不选择欧盟法模式；由于整体上不是以威慑为执法目标而不选择美国法模式，这基本符合我国执法初期的法制需要和执法

---

[1] 对在公正交易委员会开始调查之日前的第一申请者，全额免除课征金；对于第二个申请者，将课征金的数额减少五成；对于第三个申请者，则将课征金的数额减少三成。当开始调查之日前的申请者不足3个公司时，即使是调查开始之日以后的申请者，若是在包括调查开始日在内的20日以内，课征金的数额也将减少3成。参见根岸哲、舟田正之：《日本禁止垄断法概论》，王为农、陈杰译，中国法制出版社2007年版，第332～333页。

要求。

3. 适用条件

各国宽免政策的适用都有一定的条件限制，卡特尔成员只有满足条件要求，才能在一定程度上获得豁免。条件包括以下几个方面：

（1）适用对象。宽免政策主要适用于核心卡特尔。"核心卡特尔"（Hard Core Cartel），又称"恶性卡特尔"，来源于1998年经合组织发布的《理事会关于打击核心卡特尔的有效行动建议》。该建议提出"核心卡特尔是竞争者之间达成的反竞争协议、协同行为或安排，包括固定价格、串通投标、限制产量、制定配额，通过划分消费者、供应商、地域或商业渠道等方式分享或分割市场"。[1]"核心卡特尔"就是本身违法原则所针对的卡特尔类型。这种卡特尔行为在限制竞争、谋求联合利润最大化及福利效果损失等方面比其他卡特尔的危害程度更大。另外，"核心卡特尔"的隐身性更强。可以说，正是由于"核心卡特尔"的"魔高一尺"，才能产生宽免政策的"道高一丈"。

（2）主体资格要求。并不是每一个卡特尔成员都能向反垄断当局申请宽免，总结各国排除宽免的法律规定，以下三类卡特尔参与者不能获得宽免：①卡特尔行为的发起者或领导者。不给组织者以宽免是因为其对卡特尔的组建起到了决定性的作用，没有组织者就不会有卡特尔。②胁迫其他卡特尔成员参与卡特尔组织的当事方。③在一定区域内，该参与者是卡特尔行为的唯一受益方。

（3）申请时间。宽免政策的目的是为了鼓励卡特尔成员提供线索或直接证据，协助反垄断当局侦破卡特尔案件。设立申请时间并以时间先后辅之以宽免优惠能够激发申请者积极申告。在这个意义上，宽免政策是一种攻心策略，也是一种怀柔政策或绥靖政策。在宽免政策上，时间包含如下两方面的含义：

第一，能够取得宽免的有效申请的时间。早先，各国立法都规定申请者申请宽免必须要在执法机构开始调查之前。但在实践中，很多卡特尔成员在执法机构介入调查以前都怀有侥幸心理，以为自己的行动没有被关注，而在执法机构介入调查以后面对可能处罚，才积极主动申请宽免。如果对于介入调查后不予以宽免，则不利于案件的查处，毕竟执法机构很难取得卡特尔的直接证据。宽免政策实施初期效果甚微和宽免的有效时间的僵化不无关系。1993年美国宽免政策的新制度突破了这一传统，对申请者向反垄断执法机关揭露卡特尔的时间条件进行了划分：在A项政策下，获得宽免仍要满足条件：公司报告违法行为时，司法部反托拉斯局还没有从其他任何渠道获得有关该违法行为的信息；而在B项政策

---

[1] 转引自金美蓉：《核心卡特尔规制制度研究》，对外经济贸易大学出版社2009年版，第9~10页。

下，如果反托拉斯局已经开始调查，申请者如想获得宽免，就要另外满足三个条件，其中一个就是当提出申请时，调查机构虽然已经获得卡特尔信息，但尚没有足够的证据认定公司可能有罪。[1]

第二，有效期内宽免的时间顺序效应。在有效期内，如果对不同次序的申请者可以获得同样的宽免待遇，则会降低宽免的制度效果。在欧盟、日本等国的宽免制度中设定了不同的申请顺序，比较而言，欧盟法和日本法的宽免政策为违法者创造了相对宽松的竞争环境：既体现优先者大胜，也给劣后者以立功的机会。对为获得宽免的卡特尔成员而言，美国法考验勇气，欧盟法和日本法除了考验勇气外，还考验奔跑的速度。实际上，美国司法部所言的"宽恕政策在卡特尔成员间引发了一场奔向法庭的自首竞赛"[2]，不是在美国，而是在欧盟和日本更真实地展现出来。

（4）证据要求。宽免政策间接目的就是为了获得有用的证据。美国立法采取只给第一个申请者完全宽恕的政策，其证据要求非常明确、具体，即申请人必须"坦诚和全面地向政府报告违法行为"[3]。而在欧盟、德国、韩国等国家和地区，由于存在完全豁免和部分豁免之分，所以对于证据要求的标准也有所区分。对于可能获得完全豁免的申请人，申请者必须提供全面、充分的信息使反垄断机构展开调查。如德国卡特尔局就要求申请者在卡特尔局介入调查前提供证据使卡特尔局获得搜查令。而对于可能获得部分宽恕的申请人，最普遍的一个标准是要求申请人提供的证据对于反垄断当局而言是"有价值的新的证据"。从立法者角度而言，第一个申请者担负着瓦解核心卡特尔提供重要证据的任务，其后来者担负着进一步击碎卡特尔组织的证据任务，即在对比原有证据的基础上提供新价值的证据，申请人才具有获得宽免的可能性。例如，在"荷兰公司沥青案"中，参与固定价格卡特尔的沥青供应商 Shell 和 Total 公司向欧洲委员会申请部分宽免，但因其提供的信息已经被委员会所掌握（即不具备"新增价值"），因此没有获得处罚的减轻。与此相似，在"合成橡胶案"中，参与丁二烯橡胶和乳状苯乙烯橡胶市场固定价格卡特尔的 Bayer、Dow 和 Shell 公司分别向欧洲委员会申请宽免，其中 Bayer 和 Dow 公司因符合宽免方案规定的条件而被分别免除全部罚

---

[1] U. S. Department of Justice Antitrust Division, "Corporate Leniency Policy", in http：//www.usdoj.gov/atr/public/guidelines/lencorp.htm.

[2] 覃福晓："美公司宽恕政策自首竞赛效应的法经济学分析——兼论我国《反垄断法》第46条第2款规定的实施"，载《生产力研究》2009年第5期。

[3] U. S. Department of Justice Antitrust Division, "Corporate Leniency Policy", in http：//www.usdoj.gov/atr/public/guidelines/lencorp.htm.

款和减少40%的罚款。但欧洲委员会认为 Shell 公司提供的信息"不具备新增价值",因而不能获得任何形式的宽免。[1]

(5)申请人的义务。提出宽免申请后,申请人应该配合执法机构对案件的查处。申请人的义务有两项:一是申请者在申请宽免的同时,必须立即终止其卡特尔活动。那么,如何认定卡特尔行为属于"终止"呢?在2004年美国"斯托德案"[2]中,美国司法部撤销了对斯托德公司的宽免函,原因是司法部认定斯托德公司没有在发现违法行为后采取迅速、有效的行动终止该行为。尽管斯托德公司"声称,'采取及时有效的行动终止'并不意味着'立即终止',而是为了终止的目的迅速采取方法、步骤在效果上达到该目标",这是宽免政策实施以来第一例因终止问题被撤销宽免的案件。二是要求申请人在调查期间和执法机构进行持续合作,来保证调查的完成。这种合作应该贯穿于卡特尔调查的始终,包括及时、迅速地向反垄断当局提供所掌握的最新证据和信息;在反垄断当局要求会面时,及时回答相关问题等。

(6)执法机构的保密义务。有关国家(地区)的宽免政策都规定了执法机构的保密义务,即申请人在提出宽免申请及提交相关证据后,反垄断执法机构负有对申请人的身份及相关情况保密的义务。因为申请人的背叛行为有违卡特尔成员的合作精神,一旦其告密身份遭到泄露,可能会受到卡特尔成员的报复。另外,在申请人与执法机构合作的过程中,也可能基于调查的需要,要求申请人充当"线人",以便获得公司内部更机密的信息,这种情况下,保护申请人的身份更具有重要意义。

很多人认为,保密事项是宽恕政策中的一项非常重要内容,但实际上,行政公开和鼓励自首等政策目标决定了保密仅在案件查处过程中有意义,案件的处理结果将使"第一人"、"第二人"、"第三人"及它们(他们)各自的"利益所得"大白于天下。因此,保密义务的价值与其说是执法机构的负担,不如说是其顺利完成工作的需要。

(二)承诺制度

承诺制度,也称和解制度,是指在案件调查过程中反垄断机关(包括行政机关和司法机关)与经营者之间就某一涉嫌垄断行为通过协商达成共识,经营者承诺停止或改变被指控的行为,消除其行为对竞争产生的不利影响,执法机构则停止调查的制度。

---

[1] 金美蓉:《核心卡特尔规制制度研究》,对外经济贸易大学出版社2009年版,第146~147页。
[2] Stolt – Nielsen, S. A. v. United States, 352F. SUPP. 2d., pp. 553, 563.

依据签订协议时代表国家机关一方主体性质的不同，和解分为行政和解和司法和解。

1. 行政和解

行政和解介于民事和解和行政处分之间。准确地说，是民事和解机理移用到行政行为代替行政处分的机制。

行政和解不是调解。调解是行政机关居中平衡当事人的权利、义务关系的过程。行政和解中行政主体可以就有关和解的内容征询利害关系人的意见，或要求相对人与利害关系人达成和解协议，但行政和解不受民事和解内容或意见的约束。另外，调解是在确定法律性质的前提下，就承担赔偿责任的程度进行协商，调解一般适用于违法行为并以当事人相互出让或放弃各自的部分利益为成功调解的基本条件；而行政和解是在模糊行为性质的前提下确定当事人义务和责任。

和解也不同于附变动条件的行政批准，后者的行政机关行使的是审查权，如企业合并。[1] 行政和解主要适用于危险行为而不是损害行为；或者在调查后仍不能确定的违法性，抑或是在调查后危害事实确证但有回复可能的情况下作出的，行政机关在和解中多以"如果……则不受（这样的）处罚"模式化的语言反映其立场。这种假言推理的合理性建立在对竞争关系所体现的多种利益充分平衡，即经营者利益或消费者利益的衡平的基础上。

和解要体现矫正后的积极利益大于消极利益的原则。由此，行政和解中行政机关不以出让什么利益为条件，更不是出让行政责任。本质上，行政和解是行政合同的扩展使用，是一种特殊的契约关系。既然是一种契约关系，就需要一种机制监督合同意思的合法性。常见的监督机制，一种是依法设定和解的条件以约束任意和解。例如我国台湾地区2000年9月21日"公平交易委员会"通过了"缔结行政和解契约处理原则"，该"原则"第2条规定了和解的适用条件："进行和解契约之协商程序前，应衡酌下列要素：①本会与相对人相互让步的适法性及妥当性；②公共利益之维护；③利害关系人因和解契约之成立，而可能遭受之损害。"另一种监督形式是将和解协议公示，听取公众意见，接受社会的监督。在美国，联邦贸易委员会根据同意令公布后60天内的公众评论，来对同意令进行分析。如果评论的信件所揭露的情况表明，同意令是不合适或者不充分的，就必

---

[1] 在企业合并是否构成市场限制的判断上，需要主管机关自由裁量，但仅在这一点上，两者有一致性。例如，1996年时代华纳和特纳有限电视的62亿美元的合并，美国联邦贸易委员会使特纳有限电视和电信公司（持有特纳有限电视21%的股份）做出让步，包括减少部分股份、取消一部分长期合同、对未来的产品定价作出限制等。

须对同意令作出修改。[1] 此外，如果和解协议涉及利害关系人，利害关系人也可以提出异议监督。我国台湾地区"缔结行政和解契约处理原则"第6条对涉及第三人的和解协议规定："和解契约之履行将侵害第三人之权利者，应经该第三人书面之同意，始生效力。"

这种契约关系的特殊之处在于，契约的内容是协调公共利益与个人利益关系。另这种契约关系是不完全对等的，作为契约一方主体的行政主体对契约具有单方撤销权、解除权，而相对人却不具有相应的权利。当相对人要求解除行政契约或对行政主体单方面撤销、解除行政契约不服时，只能借助于诉讼机制。

在法律程序上，有关国家对行政和解的态度和要求不完全一致，这样，产生了径直适用的行政和解和经审判的行政和解之分。

美国法和德国法采行的是径直适用的行政和解。

在美国，联邦贸易委员会对涉嫌垄断行为调查结束后，通常会提供给当事人一个类似于我国司法中调解程序的和解机会，当事人在不用承认违法的情况下即可就终止令中的条款与联邦贸易委员会进行协商，签署同意令，同意令一经签署，即与联邦贸易委员会作出的决定具有相同的效力。[2]

在德国，受美国反托拉斯法的影响，在1973年联邦政府提出的《反限制竞争法》修正草案立法理由说明中，引用了"非正式程序"的概念，意指对某些市场行为完全禁止尚无必要，若当事人同意配合采取某些措施即可消除竞争受到限制的顾虑，则不加禁止。这一草案于同年通过之后，德国的反垄断执法机构——卡特尔局便在执法过程中广泛采用非正式程序。德国学者把这种由当事人与执法机构约定负担一定义务而不加禁止的行为称之为"同意"。[3] 执法机构"同意"企业的承诺，但"同意"的内容"不得以使参与之企业受到经常之行为监督为目的"，此限制作为同意内容的底线，以确保企业的营运自由，不受卡特尔机关的过度干预。[4] 在实务中，由于"同意"的社会影响甚大，因此联邦卡特尔局在联邦公报和业务报告中公布同意的参与企业及主要内容。

日本法将行政和解分为径直适用的行政和解和经审判认可的行政和解。

---

[1] [美] 马歇尔·C. 霍华德：《美国反托拉斯法与贸易法规》，孙南申译，中国社会科学出版社1991年版，第48~49页。

[2] See Phillip Areeda & Louis Kaplow, *Antitrust Analysis: Problem, Texts, and Cases*, Fifth Edition, CITIC Publishing House, 2003, p. 69.

[3] 苏永钦：《经济法的挑战》，清华大学出版社2005年版，第78页。

[4] 苏永钦：《经济法的挑战》，清华大学出版社2005年版，第81页。

当公正交易委员会通过调查发现,被调查者有涉嫌违反禁止垄断法的事实时,公正交易委员会可以劝告实施违法行为者采取适当的措施,被劝告者应尽快告知公正交易委员会是否应诺该劝告。当被劝告者应诺该劝告时,公正交易委员会可不经审判程序作出与该劝告内容相同的审决。[1] 这样的审决被称做"劝告审决",即径直适用的行政和解。

当被调查者不接受相关的劝告时,公正交易委员会会尽快开始审判程序。公正交易委员会作出审判开始决定后,如果被审人同意审判开始决定书记载的事实及法律适用,并提交记载有排除该违法行为或保证排除该违法行为或者为使处于垄断状态的商品或劳务恢复竞争自由所应采取具体措施内容的计划书,公正交易委员会如认为适当,可不经过其后的审判程序而作出与该计划书记载的具体措施内容相同的审决。[2] 这样的审决被称做"同意审决",即经审判的行政和解。

2. 司法和解

司法和解是司法机关(主要是检察机关)基于行为的危险性,平衡其预期应承担的法律责任与处罚后对社会利益的影响,认为变通处罚的后果大于正常处罚的消极后果,进而要求涉案者附条件承担一定的法律责任,并接受法院监督的争议解决方法。微软案件是司法和解的典型。[3] 美国司法部原来起诉中要求的"拆解"微软的诉控目标变更为"停止"掠夺行为,但微软需向特定主体公开"视窗"原代码。尽管司法部和州政府的诉求没有完全实现,但和解符合消费者和目前美国国家利益,因拆解微软将是这个国家高新技术经济支柱的一次危险赌博。

在美国,当司法部向法院提起反托拉斯民事诉讼时,可以与被告达成和解协议,从而终止审判。被告在和解协议中承诺停止或撤销违法行为,司法部亦同意被告的承诺,双方即可在达成一致的情况下,以和解的方式实现对案件的了结。司法和解仅仅是案件司法处理的初步程序,司法部和被诉方达成协议后,协议的内容需接受两重监督:一是将双方协议在法院所在地和哥伦比亚特区的有关报纸

---

[1] 参见日本《禁止垄断法》第48条。
[2] 参见日本《禁止垄断法》第53条之四。
[3] 2001年11月微软公司与美国司法部就持续了3年的反垄断案签署和解协议。和解协议将对微软公司在此后5年内开发和许可软件、与独立软件开发商的合作、就其软件的内部工作运转与合作伙伴和竞争对手的交流进行限制和规范。微软公司主席兼首席软件设计师比尔·盖茨先生表示:和解协议是公平、合理的,尽管和解协议对公司的业务发展作出了一些非常严格的规定和限制,我们相信现在解决这一案件对于我们的消费者、对于整个科技行业乃至经济都是明智之举。

上公布，且公布材料的内容有一定的限制，包括签订的协议对竞争影响的评价[1]、调查文件目录、公众评论以及这些材料的来源。二是协议应受法院的监督，即需得到法院的同意。法院审查时考虑该"同意"对竞争性影响和是否违反公共利益（法院基本上将这项实体权力程序化了，很少有不同意的）。法院同意后发布"同意令"（consent decree）。"被告如果违反该同意决定，便被视为'藐视法庭'。但如果情势已经变更，被告又有充分证据时，法院可根据被告人的申请，修改同意决定的内容。"[2]

此种司法和解"同意令"与另一种由联邦贸易委员会径直适用的行政"同意令"（consent order）不同。后种同意令可以避免对所指控的违法行为进行正式诉讼。通常在调查完成的前后，联邦贸易委员会与被告可以就同意令进行谈判。行政同意令无须法院协助，同意令往往不对行为性质进行认定，只注重确定双方权利义务的具体内容。因此，接受行政同意令并不等于被告承认违法。接受同意令的效果是被调查方同意承担一定义务，由此可以免除诉讼。同意令的内容具有与联邦贸易委员会根据正式程序而作出的其他行政处罚同样的法律效力。对于被调查者而言，同意令的程序不是一项法定必经程序，但如果根据公共利益原则，通过诉讼解决问题，那么，被调查人就被剥夺了和解的机会。

综上，和解机制有比法院诉讼更为简单、更为快捷、更成本低廉的优点。同时，案件的处理过程更具有亲和力。这种亲和力或许是因为被处罚者的意见部分得到了尊重而减弱了其角色负担，也可能是取消了"场所"产生的威严，还有可能是"气氛和谐"所致。后竞争立法有关国家也适用类似的和解机制。截止到 1985 年底，英国已经进行或公布了调查的案子有 21 起。其中 4 起在正式调查之前企业作出了公平贸易局长可以接受的保证，另外 7 个案子是在公平贸易局的调查过程中或调查结束时作出了可以接受的保证。在 5 起案子中，公平贸易局没有发现重要的妨碍竞争的后果，4 起案子被提交到垄断和合并委员会。[3] 这里的保证本质上就是附条件不起诉，这一点和和解的效果是一样的。

3. 我国的反垄断和解制度

按照我国《反垄断法》第 45 条的规定："对反垄断执法机构调查的涉嫌垄

---

[1] 法律所要求的对竞争影响的陈述包括以下内容：①这种程序的性质与目的；②所宣布的违反反托拉斯法的做法；③这种补救方法对竞争的预期影响；④对因受到被宣布的违法行为损害而可能成为原告的私人补救措施；⑤修改这种协议的程序；⑥对选择郑重协议的评价。但 1974 年以后，对私人三倍赔偿诉讼这种陈述不得作为证据使用。

[2] 陈宏伟："非正式程序研究"，载《当代法学》2000 年第 5 期。

[3] Morgan, *Monopolies*, pp. 32~33. 转引自：[美] 格伯尔：《二十世纪欧洲的法律与竞争》，冯克利、魏志梅译，中国社会科学出版社 2004 年版，第 277 页。

断行为，被调查的经营者承诺在反垄断执法机构认可的期限内采取具体措施消除该行为后果的，反垄断执法机构可以决定中止调查。中止调查的决定应当载明被调查的经营者承诺的具体内容。反垄断执法机构决定中止调查的，应当对经营者履行承诺的情况进行监督。经营者履行承诺的，反垄断执法机构可以决定终止调查。有下列情形之一的，反垄断执法机构应当恢复调查：①经营者未履行承诺的；②作出中止调查决定所依据的事实发生重大变化的；③中止调查的决定是基于经营者提供的不完整或者不真实的信息作出的。"

2009年7月1日实施的《工商行政管理机关查处垄断协议、滥用市场支配地位案件程序规定》细化了《反垄断法》的上述规定，对涉嫌非价格垄断行为行政和解作了进一步的规定。包括以下方面：

（1）时限要求。经营者在被调查期间，可以提出中止调查的申请，承诺在工商行政管理机关认可的期限内采取具体措施消除行为影响。

（2）程序要求。中止调查申请应当以书面形式提出，并由法定代表人、其他组织负责人或者个人签字并盖章。申请书应当载明以下事项：①涉嫌违法的事实及可能造成的影响；②消除行为影响拟采取的具体措施；③实现承诺的日程安排和保证声明。

（3）中止调查。工商行政管理机关根据被调查经营者的申请，在考虑行为的性质、持续时间、后果及社会影响等具体情况后，可以决定中止调查，并作出中止调查决定书。中止调查决定书应当载明被调查经营者涉嫌违法的事实、承诺的具体内容、消除影响的具体措施、时限以及不履行或者部分履行承诺的法律后果等内容。决定中止调查的，经营者应当在规定的时限内向工商行政管理机关提交履行承诺进展情况的书面报告。

（4）承诺的监督履行。工商行政管理机关对经营者履行承诺的情况进行监督。确定经营者已经履行承诺的，可以决定终止调查，并作出终止调查决定书。终止调查决定书应当载明被调查经营者涉嫌违法的事实、承诺的具体内容、消除影响的具体措施、履行承诺的具体步骤和时间等内容。

有下列情形之一的，应当恢复调查：①经营者未履行承诺的；②作出中止调查所依据的事实发生重大变化的；③中止调查的决定是基于经营者提供的不完整、不正确或者误导性的信息作出的。

从字面上分析，上述规定并没有出现"和解"的概念，且执法机构在接受经营者承诺的基础上决定中止调查，因此有人认为我国的经营者承诺制度不同于执法和解制度。但本质上，上述规定还是对执法和解的规定。

和上述国家同类法律制度相比，我国的经营者承诺制度的特殊性体现在：承诺制度的启动只能由经营者提出申请，而不存在执法机构启动。上述制度只有经营者申请才进行调查中止，如果不申请，则执法机构进一步进行调查直至作出决定。承诺制度是为了替代法院判决和弥补行政决定的僵化。但上述制度中执法机构处于被动等待的地位，而不是积极运用该制度。这没有把制度包含的优势充分发挥出来。行政契约也可以体现"要约—承诺"过程，只要经营者保证将来为一定的行为，行为的效果是消除涉嫌垄断行为造成的影响，即可实施。这种"保证"是经营者自由意志的体现，并非执法机构的"强迫"，也并非只能由经营者提出。

（三）行政劝导（或约谈）

行政劝导或行政约谈，是指行政当局为了实现一定的行政目的，不以个别立法措施为依据对经营者活动提出劝告性意见及其产生的特殊效果。行政劝导措施是因法律执行程序的繁琐和手段欠贴切而产生。行政劝导不需要履行其他行政手段所要履行的法定程序，名义上也不存在所针对问题的范围限制，具有广泛性、适应性。

行政劝导体现了政府与企业之间的柔性结合，其实质是一种官商协调的运作方式。20世纪中期以前历任政府与企业的游离与深度结合后，两种对立的制度开始各自吸收对方的优点，行政劝导就是相互吸收之后的创造性成果之一。这种成果得以创造并延续下来，一方面由于之前的战争环境和经济危机给政府以介入经济成功的经验和信心；另一方面经济全球化需要政府以经济调解主体和活动主体的双重身份来控制国民经济运行的方向和速度。日本劝导机制的前身是协调恳谈会。最初的恳谈会是以产业界"自治"为基础的官民协商方式。协商的"互利互惠"色彩浓厚，产业界因受惠于政策而愿意接受或一定程度接受政府的意见。后这种方式的作用渐渐扩大，成为一种机制和政府调控经济的手段。日本经济学者植草益认为："民间企业发展与官僚干预之间所保持的平衡关系，使后发型经济的稳定发展成为可能。"[1]

行政劝导多在产业"机体"内发挥政策性协调作用。被劝导主体主要是大企业或企业集团。这自然可以在反垄断法中找到适于发挥作用的环境，因为反垄断政策作为一种竞争政策，其与产业政策具有内在统一性。

在反垄断法上，劝导不同于和解之处在于，依专门行政机关的职务而劝导。日本《禁止垄断法》在公正交易委员会下专门设置审查部对涉嫌违法行为实施

---

[1]〔日〕植草益等：《日本的产业组织——理论与实证的前沿》，锁箭译，经济管理出版社2000年版，第323页。

劝告。其事务范围涉及实行私人垄断和不当交易限制、垄断协定、公司股份保有的限制、金融公司的股份保有限制、干部兼任的限制、公司合并的限制、价格上涨理由的报告等方面（见日本《禁止垄断法》第48条）。同样，劝告程序不是法律审判或承担法律责任的必经程序，但不听取劝告的则可能承担法律责任。日本劝导机制的替代性体现在该措施与法律责任的关系上，当审查部劝告违法行为人（包括该事业团体的干部、管理人及其事业者成员）采取适当的措施，被劝告者必须就是否应允该劝告的问题迅速通知公正交易委员会。被劝告者应允该劝告的，公正交易委员会可以不经过审判手续作出与该劝告相同内容的审决。因此，劝告程序具有提示危险和缓冲矛盾的双重职能。显然，这也不同于对违法行为采取的警告处分。虽然提示危险并不等于一定承担危险，但由于不允诺后案件交由同一机关审决，摆脱责任的可能性很小。这也就得出了劝导机制得以有效运行的机理，即劝导具有准强制性和充分的信息交换性。日本的劝导机制广泛适用于促进企业合并或合理化、自主出口管制、企业间的生产数量调整、不景气时期生产时间的缩短和产量控制等方面，并取得了良好的经济效果。

当然，任何一种制度都具有两面性，行政劝导机制的负面效果在于，一定程度上和市场的优胜劣汰机制背离。不景气时期较弱的企业因此而未能被淘汰出局，景气时期因此可能存在数量较多的企业，导致过度竞争。正因为具有两面性，该机制才不作为强制程序。是否适用该机制、何时适用、对谁适用等都需要实施机关认真考量。但不管怎样，在国民经济运行上，日本的市场经济被称为政府主导型，是和劝导机制及其他行政指导机制的共同发挥的显著作用分不开的。

在我国，政府实施的劝导，主要用于企业涨价行为，[1] 但在价格法和反垄断法上，约谈制度都没有明确的规定。

第二节 私人实施

私人实施有广义和狭义之分。广义上的私人实施，是指法人、非法人组织或个人利用反垄断法提供的方式保护自己利益或社会公共利益的程序。狭义上的私人实施，是指以私人（垄断行为的受害人，包括法人、非法人组织和个人）作为原告，为维护自己的竞争利益直接向法院提起的诉讼。狭义的私人实施等于反垄断私人诉讼，但不包括私人不服执法机构的决定而对执法机构提起的诉讼。这里，以狭义的概念为基础展开相关制度的解析。

---

[1] 例如，2011年3月底国家发改委对联合利华的集体涨价行为实行的约谈。

一、私人实施的特点及发展趋势

反垄断私人诉讼具有别于一般民事诉讼的"一对一"的特点，一个垄断行为往往都涉及不特定的受害主体；法律对这种多重性的诉讼在功能上给予了越来越多的期望，这使反垄断私人诉讼特性明显。

（一）特点

1. 主体的特定性与开放性

虽然美国1914年的《克莱顿法》第4条规定，"任何财产或营业受害的人"都可以提起反托拉斯诉讼，[1] 但涉及具体案件，法官也没有千篇一律地忽略诉讼主体资格的认定。相反，诉讼主体资格的问题往往超越了案件的事实而成了案件争议的焦点。1977年美国最高法院在"伊利诺斯制砖公司案"中认为，只有那些与违反反托拉斯法的人直接进行交易的买主才能提起三倍赔偿诉讼。而在1979年的"瑞特诉索纳特等公司案"中裁定，因垄断行为而受到财产损害的消费者都可以根据反托拉斯法提起三倍赔偿诉讼，并在此案的判决中用脚注指出，"伊利诺斯制砖公司案"的判决并不优先于本案的判决。[2] 对于"伊利诺斯制砖公司案"最高法院认为，间接受害者不享有起诉权；而在"瑞特诉索纳特等公司案"中，最高法院认为，间接受害者和直接受害者都享有起诉权。可见，规则的"一事一议"特性非常明显。

现代有关国家，为了便于操作，将事前救济转为事后救济，即强调必须已出现违反反垄断法的事实；原告的企业或财产必须已受到直接损害；违法与损害之间必须有直接的因果关系；原告所受损害必须事实上可用金钱来衡量。从操作上更具有可行性，但从法理念上，这是一种倒退。

从停止侵害之诉的主体上看，不特定的主体具有成为原告的资格。原告资格是指个人、社会团体或者特定国家机关可以作为原告向法院提起诉讼的资格。原告资格确认的是主体拥有的诉权。具有原告资格的主体转换为原告，还需要有行为动力。停止侵害之诉解决的是非财产问题，这类诉的主体具有不特定性，当然，这类不特定主体作为原告也具有诉讼上的惰性。近年来，一些国家以团体诉讼的形式解决了不特定主体的诉讼中原告分散、怠于诉讼的问题。值得关注。

2. 诉讼目的的私益性兼公益性

反垄断法的目的之一是保护权利，权利主体包括市场上的经营者、消费者和

---

[1] 《克莱顿法》第4条的规定：任何因反托拉斯法所禁止的事项而遭受财产或营业损害的人，可在被告居住的、被发现或有代理机构的区向美国区法院提起诉讼。

[2] 〔美〕马歇尔·C. 霍华德：《美国反托拉斯法与贸易法规——典型问题与案例分析》，孙南申译，中国社会科学出版社1991年版，第63~64页。

市场的其他参与者。具体而言，保护竞争者的公平竞争权利，保护消费者的公平交易权利。在垄断行为造成损害的情况下，受害者能够提起损害赔偿的私人反垄断诉讼无疑是一种有效的救济措施，反垄断私人诉讼在动机上获利目的使该种诉讼具有很强的私益性。寻求高额的损害赔偿金额是受害人提起私人诉讼的主要诱因。美国《谢尔曼法》、《克莱顿法》都规定了法定的三倍损害赔偿制度，我国台湾地区"公平交易法"第31、32条也规定了酌定三倍损害赔偿制度。[1] 这些制度一方面有利于对因垄断行为而受到损害的受害者予以补偿，另一方面又通过损害赔偿的诱惑力吸引广大的私人主体参与反垄断法的实施。

由于某种垄断行为涉及的受害主体具有扩展性，即随着垄断行为的延续而不断扩大，所以，私人诉讼从动机上讲，是为了维护私人利益，但从结果上讲，则具有公益性。

（二）发展趋势

传统上，原告资格和被侵害主体是同一概念，但现代法上，原告资格和被侵害主体的关系并不相等。反垄断诉讼原告的范围超出了传统法的私人的范畴。一些国家反垄断法规定，政府主管部门具有原告资格，某些社会团体在一定条件下也可以提起反垄断诉讼。在超出了直接利害关系这一传统诉讼法标准的情况下，[2] 反垄断诉讼的原告资格的确定本身成为反垄断立法中的一项重要的技术性难题。正如美国加思（Garth）法官曾指出的："在所有案件中，判定对依据《克莱顿法》第4条提起诉讼的原告施以保护是否符合'反垄断法的基本宗旨'并因而具有诉因总是显得困难重重。过分苛刻地限制原告范围会使得司法部门削弱了国会为确保有力竞争而创设的实施救济，另一方面，按照《克莱顿法》第4条的字面意思提供保护可能会造成杀伤过度，……大大超过国会所愿。"[3]

抛却政府诉讼，就反垄断私人诉讼而言，确立适当的反垄断法私人诉讼原告

---

〔1〕 我国台湾地区"公平交易法"第31条规定："事业违反本法之规定，侵害他人权益者，应负损害赔偿责任"。第32条规定："法院因前条被害人之请求，如为事业之故意行为，得依侵害情节，酌定损害额以上之赔偿。但不得超过以证明损害额之三倍。侵害人如因侵害行为受有利益者，被害人得请求专门依该项利益计算损害额"。

〔2〕 《民事诉讼法》第108条规定起诉须符合的四个条件中，第一个条件即是"原告是与本案有直接利害关系的公民、法人和其他组织"。我国《行政诉讼法》第2条明确规定：公民、法人或者其他组织认为行政机关和行政机关工作人员的具体行政行为侵犯其合法权益，有权依照本法向人民法院提起诉讼。另第41条规定提起诉讼的四个条件中，第一个条件是"原告是认为具体行政行为侵犯其合法权益的公民、法人或者其他组织"。具体讲，只有公民或者组织认为具体行政行为侵犯了自己合法权益的情况下才能提起诉讼。

〔3〕 Ctomar Co. v. Nuclear Materials & Equipment Corp., 543 F2nd 501 (3rdCir. 1976).

资格的范围，可以使反垄断法得到有效地执行，实现维护市场的竞争秩序，保护竞争者和消费者的合法权益的目的。不适当地扩大或缩小原告资格的范围，既不能有效地发挥反垄断法私人诉讼的应有作用，也不利于反垄断法基本宗旨的实现。在这个原则之下，核心的问题是，在确立不依赖于直接利害关系的反垄断法私人诉讼原告资格，认可无直接利害关系的主体具有提起反垄断法私人诉讼资格的同时，通过对无直接利害关系的主体进行相关的限制，来解决原告资格过于广泛可能引起的不经济诉讼、浪费司法资源的问题，即寻找制度激励和克服权利（力）滥用的平衡点。

被法律确定为受害主体的人的范围和受害的类型紧密相关。由于反垄断法中的受害包括损害和危险，因而受害主体也就包括受实际损害主体（以下称"受损人"）和受危险之害主体（以下称"受损危险人"）。另由于一些垄断行为产生的不利社会影响范围较广，甚至可以从理论上推广到一类社会群体（如消费者），这使得反垄断法面临固守狭隘的受害主体（受损人）概念而产生轻视社会公益心、正义感，但若扩展并使用广义的受害主体概念——任何人，则诉权可能被滥用的两难困境。受害主体的确定既需要在政策上进行公开宣誓，也要进行可行性的技术处理。由此，形成了主要国家的反垄断法受害主体的称谓大都冠以模糊性术语但诉讼主体则小于这个主体的错落有致的景观。

美国法规定的"任何人"在反垄断法制度中并不是一个孤立的立法现象，有关国家立法也时常近似地使用这种模糊处理的手段，如匈牙利《竞争法》第28、29条规定的受害主体是"有利害关系的人"，德国《反限制竞争法》（2005年修订）第33条第1款使用的是"关系人"[1]。

但是，在反垄断法的实施中这样模糊的用语如果不进行细化的解释或说明则难以实现法律的预期。即便在美国，反托拉斯法实施中也没有慷慨到"任何人"都可以提起诉讼的程度。在联邦第三巡回法院判决的罗布诉依斯特曼·科达公司案中第一次详细阐述了，[2] 只有那些与违反反托拉斯法的人直接进行交易的买主才能提起三倍赔偿诉讼，即确立了"直接购买"标准。如果将"直接购买"标准、禁止转嫁抗辩、三倍赔偿结合起来，可以清楚地看到，美国私人的制度功能不在于补偿。正如我国台湾地区学者所言，美国的这种损害赔偿立场反映的是

---

[1] 德国《反限制竞争法》第33条第1款规定："违反本法、欧共体条约第81条或第82条的规定，或违反卡特尔局所作的处分的，行为人对于违法行为所涉及的关系人有除去其侵害之责；如有再侵害之危险时，并有不作为之责。上述违法行为有发生之虞时，侵害防止不作为请求权即已成立。前述称违法行为涉及的关系人，系指同业竞争者或其他因违法行为而受到妨害的市场参与者。"

[2] 郑鹏程："美国反垄断法三倍损害赔偿制度研究"，载《环球法律评论》2006年第2期。

以吓阻为目的的公共政策，而不是与之相对应的矫治正义的法理。[1]"法院采取该原则是为了避免过度威慑，多重赔偿以及投机或复杂的诉讼。"[2] 这对反垄断法私人诉讼潜在的原告将是一个很大的障碍，而且该规则过于机械化，尤其是造成了真正的反托拉斯受害人——消费者无法提起反托拉斯诉讼要求赔偿损失。对此美国的一些大的州（如加利福尼亚、亚利桑那、明尼苏达）通过了"伊利诺斯制砖规则废除"法令（Illinos Brick Repealer Statutes）。根据这个法令的规定，间接购买者可以根据州法提起三倍损害赔偿诉讼。这对于消费者是一件好事，但同时也会使案件的处理更为复杂，由于各州的法律规定不完全一致，因此会导致同一违法行为在不同的州的最终处理结果很不相同。[3] 1979 年的"瑞特诉索纳特公司案"裁定，因垄断行为而受到财产损害的消费者（即转嫁对象）可以根据反托拉斯法提起三倍赔偿诉讼，[4] 这进一步强化了实际受损人的范围。显然，"任何人"实际是任何受有损失的人。

有关国家的法律上之所以规定了一个较为宽泛的原告主体范围，是因垄断侵害客体——公共利益具有抽象性和共益性，每个社会公众都有权利和义务维护公共利益；又因利害关系人在垄断关系中受害的程度和体现方式不同，受害人行使权利和履行义务的方式也不同，所以法律规定一个泛化的主体本身具有实现"老鼠上街人人喊打"的政策宣导的意义。从权利行使的方式上看，受损人可以通过诉权维护自己的利益，而受损危险人限于危险的不可计量性，可以停止侵害为诉求或通过检举揭发来维护自己的权益。这样，在司法程序中，诉讼关系上的"任何人"、"关系人"、"有利害关系人"，在外延上应被确定为受损人和受损危险人。

基于上述，对"任何人"、"利害关系人"或"关系人"的理解应参照法律实施体制并以分类的方法来揭示。从制度完整性的角度来规划、适用法律条文，及从制度运行效率的角度来实施法律，依赖于受损人启动诉讼程序。由于受损危险人具有群体性、结构性，并因缺少现实财产损失基础，其只能提出停止侵害、消除危险的诉求（无法提出损害赔偿），这会使这种诉权的行使带有一定的惰性，其救济行动的积极性明显弱于受损人，所以反垄断法实施所依赖的纠错机制主要是以"造成实际财产损失"为基础的程序制度——第一层防护网，而危险之害的救济是法律设置的具有补偿性的第二层防护网。

---

[1] 刘绍梁："从意识形态及执行实务看公平交易法"，载《政大法学评论》第 44 期。
[2] See Associated General Contractors, 103 S. Ct. at pp. 911~912.
[3] 转引自王健：《反垄断法的私人执行——基本原理与外国法制》，法律出版社 2008 年版，第 113 页。
[4] [美] 马歇尔·C. 霍华德：《美国反托拉斯法与贸易法规——典型问题与案例分析》，孙南申译，中国社会科学出版社 1991 年版，第 63~64 页。

二、原告资格的确定

我国《反垄断法》第50条规定了原告资格，这个条件确定的原告的范围比有关国家（地区）法律规定的范围要窄。通过比较国外（地区）的同类制度，可以评价我国制度原告资格制度的优劣。

（一）国外（地区）法律中的原告资格

私人诉讼制度首先规定于美国1890年的《谢尔曼法》中。《谢尔曼法》第7条规定："任何因反托拉斯法所禁止违法的事项而使营业或财产遭受损害的人，可在被告居住的、被发现或有代理机构的地区向美国区法院提起诉讼，不论损害大小，一律给予其损害额的三倍赔偿及诉讼费和合理的律师费。"1914年的《克莱顿法》第4条对其进行了修改（将原告扩大至政府并规定了诉讼时效），构成完整的美国反垄断法私人诉讼的制度规范。"美国的反垄断私人诉讼浪潮始于1962年的通用电器（United States v. General Electric）案。"[1] 在20世纪50~70年代得到迅速发展，并在70年代达到最高峰。

按照《谢尔曼法》的规定，美国确定原告资格的原则主要是直接损害原则（direct injury test）。"法院采取该原则是为了避免过度威慑，多重赔偿以及投机或复杂的诉讼。"[2] 对于该原则的详细阐述出现在联邦第三巡回法院判决的罗布诉依斯特曼·科达公司案（Loeb v. Eastman Kodak Co.）中。该案原告是一个声称其权益受反垄断法违法行为侵害的公司的股东——罗布。法庭否定了其诉讼主体资格。理由是股东罗布所受的伤害是"非直接的、遥远的和偶然的"，直接损害发生于公司。美国律师协会反垄断部认为，适用该标准的关键在于判断违法行为人与受害人之间是否存在一个中介。[3] 如果存在这个中介的话，受害人就不享有原告资格，反之则享有。该原则在美国反垄断法诉讼资格理论中占据了长达40年的统治地位，但是这种方法仅仅考虑在特定的市场中，被诉违法者和原告之间的损害关系，从而把垄断行为和与之有关受害人之间的考虑因素最小化。由于该原则过于强调损害赔偿，受到了多方的质疑。其中"直接损害"是否包括现在没有财产损失但曾经受到直接损失，即是否禁止转嫁抗辩，是被质疑的主要问题之一。

"转嫁抗辩"指"购买商在价格被固定的情况下因购买货物支付太高而受到损害因此提起的3倍损害赔偿诉讼中，被告抗辩原告没有资格起诉和求偿，因为

---

[1] 时建中："私人诉讼与我国反垄断法目标的实现"，载《中国发展观察》2006年第6期。

[2] See Associated General Contractors, 103 S. Ct. at pp. 911~912.

[3] American Bar Association（ABA）Antitrust Section, *Antitrust Law Development*, American Bar Association 2nd ed., 1984, p. 395.

原告的支付已经转嫁给其客户，因此，原告事实上的财产或企业没有受到任何损害。"[1] 美国汉诺威制鞋公司诉联合制鞋公司（Hanover Shoe Co. v. United Shoe Mach. Corp.）案中首先确立了"禁止转嫁抗辩"原则，[2] 其理由为：非法的过高索价已经构成了可诉的理由，而不必考虑购买者的利益是否受到实际损害。[3]

通过美国汉诺威制鞋公司诉联合制鞋公司案禁止转嫁抗辩的理念转化为"非直接购买"原则，允许那些直接与反垄断法违法者进行交易的人根据《克莱顿法》第4条提起诉讼。"非直接购买"原则细化了"直接购买"原则，它扩展了非直接损害的情况下，受害人可以成为原告的问题，同时为了协调《谢尔曼法》规定的三倍赔偿制度，控制非直接损害可能造成的扩大赔偿的风险。汉诺威制鞋案件的判决只授予直接购买者完全的获得赔偿的权利，间接购买者不能取得三倍的赔偿。之所以这样确定，是基于以下理由：

首先，如果允许间接购买者享有提起三倍损害赔偿诉讼的权利，那么法院要努力去整理和计算某产品或服务整条生产链中的损害总量和各个层次所受到的损害数额，再将损害赔偿分配给每一个原告。这样繁重的审判任务是法院难以承受的，也是难以完成的。

其次，可能导致多倍赔偿，给被告带来毁灭的灾难。如果允许每一个受到损害的购买者提起三陪赔偿诉讼，每一个申请人都要获得三倍赔偿数额。如果经济环节中的多个（曾经）受害主体都起诉的话，那么违法者将要因一个违法行为承担多倍甚至无数倍的赔偿。而且，如果不同的受害人在不同的时期提起诉讼，那么被告就会经常陷入诉讼官司的纠缠当中，疲于应诉，对商业行为造成过度威慑，无法进行正常的生产经营，这样的结果对于被告来说将是致命的。

20世纪70年代中期，随着对垄断案件关注力度的加大，原告资格的确定原则被进一步地扩展，产生了"目标领域因果关系分析"原则（target area causation analysis）。

"该原则要求原告证明其属于特定工业的经济领域当中，而这个领域的竞争状况已经受到了违法行为的威胁。"[4]。这个原则在"损害"作为原被告之间的固有关联的基础上，又增加了一条"损害的危险"的连接线。适用中，目标领

---

[1] 李国海：《反垄断法实施机制研究》，中国方正出版社2002年版，第219页。
[2] 原告汉诺威制鞋公司诉被告通过只租不售的方式稳固在制鞋机器市场的垄断地位并获得垄断高价，被告答辩认为，原告的额外成本已通过销售鞋子的价格转嫁给了消费者，原告作为直接购买者没受到损失，因此，不具有起诉资格。美国联邦最高法院否决了被告的"转嫁抗辩"。
[3] See Hanover Shoe Co. v. United shoe Mach. Corp., 292 U.S. 481, 491 (1968).
[4] Jeffrey v. Southwestern Bell, 518 F. 2d 1129, 1131 (5th Cir. 1975).

域原则又分为两种：其一，限制型的目标领域原则（the restrictive target area test）。该原则为美国联邦法院第二、第五、第七巡回法院所采用。该原则的适用理由和基础是：可以减少过度威慑的风险；将原告资格只限于损害很容易得到证明以及不大可能产生多重赔偿风险的情形。[1] 并且认为不管如何，要拥有诉讼资格，必须证明其是反竞争行为所指向的目标。其二，宽泛的目标领域（the liberal targe area test）原则。该原则为美国联邦第四、第九巡回法院所采用。"该原则将目标领域延伸到反竞争行为所指向的市场参与者，包括那些反竞争行为可以预见的原告。"[2] 但是，与限制型的目标领域原则相反，用可预见性来分析诉讼资格缺乏任何的正式解释和理由。

目标领域因果关系分析原则在第九巡回法院沿用了近二十年的时间。这种方法与直接损害标准相比，重点不再是反垄断行为与原告之间的关系，而是原告与受到被告违法行为影响的经济领域之间的关系。因此，这种方法的实施需要两个步骤：第一步是确定受到被告违法行为影响的经济领域；第二步是将原告进行"定位"。如果原告在领域之内，它就享有原告资格，反之则无。比起直接损害标准，这种方法具有某种进步性，它要求法院更多的考虑反垄断行为和与之造成的损害之间的性质。同时，法院在案件的分析中，也可以用更宽广的视角来考虑反垄断法的社会目的和经济目的，也给根据直接损害标准不能获得原告资格的潜在原告们获得原告资格的机会。第九巡回法院同时清楚的表明，仅仅确定原告是在受到影响的领域之内是不足够的，两者之间必须要有更强的"因果链接"（causal link）。为避免将以上这种"因果链接"解释为"意图"，第九巡回法院在反垄断诉讼资格分析中引进了另一个概念——合理的可预见性（reasonable foresee ability），即原告被确定所在的经济领域是违法行为实施时可以合理预见的。这样一来，法院在确定原告所处于的经济领域之后，就必须进行第三个步骤，也就是分析违法者、违法行为、原告之间的关系。但恰恰也是对这三者之间的关系的分析造成了该方法最大的困惑。什么才是"合理的可预见性"呢？这样又给这种标准蒙上了一层神秘的面纱。

在德国，为适用《违反欧共体反托拉斯规则的损害赔偿诉讼绿皮书》（GREEN PAPER – Damages Actions for Breach of the EC Antitrustrules）规定的，"私人实施欧共体竞争法是通过在成员国法院的救济来保护欧共体法中的权利"，2005年6月德国《反对限制竞争法》进行了第七次修改，修改最核心的问题，就是《反

---

[1] Calderone Enterprises, 454 F. 2d at 1295.
[2] Blankenship v. Hearst Corp., 519 F. 2d 418 (9th Cir. 1975).

对限制竞争法》第33条第1款规定中的诉讼类型的扩大："违反本法、欧共体条约第81条或第82条的规定，或违反卡特尔局所作的处分的，行为人对于违法行为所涉及的关系人有除去其侵害之责；如有再侵害之危险时，并有不作为之责。上述违法行为有发生之虞时，侵害防止不作为请求权即已成立。前述称违法行为涉及的关系人，系指同业竞争者或其他因违法行为而受到妨害的市场参与者。"[1] 显然，这里的"受到反竞争行为损害的人"包括直接购买者和间接购买者。除此之外，该法也明确排除了转嫁抗辩。

总之，美国、德国等国家立法修改对原告资格原则扩展的理论意义和实践价值在于，损害被分成了损失和损失的风险，受到此种损害的人都可以成为原告，并禁止转嫁抗辩。这值得我们关注和借鉴。

（二）我国《反垄断法》规定的原告资格及完善建议

我国《反垄断法》第50条规定："经营者实施垄断行为，给他人造成损失的，依法承担民事责任。"这个"他人"可否理解为上文提到的"任何人、利害关系人或关系人"呢？

首先，"他人"不是"任何人"，《反垄断法》第38条规定的"对涉嫌垄断行为，任何单位和个人有权向反垄断执法机构举报"这个行政程序的启动主体是"任何人"。其次，"他人"也不是"利害关系人或关系人"，因为后者包括受损人和受损危险人，"他人"前的限制语决定了这个概念的外延只是受损人。所以，我国《反垄断法》私人诉讼原告资格确立的是"损失"标准。

形式上看，条文中的"他人"好像可以等同地理解为我国台湾地区"公平交易法"上的"他人"。[2] 但实际上视线稍加扩展就会发现，两个"他人"各被实质内容不同的限制语汇约束。

在"造成损失的"限制语之下，我国法上的"他人"应该不同于我国台湾地区法上的"被侵害权益"的"他人"。"造成损失"和"被侵害"作为法律用语描述的是两种不同的行为类型和后果状态。"被侵害"的结果是损害。"损害"

---

[1] 条文引自吴秀明、梁哲玮："德国限制竞争防止法——最新修正内容及全文翻译"，载《台北大学法学论丛》2008年第64期。

[2] 第30条规定，"事业违反本法之规定，致侵害他人权益者，被害人得请求除去之；有侵害之虞者，并得请求防止之"。

的通说,[1] 包括受害人的"所失利益"和"未得利益"。在反垄断法中,对于受害人的损害如何计算,具体包括受害人受到的全部损害,还是仅仅赔偿所失利益,各国反垄断法并没有直接给出答案,该问题一直是一个应该进一步研究的问题。我国台湾地区和日本在反垄断实践中一般认为损害只包括"所失利益"[2]。因此,我国反垄断法上的"造成损失"应被理解为实际财产受损,"造成损失"的"他人"即财产受损人。

上文已述,垄断行为之危害有造成损失和造成损失的危险两种情形。两种不同危害各自的责任类型和控制机制都不同。反垄断法上的"民事责任"主要有赔偿损失、消除危险、停止侵害三种。根据受侵害的状况,救济措施的对应关系是:受损失—损害赔偿(或同时诉停止侵害);受损失的危险—停止侵害、消除危险。依据"损失"这一限制条件,受损的原告在诉讼中的现实做法将是请求损害赔偿或损害赔偿加停止侵害。很难想象受损的原告不为追求损害赔偿而只求致害人停止侵害、消除危险。"损失"条件决定了原告的类型和范围只限于财产受损人,而排除了有受损危险的人。

对损失危险的控制,我国法律设置了另一种处理机制,即第 38 条规定的"对涉嫌垄断行为,任何单位和个人有权向反垄断执法机构报告"。由此可以得出,我国反垄断法实施体制是以行政执法为主导,并辅之以有限的司法救济的模式。进一步而言,对垄断"危险"的控制交由行政处理,司法处理仅限于对损失的救济。上述规定中确立的以"损失—原告"为基础的私人诉讼是狭义的私人诉讼概念,总体上这和国际反垄断立法对原告资格认定的方法和类型不相一致。

由上文可知,德国《反限制竞争法》第 33 条已将损失和损失的危险的控制都纳入司法程序。我国台湾地区的"公平交易法"第 30、31 条也作了类似规定,"事业违反本法之规定,致侵害他人权益者,被害人得请求除去之;有侵害之虞

---

[1] 对于损害的含义,民法一般没有直接规定,学理解释也不尽相同。例如,有的学者认为损害"系指权利或者利益受损害时所生之不利益。损害发生前之状态,与损害发生后之情形,两相比较,被害人所受不利益就是损害的存在"。也有的学者认为,"所谓损害是指因一定行为或事件使某人受侵权法保护的权利和利益遭受某种不利益的影响"。具体可参见张新宝:《中国侵权行为法》,中国社会科学出版社 1998 年版,第 92 页;王利明、杨立新编:《侵权行为法》,法律出版社 1996 年版,第 55 页;郭明瑞等:《民事责任论》,中国社会科学出版社 1991 年版,第 57、59 页。
[2] 日本《禁止垄断法》本身并没有规定损害赔偿额的计算方法。日本实务界在计算损害额时一般采取民法上的"差额说",即将没有加害行为的利益状态与受到损害之后的利益状态之间的差额作为计算依据。在松下电器事件中,法院认为购买因为不公平交易方法使得零售价格上涨的商品,销售者所受的损害为购买价格和处于公平自由的市场机制下所形成的适当价格之间的差额。参见尚明:《对企业滥用市场支配地位的反垄断法规制》,法律出版社 2007 年版,第 268~269 页。

者,并得请求防止之"。"事业违反本法之规定,侵害他人权益者,应负损害赔偿责任"。因责任形式有除去危险、停止侵害和损害赔偿,由此反向推知,原告应该包括损失受损人和有财产受损危险的人。

有必要为面临危险的受害人提供司法救济渠道,建立损失和危险控制的行政和司法平行运行机制。对于过多依赖行政系统的日本反垄断私人诉讼制度,[1] 学者已经开始反省。[2] 在我国,因法律未将垄断危险纳入司法控制,司法这"一只手"明显偏软。另外,我国缺乏像美国联邦贸易委员会和司法部反托拉斯局那样强大的反垄断力量和执法经验,这更需要私人诉讼来克服行政执法上的缺陷。因此,应该扩大私人诉讼的范围并明晰对应的责任类型,建议完善这个内容的方法,可以参照德国2005年修订的《限制竞争法》第33条或我国台湾地区"公平交易法"第30、31条的规定进行分类处理。

第三节 代表诉讼

现实中,作为受害者的经营者、消费者单独诉讼经常产生这样几个难题:①受害者个体因种种原因而放弃诉讼,致使其个人利益或公共利益受损而无从救济;②分散的经营者、消费者重复诉讼,不但耗时费力,还可能出现矛盾性的裁判;③作为原告的单个个体力量难以与庞大的垄断组织抗衡,诉讼资源上的劣势地位可能导致诉讼地位的不平等,从而造成诉讼结果的不公平。为了克服这些单个个体诉讼的弊害,一些国家法律设置了代表诉讼。根据作为代表的主体的不同,可以分为政府代表(民众)诉讼和社会团体代表(成员)诉讼(以下分别简称为"政府代表诉讼"和"社会团体代表诉讼")。

一、政府代表诉讼

根据美国《谢尔曼法》第7条和《克莱顿法》第4条的规定,有权提起赔偿诉讼的主体包括自然人和法人、美国联邦、外国政府(不被美国承认的和不处于和平状态的除外)、州政府。按照《克莱顿法》第4条A之规定,"一旦美国政府由于他人违反反托拉斯法的行为而遭受业务或财产损害时,不论争议数额多少,均可向被告居住地、所在地,或其代理人所在地的合众国地区法院起诉,由

---

[1] 日本《禁止垄断法》第26条:除非公正交易委员会作出有关规定,受害人无法根据该法第25条的规定提起损害赔偿诉讼。
[2] 美国的法院就像老佛爷的手心,一般人和行政官员都在一个手心里转,日本的法院是专门为私人之间的争斗建立的相扑台,行政官厅另外有自己专用的相扑台。参见〔日〕田中英夫、竹内昭夫:《私人在法实现中的作用》,李薇译,法律出版社2006年版,第191页。

被告赔偿美国政府所受实际损失,并承担诉讼费用"。可见,美国政府提起的诉讼有两类,一类是作为受害人的政府提起的诉讼,如当美国作为涉嫌违法性垄断的特定商品和服务的购买者。此时,作为受害人的政府同私人一样可以请求违法者三倍的损害赔偿。另一类身份是代表本区域的民众提起的诉讼。联邦政府有权代表美国民众提起诉讼,州政府有权代表本州的民众提起诉讼。后者即为政府代表(民众)诉讼。此种诉讼一般只能获得实际损失赔偿和诉讼费用。

代表诉讼的最大好处是节约诉讼成本。通常政府提起代表诉讼时,通过公告的方式让受害的民众进行登记,提交自己的受害证据,公告结束后由政府统一提起赔偿诉讼。这样,将原本需要单独诉讼的多个案件一次完成。这种诉讼也不同于一般的代表诉讼,因一般代表诉讼需要分别委托,授权给代理人统一执行代理权。政府代表诉讼建立在法律授权的基础上,而不是个人委托的基础上。另外,按照《克莱顿法》第5条的规定,"代表或由美国政府依照反托拉斯法提起的民事或刑事诉讼、作出的确认被告违反反托拉斯法的判决和裁定,将作为其他当事人按照上述法律或美国政府按照本法第4条A对该被告起诉或审理时的表面证据;判决和裁决中认定的事实对双方当事人都是不可否认的。但本条规定不适用于审理前双方同意所作出的判决或裁定,以及美国政府按本法第4条A起诉所作的判决或裁定"。可见,政府代表诉讼结束后,没有在诉讼前登记的受害人还可以依据胜诉的判决维护自己的权益,只要在诉讼时效范围内。

二、社会团体代表诉讼

社会团体的典型形式是行业协会。[1] 行业协会是政治国家和公民之间的中间地带,服务于其所代表的群体,相比单个经营者,它掌握较为全面的信息和具有完善的参与诉讼的能力,能更好地为分散的经营者主张权利。所以赋予行业协会等社会团体诉权在很大的程度上可以解决上述单独诉讼存在的问题。

早期的反垄断立法,大都不赋予行业协会等社会团体提起诉讼的权利。但是,随着社会生产力的发展,产品结构越来越复杂,加上在私人诉讼当中,被告一般都是在市场占有支配地位的大企业,这些企业规模大,经济实力雄厚,销售链非常复杂,原告无论在经济地位和证据的收集能力上都处于劣势,行业协会拥有较强大的经济、技术优势、信息优势使之具备完善的参与诉讼的能力,这在一定程度上可以弥补私人诉讼的缺陷。目前,已经有一些国家通过法律赋予了社会团体以一定条件下的起诉权。如德国《反限制竞争法》第33条第2款规定:"为

---

[1] 在我国,行业协会也叫商会;日本《禁止垄断法》称之为"事业者团体";德国《反限制竞争法》称之为"事业团体"。

促进营业时或独立职业上利益而具有权利能力之产业团体,其成员如涵盖同一市场上生产或销售相同或类似商品或服务之相当数量事业,且依该团体之人事、业务及财务配置条件,其实际上有能力维护章程所定的任务,即追求营业或独立职业上之利益者,于其成员之利益受到违法行为妨害时,亦得行使前项所定的请求权。"

这种团体诉讼有其合理之处,但同样存在制度激励和防止权力滥用的问题,如行业协会团体利用诉权为自己谋利、越权代理诉讼等。一方面,囿于行业协会具有"俱乐部式的组织"和"政府代理人"[1]的双重属性,其可能滥用俱乐部组织者的身份从事限制竞争的行为,也可能依托政府代理人的身份滥用相关权力。另一方面,行业协会为了维护行业的利益,履行自己的职责,需要拥有一定的权力,按照"米歇尔"规律,[2] 赋予社会团体诉讼权,也要防止这种权力被团体管理人滥用。一些国家(地区)法律没有赋予行业协会以代表诉权的理由,大概主要是担心行业协会利用自己的优势以诉讼的方式干扰相关经营者的生产经营活动。为此,一些赋予行业协会等社会团体以诉权的国家,在立法上也对其行使诉权进行了一定的限制,具体表现在以下几个方面:

第一,对团体进行资格上的限制。在德国,并不是任何的社会团体都可以提起诉讼。具有诉讼主体资格的团体必须具备:权利能力;为担保团体有进行诉讼的充分经济能力,还具有一定的资金;为实现法定的保护利益,该诉讼的目的属于该团体章程所定的目的;团体应当具有一定数目的成员,其所能代表的观念有普遍性,以防止小社团林立情况下造成的原告资格滥用。

第二,赋予社会团体有限的诉求——请求停止违法行为。因为在私人诉讼中,一般涉及的赔偿数额都是相当大的,如果原告胜诉,被告要承担的责任非常沉重。而社会团体与案件本身并没有什么直接的利害关系,在现代社会团体在法律地位上也是独立于各成员的独立团体,这就很难保证社会团体不会打着维护成员利益的旗号来牟取不正当的利益。因此,只赋予其请求停止违法行为的权利,把损害赔偿请求权留给社会团体的各成员自由处分。如果社会团体的请求存在错误造成被告方损失的,社会团体可以用其自身的财产来承担责任,这样即可以防止上述滥用情况的发生,也保证了诉讼中权利义务的平等。

第三,行业协会提起的侵害成员企业利益的赔偿诉讼,相关赔偿金在扣除诉

---

[1] 黄红华:"商会的性质",载《中共浙江省委党校学报》2005年第5期。
[2] 欧洲社会学家罗伯特·米歇尔对组织的缺陷总结为:"大部分成员忙于自己的事,结果组织沦为少数寡头控制。"参见〔美〕希尔西曼:《美国是如何治理的》,曹大鹏译,商务印书馆1986年版,第295页。

讼成本后归国家财政所有。

第四，利用法官的职权制约社会团体的处分权。在传统的民事诉讼中，法官对于当事人辩论中没有提到的事实和证据，不能作为裁判案件的依据，遵循不告不理的原则。在社会团体作为原告起诉的案件中，法官对于当事人双方没有提到的事实和证据，出于公共利益或公共政策的考虑，也可以作为裁判案件的依据。但是这里需要说明的是，"代表法院的法官积极行使职权维护公益并不代表法院丧失了中立性，正如法院作出义务人败诉的裁判并不代表法院在诉讼中丧失了中立性"。[1]

现代经济关系中，另一个重要的社会团体是消费者协会。赋予消费者协会以诉权，从法理上讲与当代权利社会化趋势相吻合，保护弱者的法理依据也更充分。

美国、加拿大等国的消费者权益保护法都赋予消费者协会代表消费者提起诉讼的权利。波兰《禁止不正当竞争法》第31条第1款规定："对违法行为涉及众多消费者或者引起重大不利后果的当事人的诉讼，在受害的消费者个人不能被确定的情况下，竞争监督机构或者消费者利益保护机构可以参加诉讼，提出消费者的民事请求。"英国2002年11月7日颁布的《2002年企业法》规定因违反竞争法受到损害的人可以向竞争上诉法庭（Competition Appeal Tribunal，CAT）提起诉讼，而且公平贸易办公室和欧盟委员会对于违反竞争法的事实的决定对该法院的审理有约束力，同时消费者团体可以就违反竞争法的行为向CAT提起代表诉讼。

当然，消费者协会是否具有诉讼的权利能力和消费者协会的体制有一定的关系，这种身份的塑造需要配置消费者协会的诉权，同时更为重要的基础是诉讼涉及的财产如何取得，风险如何承担等一系列问题的解决。

---

[1] 中国人民大学法学院《民事诉讼法典的修改与完善》课题组：《〈中华人民共和国民事诉讼法〉修改建议稿（第三稿）及立法理由》，人民法院出版社2005年版，第302页。

第十二章 反垄断法实施中的国际合作

反垄断法中的一些事项具有涉外性,例如出口卡特尔、进口卡特尔、外资并购等。如果这些事项的实施一味坚持本国利益至上原则,必然产生矛盾和对抗。反垄断实施中,需要考虑和有关国家进行合作,或参加相关条约,以化解本国法在实施中的矛盾和对抗。

第一节 反垄断国际合作概述

国际合作是在一定的客观条件下产生的,国际合作的范围也是有限的。因此,反垄断法国际合作只是反垄断法实施中的一个特殊事项,其自主管辖的能力基本没有受到影响。

一、国际合作产生的基础

国际合作产生的前提是国际经济冲突,产生国际经济冲突的基础,是经济全球化对本国市场的影响加大和各国反垄断法的域外效力加强。

(一) 经济全球化的影响

反垄断法国际合作的最早实践可以追溯到第二次世界大战之后的《哈瓦那宪章》(Havana Charter)。第二次世界大战以后,美国国会与反托拉斯机关调查发现德、日、意等国发动战争根源在于本国的卡特尔组织被强化,于是意图通过国际合作的方式限制这些国家的卡特尔。在此背景下,美国倡导建立一个维护国际贸易竞争秩序的国际贸易组织(International Trade Organization, ITO),提出了《国际贸易组织宪章(草案)》(即后来的《哈瓦那宪章》),并对限制竞争的商业行为进行合作控制作了规定。1948年3月,探讨组建ITO的哈瓦那会议正式通过了《哈瓦那宪章》。宪章第五章指出,"缔约国必须采取适当的措施,并与本组织合作,管制国际贸易中限制竞争的商业实践,如分割市场或者增强垄断势力,而不管它们是由私人企业还是国营企业所为"。[1] 然而,由于国际贸易组织的流产,《哈瓦那宪章》没有生效,此后数十年中,竞争法的国际合作没有较为

---

[1] 王晓晔:《欧共体竞争法》,中国法制出版社2001年版,第500页。

实质的进展。[1]

近20年来,经济贸易自由化和全球化带来了市场的全球化和竞争的国际化。一个国家的国际竞争力的标准是产业集群数量的多少及其深化的程度。集群产业竞争力的标志是产品出口能力。在经济全球化下,产业集群所面向的是世界市场,国家鼓励集群中的产业主体占有更大的全球市场份额,由此,这类主体实施的跨国垄断行为或跨国垄断现象被重新定位。由于发达国家企业产品出口、产业外移,减少了在本国形成垄断的可能性,行业或产业在他国形成垄断状态或实施垄断行为,本国在所不问甚至采取保护措施。这产生了如下新问题:

1. 国际卡特尔垄断本国市场的不利影响问题

国际垄断资本主义时代,获取国际高额利润动机使得国际卡特尔的活动十分猖獗。[2] 根据世界银行的统计,发展中国家近67%的进口贸易受到国际卡特尔的不利影响。国际卡特尔行为给本国带来的不利影响是,国际卡特尔难以被发现和欠缺处罚依据。现代国内卡特尔越来越趋向隐蔽,国际卡特尔由于缺少跨国性的专门机构适时监督,发现其形迹更难上加难。有关石墨电极国际卡特尔大约在七年之后才被欧盟发现并处罚。另外,国际卡特尔虽不特别针对某个国家,其销售的产品具有全球性,但几乎涉及每个有进口业务的国家,并制约进口国的相关产业。例如,铁矿石的国际卡特尔对中国的影响已经显现出来。2003年中国铁矿石进口量超过日本位于世界首位,2005年中国钢铁企业进口铁矿石2.75亿吨,占全球铁矿石海运贸易量的43%,占亚洲进口量的70%左右。2006年初,包括巴西淡水河谷公司与德国蒂森克虏伯公司在内的国际铁矿石巨头达成涨价协议,从2006财年铁矿石价格在2005财年价格的基础上上涨19%。5月起他们先后与德国、意大利、日本、韩国的钢铁企业达成的协议。同时他们大造声势,向中国钢厂施加压力,5月24日巴西淡水河谷公司发出最后通牒:中国必须马上接受涨价,否则将把原定销往中国的铁矿石转卖到其他国家。最终,中国钢厂不得不按照国际铁矿石谈判价格接受涨价19%的结果。

2. 跨国公司滥用市场优势地位的问题

随着引进外资的数额的增加,外资投向和使用的方式也发生了较大的变化。

---

[1] 时建中:"试论反垄断法的国际合作",载 http://www.competitionlaw.cn/n1c16.aspx 最后访问:2010年8月20日。

[2] 近年来,世界各国打击国际卡特尔的案件很多。例如,美国司法部反垄断局在2000年处理的刑事案件中有近1/3是针对国际卡特尔的;参与石墨电极国际价格卡特尔的日本三菱公司和德国SGL Carbon股份公司分别被处以1.34亿美元和1.35亿美元的罚款。参见王晓晔:"美国反垄断法域外适用析评",载《安徽大学法学评论》2002年第1期。

原来以直接投资的方式为主，现在则多以企业合并、购买或取得股份等间接方式控制一国的主要行业和产业。在资本市场不发达和企业规模相对较小的情况下，这些跨国公司凭借资本和技术的优势，很容易取得投资国市场上的支配地位，甚至垄断地位。

3. 处于反垄断法边缘的反倾销问题

反倾销法与反垄断法的关系微妙。有人认为，前者保护竞争者，后者保护竞争；也有人认为两者的区别在于是否具有涉外因素。其实，在WTO体制下，反倾销法应理解为反垄断法域外适用的一种手段。在《关税及贸易总协定》（General Agreement on Tariffs and Trade，GATT）贸易自由化推进下，加入国关税樊篱逐渐被拆除，使反倾销法这一可以利用的非关税壁垒措施的保护作用凸显。以美国为代表的发达国家，在反倾销立法实践中，呈现出不断强化、不断施加不公平条件的趋势，进而形成新的贸易障碍，也形成对竞争的特别限制。GATT引入反倾销制度，其初衷是要维持国际贸易良好的竞争秩序，赋予受损害方适度自我保护的权利，但GATT反倾销制度的制定与发展始终只是修修补补，在不少实体规则上措词含糊，给各国自由裁量留下空间。本以消除传统贸易壁垒为宗旨的GATT反倾销制度，实则成了一项新的贸易壁垒，主导GATT发言权的西方国家在自由贸易的幌子下，所要求的透明度、国民待遇等实则成了附加给刚进入国际市场的发展中国家的入门费。

4. 技术壁垒限制公平贸易问题

在GATT和WTO体制下，关税壁垒和传统的非关税壁垒的贸易障碍基本被消除。对发展中国家而言，新的贸易障碍除了长期受困于斯的反倾销外，另一种替代壁垒渐渐浮出水面，就是广义的技术壁垒，即包括知识产权、环境标准、技术标准等形成的贸易壁垒。在这一大前提下，西方发达国家通过各种手段使知识产权保护力度成为发展中国家知识产权立法的标准。特别是提升工业产品竞争力的专利技术，基本上形成了发达国家对发展中国家的技术垄断。在与发展中国家的谈判中，发达国家片面强调知识产权的保护，而对知识产权滥用问题置之度外。包括我国在内发展中国家提高了知识产权的保护水平，但未能同时建立、完善知识产权反垄断立法体系，这导致了法律资源利用的失衡，权利义务配置的失衡，形成跨国公司垄断知识产权和滥用知识产权的局面。

（二）域外适用对他国的不利影响加大

尽管很难考据，有多少个国家在反垄断法中规定了域外适用。[1]但可以预见的是，域外适用将会在国际经济交往中进一步强化。以下原因共同促成了这种趋势：

1. 美国域外适用的做法没有收敛的迹象

严格说来，域外适用违反国家主权原则，如国际常设法院1927年在"荷花号"案中所说的，"一个国家……不得以任何方式在另一个国家的领土上行使它的权力"。管辖权"不能由一个国家在它的领土外行使，除非依据来自国际习惯或一项公约的允许性规则"。[2]美国所谓的"不利影响"或"效果"在评估上具有单向性和拟制性。这种"先发制人"手段难免有霸权主义的嫌疑，因此，它遭到了许多国家的抵制。在迄今仍没有良好的替代机制的情况下，根据对等原则对他国的域外管辖权采取针锋相对的措施，其方法之一就是规定本国法律具有域外效力。同时，也是一种应对他国使用域外权力的主权宣誓。

2. 多米诺骨牌效应

如同政治上的单边主义一样，这种法律上的单边主义越来越多受到他国的抵制，包括一些国家的外交反对，和另一些国家依法设定"阻却条款"来阻止其适用。[3]一度对美国反垄断法的"效果原则"持坚决抵制态度的国家，如日本、加拿大、澳大利亚、英国在修订本国反垄断法时相继增加了域外适用的规定。还将会有更多的国家如日本一样因"不得已"而增加规定。

3. 跨国公司的国际影响进一步加大

这是强化域外效力的客观基础。域外效力的重要适用场合是跨国公司的企业合并和母子公司经营关系。当代资本主义进入到以资金和技术为核心的国际垄断资本主义时代，垄断资本高度全球化。它们需要世界经济和市场的高度开放化和自由化，也需要与其利益相关的政府保障在开放和自由的世界经济中获得垄断利润。为更有效的规制国际垄断行为，尤其是跨国公司谋求垄断地位的行为，维护本国公平竞争秩序，各国寻求本国法管辖权扩大化。

法律域外适用因涉及国家主权，实则属于政府间冲突。没有哪一个国家能在

---

[1] 日本学者伊从宽在论文中指出，大约有五十个国家的法律规定了域外适用。这一数据难以令人相信，但也难以准确考证。参见〔日〕伊从宽："国际反垄断政策的发展态势"，姜姗译，载《外国法译评》1997年第3期。

[2] 转引自王晓晔："美国反垄断法域外适用评析"，载《安徽大学法学评论》2002年第2期。

[3] 如英国1964年《海运合同与商业文件法》，禁止向外国反托拉斯管理机构或外国法院提供文件或资料。

不断制造的冲突中博得世界的好感。一国政府如果按照自己的所好,诉诸本国法,在本国法庭上解决这种冲突,这是披着法律的外衣,实施法律霸权主义。由于难以得到他国在信息和证据方面的协助,在域外适用被不断强化的同时也反应了一种不言自明的期待,即创建另一种机制代替此种"单方法律行为"。

在这种背景下,作为国内法的反垄断法已经越来越不适应竞争国际化的趋势。对于国际反竞争行为,任何一国的单独行动都难以取得理想的效果,因此竞争法的国际合作变得越来越重要。不仅美国等发达国家高度重视,而且发展中国家也逐渐表现出了极大兴趣。竞争法合作在各种双边、区域以及多边性层次展开。目前,美国、欧盟等发达国家(地区)之间已经有了相当多的竞争法合作双边协定;一些区域性组织,尤其是欧盟和OECD,致力于成员国竞争立法和执法合作的开展;联合国贸易和发展会议、世界银行以及WTO等国际性组织亦纷纷开展竞争法国际合作的讨论与工作。可以说,全球化与自由化的交织进程以及全球性竞争执法的分散,正是各国开展竞争法合作的驱动力所在。

二、国际合作的范围

根据联合国贸易和发展会议秘书处的报告——《竞争政策问题及适用机制方面国际合作的经验》,竞争法和竞争政策领域的国际合作可以涵盖以下方面:①旨在避免各国政府之间发生冲突的合作;②旨在便利执行反对限制性商业惯例的法规的合作(原则上是对等合作);③为竞争法和竞争政策的制定、改革或执行提供技术援助,由这方面经验较多的国家提供给经验较少的国家;④促进竞争法或竞争政策的趋同或协调;⑤在区域集团范围内加强一体化。上述目的是相互关联的,在实践中,任何合作协定或合作活动都可能有其中一个以上的目的。[1]

欧盟认为,竞争法国际合作应该首先关注下列三种情况:①阻碍货物、服务、投资在各国自由流动的限制竞争行为,例如,进口卡特尔、特定的纵向限制竞争行为以及滥用市场支配力的行为;②影响多个国家市场的限制竞争行为,例如国际卡特尔、跨国公司合并;③主要对行为地之外的国家的市场造成损害的限制竞争行为,例如往往被本国政府豁免适用反垄断法的出口卡特尔。[2]

如果所有的垄断行为都进行国际合作,反垄断法的实施就没有了独立性。事实上,即便每种行为在某些国家间都存在国际合作,主要的国际合作平台也应该是有所限制的。另外,由于各国经济发展阶段各异,对于反垄断法执法产生的利

---

[1] "Experiences Gained So Far on International Cooperation on Competition Policy Issues and the Mechanisms Used", TD/B/COM. 2/CLP/21/Rev. 2.

[2] "The Contribution of Competition Policy to Achieving the Objectives of the WTO, including the Promotion of International Trade", wt/wgtcp/w/130, www.wto.org.

益也有不同的侧重。目前的竞争法国际合作尚未在上述领域全面实现。通常，反垄断法国际合作主要集中在出口卡特尔、国际卡特尔上。而涉外性较强的外资并购问题大都归属于国家安全审查的范畴，即纳入到国家主权的范畴，这一般不需要取得他国的支持。

（一）出口卡特尔的国际合作

对出口卡特尔的法律支持最早源于美国 1918 年颁布的《韦布——波密伦法》。当时，对外贸易中外国企业通过组成出口卡特尔具有明显的优势地位，美国政府为了鼓励出口商加大出口，促使他们更为有效的与外国企业展开竞争，允许出口协会对销售到外国市场的产品从事固定价格行为。该法授予合法注册的出口协会部分反托拉斯法豁免适用，这促使大量的出口卡特尔在美国出现。

第二次世界大战期间，出口卡特尔成为国际贸易中各国采取的主要贸易手段之一。第二次世界大战以后，正处于经济复苏时期且经济主要依赖出口贸易的日本，因出口企业众多，且多以中小企业为主，这些企业为争得出口订单，不得不降低产品的出口价格，这种激烈的无序竞争使得日本的外汇收入一时大幅下降。对此，日本借鉴了美国的经验，通过立法对出口卡特尔进行豁免，鼓励中小企业出口商进行合作，最终出口秩序得到了很大的改善。

出口卡特尔在出口国和进口国分别具有不同的法律地位。出口国给予出口卡特尔豁免往往是一种单边的行为，由于该行为在市场效果上对进口国具有不利影响，进口国的态度往往和进口国的态度正好相反。这就引发了国家间反垄断法律冲突。根据对等的原则，进口国反垄断法可以域外适用于出口国的出口卡特尔，出口国反垄断法以同样的原则和方法域外适用于外国出口卡特尔。

这里，反应了两类明显的冲突：一类是本国消费者利益和外国消费者利益的冲突。出口国和进口国具有各自"相关市场"的划定以及国家利益的认定标准。每个国家都会认同对本国市场有利的行为，至于这种有利是否对他国不利，那不是本国考虑的问题。另一类是竞争政策和贸易政策之间冲突。依据竞争政策，从贸易政策方面来看，出口国会鼓励本国的出口贸易，以实现经济增长。而进口国对外国出口卡特尔的制裁，是为防止出口卡特尔会引起相关产品大量进入到国内，造成国内相关产业发展失衡或避免出口卡特尔引起相关产品价格上涨。

迄今，多数发达国家运用反垄断法的域外效力，致使大量出口卡特尔被迫解散，国际贸易得到了新发展；同时，作为替代合资公司逐步兴起，大量多国籍企业产生，一些出口卡特尔转化为更难以规制的国际卡特尔。

（二）国际卡特尔的国际合作

分割世界市场的国际卡特尔组织在 19 世纪 80 年代开始出现。开始其并不稳定，[1] 但随着时间的推移则越来越成熟，分布的产业面也越来越广。1897 年有四十几个这样的国际垄断组织。[2] 到第二次世界大战前出现了上百个国际价格卡特尔。随着全球经济一体化进程的加快，每一个参与世界经济角逐的国家都有受到国际价格卡特尔损害的潜在风险。许多国家都已经认识到了国际价格卡特尔的危害，并通过立法和司法实践对其进行规制。回溯国际卡特尔的发展过程，对认清国际卡特尔的本质及危害具有重要意义。

从生产力和生产关系上来讲，价格卡特尔的国家化是资本主义生产力的发展导致生产关系作出的适应性的改变所形成的。由于经济全球化的趋势越来越强，国与国之间的交流合作越来越多，体现在经济上则是出现了越来越多的跨国公司。经济的国际化极大地改变了人类由于地区和历史的局限性而导致的封闭、保守、落后，促进了各国人民的物质、文化交流，增进了彼此之间的沟通合作，企业间经营活动不断跨越国界，相应地，竞争也日益加剧，为了在市场上占有一席之地而加强彼此之间的合作，甚至选择不合法的做法获得最大利润，以协议方式进行限价合作的方式就出现了。

与此同时，卡特尔的国际化又使竞争的规模、实力以及影响不断加强。企业天生有着无限的扩张欲望，市场的地域范围的扩大并不能满足其追求利润的最大化。企业会通过有组织的行为统一固定价格。20 世纪 90 年代，美、日、德、法的石墨电极生产企业共同操纵国际市场，导致该产品在 1997 年上涨价格达 60%。2000 年，在瑞典，英荷壳牌、瑞典 OK – 08 公司、挪威国家石油公司等五家公司组成卡特尔秘密议定了汽油价格，获得收入 5 亿瑞典克朗。

那些对本国市场或者同时对本国与国外市场都产生不利影响的反竞争行为，会更受到各国竞争执法机构的关注，从而也在竞争法的国际合作中为各国所瞩目。

---

[1] 英国、比利时、德国 1884 年达成的国际钢轨卡特尔被列宁称为在工业情形极端衰落的时候第一次进行的瓜分世界的尝试，加入卡特尔的成员彼此在成员国内部市场不竞争，而外部市场按照如下标准分割：英国获得 66%，德国获得 27%，比利时获得 7%。印度市场完全归英国占有。或许是钢轨本身的耐用性特点，或许当时钢轨的需求还没有达到一定的急迫程度，世界市场没有接受卡特尔制定的价格，1886 年两个英国公司退出卡特尔并最终导致卡特尔联盟解散。虽然它仅仅是雏形，但它已经完全具备了成熟期的卡特尔的基本形态和本质，如对卡特尔之外的组织实施低价排挤、划分市场、固定市场价格等。1904 年这个死去的国际卡特尔又复活了。参见〔英〕克拉潘：《现代英国经济史》（下卷），姚曾廙译，商务印书馆 1977 年版，第 264～265 页。

[2] 周一良、吴于廑：《世界通史》（近代部分，下册），人民出版社 1962 年版，第 37 页。

第二节 反垄断法国际合作的形式

反垄断法的国际合作可以是非正式的,也可以通过正式的合作体现出来,并主要在双边、区域、多边三个层次开展。

一、双边合作

双边合作(也包括三边,下同),是指国家间就有关企业反竞争问题达成的合作协议进而形成了特殊的问题解决方式——双边协调。反垄断法的双边合作一般采取缔结双边条约或协定的形式。例如,美国根据经济合作与发展组织(OECD)1967 年提出的《成员国间就影响国际贸易的限制性商业行为进行合作的推荐意见》,分别在 1977 年、1982 年和 1984 年与德国、澳大利亚和加拿大订立了关于限制性商业行为的双边合作协定。美国与欧共体 1991 年订立的《执行反垄断法的合作协定》;美日 1999 年订立《关于在反竞争活动问题上合作的协定》;加拿大与智利和墨西哥签署了协定,并与澳大利亚和新西兰签订了一项三方协定。中国已与俄罗斯以及哈萨克斯坦签订了《中俄关于反不正当竞争与反垄断领域合作协定》(1996 年)和《中哈关于在反不正当竞争与反垄断领域合作协定》(1999 年)。根据《中俄关于在反不正当竞争与反垄断领域合作协定》的规定,中国国家工商行政管理局与俄罗斯反垄断政策和支持企业家部交流了有关竞争法和竞争政策的经验,并在执法方面进行了合作。中国台湾地区已与澳大利亚及新西兰签订了涉及竞争和消费问题的合作协议。等等。

这些协定主要涉及以下方面:①通报对另一方重要利益有影响的执法活动;②实施反对限制性商业惯例的办法时考虑另一方的重要利益;③解决双方在法律、政策和国家利益方面的冲突;④就两国出现的相互关联的限制性商业惯例采取协调行动;⑤在己方重要利益受另一方境内的限制性商业惯例损害时请求对方协助调查;⑥请求使己方命令能在对方境内得到执行;⑦承诺(在与国家法律及重要利益相符和具备资源的前提下)认真考虑关于此类协助调查或协助执行的请求,包括提供非机密性信息,以及在某些情况下提供机密信息(但有保障措施)。

双边协作为增强各国反垄断执法机构的合作,减少反垄断管辖的冲突,起到了一定作用。但由于建立在双方自愿基础上,协议的适用范围有限,谈判成本大,且往往仅涉及程序性的协商机制,没有具体的执行机构来解决适用时的具体冲突,因此,在处理涉及面广、深层次的国际反垄断问题上反垄断的双边协议的作用是有限的,不可能覆盖所有的有贸易关系的国家。另外,能否建立双边合作关系名义上取决于谈判各方自愿,基于经济发展的不平衡和公共利益的关注点不一样,不是任意两个贸易国家都可以成功地确定合作关系。从上述协定签订国的类型看，双边合作协定大多是在经济发展程度相当的国家之间签订的。

二、区域合作

反垄断法区域合作的主要形式是自由贸易协定、关税同盟或共同市场协定。区域合作与双边合作最主要区别是前者订有实质性的共同遵循的竞争规则，后者则商定的是关于合作的程序性规则。

这类区域性合作主要涉及以下内容：①制定统一的竞争法和竞争政策；②关于反倾销和/或反补贴等贸易补救办法；③控制国有企业或具有特权或专营权的企业的歧视做法或其他行动；④建立超国家机构，实施共同准则；⑤国家机构与超国家机构之间以及国家机构相互之间就执法工作协调问题；等等。

符合上述特点的，最典型的区域合作是欧盟的统一竞争执法。欧盟制定了超国家的竞争规则，这些规则通过《罗马条约》，与建立共同市场的基本目标连接在一起，适用于影响成员国之间贸易，即便发生在欧盟的一个国家之内乃至一国的一个地区之内也一样适用。涉及合作的规定包括：①国家竞争法与欧盟竞争法并存，但欧盟法律优先；②欧盟与各国竞争主管机关和法院职权分配办法，着眼于平衡"辅从"（subsidiarity）原则与竞争制度的统一性；③合作调查或评估贸易惯例；④交流文件资料（包括机密资料）；⑤听证会陈述；⑥转达对决定征求意见稿的看法；⑦欧盟机构向各国机构提供关于事实或欧盟法律的资料或介绍与之有关的裁定。

另一个相对典型的区域合作是在北美，即美国、加拿大和墨西哥缔结的《北美自由贸易协定》之下的办法，但和欧盟竞争合作相比，其合作程度低得多。

《北美自由贸易协定》规定各方采取或维持禁止限制性商业惯例或抵制限制性商业惯例的措施、就此类措施的效能相互磋商并就执法问题进行合作，包括通过法律互助、通报、磋商和交流有关自由贸易区执法问题的信息。但是，没有紧密区域合作最关键的要素：统一的协作机构、详细的合作程序等。

此外，非洲的相关区域国家先后签署了《建立中部非洲关税和经济联盟（中非关经联）的布拉柴维尔条约》、《建立中非经济与货币共同体（中非经共体）条约》、《建立东部和南部非洲共同市场（东、南非共市）条约》等；在拉丁美洲和加勒比地区，1973年制定了《建立加勒比共同市场条约》。这些条约也倡导性地提出了制订共同的竞争规则、管制限制性商业惯例和政府活动、促进竞争措施等内容。

在亚太地区的反垄断合作，尚处于起步阶段，没有签署共同的协定或条约。

三、多边合作

多边合作是通过国际组织或区域性组织解决贸易自由中反竞争问题的合作方

式。联合国贸易和发展会议（以下简称"联合国贸发会议"）、经济合作与发展组织（以下简称"经合组织"）以及 WTO 是三个推动开展反垄断合作的主要平台。

目前，贸发会议主持达成的《关于管制限制性商业行为的一套多边协议的原则和规则》（1980年），是这一领域唯一普遍适用的多边文书。2000年，贸发会议还制定了《反垄断示范法》。

经合组织是发达国家探讨竞争法国际合作的重要论坛。1967年经合组织会议通过了《关于成员国之间就影响国际贸易的限制性商业行为进行合作的推荐意见》，要求各成员国在竞争法方面进行合作和磋商，并成立了竞争与政策委员会，作为成员国之间进行合作和磋商的中介。在此基础上，经合组织理事会在竞争法合作方面取得了显著成果，主要有《关于影响国际贸易的限制性商业惯例的建议》（1978年）、《关于各成员国在竞争和贸易政策之间可能发生冲突的方面进行合作的建议》（1986年）、《关于成员国针对影响国际贸易的反竞争惯例开展合作的修订建议》（1995年）、《关于打击核心卡特尔有效行动的建议》（1998年）、《跨国企业指导原则》（2000年）等。

在多边协调机制中，影响最大的是世界贸易组织的一些有关贸易和竞争的原则和规则。迄今为止，尚未制定关于制止反竞争的统一规则，一些规则和原则零散地分布于有关文件中。例如《与贸易有关的知识产权协定》第8条规定，各成员国可以根据协定采取适当措施，以防止知识产权所有人滥用知识产权或采取不合理的限制贸易或对国际技术转让造成不利影响的做法。《服务贸易总协定》第8条规定，成员方应确保其领域内任何垄断服务供应商在相关市场提供垄断服务时，不得违反协定第2条关于成员方义务的规定，即国民待遇原则以及签订协定时所做的具体承诺。《与贸易有关的投资措施协定》第9条规定，在不迟于 WTO 协定生效之日后5年，货物贸易理事会应审议该协定是否符合有关投资政策和竞争政策的规定。《技术性贸易壁垒协定》第8条第1款规定，成员方应采取其所能采取的合理措施，保证其领土内实施合格评定程序的非政府机构遵守该协定第5条关于国民待遇的规定，以及第6条关于不得采取超过必要限度的技术性贸易壁垒措施的规定。成员方不得采取具有直接或者间接要求或者鼓励此类机构以与第5条和第6条的规定不一致的方式行事的措施。《保障措施协定》第11条第3款规定，禁止成员方政府鼓励或支持国有企业或私营企业采取或维持在效果上等同于政府施行的旨在对出口贸易进行限制的措施。《反倾销协定》第3条第5款规定，在确定损害时，成员方当局必须考虑影响外国和国内生产者之间开展竞争的限制性贸易措施的因素。

一个值得关注的问题是，多边机制并非是单边和双边机制的替代机制。不难发现，美国等贸易大国在实行单边主义的同时，也不放弃双边主义和多边主义。发生在20世纪70年代的富士与柯达案件，从战略上看，表明对多边机制一向不感兴趣的美国也在积极利用WTO体制作为贸易战的武器。它代表一种值得思考的未来冲突机制的选择，即"多条腿走路"。这应给长期倚重多边机制发挥作用的发展中国家以新的启示。

第三节 国际合作的机制

不同国家、国际组织之间开展竞争法合作的广度、深度各有不同。目前，开展竞争法国际合作较早、较成熟的是欧盟与美国之间的竞争法合作。以欧美之间的竞争法合作实践为例，竞争法国际合作的方式和机制主要体现在以下方面：

一、交换信息

交换信息包括通报情况和信息交流。竞争执法机构之间就特定案件情况的相互通报信息和交流执法信息，是竞争法国际合作最简单又常见的一种方式。

（一）通报情况

根据欧盟与美国《关于双方竞争法实施问题的协定》，当一方的执法活动可能影响另一方的重要利益时，应向另一方进行通报，这种情况主要包括：①一方的执法活动牵涉另一方的执法活动；②一方的执法活动针对在另一方领土上进行的限制竞争行为；③一方审查的企业合并交易中有一个以上的交易当事人或控制交易当事人的企业是根据另一方法律设立；④一方的执法活动涉及被另一方所要求、鼓励、赞成的行为；⑤一方所采取的执法措施将涉及对在另一方领土上进行的行为的强制要求或禁止。[1]

欧盟与美国在运用通报程序进行竞争法合作方面取得了很大的成功，自1991年双边合作协定签署以后，双方通报的案件愈来愈多，并且就同一案件可以连续通报。例如，在合并案件中，可以一开始就通报，在决定启动诉讼时再行通报，然后在作出最后决定之前再次通报，而且通报时间充分提前，以便能够考虑到另一方的意见。

（二）信息交流

信息交流主要涉及非机密信息。在美国与欧盟现有的合作机制中，双方就非

---

[1] "Approaches to Promote Cooperation and Communication among WTO Members, including in the Field of Technical Cooperation", wt/wgtcp/129, in www.wto.org.

机密信息可在下列情况下进行交流：①双方官员每年至少会晤两次，以便就各自竞争执法的状况与重点、双方有共同利益的经济部门、可能的政策变化以及其他涉及竞争执法的事项进行交流；②每一方应向另一方提供已经为其所注意到的有关限制竞争行为的重要信息，这些信息将牵涉或者引发另一方竞争主管机关的执法活动；③根据另一方的要求，每一方应该向另一方提供其所掌握的、关系另一方正在考虑或开展的执法活动的信息。

对于机密信息，每一方都没有义务通告那些为本国所禁止泄漏的信息，以及将损害己方重大利益的信息；而且，每一方对于另一方提供的机密信息有保密义务，并且尽可能不向未经授权的第三方公开该类信息。目前只有极少数国家之间签订的合作协定对交还机密信息作了规定，如丹麦、冰岛和挪威签订的一项三方协定规定了交换机密信息的可能性。

二、协调执法活动

如果欧盟和美国主管机关就同一项交易提出诉讼，就要协调执法活动，这种协调可以包括就以下方面交流资料和进行讨论：各自程序的时间选择；有关市场的划分；交易产生的反竞争作用；可以设想的补救措施和如何避免这些措施之间的冲突；对方的法律和可公开了解的情况。

按照1999年的一项协定，欧盟和美国的官员经各国政府和所涉公司同意，可参加案件调查过程中举行的某些听证或会议。协同进行的调查和搜查有时是成功的，并可以避免对方管辖范围内毁灭证据的可能性。即使这些主管机关对某些问题有不同的意见，但这种联系使得它们能够相互理解对方的想法并相应地完善自己的分析。

三、国际礼让

由于在法律、经济理论、对各市场的影响或各管辖区掌握的证据方面存在差别，国际合作并不总是可以避免意见冲突或达成共同接受的解决办法，这时国际礼让原则可以发挥一定作用

国际礼让原则可以分为"消极礼让原则"（Negative Comity）和"积极礼让原则"（Positive Comity）两方面。

消极礼让原则是指每一方在反垄断执法的任何阶段都应该保证考虑另一方的重要利益。在波音和麦道公司合并案中，双方即运用了消极礼让原则。1998年6月26日欧盟就此案要求美国政府考虑欧盟的重要利益，例如维持民用客机市场的竞争性。与此同时，美国政府要求欧盟注意美方在国防方面的利益。考虑到美国政府就美国重要的国防利益表示的关注并考虑到不宜强制出售股权，欧盟将其行动的范围限于这两家公司的民品业务，批准了合并，但附加一些条件，不过，

其中不包括强制出售股权。

积极礼让原则，是指如果一国的反垄断主管机关请求另一国反垄断主管机关就其境内损害前者重要利益的限制性商业惯例提起诉讼或扩大诉讼范围，则后一主管机关应对此请求加以认真考虑。第一项订有积极礼让条款的双边竞争协定是 1991 年美国与欧洲共同体委员会协定。该协定后来又有 1998 年协定作为补充（不适用于经营者集中），其中提出了"增强的积极礼让"(Enhanced Positive Comity)，即设定受影响方的反垄断主管机关在己方消费者未受直接损害时，或在反竞争活动主要发生在另一方境内时，推迟或暂停己方的执法行动（美国只有反托拉斯执法机构受此协定约束，法院不受此协定约束）。各方保证投入适足的资源并尽最大努力调查请求的事项，并按请求或按合理的时间向对方的反垄断主管机关通报案件处理情况。

至今为止，积极礼让程序仅被正式动用过一次。美国司法部要求欧盟调查有关指控：四家欧洲航空公司设立了一个计算机订票系统，向这几家航空公司提供优于向设在美国的计算机订票系统提供的待遇，以此阻止后者在欧洲市场上竞争。最后，有关航空公司与美国计算机订票系统达成协议：它向美国计算机订票系统以及其他计算机订票系统提供与向欧洲计算机订票系统提供等同的条件，案件撤销。

参考文献

一、中文著作

1. 王晓晔：《反垄断法》，法律出版社 2011 年版。
2. 黄勇、董灵：《反垄断法经典判例解析》，人民法院出版社 2002 年版。
3. 吴宏伟：《竞争法有关问题研究》，中国人民大学出版社 2000 年版。
4. 时建中：《反垄断法——法典试评与学理探源》，中国人民大学出版社 2008 年版。
5. 孔祥俊：《反垄断法原理》，中国法制出版社 2001 年版。
6. 王先林：《知识产权滥用及其法律规制》，中国法制出版社 2008 年版。
7. 陈秀山：《现代竞争理论与竞争政策》，商务印书馆 1997 年版。
8. 尚明：《反垄断——主要国家与国际组织反垄断法律与实践》，中国商务出版社 2005 年版。
9. 赖源河：《公平交易法新论》，中国政法大学出版社 2002 年版。
10. 何之迈：《公平交易法专论》，中国政法大学出版社 2004 年版。
11. 苏永钦：《经济法的挑战》，清华大学出版社 2005 年版。
12. 刘孔中、欧阳正：《公平交易法》，台湾空中大学印行 2003 年版。
13. 范建得、庄春发：《不公平竞争》，健新顾问有限公司 1992 年版。
14. 郑鹏程：《对政府规制的规制》，法律出版社 2012 年版。
15. 阮方民：《欧盟竞争法》，中国政法大学出版社 1998 年版。
16. 许光耀：《欧共体竞争法经典判例研究》，武汉大学出版社 2008 年版。
17. 李国海：《反垄断法实施机制研究》，中国方正出版社 2002 年版。
18. 王健：《反垄断法的私人执行——基本原理与外国法制》，法律出版社 2008 年版。
19. 王传辉：《反垄断的经济学分析》，中国人民大学出版社 2004 年版。
20. 王为农：《企业集中规制的基本法理》，法律出版社 2001 年版。
21. 种明钊：《竞争法学》，高等教育出版社 2002 年版。
22. 王显勇：《公平竞争权论》，人民法院出版社 2007 年版。
23. 吕明瑜：《竞争法制度研究》，郑州大学出版社 2004 年版。
24. 孟雁北：《反垄断法》，北京大学出版社 2011 年版。
25. 金美蓉：《核心卡特尔规制制度研究》，对外经济贸易大学出版社 2009 年版。
26. 辜海笑：《美国反托拉斯理论与政策》，中国经济出版社 2005 年版。

二、中文译著

1. 〔美〕萨缪尔森、诺德豪森:《经济学》,高鸿业译,中国发展出版社1992年版。
2. 〔美〕米尔顿·弗里德曼:《资本主义与自由》,张瑞玉译,商务印书馆1986年版。
3. 〔美〕奥利弗·E. 威廉姆森:《反托拉斯经济学——兼并、协约和策略行为》,张群群、黄涛译,经济科学出版社1999年版。
4. 〔美〕理查德·A. 波斯纳:《反托拉斯法》(第2版),孙秋宁译,中国政法大学出版社2003年版。
5. 〔美〕G. J. 施蒂格勒:《产业组织和政府管制》,潘振民译,上海人民出版社1996年版。
6. 〔美〕戴维·J. 格伯尔:《二十世纪欧洲的法律与竞争》,冯克利、魏志梅译,中国社会科学出版社2004年版。
7. 〔美〕马歇尔·C. 霍华德:《美国反托拉斯法与贸易法规——典型问题与案例分析》,孙南申译,中国社会科学出版社1991年版。
8. 〔美〕赫伯特·霍温坎普:《联邦反托拉斯政策——竞争法律及其实践》,许光耀、江山、王晨译,法律出版社2009年版。
9. 〔美〕J. E. 克伍卡、L. J. 怀特:《反托拉斯革命:经济学、竞争与政策》(第4版),林平、臧旭恒等译,经济科学出版社2007年版。
10. 〔美〕希尔西曼:《美国是如何治理的》,曹大鹏译,商务印书馆1986年版。
11. 〔美〕丹尼斯·卡尔顿、杰弗里·佩罗夫:《现代产业组织》(上),黄亚均等译,上海人民出版社、上海三联书店1998年版。
12. 〔美〕约瑟夫·熊彼特:《资本主义、社会主义与民主》,吴良健译,商务印书馆1999年版。
13. 〔美〕盖尔霍恩、科瓦契奇、卡尔金斯:《反垄断法与经济学》(第5版),任勇、邓志松、尹建平译,法律出版社2009年版。
14. 〔美〕基斯·N. 希尔顿:《反垄断法:经济学原理和普通法演进》,赵玲译,北京大学出版社2009年版。
15. 〔美〕保罗·巴兰、保罗·斯威齐:《垄断资本》,南开大学政治经济系译,商务印书馆1977年版。
16. 〔美〕考尔、霍拉汉:《管理经济学》,杨菁等译,贵州人民出版社1989年版。
17. 〔美〕罗斯巴德:《权力与市场》,刘云鹏、戴忠玉、李卫公译,新星出版社2007年版。
18. 〔美〕库尔特·勒布、盖尔·穆尔:《斯蒂格勒论文精粹》,吴珠华译,商务印书馆1999年版。

19. 〔美〕小艾尔弗雷德·D. 钱德勒：《看得见的手——美国企业的管理革命》，重武译，商务印书馆1987年版。
20. 〔美〕保罗·A. 萨巴蒂尔：《政策过程理论》，彭宗超、钟开斌译，三联书店2004年版。
21. 〔美〕德雷特勒：《知识产权许可》，王春燕译，清华大学出版社2003年版。
22. 〔美〕威廉·鲍莫尔：《资本主义的增长奇迹：自由市场创新机器》，彭敬等译，中信出版社2004年版。
23. 〔美〕小贾尔斯·伯吉斯：《管制和反垄断经济学》，冯金华译，上海财经大学出版社2003年版。
24. 〔美〕斯蒂格勒：《价格理论》，李青原等译，商务印书馆1992年版。
25. 〔美〕沃尔特·尼科尔森：《微观经济理论基本原理与扩展》，朱幼为等译，北京大学出版社2008年版。
26. 〔德〕柯武刚、史漫飞：《制度经济学》，韩朝华译，商务印书馆2000年版。
27. 〔德〕何梦笔：《秩序自由主义》，董靖等译，中国社会科学出版社2002年版。
28. 〔德〕曼弗里得·诺伊曼：《竞争政策——历史、理论及实践》，谷爱俊译，北京大学出版社2003年版。
29. 〔德〕路德维希·艾哈德：《来自竞争的繁荣》，祝世康、穆家骥译，商务印书馆1983年版。
30. 〔德〕瓦尔特·欧根：《经济政策的原则》，李道斌译，上海人民出版社2001年版。
31. 〔德〕鲁道夫·希法亭：《金融资本——资本主义最新发展的研究》，福民译，商务印书馆1994年版。
32. 〔德〕罗尔夫·斯特博：《德国经济行政法》，苏颖霞、陈少康译，中国政法大学出版社1999年版。
33. 〔德〕马克斯·韦伯：《社会科学方法论》，韩水法、莫茜译，中央编译出版社1999年版。
34. 〔俄〕图季耶夫：《竞争法》（俄文版），РДЛ 出版社2003年版。
35. 〔俄〕С. А. 巴拉舒克：《竞争法》（俄文版），Городец 出版公司2004年版。
36. 〔俄〕Е. Ю. 巴尔基洛：《滥用支配地位：俄罗斯和外国的解决方法》（俄文版），Статут 出版公司2008年版。
37. 〔英〕弗里德利希·冯·哈耶克：《法律、立法与自由》，邓正来等译，中国大百科全书出版社2000年版。
38. 〔英〕约翰·亚格纽：《竞争法》，徐海等译，南京大学出版社1992年版。
39. 〔英〕马歇尔：《经济学原理》（上卷），朱志泰译，商务印书馆1981年版。

40. 〔日〕植草益:《日本的产业组织——理论与实证的前沿》,锁箭译,经济管理出版社2000年版。
41. 〔日〕根岸哲、舟田正之:《日本禁止垄断法概论》,王为农、陈杰译,中国法制出版社2007年版。
42. 〔日〕村上政博:《日本禁止垄断法》,姜姗译,法律出版社2008年版。
43. 〔比〕保罗·纽尔:《竞争与法律》,刘利译,法律出版社2004年版。
44. 〔法〕热拉尔·卡:《消费者权益保护》,姜依群译,商务印书馆1997年版。